Lutherjahrbuch

Organ der internationalen Lutherforschung

Im Auftrag der Luther-Gesellschaft herausgegeben von
Christopher Spehr

89. Jahrgang 2022

Vandenhoeck & Ruprecht

Bibliografische Information der Deutschen Bibliothek:
Die Deutsche Nationalbibliothek verzeichnet diese Publikation in der
Deutschen Nationalbibliografie; detaillierte bibliografische Daten
sind im Internet über https://dnb.de abrufbar.

© 2022 Vandenhoeck & Ruprecht, Theaterstraße 13, D-37073 Göttingen,
ein Imprint der Brill-Gruppe
(Koninklijke Brill NV, Leiden, Niederlande; Brill USA Inc., Boston MA, USA;
Brill Asia Pte Ltd, Singapore; Brill Deutschland GmbH, Paderborn, Deutschland;
Brill Österreich GmbH, Wien, Österreich)
Koninklijke Brill NV umfasst die Imprints Brill, Brill Nijhoff, Brill Hotei,
Brill Schöningh, Brill Fink, Brill mentis, Vandenhoeck & Ruprecht,
Böhlau, V&R unipress und Wageningen Academic.

Satz: Dörlemann Satz, Lemförde
Druck und Bindung: Hubert & Co. BuchPartner, Göttingen
Printed in the EU

Vandenhoeck & Ruprecht Verlage | www.vandenhoeck-ruprecht-verlage.com

ISSN 0342-0914
ISBN 978-3-525-87496-7

5

Anschriften

der Mitarbeiter:

Dr. Benedikt Brunner, Leibniz-Institut für Europäische Geschichte, Alte Universitätsstraße 19, D-55116 Mainz; brunner@ieg-mainz.de; Dr. Daniel Gehrt, Universität Erfurt, Forschungsbibliothek Gotha, Schloss Friedenstein, D-99867 Gotha; daniel.gehrt@uni-erfurt.de; Senior Lecturer Dr. Pekka Kärkkäinen, University of Helsinki, Faculty of Theology, Department of Systematic Theology, PO Box 4, FI-00014 University of Helsinki, Finland; pekka.karkkainen@helsinki.fi; Prof. Dr. Armin Kohnle, Universität Leipzig, Theologische Fakultät, Lehrstuhl für Spätmittelalter, Reformation und territoriale Kirchengeschichte, Beethovenstraße 25; D-04107 Leipzig; kohnle@rz.uni.leipzig.de; Dr. Sebastian Kranich, Evangelische Akademie Thüringen, Zinzendorfplatz 3, D-99192 Neudietendorf; kranich@ev-akademie-thueringen.de; PD Dr. Roland M. Lehmann, Lehrstuhl für Kirchengeschichte, Theologische Fakultät, Friedrich-Schiller-Universität Jena, Fürstengraben 6, D-07743 Jena; roland.lehmann@uni-jena.de; Prof. Dr. Andreas Lindner, Am Stollberg 36, D-99085 Erfurt; andreas.lindner@uni-erfurt.de; Dr. Angelika Michael, Bergische Universität Wuppertal, Fakultät 1 (Evangelische Theologie), Gaußstraße 20, D-42097 Wuppertal; michael@uni-wuppertal.de; Prof. Dr. Wolf-Friedrich Schäufele, Philipps-Universität Marburg, Fachbereich Evangelische Theologie, Lahntor 3, D-35037 Marburg; wf.schaeufele@uni-marburg.de; Prof. Dr. Dr. Dr. h.c. Johannes Schilling, Esmarchstr. 64, D-24105 Kiel; jschilling@kg.uni-kiel.de; Prof. Dr. Christopher Spehr, Fritz-Krieger-Str. 1, D-07743 Jena; christopher.spehr@uni-jena.de; Dr. Martin Treu, Legienstraße 19, D-25813 Husum; karl.thust@arcor.de

7

für Rezensionsexemplare, Sonderdrucke, Mitteilungen sowie Anfragen:

Prof. Dr. Christopher Spehr, Lehrstuhl für Kirchengeschichte, Theologische Fakultät, Friedrich-Schiller-Universität Jena, Fürstengraben 6, D-07743 Jena; Tel.: (03641) 942730; Fax: (03641) 942732; E-Mail: christopher.spehr@uni-jena.de

der Geschäftsstelle der Luther-Gesellschaft in der Leucorea:

Collegienstr. 62, D-06886 Lutherstadt Wittenberg; Tel.: (03491) 466233; Fax: (03491) 466278; E-Mail: info@luther-gesellschaft.de; www.luther-gesellschaft.de

Vorwort des Herausgebers

Das Jahr 1522 war ein Schlüsseljahr der Reformation. Stichworte wie Luthers Übersetzung des Neuen Testaments ins Deutsche, seine Rückkehr von der Wartburg nach Wittenberg, die Invokavitpredigten im März, seine Predigtreisen durch das kursächsische Territorium im April und Mai, die Publikation des »Septembertestaments« oder Luthers Weimarer Obrigkeitspredigten im Oktober beschreiben nur lückenhaft die Entwicklungen, die zur Entstehung und Ausbreitung der lutherischen Reformation in jenem Jahr beitrugen. Im vorliegenden Jahrbuch knüpfen einige Beiträge und Buchbesprechungen an diese Entwicklungen direkt oder indirekt an, erschöpfen sich aber gerade nicht in der jubiläumsgesättigten Rückschau.

Vielmehr präsentiert der 89. Jahrgang des Lutherjahrbuches erneut verschiedene innovative Beiträge zur Luther- und Reformationsforschung. So spürt *Angelika Michael* der »Bedeutung des Wortfeldes *forma / formari* in der Rechtfertigungslehre Martin Luthers« nach. *Benedikt Brunner* untersucht die Thematik »Reinheit und Vergänglichkeit« bei Luther. *Pekka Kärkkäinen* widmet sich der Lehre von den Gefühlen bzw. Affekten beim Wittenberger Rhetorikprofessor Johannes Bernhardi. An den 500. Geburtstag von Martin Chemnitz erinnert *Andreas Lindner* in seinem Beitrag. *Johannes Schilling* untersucht am Beispiel der »Hymni et Sequentiae« von Hermann Bonnus die evangelische Stundenliturgie im lutherischen Lübeck. Über den »modernen Luther« handelt *Roland M. Lehmann*, indem er Überlegungen zur historischen Anschlussfähigkeit lutherischer Theologie im Gespräch mit Entwürfen des späten 19. und frühen 20. Jahrhunderts bietet. Schließlich kontextualisiert und akzentuiert *Sebastian Kranich* die

9

»Luther-Feier der Wartburgstadt Eisenach« aus dem Jahr 1921, bei der die damals noch junge Luther-Gesellschaft eine gewichtige Rolle spielte.

Ausgewählte Rezensionen und die Lutherbibliographie runden das Jahrbuch 2022 ab, an dessen Entstehung zahlreiche Persönlichkeiten beteiligt waren. Der Autorin und den Autoren der Aufsätze gilt es ebenso wie den Rezensenten Danke zu sagen, dass sie ihre Beiträge dem Internationalen Organ der Lutherforschung zur Verfügung gestellt haben. Zu danken habe ich auch meinen Jenaer Mitarbeiterinnen und Mitarbeitern *Petra Richter, Klara Simon und Kristin Sommerschuh* sowie besonders dem Redakteur des diesjährigen Bandes *Karl-Christoph Goldammer*. Ein großer Dank geht ebenfalls an *Michael Beyer*, der sich in verlässlicher und fachkundiger Weise erneut der Erstellung der Lutherbibliographie gewidmet hat. Schließlich sei *Izaak de Hulster, Miriam Espenhain, Renate Rehkopf* und den weiteren Mitarbeiterinnen und Mitarbeitern von Vandenhoeck & Ruprecht in der Verlagsgruppe BRILL Deutschland GmbH für die professionelle und vertrauensvolle Zusammenarbeit gedankt.

Kurz vor Redaktionsschluss erreichte uns die traurige Nachricht, dass der einstige Präsident der Luther-Gesellschaft und bekannte Lutherforscher, Prof. Dr. Reinhard Schwarz, im Alter von 92 Jahren verstorben ist. Entgegen der Verabredung, keine Nekrologe im Lutherjahrbuch mehr zu veröffentlichen, war uns die Würdigung seiner Verdienste für die Luther-Gesellschaft eine Ausnahme wert. Die Lektüre des Nachrufs auf Reinhard Schwarz durch den ersten Präsidenten der Luther-Gesellschaft sei daher allen Leserinnen und Lesern vornehmlich empfohlen.

Jena, den 1. August 2022   Christopher Spehr

Nachruf auf Reinhard Schwarz

Von Johannes Schilling

Am 18. Juli 2022 ist Prof. Dr. Reinhard Schwarz verstorben, in Dießen am Ammersee, wo das Ehepaar Schwarz seit einigen Jahren gelebt hatte, wenige Monate nach dem Tod seiner Ehefrau Dorothea. Eine Woche später, am 25. Juli, fand die Trauerfeier in der Dießener Kirche statt – ein Gottesdienst getragen von Glaube, Liebe und Hoffnung, schöner Musik, kräftigem Gemeindegesang und einer glaubensstarken und -stärkenden Predigt der Mannheimer Pfarrerin Dorothee Löhr, die Reinhard Schwarz' Leben im Licht seines Konfirmationsspruches aus Joh 20,29, »Selig sind, die nicht sehen und doch glauben«, zur Sprache brachte.

Reinhard Schwarz war von 1983 bis 1999 Erster Präsident der Luther-Gesellschaft. Mit ihm kam frischer Wind in die Gesellschaft, die nunmehr neue Aktivitäten entwickelte, vor allem die Mitglieder in Tagungen und Seminaren zusammenführte, und zwar an bedeutenden und interessanten Orten der Reformationsgeschichte, in Erfurt und Nürnberg und immer wieder in Wittenberg. Hartmut Hövelmann hat in unserem Buch *Die Luther-Gesellschaft 1918–2018* (Leipzig 2018) nicht nur ein feines Porträt des damaligen Präsidenten gegeben, sondern auch diese Situation des Aufbruchs, an dem er selbst Anteil hatte, beschrieben.

Reinhard Schwarz wurde am 18. November 1929 als Sohn eines Pfarrers in Liepe auf Usedom geboren. Seine Kindheit und Jugend verbrachte er, zusammen mit einem Bruder und einer Schwester, in Waldheim und Wittenberge. Zum Studium aber ging er »in den Westen«, zunächst an die Kirchliche Hochschule nach Berlin-Zehlendorf und von dort aus nach Tübingen. Gerhard Ebeling und Hanns Rückert waren diejenigen Professoren, die den jungen Studenten, nicht nur in der gemeinsamen Arbeit an den *Dictata*

super Psalterium, nachhaltig geprägt haben. Die Doktorarbeit galt *Fides,*
Spes und Caritas beim jungen Luther (Berlin 1962), in der Habilitationsschrift befasste er sich mit der *Vorgeschichte der reformatorischen Buß-*
theologie (Berlin 1968). Sein wissenschaftliches Lebenswerk aber wurde
vor allem bestimmt durch die in vieler Hinsicht herausfordernde Heraus-
gabe von Luthers Erster Psalmenvorlesung, der *Dictata super Psalterium*
(1513–1515) innerhalb der Weimarer Lutherausgabe (Band 55, I und II), die
er, nach jahrzehntelanger Arbeit, im Jahr 2000 abschließen konnte – eine
der großen editorischen Leistungen seiner Generation. Schon im Luther-
jubiläumsjahr 1983 war eine Faksimileausgabe von Luthers Handexemplar
des Psalterdrucks erschienen (Frankfurt am Main: Insel 1983), zu der Reinhard Schwarz eine Einleitung verfasste, die die Genese der Vorlesung und
die Geschichte des kostbaren Autographs zusammenfasst.

Zum 1. Oktober 1971 war Schwarz, nach Assistentenzeiten und Vika-
riat in Tübingen und einer Lehrstuhlvertretung in Zürich, auf die Professur
für Kirchengeschichte II an der neugegründeten Evangelisch-Theologischen
Fakultät der Ludwig-Maximilians-Universität München berufen worden,
die er bis zu seiner Emeritierung zum 1. April 1996 innehatte.

Die *Dictata super Psalterium* beschäftigten ihn nahezu sein gesamtes
aktives akademisches Leben, aber sie waren es nicht allein, die ihn in seiner
wissenschaftlichen Arbeit fesselten. Eine eigenständige Arbeit behandelte
Die apokalyptische Theologie Thomas Müntzers und der Taboriten (Tübingen 1977), andere Studien galten dem Konkordienbuch (*Bekenntnis und*
Einheit der Kirche, Stuttgart 1980) und der Reformation in Augsburg (*Die*
Augsburger Kirchenordnung von 1537 und ihr Umfeld, Gütersloh 1988).
Das Zentrum seiner Arbeit aber blieb Luther. Sein zunächst für das Handbuch *Die Kirche in ihrer Geschichte* verfasstes Lutherbuch (*Luther*, Göttingen 1986; 4., durchgesehene Auflage 2014) gehört zu den besten Darstellungen von Leben und Werk des Reformators. Sein Meisterwerk aber hat er mit
seinem Buch über Luthers Theologie geschaffen: *Martin Luther – Lehrer der*
christlichen Religion (Tübingen 2015; 2. Aufl. 2016) – ein opus, dem man
schon jetzt bleibenden Rang zusprechen kann.

In der Luther-Gesellschaft begründete oder förderte er nicht nur neue
Arbeitsbereiche, sondern er trug durch zahlreiche Beiträge im Lutherjahrbuch und in der Zeitschrift LUTHER zu deren Wirkung und Hochschätzung
bei. Seine stille, großzügige, aber, wenn es darauf ankam, auch energische

Art, seine wissenschaftliche Reputation und seine freundliche Zugewandt-
heit haben der Gesellschaft Mitglieder und Freunde gewonnen und ihr Ansehen gemehrt. Sein ehemaliger Münchener Assistent Hellmut Zschoch,
später Professor in Wuppertal, hat als Schriftleiter der Zeitschrift LUTHER
die Qualität der Zeitschrift gestärkt und das Ansehen der Gesellschaft gemehrt. 2009 wurden die beiden Altpräsidenten Gerhard Müller und Reinhard Schwarz auf einer Tagung in Erfurt geehrt, deren Beiträge zum Teil in
das Buch *Die Luther-Gesellschaft 1918–2018* eingegangen sind.

Mir selbst ist Reinhard Schwarz in späten Jahren in meinen Münchener
Vertretungssemestern zum Lehrer in der Theologie geworden: Er hat mich
das Evangelium gelehrt. Daneben gedenke ich der gemeinsamen Arbeit an
der Lateinisch-Deutschen Studienausgabe von Werken Luthers mit großer
Dankbarkeit.

Reinhard Schwarz gehörte zu den Kollegen, die wenig Aufhebens von
sich und ihrer Arbeit machten. Allem Eitlen und Geschäftigen war er ab-
hold; um so mehr freute er sich über Gelungenes, auch und gerade von
anderen.

»In silencio et spe erit fortitudo vestra.« Das Wort aus Jes 30,15 steht
nicht nur über dem steinernen Portal am Lutherhaus, das Katharina Luther
ihrem Mann 1540 zum Geschenk machte, und auf manchen Lutherbildern
aus der Cranach-Werkstatt, sondern auch auf dem Einband des *Wolfenbütteler Psalters*. Es mag auch über dem Leben von Reinhard Schwarz stehen,
in dessen Wirken es sich erfüllt hat.

»Quod Christus sit mea forma«[1]

Zur Bedeutung des Wortfeldes *forma / formari* in der Rechtfertigungslehre Martin Luthers

Von Angelika Michael

Für Martin Ohst zum 65. Geburtstag

Martin Luther fasst bekanntlich den Glauben »an Gott den Sohn, der mich erlöst hat«, im Großen Katechismus in dem Satz zusammen, Jesus Christus »sei mein Herr worden«: Er hat »uns arme, verlorne Menschen« der Macht des Bösen entrissen »und wiederbracht in des Vaters Huld und Gnade und als sein Eigentumb unter seinen Schirm und Schutz genommen, daß er uns regiere durch seine Gerechtigkeit, Weisheit, Gewalt, Leben und Seligkeit.«[2] Immer wieder hat Luther das Verhältnis des Glaubenden zu Christus mit Hilfe verschiedener Gleichnisse und bildlicher Aussagen beschrieben. In seiner Galatervorlesung des Jahres 1531 jedoch verwendet er einen zentralen Terminus der aristotelisch-scholastischen Ontologie und formuliert, Christus werde dem Glaubenden zur *forma*: Der Glaubende hängt so an Christus und Christus bleibt so »in ihm«, dass der Christ keine von Christus getrennte Person mehr ist, der Glaube vielmehr aus dem Glaubenden

---

1 WA 40,1; 283,7 (Galatervorlesung, 1531).
2 BSLK 647,15f.651,31–33.652,6–12 (*Großer Katechismus*, 1529, 2. Art. des Glaubensbekenntnisses).

und Christus gleichsam »eine Person« macht,[3] dass der Glaube ein neues Sein konstituiert.[4]

Das mag Erstaunen hervorrufen angesichts der scharfen Urteile Luthers über die prinzipielle Verkehrtheit scholastischer Begriffe im Gebiet der Theologie. Der vorliegende Aufsatz rekapituliert deshalb zunächst Luthers Polemik gegen die scholastische Verfahrensweise, mit Hilfe vorgegebener philosophischer Denkmodelle theologische Sachverhalte erfassen zu wollen; es folgen Beispiele für seine fortgesetzte Verwendung philosophischer Frageschemata. Der Hauptteil dokumentiert Luthers Gebrauch der Terminologie *forma / formari* zur Explikation seiner Auffassung von der Rechtfertigung. Die wichtigsten Belege werden in chronologischer Reihenfolge betrachtet, wobei jeweils nach der Sachaussage und dem gegenüber der Scholastik eventuell neuartigen Gebrauch der Terminologie zu fragen ist. Ziel ist die Erschließung der Relevanz dieser Terminologie für die Rechtfertigungslehre Luthers.

I Luther und das scholastische Begriffssystem

1 Die Untauglichkeit philosophischer Strukturmodelle für theologische Sachverhalte

Seine aus eigener Erfahrung erwachsene[5] und durch Augustinus-Lektüre geklärte Position setzt Luther 1517 in den Thesen der *Disputatio contra*

---

3 Vgl. WA 40,1; 283,5–9 (zu Gal 2,20 Vivo autem iam non ego sed vivit in me Christus): »Quis ille ›ego‹? [...] est una persona distincta a Christo [...] Sed quod Christus sit mea forma, sicut paries informatur albedine. Sic tam proprie et inhesive, ut albedo in pariete, sic Christus manet in me et ista vita vivit in me, et vita qua vivo, est Christus«; aaO., 285,5 f: »fides facit ex te et Christo quasi unam personam, ut non segregeris a Christo, imo inherescas«. Zitiert wird im Folgenden immer die Vorlesungsmitschrift, nicht der Druck von 1535.

4 Vgl. G. EBELING, Das Leben – Fragment und Vollendung. Luthers Auffassung vom Menschen im Verhältnis zu Scholastik und Renaissance (ZThK 72, 1975, 310–334), 325–329; mit Blick vor allem auf »Gottes uneigentliches, tötendes Werk«: M. OHST, Vom Leistungsprinzip zum Bildungsgedanken. Motive und Tendenzen in Martin Luthers Verständnis der Buße (BThZ 34, 2017, 47–72), das Zitat aaO., 64.

5 Vgl. z.B. WA 54; 185,21–24 (*Vorrede zur Ausgabe seiner lateinischen Schriften, 1545*): »Ego autem, qui me, utcunque irreprehensibilis monachus vivebam, sentirem coram

scholasticam theologiam polemisch dem Ockhamismus der Spätscholastik entgegen:[6] Der von Gott getrennte Mensch ist nicht frei, Gott über alles zu lieben bzw. zu wollen, dass Gott Gott ist; er ist unwissend in Bezug auf Gott, sich selbst und das gute Werk und sein Wille unentrinnbar davon bestimmt, »das Seine zu suchen« (*quaerere quae sua sunt*). Nicht also durch gerechtes Handeln wird der Mensch gerecht (wenn der gefallene Mensch »tut, was in ihm ist, sündigt er tödlich,«[7] heißt es 1518); »fast die ganze Ethik des Aristoteles ist die schlimmste Feindin der Gnade«; und »man wird ein Theologe nur, wenn man es ohne Aristoteles wird.« Die Wahrheit des Glaubens wird durch logisches Schlussfolgern nicht erreicht, »Breviter, Totus Aristoteles ad theologiam est tenebrae ad Iucem.«[8]

Und auch für die Naturerkenntnis nütze es wenig, »über Materie, Form, Bewegung, Ziel und die Zeit schwätzen zu können mit Worten, die von Aristoteles ersonnen und vorgeschrieben wurden,« notiert Luther 1518.[9] In den Thesen, *Ob die Bücher der Philosophen nützlich oder unnütz seien für die Theologie*, des Jahres 1519 heißt es, wer die Begriffe der Logik und der Philosophie in der Theologie verwende, der stifte notwendigerweise ein fürchterliches Chaos; die philosophische Betrachtung von »Natur und Eigenschaften der Dinge« sei jedoch nützlich.[10] 1520 lautet die Empfehlung Luthers für eine Universitätsreform in Hinblick auf *Physik, Metaphysik,*

Deo esse peccatorem inquietissimae conscientiae, nec mea satisfactione placatum confidere possem, non amabam, imo odiebam iustum et punientem peccatores Deum [...]«.

6 WA 1; 224–228; vgl. L. GRANE, Contra Gabrielem. Luthers Auseinandersetzung mit Gabriel Biel in der Disputatio Contra Scholasticam Theologiam 1517, 1962; TH. DIETER, Der junge Luther und Aristoteles. Eine historisch-systematische Untersuchung zum Verhältnis von Theologie und Philosophie (TBT 105), 2001, 39–256.378–430.

7 WA 1; 359,33f (*Heidelberger Disputation*, 1518). Die Übersetzungen im Aufsatz stammen allesamt von A.M.

8 Vgl. WA 1; 224,7–226,27 (*Disputatio Contra Scholasticam Theologiam*, 1517), das Zitat aaO.; 226,26f.

9 WA 9; 170,1–9; vgl. zusammenfassend DIETER, Luther (s. Anm. 6), 627–631.

10 WA 6; 29,19f (*Conclusiones tractantes, an libri philosophorum sint utiles aut inutiles ad theologiam*, 1519): »Si quis terminos logice et philosophie in theologiam ducat, necesse est, ut horrendum cahos errorum condat«; aaO., 29,25f: »Philosophia de naturis et proprietatibus rerum (sophistis ignotissima) utilis est ad sacram theologiam.«

16

De anima und *Ethik* des Aristoteles pauschal: »O nur weyt mit solchen buchern von allen Christen!«[11] Die *Widerlegung der Begründung, die Latomus für die brandstifterischen Sophisten der Universität Löwen gegeben hat*, schließt 1521 mit Luthers Rat, ein junger Mensch solle die schulmäßige Philosophie und Theologie als ganze meiden und stattdessen die Bibel lesen.[12]

2 Fortgesetzte Verwendung philosophischer Frageschemata

a) Kategorien

In derselben Schrift, dem *Antilatomus*, bedient Luther sich selbst einmal der aristotelischen Kategorienlehre,[13] um seine Auffassung vom Sündersein der Getauften auch den »Sophisten« unmissverständlich zu erläutern. Er verwendet die Kategorien mit einem Verweis auf Quintilian (Inst. or. I, pr. 12) in freier Weise, als Instrument geordneter Darlegung, und behandelt die Sünde wie eine Substanz *secundum praedicamenta*. Generell sei es sinnvoll, die Darlegung eines Sachverhaltes in dieser Weise zu ordnen.[14] Luther hält also fest, was die Sünde ihrem Wesen nach ist (*quae sit substantia peccati*), nämlich ein Ärgernis Gottes und die Übertretung des göttlichen Gesetzes (*offensio dei et legis dei transgressio*);[15] diese Wesensbestimmung gilt nicht mehr oder weniger (*non suscipit magis neque minus*), sie gilt als solche für die verkehrten Regungen des Menschen vor und nach der Taufe. In Bezug auf Qualität, Quantität, Ort und Zeit, *actio* und *passio* ist jedoch zu unterscheiden: Vor der Taufe herrschte die Sünde, nach der Taufe ist sie niedergetreten und unterworfen (*contritum et subiectum*); was davon übriggeblieben ist, das müssen wir selbst mit eigenem Einsatz vernichten

---

11 WA 6; 458,16f (*An den christlichen Adel*, 1520), zum Thema H. SCHEIBLE, Aristoteles und die Wittenberger Universitätsreform (in: DERS., Aufsätze zu Melanchthon [SMHR 49], 2010, 125–151).

12 Vgl. WA 8; 127,3–32 (*Rationis Latomianae Confutatio*, 1521).

13 Vgl. z.B. O. HÖFFE, Aristoteles (Beck'sche Reihe 535), ³2006, 166–170.

14 Vgl. WA 8; 88,9–24, zum Thema zusammenfassend O. BAYER, Philosophische Denkformen der Theologie Luthers als Gegenstand der Forschung (in: DERS., Zugesagte Gegenwart, 2007, 324–339).

15 WA 8; 88,4f; das »haben auch die Sophisten einigermaßen erfasst«.

(*nostro marte abolere debemus*).[16] Die Herrschaft der Sünde ist also ganz und gar aufgehoben (*abolitum est*).[17]

b) Causae

Ein weiteres bleibend nützliches Instrument zur Klärung von Sachverhalten ist das Vier-Ursachen-Schema.[18] Im Juni 1540 berichtet Luther bei Tisch, er habe für seinen Sohn ein kurzes Kompendium der Dialektik verfasst, eine verständliche Zusammenstellung einiger Lehren dieser philosophischen Kunst (*ars*). Denn die ganze Dialektik bestehe in Gliederung, Definition und Argumentation: Die Gliederung sorgt dafür, dass die Rede nicht zweideutig sei, denn die Mutter des Irrtums sei immer die Äquivokation. Wenn aus dem Mehrdeutigen etwas Eindeutiges wird, dann sind wir sicher, wovon wir reden: Das versteht jeder Bauer. Auf die Gliederung folgt die Definition. Sie zeigt an, was es für eine Sache ist, von der wir reden. Eine gute Definition wird durch die vier Ursachen konstituiert: »Was ists fur ein ding? Haec est materia. Wie ists? Forma. Wann kumpts? Effectus. Warzu dients? Finis.« Auch das verstehe jeder Bauer. Darauf folgt die Argumentation, welche nach den Regeln des Folgerns die Schlüsse aus der Definition zieht, deren Geltung nicht verneint werden kann. Danach tritt die Rhetorik hinzu, schmückt aus, erweitert und entfaltet.[19]

Nachdem Luther so die Grundregeln erklärt hat, will er, wiederum »seinem Sohn«, ihre Anwendung am Beispiel des Glaubens demonstrieren. Zunächst ist zu klären, dass *fides* äquivok auch den »historischen«, »falschen« Glauben bezeichnet, nun jedoch *fides illa iustificans et vera* gemeint ist. Sodann sind die »Vier Ursachen« zu bestimmen:

---

16 AaO., 89,9.

17 Vgl. aaO., 89,31–35; zum Thema umfassend W. CHRISTE, Gerechte Sünder. Eine Untersuchung zu Martin Luthers »simul iustus et peccator« (ASyTh 6), 2014.

18 Vgl. z.B. HÖFFE, Aristoteles (s. Anm. 13), 116–119; zu Luthers Verwendung des Schemas G. EBELING, Lutherstudien Bd. II: Disputatio de homine, Teil 2: Die philosophische Definition des Menschen. Kommentar zu These 1–19, 1982, 333–358.

19 WAT 4; 647,6–648,10, Nr. 5082b.

Fides, quid? Materia fidei est nostra voluntas, forma est illa apprehensio verbi Christi, causa divinitus inspirata, finis, ut purificet cor et faciat nos filios Dei et afferat remissionem peccatorum.[20]

Aus diesen »Ursachen« ergibt sich die Definition des Glaubens: Der Glaube ist die Gabe Gottes in unserm Herzen, durch welche wir Christus ergreifen und fassen (apprehendimus). – Die Unterscheidung des wahren Glaubens, *fides apprehensiva*, von einem »falschen«, der nur in einer Kenntnis der historischen Fakten besteht, war zentrales Thema der ersten von fünf Thesenreihen über Röm 3,28 gewesen, die Luther selbst nach der Wiedereinführung des Disputierens an der Wittenberger Universität formuliert hat.[21] Die Disputation begann mit einer Infragestellung des Gebrauchs von (lateinischen) Vokabeln, die in der Bibel nicht vorkommen und von den meisten Schülern und Hörern nicht verstanden werden. Luther stellt klar, dass es nicht schädlich und mitunter notwendig sei, »fremde Wörter« zu verwenden; man müsse quasi den Stammelnden ein Stammler werden, und generell bestehe die Pflicht für alle Theologen, feststehenden Regeln gemäß zu sprechen, da sie ja nicht über unklare Dinge reden.[22] Das, was den Glauben zu einem »wahren« macht (*forma substantialis* des wahren Glaubens also) ist das »Ergreifen« Christi, d.h. das Erkennen und Annehmen des *pro Me* der rettenden Liebe Gottes (Thesen 14 und 24); Gleichnis dieses Ergreifens, das Christus »in uns zur Wirkung bringt« (*faciat Christum in nobis efficacem*; These 10), ist die Umarmung des Bräutigams durch die Braut, in der sie spricht: »Mein Geliebter ist mein und ich bin sein« (Hld 2,16; These 22).

20 AaO., 648,11–23, das Zitat aaO., 648,15–18: »Was ist der Glaube? *Materia* des Glaubens ist unser Wille, seine *forma* das Ergreifen des Wortes Christi, seine Ursache: [er ist] von Gott eingegeben. Sein Ziel ist, dass er das Herz reinigt und uns zu Kindern Gottes macht und die Vergebung der Sünden mit sich bringt.«

21 WA 39,1; 44,4–48,30; vgl. R. Schwarz, Disputationen (in: Luther Handbuch, hg. v. A. Beutel, ²2010, 328–340).

22 Vgl. WA 39,1; 53,15–28; G. Ebeling, Fides occidit rationem (in: Ders., Lutherstudien Bd. III, 1985, 181–222); Th. Dieter, Beobachtungen zu Martin Luthers Verständnis ›der‹ Vernunft (in: Denkraum Katechismus. Festgabe für Oswald Bayer zum 70. Geburtstag, hg. v. J. v. Lüpke / E. Thaidigsmann, 2009, 145–169).

II Das Wortfeld *forma / formari* zur Explikation des Verhältnisses Gott – Mensch

1 Die Vorlesung über den Römerbrief 1515/16

Luther ist zu der entscheidenden Einsicht gelangt, Gottes Gerechtigkeit zu verstehen als das Handeln Gottes, durch das er den glaubenden Menschen gerecht macht,[23] ist aber zunächst noch weit entfernt davon, die scholastische Terminologie zu verwerfen. Er macht vielmehr intensiven Gebrauch von naturphilosophischen Strukturmodellen, um seine Auffassung vom Werden des Gerechten zu formulieren und zu plausibilisieren.[24] So verweist er zum Stichwort *reformamini* (Röm 12,2) auf die aristotelischen Grundbegriffe des Werdens der Naturdinge (*Sic enim de rebus philosophatur Aristoteles et Bene*):[25] Wie es bei den Dingen der Natur Nichtsein, Werden, Sein (*esse* bzw. *forma*), Tätig-sein und Leiden (Vergehen) gibt, so gibt es auch im Geist (*Ita et Spiritu*) ein Nichtsein [des Gerechten]: den Menschen in Sünden, ein Werden: die Rechtfertigung, ein Sein: die Gerechtigkeit, ein Tätig-sein: das gerechte Handeln und Leben, und ein Leiden: das Vollendet-werden. Die Intention Luthers dabei ist, die Rechtfertigung des Sünders als das Werden eines neuen Seins durch das bildende Eingreifen einer Formkraft zu erfassen, und zwar als eine Bewegung, die je neu vom Nichtsein ihren Ausgangspunkt nimmt und die ihre Richtung je neu vom Ziel her, der letzten, noch nicht erreichten Vollendung, empfängt.[26]

Innerhalb dieser Parallelisierung der beiden Reihen von Begriffen, die das Werden der natürlichen Dinge einerseits und des Gerechten andererseits erfassen, steht *iustitia* parallel zu *forma* und zu *esse*; *forma* ist an dieser Stelle das Prinzip, welches Sein und So-Sein konstituiert, *forma sub-*

---

23 Vgl. J. Wolff, Vorlesungen (in: Luther Handbuch [s. Anm. 21], 322–328), 323; A. Stegmann, Luthers Auffassung vom christlichen Leben (BHTh 175), 2014, 168–207.

24 Vgl. O. Bayer, Promissio. Geschichte der reformatorischen Wende in Luthers Theologie (FKDG 24), 1971, 32–77; Dieter, Luther (s. Anm. 6), 257–346.

25 WA 56; 442,13f; der Zusammenhang aaO., 441,23–442,22; dazu Dieter, Luther (s. Anm. 6), 335–343, sowie Christe, Sünder (s. Anm. 17), 113–119.

26 Vgl. dazu WA 56; 443,1–8; Dieter, Luther (s. Anm. 6), 317–325.

stantialis, für welche »forma dat esse« gilt.[27] In der aristotelischen Naturphilosophie ist die *forma* allerdings unselbständiges Prinzip[28] bzw. »Teil«
des aus Materie und Form »zusammengesetzten« Körpers (*pars compositi*)
und diesem »innerlich« (*intrinseca rei*). Die Gerechtigkeit des Gerechten
dagegen hat weder ihren Ursprung in diesem selbst,[29] noch wird sie ihm
in einer Weise zu eigen, dass sie ihm nicht mehr von Gott zuteilwerden
müsste; sie bleibt *forma extrinseca*.[30] Allein der Relation, in der er mit dem
göttlichen Handeln an ihm eins wird, verdankt er sein neues Sein.

Zur Bewegung des Rechtfertigungsgeschehens gehört aufseiten des
Menschen zentral die Absage an »alles, was nicht Gott ist«.[31] Dabei steht
»die Weisheit des Fleisches dem Wort Gottes feindlich entgegen,« so dass
es notwendig ist, »dass sie ihre *forma* ablegt und die *forma* des Wortes annimmt. Das geschieht, wenn sie sich durch den Glauben selbst gefangen
nimmt und vernichtet und sich mit dem Wort in Übereinstimmung bringt
(*conformat*).«[32] Um den theologischen Zusammenhang plausibel zu machen, dass nur derjenige Mensch Anteil an der göttlichen Gerechtigkeit,
Weisheit und Stärke gewinnt, der nicht mehr auf seine eigene Gerechtigkeit, Weisheit und Stärke baut, verweist Luther zu Röm 3,7 auf verschiedene
analoge Verhältnisse bzw. biblische Beispiele (*sic omnis creatura docet*) und
abschließend auf die aristotelische Aussage (*Et Vt philosophi dicunt*), eine
neue Form werde nicht anders eingeführt als so, dass zugleich die alte Form
beseitigt wird (*non inducitur forma, nisi vbi est priuatio forme preceden-*

---

27 Scholastisch sind die akzidentielle und die substantielle Form zu unterscheiden: Eine
   forma accidentalis verleiht dem Ding eine nichtwesentliche Seinsbestimmung, eine
   forma substantialis konstituiert die Substanz bzw. das Wesen eines Dings; vgl. z.B. THO-
   MAS V. AQUIN, De ente et essentia, cap. 4; STh I, qu. 77, art. 6; GUILLELMUS DE OCKHAM,
   Summula philosophiae naturalis, lib. 1, cap. 11.

28 Vgl. z.B. THOMAS V. AQUIN, In librum Boethii De trinitate, qu. 5, art. 4.

29 Vgl. z.B. WA 56; 158,11f: »per extraneam Iustitiam et sapientiam vult saluare, Non que
   veniat et nascatur ex nobis, Sed que aliunde veniat in nos«.

30 Vgl. z.B. aaO., 279,22f: »Extrinsecum nobis est omne bonum nostrum, quod est Christus.«

31 Vgl. z.B. aaO., 366,14–16: »›Spiritu Dei agi‹ Est Libere, prompte, Hilariter carnem i.e.
   veterem hominem mortificare i.e. omnia contemnere et abnegare, que Deus non est.«

32 AaO., 329,28–330,1: »[...] necesse est Sapientiam carnis mutari et suam formam relin-
   quere ac formam verbi suscipere. Quod fit, dum per fidem seipsam captiuat et destruit,
   conformat se verbo, credens verbum esse verum, se vero falsam.«

tisque expulsio).[33] – Luther vergleicht das Rechtfertigungsgeschehen aber nicht nur mit dem Einführen einer neuen *forma*, sondern verwendet den Terminus auch, um dieses Geschehen selbst zu bezeichnen:

> Sic »Verbum caro factum est« [Joh 1,14], et »assumpsit formam serui« [Phil 2,7], vt caro verbum fiat et homo formam assumat verbi tunc, vt c. 3. dictum est, homo fit Iustus, verax, sapiens, bonus, mitis, castus, sicut est verbum ipsum, cui se per fidem conformat.[34]

Luther kommt zu dieser Formulierung, das Ziel des göttlichen Handelns sei, dass der Mensch die *forma* des Wortes annehme und sich nach ihr bilde, indem er den athanasisch-augustinischen Satz aus der Predigt des Augustinus *De nativitate* »Deus homo factus est ut homo Deus fieret« variiert. Er ersetzt das *Deus / homo* durch *Verbum / caro* aus Joh 1,14 und spielt außerdem als Parallelformulierung Phil 2,7 ein, so dass sich nun ergibt: »ut homo formam assumat verbi«. Die Umformulierung des augustinischen Satzes durch den Bezug auf Joh 1,14 findet sich bereits in der Predigt vom 25. Dezember 1514.[35] Dort erläutert Luther anschließend, dass die »Wortwerdung« des Menschen nicht als eine Transsubstantiation zu verstehen sei, dass »wir das Wort aber aufnehmen und durch den Glauben mit ihm eins werden, so dass nicht nur gesagt werden muss, dass wir das Wort haben, sondern auch, dass wir es sind.«[36] Diese Einheit des Glaubenden mit dem Wort wird in der Vorlesung also mit Hilfe des aus Phil 2,7 stammenden Terminus *forma* als Annahme der *forma verbi* beschrieben: Gott macht gerecht, indem er »in seinem Wort« siegt, d.h. indem er den Menschen, der auf sein Wort als wahr und gerecht vertraut, »in sein Wort verwandelt«, so dass im Glaubenden die gleiche Wahrheit und Gerechtigkeit ist, *simi-*

---

33 Vgl. aaO., 218,7–22; DIETER, Luther (s. Anm. 6), 269–271.

34 WA 56; 330,1–5 (Übersetzung A.M.): »So ›ist das Wort Fleisch geworden‹ und ›hat die *forma* eines Knechtes angenommen‹, damit das Fleisch Wort werde und der Mensch die *forma* des Wortes annehme und alsdann, wie in Kapitel 3 dargelegt ist, der Mensch gerecht, wahrhaftig, weise, gut, mild und uneigennützig werde, wie das Wort selbst ist, dem er sich durch den Glauben gleichgestaltet.«

35 Vgl. WA 1; 28,27–30.

36 Vgl. aaO., 28,39–41: »Ita nec nos qui sumus caro sic efficimur verbum, quod in verbum substantialiter mutemur, sed quod assumimus et per fidem ipsum nobis unimus, qua unione non tantum habere verbum sed etiam esse dicimur;« dazu BAYER, Promissio (s. Anm. 24), 17–31.

lis forma, wie im göttlichen Wort.[37] Das Eins-werden mit dem Wort ist ganz eigener Art, es bedeutet nicht die Auflösung des Menschen, aber doch eine wesentliche, d.h. substantielle Neubestimmung.[38] Dass der Mensch in eine neue Gottesbeziehung eintritt, bedeutet nicht seine Ausstattung mit einer neuen Qualität (*forma accidentalis*), sondern eine Neubestimmung des Seins.[39] Dies impliziert eine »Transformation des Sinnes« – nicht als ein einmaliges Geschehen, sondern als je neu zu erstrebendes Fortschreiten in Richtung auf die neue *forma* des Seins.[40] Der selbstbezogene Wille des Menschen aber steht seiner Formung nach dem Willen Gottes entgegen; der Mensch erduldet sein Geformt-werden, indem er vom Geist geleitet die eigenen Vorstellungen aufgibt und sich ganz auf den unter dem Gegenteil seiner eigenen Entwürfe verborgenen Gott verlässt; »diejenigen aber, die Gottes Geist nicht haben, fliehen und wollen nicht, dass Gottes Werk geschehe, sondern wollen sich selbst formen.«[41] Wenn jedoch Gott beginnt, einen Menschen zu formen wie ein Künstler sein Werk, dann vergeht der eigene Entwurf (*forma et Idea cogitationis nostrae*).[42] Diejenigen Menschen, die vom Geist Gottes getrieben »das lieben, was Gott liebt, und

---

37 WA 56; 227,2–7: »Iustificat Vincit enim in verbo suo, dum nos tales facit, quale est verbum suum, hoc est Iustum, verum, Sapiens etc. Et ita nos in verbum suum, non autem verbum suum in nos mutat. facit autem tales tunc, quando nos verbum suum tale credimus esse, sc. Iustum, verum. Tunc enim Iam similis forma est in verbo et in credente.«

38 In der aristotelisch-scholastischen Ontologie ist »Substanz« (ούσία) einerseits das, woraus etwas besteht (*substantia*), oder das selbstständig Seiende, d.h. das Einzelding (*substantia*), welchem veränderliche Eigenschaften (*accidentia*) zukommen, andererseits die unterscheidende Bestimmtheit eines Dings, das, »was ein Ding ist« (*substantia* oder *essentia*), sein »Wesen«; vgl. HÖFFE, Aristoteles (s. Anm. 13), 171–177.

39 Vgl. WA 56; 337,18–21: »Maledictum vocabulum illud ›formatum‹, quod cogit intelligere animam esse velut eandem post et ante charitatem [...], cum sit necesse ipsam totam mortificari et aliam fieri, antequam charitatem induat et operetur.«

40 Vgl. aaO., 446,5–27, insbesondere aaO. 446,5: »Fides enim ipsa transformat sensum [...]«, sowie 239,15–18: »Semper querendum et requirendum i.e. iterum ac iterum querendum. [...] Sic enim itur de virtute in virtutem [Ps 83 (84),8], a claritate in claritatem [2Kor 3,18] in eandem formam.«

41 Vgl. aaO., 376,1–377,1; das Zitat aaO. 376,27–29.

42 Vgl. aaO., 378,2–9: »Sicut artifex fertur super materiam abilem et aptam ad opus artis sue formandum, [...] [ita Deus] incipit artis et consilii sui formam imprimere. Vbi necessario perit forma et Idea cogitationis nostre.«

hassen, was Gott hasst,« heißen in dieser *conformitas* mit dem göttlichen Wollen »gottförmig« (*deiformes*) und »Kinder Gottes«.⁴³ Sie stimmen kraft des Geistes in Freiheit allem zu, was Gottes Willen entspricht; und wer so sich selbst ganz und gar in den Willen Gottes hineinstürzt, der ist gerettet.⁴⁴

2 *Operationes in Psalmos 1519–21*

Zentrales Thema dieser Vorlesung ist das kreuzestheologisch interpretierte Wirken Gottes durch sein Wort: »Das Wort der Gnade ist nämlich das Wort des Kreuzes.«⁴⁵ Innerhalb seiner allegorischen Auslegung des Verses »Reges eos in virga ferrea, tanquam vas figuli confringes eos« (Ps 2,9)⁴⁶ führt Luther aus, dass das Wort Christi, das »Zepter seiner Herrschaft«, ein Wort des Heils und des Friedens, des Lebens und der Gnade, dem fleischlichen Menschen härter und schonungsloser als Eisen erscheinen muss. Denn Gottes Werk geschieht verborgen unter dem Gegenteil, er »tötet unseren Willen, um in uns seinen aufzurichten;« und das Wort Christi »richtet jede fehlerhafte *forma* zugrunde und verwandelt sie in eine andere, die Gott gefällt«: es »vernichtet das Große (i.e. erniedrigt die Hochmütigen), rückt das Ver-

---

43 Vgl. aaO., 368,30–369,5; dazu M. Oʜsᴛ (in: Luther und wir. 95 × Nachdenken über Reformation, hg. v. A. Cʜʀɪsᴛᴏᴘʜᴇʀsᴇɴ, 2016, 150–153).

44 WA 56; 391,7–16: »qui vere Deum diligunt amore filiali et amicitie, [...] seipsos ita pure conformant Voluntati Dei, Sic est impossibile, vt in inferno maneant. Quia impossibile est, vt extra Deum maneat, qui-in voluntatem Dei sese penitus proiecit. Quia Vult, quod vult Deus; Ergo placet Deo. Si placet, ergo est dilectus; Si dilectus, ergo Saluus.« Vgl. auch aaO., 364,35–365,7: »Qui vero ›prudentiam spiritus‹ habent, Voluntatem Dei diligunt et ei conformes congratulantur. [...] volunt perfecta voluntate idem, quod Deus vult. Vbicunque enim est voluntas, ibi neque dolor neque horror est, Sed optatum desiderati et voliti complementum et quieta cupiti acquisitio.« Dazu K. Hᴏʟʟ, Die Rechtfertigungslehre in Luthers Vorlesung über den Römerbrief mit besonderer Rücksicht auf die Frage der Heilsgewissheit, 1910 (in: Dᴇʀs., Gesammelte Aufsätze zur Kirchengeschichte I: Luther, ⁷1948, 111–154), 150–152; S. Gʀᴏssᴇ, Heilsgewissheit des Glaubens. Die Entwicklung der Auffassungen des jungen Luther von Gewissheit und Ungewissheit des Heils (LuJ 77, 2010, 41–63).

45 WA 5; 657,27f (*Operationes in Psalmos 1519–21*); zum ganzen Thema vgl. H. Bʟᴀᴜ-ᴍᴇɪsᴇʀ, Martin Luthers Kreuzestheologie: Schlüssel zu seiner Deutung von Mensch und Wirklichkeit. Eine Untersuchung anhand der Operationes in Psalmos (1519–1521) (KKTS 60), 1995.

46 WA 5; 63,13–67,18 (*Operationes in Psalmos 1519–21*, zu Ps 2,9).

drehte zurecht (i.e. zügelt die Zügellosen), krümmt das Aufgerichtete (i.e. beugt die Stolzen)« etc.47 *Formae* heißen in diesem Zusammenhang die verschiedenen Charaktereigenschaften bzw. Handlungsdispositionen, die dem selbstbezogenen Willen des Menschen entspringen. Das Wort Christi ist das göttliche Wort, das »tötet und lebendig macht«; es wirkt sowohl Gottes »fremdes« Werk, indem es erschreckt und demütigt, als auch die Neugestaltung.

In der Wendung »Rex meus et deus meus« (Ps 5,3) kommt für Luther die »Summe des christlichen Lebens« zum Ausdruck: einen Herrscher und Gott zu haben.48 Dabei verbindet Luther das doppelte Werk Gottes mit der zweifachen Natur Christi. Der Menschheit ordnet er zu, dass Christus »uns von uns selbst wegreißt und zu sich hinführt«, d.h. »uns nach sich selbst formt (*conformes facit*) und kreuzigt, indem er aus unglücklichen und hochmütigen Göttern wahre Menschen macht, d.h. erbärmliche Sünder;« der Gottheit entspricht es, »wenn er uns zu ihm Kommende aufnimmt und mit sich selbst, d.h. mit göttlichen Gütern erfüllt« bzw. »uns seinem verklärten Leib gleichgestalten wird (*configurabit*)«.49 Das erste, das »der Sünde Absterben«, bestimmt die Gegenwart des christlichen Lebens, das zweite ist eher Gegenstand der Hoffnung. An anderer Stelle kann Luther aber auch

47 Vgl. aaO., 64,2–4: »Occidit enim voluntatem nostram, ut statuat in nobis suam. Mortificat carnem et concupiscentias eius, ut vivificet spiritum et concupiscentias eius;« 66,11–17: »verbum Christi magna comminuit (idest superbos humiliat), distorta componit (idest indisciplinatos castigat), erecta incurvat (idest elatos inclinat) [...] Summa: omnem formam viciosam destruit et in aliam deo placitam mutat.«

48 AaO., 128,29–34: »Atque in his duobus iterum summa totius vitae nostrae exprimitur: habere Regem et deum. Regit, dum nos a nobis auffert et ad se ducit; Deus est, dum nos venientes suscipit et seipso, idest divinis bonis replet. Prior conditio est Crux, phase, transitus, ductus a mundo, a vitiis et omnino mortificatio nostri. Posterior susceptio et glorificatio nostri.«

49 AaO., 128,36–129,7: »Christus enim gemina natura utrunque horum efficit. Humanitatis seu (ut Apostolus loquitur) carnis regno, quod in fide agitur, nos sibi conformes facit et crucifigit, faciens ex infoelicibus et superbis diis homines veros, idest miseros et peccatores. [...] At regno divinitatis et gloriae configurabit nos corpori claritatis suae, ubi similes ei erimus, [...] Tunc dicetur ›deus meus‹ in re, quod nunc in spe dicitur.«

hiervon im Präsens sprechen: Durch sein Wort schafft Gott, dass »wir sind, was er selbst ist«.[50]

Gegen die scholastische Tradition, die den Menschen auch in seiner Gottesbeziehung aufgefasst hatte als das Wesen, das sich durch sein eigenes Tätig-sein selbst verwirklicht (wobei die Voraussetzungen seines Tätigwerdens zu seinem Heil dem Menschen auch nach scholastischer Auffassung nicht von Natur aus eigen sind, sondern ihm als Gnadengaben zugeeignet werden), versteht Luther nun den auf Gott bezogenen Menschen grundsätzlich anders:[51]

> At fidei, spei, charitatis opus et esse videntur idem esse. Quid enim est fides, nisi motus ille cordis, qui credere, Spes motus, qui sperare, Charitas motus, qui diligere vocatur? Nam phantasma illa puto humana esse, quod aliud sit habitus et aliud actus eius, praesertim in his divinis virtutibus, in quibus non est nisi passio, raptus, motus, quo movetur, formatur, purgatur, impregnatur anima verbo dei?[52]

Ein *habitus* ist eine durch eigene Tätigkeit erworbene Tätigkeitsvorprägung, die im Folgenden ein leichteres Handeln ermöglicht; das Kennzeichen aller *habitus* ist, dass zwar das Tätigkeitsvermögen vervollkommnet, aber nicht zur zwangsläufigen Aktivität gebracht wird: Die Person gebraucht den *habitus*, aber sie ist durch ihn nur geneigt, nicht gezwungen,

---

50 AaO., 144,20–22: »eodem verbo deus facit et nos sumus, quod ipse est, ut in ipso simus, et suum esse nostrum esse sit«; vgl. 543,20f: »omnia, quae in Christo sunt, nostra esse sciamus.«

51 Vgl. W. Joest, Ontologie der Person bei Luther, 1967; A. Peters, Der Mensch (HST 8), 1979, 27–59; M. Seils, Glaube (HST 13), 1996, 21–90; D. Korsch, Glaube und Rechtfertigung (in: Luther Handbuch [s. Anm. 21], 372–381); E. Herms, Mensch (in: aaO., 392–403); N. Slenczka, Die Anthropologie Martin Luthers (in: Anthropologie, hg. v. E. Gräb-Schmidt / R. Preul [MJTh 29/MThSt 128], 2017, 85–116).

52 WA 5; 176,8–14 (*Operationes in Psalmos* 1519–21) (Übersetzung A.M.): »Aber beim Glauben, der Hoffnung und der Liebe scheinen Tätigsein und Sein dasselbe zu sein. Was ist nämlich der Glaube, wenn nicht jene Bewegung des Herzens, die ›glauben‹ genannt wird, was die Hoffnung, was die Liebe anderes als die Bewegungen des Herzens, die ›hoffen‹ bzw. ›lieben‹ genannt werden? Denn ich halte es für ein akademisches Hirngespinst, dass ein *habitus* das eine und seine Handlung etwas anderes sei, vor allem bei diesen göttlichen Tugenden, wo nichts ist als Erleiden, Weggerissenwerden, Erschütterung, wodurch die Seele vom Wort Gottes bewegt, geformt, gereinigt und befruchtet wird.«

überhaupt zu handeln, der Gebrauch der *habitus* ist dem Willen unterworfen.[53] Scholastisch wurden auch die »theologischen Tugenden« Glaube, Liebe und Hoffnung als *habitus* betrachtet, allerdings nicht als durch eigene Tätigkeit erworbene *habitus*, sondern als »eingegossene«.[54] Luther polemisiert immer wieder sowohl gegen ein Verständnis der Gnade als *qualitas*: »sie ligt nit, wie die trawmprediger fabuliern, ynn der seelen und schlefft odder lessit sich tragen, wie eyn gemallt brett seyne farbe tregt. Neyn, nit alßo, sie tregt, sie furet, sie treybett, sie tzeucht, sie wandellt, sie wirckt allis ym menschen«[55]; als auch gegen ein Verständnis von Glaube, Hoffnung und Liebe als *habitus*, aufgrund welcher der Mensch »Akte« des Glaubens, Hoffens und Liebens wählen könnte.[56] Zu glauben, zu hoffen und zu lieben ist nach Luthers Auffassung nichts anderes als das Erleiden des Wirkens Gottes durch sein Wort.[57] Der Prozess, in dem der Mensch zu dem wird, der er sein soll, ist ein Prozess der Bildung durch das Wort Gottes, ein Prozess der aneignenden Erkenntnis Christi im Glauben, den

---

53 THOMAS V. AQUIN, STh I–II, qu. 52, art. 3: »usus habituum in voluntate hominis consistit, ut ex supradictis patet; sicut contingit quod aliquis habens habitum non utitur illo, vel etiam agit actum contrarium;« vgl. P. NICKL, Habitus – oder wie das Gute leicht wird (in: Habitus fidei – Die Überwindung der eigenen Gottlosigkeit [Festschrift R. Schenk OP], hg. v. J. ALBERG / D. KÖDER, 2016, 107–120); zu Luther: P. NICKL, Ordnung der Gefühle. Studien zum Begriff des habitus, 2005, 117–133.

54 Vgl. THOMAS V. AQUIN, STh I–II, qu. 110, art. 2; O.H. PESCH, Die Theologie der Tugend und die theologischen Tugenden (Concilium 23, 1987, 233–245).

55 WA 10,1,1; 115,1–4 (*Kirchenpostille* 1522, zu Tit 3,4–7).

56 Vgl. WA 44; 771,3–9 (*Genesisvorlesung*, 1535–45, zu Gen 49,11f): »Tota Christiana vita non est dormitans et ociosa qualitas, sicut Philosophi distinguunt inter actum et habitum, et in Scholis definiverunt fidem esse habitum quendam, et hanc tamen habitualem fidem nihil facere, nisi eliciat actum credendi. Haec mera portenta verborum sunt, quae ne ipsi quidem intellexerunt, et his somniis obscuraverunt fidem, et miscuerunt Theologiae Philosophiam Aristotelicam. Valeant igitur cum suis habitibus et distinctionibus inter fidem et actum fidei.«

57 Vgl. noch WA 5; 177,12–15: »Velle enim illud, quod credere, sperare, diligere iam diximus, est motus, raptus, ductus verbi dei et quaedam continua purgatio et renovatio mentis et sensus de die in diem in agnitionem dei. Licet non semper aeque intensa sit illa passio, tamen semper est passio.«

Luther als Transformation auffasst,[58] als Gleichförmig-werden mit dem Gekreuzigten.[59]

In der Auslegung von Ps 22,19 entfaltet Luther dies in Hinsicht auf das von Augustinus übernommene Begriffspaar *sacramentum – exemplum*, indem er verschiedene »Ansichten« (*facies*) Christi unterscheidet.[60] Die erste Ansicht bedeutet für den Glaubenden das Hineingerissen-Werden in das Leiden und Sterben Christi, welches er als *forma* der eigenen Existenz vor Gott wiedererkennt, was ein zum Heil führendes Ähnlich-Werden des inneren Menschen ist;[61] die zweite Ansicht zeigt Christus als Urbild und Beispiel auch des äußeren Lebens. Beide »Ansichten« sind untrennbar verbunden; beide werden »nicht anders als im Geist erkannt, d.h. durch den Affekt und die Liebe in uns geformt.«[62]

3 De libertate christiana 1520

Das Erlangen der *forma* dei, der göttlichen Vollkommenheit Christi, durch den Glauben erscheint hier quasi als ein vollendeter Sachverhalt:

> Ita christianus, quemadmodum caput suum Christus per fidem suam plenus et satur, contentus esse debet hac forma dei per fidem obtenta, nisi quod (ut dixi) ipsam hanc fidem augere debet, donec perficiatur. haec enim vita, iustitia et salus eius est, personam ipsam servans et gratam faciens omniaque tribuens, quae Christus habet, ut supra dictum est[63]

Denn der Glaube ist Leben, Gerechtigkeit und Heil des Christen, indem er ihm alles verleiht, was Christus hat. Der Kontext ist eine Auslegung

---

58 Vgl. aaO., 446,14: »fide nos in illum paramus transformare, ut sit nobis deus«; 449,5–8: […] »non formari a deo, sed formare deum volentes. Dixi enim superius, qui aliter de deo sentit quam sentiendum est, deum sibi, non se deo afformat. At sine fide nemo recte de deo sentit.«

59 Vgl. STEGMANN, Auffassung (s. Anm. 23), 296–302.

60 WA 5; 638,3–639,24; vgl. BLAUMEISER, Kreuzestheologie (s. Anm. 45), 368–382; J. WOLFF, Metapher und Kreuz. Studien zu Luthers Christusbild (HUTh 47), 2005, 365–390.

61 WA 5; 639,2–4: »Hac igitur prima facie similis efficeris Christo in spiritu et fide, idest credis et agnoscis, te talem esse in conscientia, qualis est Christus in carne, atque haec est similitudo salutaris et bona, promovens ad salutem.«

62 AaO., 639,19f: »Neque enim nisi spiritu et ipsa cognoscitur, hoc est affectu et amore in nobis formatur.«

63 WA 7; 65,26–30 (*De libertate christiana*, 1520).

von Phil 2,5–11. Nach Luthers Verständnis bedeutet »forma Dei« an dieser Stelle nicht die »Substanz« Gottes, nicht die göttliche Natur,[64] nicht »das, was Gott in sich selbst und für sich selbst ist, das göttliche Wesen, das niemand sehen kann«, sondern die Art, wie sich Gott gegenüber den Geschöpfen »gebärdet«, wie Gott redet und tut, wenn er sich als Gott erweist, seine »Taten« also,[65] d. h. seine Weisheit, Kraft, Gerechtigkeit, Güte und Freiheit. (Diese hat Christus nicht für sich selbst genutzt, sondern damit anderen gedient – womit er den Christen *exemplum* ist, dass auch sie mit dem, was ihnen gegeben ist, ihren Nächsten dienen und helfen sollen.)

»Oben« hatte Luther zunächst zwischen Geboten und Verheißungen Gottes unterschieden: Während die Stimme des Gesetzes den Menschen zur Erkenntnis seiner Sünden bringt, ihn »wahrhaft demütigt und vernichtet in seinen eigenen Augen« bzw. ihn »verwundet, verletzt, tötet und in die Hölle hinabführt«, verheißt das Wort der Gnade (*verbum gratiae*) »Gnade, Gerechtigkeit, Frieden und Freiheit«.[66] Wer diesem Wort vertraut, ihm »in festem Glauben anhängt«, eins mit ihm wird, der empfängt alles, was es verheißt.[67] »So wie das Wort ist, so wird von ihm die Seele« – wie ein Eisen im Feuer weißglühend wird wegen seiner Vereinigung mit dem Feuer.[68] Durch den Glauben ist der Mensch gleichsam ins Paradies versetzt,[69] durch den Glauben »hat er innerlich, was er haben soll – nur dass dieser Glaube und dieser Reichtum von Tag zu Tag wachsen muss bis zum zukünftigen Leben«, durch den Glauben ist der innere Mensch Gott gleichförmig (*conformis Deo*), und muss nun dafür sorgen, dass auch sein Leib, der äußere Mensch, »dem inneren Menschen und dem Glauben gehorche und gleich-

---

64 Vgl. aaO., 65,14–20, sowie WA 2; 147,38–148,2 (*De duplici iustitia*, 1519): »Forma dei hic non dicitur substantia dei, quia hac Christus nunquam se exinanivit [...] sed forma dei est sapientia, virtus, iusticia, bonitas, deinde libertas«.

65 WA 17,2; 238,28–239,18 (*Fastenpostille* 1525, Predigt über Phil 2,5–11).

66 WA 7; 52,24–26; außerdem aaO., 63,34–64,12.

67 AaO., 53,15–20.

68 AaO., 53,26–28: »quale est verbum, talis ab eo fit anima, ceu ferrum ignitum candet sicut ignis propter unionem sui et ignis«; dazu A. MICHAEL, Ferrum ignitum bei Luther. Wahrheit, die sich erschließt, wandelt den Menschen wesentlich (KuD 67, 2021, 169–197).

69 AaO., 61,12f: »per fidem suam denuo repositus est in paradisum et de novo recreatus«.

förmig (*conformis*) sei.«[70] Dies wird er aus Liebe zu Gott gern tun, so gut er kann: »Siehe, so fließt aus dem Glauben die Liebe und die Freude im Herrn und aus der Liebe ein heiterer, freudiger, freier Sinn, dem Nächsten bereitwillig zu dienen.«[71]

4 Die Galatervorlesung 1531[72]

a) Christus forma fidei

In der Auslegung von Gal 2,16 hält Luther fest, dass der Glaube deshalb gerecht macht, weil im Glauben Christus so gegenwärtig ist, dass dieser dem Glauben »leben«, »safft et krafft«, verleiht, so dass dieser Glaube keine »müßige Qualität im Herzen ist, die zusammen mit tödlicher Sünde bestehen könnte;«[73] – »Daher sagen wir, dass Christus die *forma* dieses Glaubens sei, und als auf diese Weise Ergriffener ist er die Gerechtigkeit des Christen, aufgrund welcher Gott uns als Gerechte ansieht und das Leben gibt.«[74] Der gegenwärtige Christus macht den Glauben zum (wahren) Glauben, so wie ihr Weiß-Sein die weiße Wand zu einer weißen Wand macht, führt Luther zum Vergleich an. Bei Aristoteles ist die Veränderung ($\mu\varepsilon\tau\alpha\beta o\lambda\dot{\eta}$) von Nicht-Weiß zu Weiß ein Beispiel für die Entstehung von etwas ($\gamma\acute{\varepsilon}\nu\varepsilon\sigma\iota\varsigma$ $\tau o\acute{\upsilon}\tau o\upsilon$); in der Scholastik war das Weiß-Sein einer Wand das Standard-Beispiel für ein *accidens inhaerens substantiae*, für ein Merkmal eines Dings also, das dem Ding wirklich eignet, das aber auch fehlen kann, ohne dass sein Träger

---

70 Vgl. aaO., 59,37–39; 60,2–9: »Hic iam incipiunt opera, hic non est ociandum, hic certe curandum, ut corpus ieiuniis, vigiliis, laboribus aliisque disciplinis moderatis exerceatur et spiritui subdatur ut homini interiori et fidei obediat et conformis sit, nec ei rebellet aut ipsum impediat, sicut est ingenium eius, si coercitus non fuerit. Interior enim homo conformis deo et ad imaginem dei creatus per fidem et gaudet et iucundatur propter Christum, in quo tanta sibi collata sunt bona, nude et hoc solum negocii sibi habet, ut cum gaudio et gratis deo serviat in libera charitate.«

71 AaO., 66,7 f.

72 Umfassend K. BORNKAMM, Luthers Auslegungen des Galaterbriefes von 1519 und 1531 (AKG 35), 1963; S. PEURA, Iustitia christiana in Luthers später Auslegung des Galaterbriefes (1531/1535) (LuJ 71, 2004, 179–210).

73 WA 40,1; 228,9–229,5 (*Galatervorlesung 1531*, zu Gal 2,16); vgl. BORNKAMM, Auslegungen (s. Anm. 72), 93–99; JOEST, Ontologie (s. Anm. 51), 365–386.

74 WA 40,1; 229,9–11: »Sic dicimus nos Christum esse formam istius fidei, et sic apprehensus est iustitia Christiana; propter hanc reputat nos iustos et donat vitam.«

deshalb verdorben wäre;[75] der Glaube ist jedoch für Luther wahrer Glaube nur, wenn er Christus ergreift, weshalb in der Relation des Glaubens gilt: »proprior mihi Christus quam paries« (i.e. quam albedo pariete).[76] Ein bloßes Wissen von Christus, welches »das Herz nicht verwandelt«, ist *fides ficta*, nicht wahrer Glaube.[77]

b) Christus mea forma

Zu Gal 2,20 (iam non ego…) bestimmt Luther das »Ich«, von dem gesagt wird, dass es nicht mehr lebe, als das von Christus getrennte Ich (*una persona distincta a Christo*), dieses muss aufgegeben werden (*oportet abiicere*). Stattdessen soll nun Christus *forma* meines Lebens sein (*quod Christus sit mea forma*), indem er mir im Glauben so zu eigen wird, dass »das Leben, das ich lebe, Christus ist«.[78] So macht der Glaube aus dem Glaubenden und Christus quasi »eine Person«.[79] Luther erfasst mit dem Terminus *forma* beides: einerseits, dass dem Glaubenden diese *forma* und damit Christi Gerechtigkeit als Ganze angerechnet wird (*reputatur*), und andererseits, dass der lebendigen Gegenwart Christi prägende und gestaltgebende Kraft eignet: Der Christenmensch lebt zwar noch »im Fleisch«, aber nicht »dem Fleisch gemäß«, denn in seinem Herzen »herrscht« Christus.[80] Dabei ist

---

75 Vgl. z.B. ARISTOTELES, Physik V 1 (225a 14f), sowie GUILLELMUS DE OCKHAM, Summa logicae, p. 1, cap. 25: »›Accidens est quod adest et abest praeter subiecti corruptionem.‹ [...] Uno modo dicitur accidens aliqua res realiter inhaerens substantiae, ad modum quo [...] albedo est in pariete.«

76 WA 40,1; 545,8 (zu Gal 3,28).

77 Vgl. z.B. aaO., 421,5–9 (zu Gal 3,11): »Aliqua ficta, alia vera. Ficta, quae audit de Christo, deo, mysterio, incarnatione et redemptione, et novit pulcherrime loqui, concepit opinionem, [...] sed revera non fides, quia non immutat eius cor, vitam, non generat novum hominem.«

78 AaO., 282,4–283,9.

79 AaO., 285,5–286,2; vgl. WA 57 III; 187,17–188,3 (*Hebräerbriefvorlesung* 1517/18): »fides ita exaltat cor hominis et transfert de se ipso in Deum, ut unus spiritus fiat ex corde et Deo ac sic ipsa divina iustitia sit cordis iustitia quodammodo, ut illi dicunt ›informans‹, sicut in Christo humanitas per unionem cum divina natura una et eadem facta est persona.«

80 WA 40,1; 288,10f: »Non negamus nos vivere in carne; sed non secundum carnem;« 289,9–11: »Sic inspicio mulierculam, sed casto visu, non cupio eam. Illa visio non venit ex carne, et tamen in carne;« 290,9f: »Ibi est in corde extincta caro et regnat Christus.«

diese *forma* nicht eine Qualität des Glaubenden selbst, allein die Relation des Glaubens konstituiert Einheit des Glaubenden mit seiner *forma.*[81]

c) Christus formetur in nobis

Zu Gal 4,19 spricht Luther von der *forma animi,* der Gestalt des Geistes bzw. des Herzens des Christenmenschen: Sie wird durch das Wort Gottes geschaffen (*paratur*) und Vertrauen des Herzens (*fiducia*) genannt und ist die Gesinnung (*voluntas, quae sic formata*), die Christus ergreift und allein ihm anhängt. Ein solches Herz »hat die wahre Gestalt (*figura*) Christi«.[82] Paulus predigt, damit »Christus in ihnen Gestalt gewinnt«.[83] Hier geht es um die Erkenntnis Christi und darin um die rechte Gotteserkenntnis, denn das Handeln Gottes in Christus offenbart, dass Gott der ist, der von allen Übeln befreien will,[84] – was Wirklichkeit wird für den Menschen, der sich darauf verlässt.[85] Diese Befreiung ist eine Neubestimmung des Willens, so dass der Christ so gesinnt ist, wie Christus gesinnt war.[86] Dass Christus auf

81 AaO., 370,8–11: »quando dico: ›reputation‹, – quod pendeat nostra iustitia non formaliter in nobis, ut rem Aristoteles disputat, sed extra nos in estimatione divina et nihil in nobis formae iustitiae praeter fidei primitias«; vgl. z.B. WA 31,2; 689,12–16 (Hohelied-Vorlesung 1530–31): »Non sumus Sancti formaliter intrinsece, sed extrinsece ab ipso Christo. Sophistae [...] a forma inherente dicunt Sanctos, sed iusti et Sancti a Christo, qui est nostra iustitia, Sanctitas, weil wir sein verbum haben, facit nos sanctos«. Zum Thema R. GEBHARDT, Heil als Kommunikationsgeschehen. Analysen zu dem in Luthers Rechtfertigungslehre implizierten Wirklichkeitsverständnis, 2002; zu Luthers Auslegung von Gal 2,20 vgl. aaO., 139–157.

82 Vgl. WA 40,1; 649,6–9.

83 AaO., 650,3f: »›ut Christus formetur‹, inquit; i.e. ut habeatis formam vel similitudinem Christi.«

84 Vgl. aaO., 602,5–603,1 (zu Gal 4,8): »deus non vult cognosci nisi per Christum, [...] non habeo Tyrannum, sed clementissimum patrem, qui velit liberare a morte et omnibus malis propter Christum; et ista est opinio divina, quae non fallit sed certa forma definit deum.«

85 AaO., 360,3–6 (zu Gal 3,6): »Est incomparabilis res et eius virtus inestimabilis, Dare gloriam deo. [...] fides, quia credit, deo reputat sapientiam, bonitatem, omnipotentiam, dat ei omnia divina. Fides est creatrix divinitatis, non in persona [dei], sed in nobis.«

86 AaO., 650,11–651,1: »Istum [Christum] volo in vobis formare, ut sitis affecti per omnia ut Christus«; vgl. aaO. 650,5f: »Imago Christi, dei: ita sentire, affici, velle, intelligere, cogitare sicut Christus vel ipsum Christum.«

diese Weise im Menschen Gestalt gewinnt, bedeutet die Erneuerung der *imago dei*, seiner Schöpfungsbestimmung.[87]

Ein solcher Mensch wird aus freiem Willen und heiteren Sinnes Gutes tun, der Glaube also durch die Liebe tätig werden (Gal 5,6).[88] Der Verfasser des Kommentars von 1535 nennt den Glauben an dieser Stelle »efficacem et operosam quidditatem ac velut substantiam seu formam (ut vocant) substantialem«,[89] verweist also auf scholastische Terminologie, um die nach Luthers Auffassung wesensbestimmende Bedeutung der Gottesbeziehung auszusagen. Schulmäßig kann eine Relation allerdings niemals »Substanz« oder »Wesensform« genannt, eine Veränderung des Verhältnisses eines Seienden (des Menschen)[90] zu irgendetwas nicht als Wesensveränderung erfasst werden. Die Bestimmung des Glaubens sprengt also das aristotelisch-scholastische Kategoriensystem.

5 Die Thesenreihe De homine 1536

Von höchstem systematisch-theologischen Gewicht ist die von Luther verfasste Thesenreihe *De homine*, die Gerhard Ebeling umfassend untersucht hat.[91] In der Auseinandersetzung mit der philosophischen Definition des

---

87 Vgl. die Zitate Kol 3,10 und Eph 4,24 WA 40,1; 650,5.9; WA 40,2; 176,4–177,1 (zu Gal 6,15): »Ut reparetur imago dei, [...] Ibi res, non verbum: alium sensum recipere, aliam voluntatem eligere«.

88 Vgl. aaO.; 37,2–4 (zu Gal 5,6): »Fides facit omnia hylari, volenti, simplici animo. Non per questum, sed gratia diligit [...]«. Luther hat von der »Inkarnation« des Glaubens gesprochen, vgl. die Vorbereitungsnotizen WA 40,1; 19,2–4; dazu P. MANNS, Fides absoluta – Fides incarnata. Zur Rechtfertigungslehre Luthers im Großen Galater-Kommentar (in: Reformata Reformanda Bd. 1, FS Hubert Jedin, hg. v. E. ISERLOH / K. REPGEN, 1965, 265–312).

89 WA 40,2; 36,11f (Kommentar 1535, zu Gal 5,6).

90 B. T. G. MAYES, Old Luther Disputing the Origin of Souls. Augustinian and Scholastic Anthropologies in Debate (LuJ 88, 2021, 113–133), stellt klar, dass Luther prinzipiell bei der traditionellen Auffassung bleibt, »human beings have a created, enduring substantial nature composed of body and soul« (aaO., 132).

91 Vgl. WA 39,1; 175,1–177,14; vgl. SCHWARZ, Disputationen (s. Anm. 21), 340; vgl. G. EBELING, Lutherstudien Bd. II: Disputatio de homine. Teil 1: Text und Traditionshintergrund, 1977; Teil 2: Die philosophische Definition des Menschen. Kommentar zu These 1–19, 1982; Teil 3: Die theologische Definition des Menschen. Kommentar zu These 20–40, 1989; sowie V. LEPPIN, Theologie und Philosophie in Luthers Disputationen de homine

Menschen hält Luther fest, dass die Philosophie gerade die entscheidenden *causae*, nämlich Wirk- und Zielursache (These 13), und damit das Wesen des Menschen nicht kenne. Dieses kommt biblischen Erzählungen von Schöpfung und Fall zur Darstellung; die paulinische Rechtfertigungsaussage »definiert« den Menschen »dicens, Hominem iustificari fide« (These 32). Der Mensch dieses Lebens ist »pura materia Dei ad futurae formae suae vitam« (These 35), seine *forma futura* die wiederhergestellte und vollendete Gottebenbildlichkeit (These 38). Diese hatte Luther in den Vorlesungen über die ersten Kapitel der Genesis 1535 ausführlich behandelt[92] und auch dort als das eigentliche Ziel des Menschen das Leben in der Gottesgemeinschaft bestimmt, in Gotteserkenntnis, Vertrauen und Liebe, »dass der Mensch in Ewigkeit mit Gott lebe und hier auf der Erde Gott lobe, ihm danke und seinem Wort sich füge in Geduld.«[93]

Während Luther das Vier-Ursachen-Schema nur im ersten Teil der Thesenreihe anwendet, um die philosophische Definition des Menschen als ungenügend zu erweisen, fragt Ebeling nun systematisch weiter, mit Blick auf das Gesamtwerk Luthers, nach den vier *causae* des *homo iustificandus*.[94] Es ist nach Luthers Auffassung demnach der Mensch dieses Lebens die *causa materialis*, Gott selbst die *causa efficiens*, der Mensch als Ebenbild Gottes (*imago dei*) die *causa finalis* bzw. *forma futura*. Als schwierig erweist sich die Bestimmung der *causa formalis*, der wesensbestimmenden Wirklichkeit des Menschen dieses Lebens. Ebeling hält fest, dass *causa formalis* und *causa finalis* kaum unterscheidbar seien, und erwägt die Annahme, »dass Gott auch als causa formalis zu gelten habe«: »Dennoch ist die Formierung des Menschen als materia, mit der Gott umgeht, nicht als eine unio formalis zu deuten.« Deshalb ist der Christusglaube als *causa*

und über Joh 1,14 Verbum caro factum est (in: Rationalität im Gespräch. Philosophische und theologische Perspektiven [MThSt 126], hg. v. M. MÜHLING, 2016, 275–287).

92 Vgl. z.B. WA 42; 124,4–31 (*Genesisvorlesung*, 1535, zu Gen 3,7) sowie aaO., 47,8–17 (zu Gen 1,26).

93 Vgl. aaO., 98,20–24 (zu Gen 2,21): »Principalis igitur finis est [...] quod homo sit conditus ad similitudinem Dei, ut cum Deo in aeternum vivat et hic in terra Deum praedicet, ei agat gratias, et verbo eius odediat in paciencia. Hunc finem utcunque, quamvis infirmiter, apprehendimus in hac vita; in futura autem vita perfecte eum consequemur.«

94 Vgl. EBELING, Lutherstudien II,3 (s. Anm. 91), 483–507.

formalis zu bestimmen, wobei zugleich gilt, dass »im Geschehen der iustificatio Christus zur forma des Menschen wird«.[95]

6 Die Disputation über Röm 3,28 am 1. Juni 1537

Vorausgegangen war im Oktober 1536 die Disputation *De iustificatione*, für
welche Luther zwei Thesenreihen verfasst hatte,[96] u.a. mit den Formulierungen, Rechtfertigung sei »die Bewegung oder der Lauf auf die Gerechtigkeit hin,«[97] in welcher der Glaube Christus bzw. Christi Gerechtigkeit ergreift, wobei der Anfang der neuen Kreatur (*initium creaturae novae*) sowie
der Kampf gegen die Sünde (*pugna contra carnis peccatum*) diesen Glauben
begleiten;[98] Rechtfertigung sei »Heilung von der Sünde« (*sanatio peccati*).[99]
Hintergrund der neuen Thesenreihe zur Promotionsdisputation von Petrus
Palladius und Tilemann von Hussen, der fünften über Röm 3,28, war die
Frage nach der Notwendigkeit der guten Werke.[100] Luther hält in seinen Thesen u.a. fest, dass »der Anfang der neuen Kreatur, wenn er wirklich da ist,
sich in guten Werken zeigt« (These 32); jedoch »gerecht sind wir – wenn ge-
scheite Worte erlaubt sind – nicht in vollendeter Wirklichkeit (*actu perfecto*),
sondern in angrenzender Möglichkeit (*potentia propinqua*)« (These 33).[101]

---

95 AaO., 494; 501f; 504.
96 Vgl. WA 39,1; 82,1–120,4; vgl. R. Mau, Disputatio de iustificatione [Einleitung] (in: StA 5;
   126–147); vgl. G. Ebeling, Die Rechtfertigung vor Gott und den Menschen. Zum Aufbau der dritten Thesenreihe Luthers über Rm 3,28 (in: Ders., Lutherstudien Bd. III,
   1985, 223–257), sowie Ders., Sündenblindheit und Sündenerkenntnis als Schlüssel zum
   Rechtfertigungsverständnis. Zum Aufbau der vierten Thesenreihe Luthers über Rm 3,28
   (in: aaO., 258–310). In Luthers Vorrede zur Disputation die bekannte Formulierung: »ille
   unus articulus de iustificatione vel solus constituit veros theologos« (WA 39,1; 87,3f).
97 AaO., 83,16f (These 23): »Iustificari enim hominem sentimus, hominem nondum esse
   iustum, sed esse in ipso motu seu cursu ad iustitiam.«
98 Vgl. aaO., 83,26f. 39f (Thesen 28 und 35).
99 Vgl. aaO., 86,10f (These 29).
100 Vgl. die Einleitung WA 39,1; 198f; im Vorfeld strittig war der Begriff »causa sine qua
    non«, vgl. z.B. CR III, 350, »[...] ut nostra contritio, et noster conatus sunt causae iustifi-
    cationis sine quibus non«; aaO., 366: »[...] daß die Werke auch darzu gehörten, denn sunt
    causa sine qua non«; zum Ganzen W. Härle, Die Entfaltung der Rechtfertigungslehre
    Luthers in den Disputationen von 1535 bis 1537 (LuJ 71, 2004, 211–228).
101 WA 39,1; 204,10f: »Igitur, si humanis verbis liceat dicere, Non actu perfecto, sed poten-
    tia propinqua iusti sumus.«

Luther verwendet hier die von Aristoteles eingeführte Unterscheidung von Wirklichkeit (ἐνέργεια, lat. actus) und Möglichkeit bzw. Vermögen (δύναμις, lat. potentia). Diese diente der Beschreibung von Veränderung: *potentia* ist das (aktive oder passive) Vermögen, etwas zu werden, *actus* das verwirklichte Sein; so »ist« z.B. der noch unbehauene Stein schon eine Statue – im Modus der Möglichkeit, während die fertige Statue dasselbe im Modus der Wirklichkeit ist.[102] Im Prozess des Werdens der Dinge ist die *forma* der »aktualisierende«, d.h. der Wirklichkeit verleihende Faktor. Entsprechend begründet Luther seine Aussage in der folgenden These:

> Formatur enim Christus in nobis continue,
> et nos formamur ad imaginem ipsius, dum hic vivimus.[103]

Der Satz kombiniert in freier Weise Gal 4,19 (formetur Christus in vobis) und 2Kor 3,18 (in eandem imaginem transformamur), wobei Luther jeweils einen ausdrücklichen Hinweis auf das Andauern dieses Bildungsprozesses hinzugefügt hat. Der erste Teil spricht davon, dass Christus, die formgebende Energie dieses Geschehens, im Glaubenden »fortwährend Gestalt annimmt«. Dies hatte Luther in der Galatervorlesung ausführlich erläutert: Die Predigt des Evangeliums wirkt die Gotteserkenntnis des Glaubens, in der Christus lebendig gegenwärtig ist.[104] Diese Erkenntnis entspringt nicht der Tätigkeit *ratio*, sondern dem »Ergreifen« Christi, dem Eins-Werden mit dem göttlichen Wort. Dieses »Anziehen« Christi (Gal 3,27), bedeutet die Neubestimmung des Herzens und eine Neuausrichtung des Willens,[105] mit Auswirkungen auf das konkrete Verhalten, denn »das Christus-Anziehen ist eine höchst wirkmächtige Sache«.[106] Das Evangelium schafft so ein neues Sein, es »gebiert« den Glaubenden bzw. den Gerechten, und es bewirkt sein Werden, indem es ihn »lehrt, gestaltet, formt und auf den Armen

---

102 Vgl. HÖFFE, Aristoteles (s. Anm. 13), 111.

103 WA 39,1; 204,12f (*Fünfte Disputation über Röm 3,28, 1537*, These 34).

104 Vgl. WA 40,1; 228,15–229,4 (zu Gal 2,16): »Fides est quaedam cognitio [...], fiducia cordis mei in rem quam non videt, et tamen habet Christum praesentem«.

105 Vgl. aaO., 540,6f (zu Gal 3,27): »nasci et novos fieri affectus, voluntatem, novam exsurgere lucem, flammam in corde novam. Das ist induere Christum«.

106 AaO., 541,12–15 (zu Gal 3,27): »Das ist res ipsa potentissima et efficacissima, quod Christum induimus. Quando vestiti Christo, volumus induere vestimentum imitationis [...].«

trägt«.[107] Der zweite Teil der These nennt die Zielbestimmung dieses Werdens: Der Mensch wird hin auf das Bild Christi geformt.

Luther greift also erneut auf ein aristotelisches Denkmodell zurück, um seine Auffassung von der Gerechtigkeit des Glaubens zu verdeutlichen; und in diesen Zusammenhang lassen sich die biblischen Formulierungen vom *formari* des Menschen durch das göttliche Wort integrieren. Von der »passiven Eignung« oder »dispositiven Qualität« des Menschen, »durch den Geist hingerissen und mit der Gnade Gottes erfüllt zu werden«, hatte Luther schon in *De servo arbitrio* gesprochen.[108] Andererseits wird das philosophische Modell überschritten, etwa in Hinsicht darauf, dass die seins- und gestaltgebende Wirklichkeit durch eine Relation, *sola fide*, dem Werdenden ›je neu‹ vermittelt wird. Als Schlussfolgerung ergibt sich nun, dass »wir im Glauben nicht ohne Werke leben« (These 35).[109]

Im Verlauf der Disputation wird die Notwendigkeit solcher Werke [der Gnade] ausführlich erörtert.[110] Sie sind notwendig, dürfen aber nicht als Bedingung der Rechtfertigung verstanden werden; die Benennung »notwendig« ist doppeldeutig und gefährlich, wenn hier nicht sorgfältig unterschieden wird.[111] Anschließend wird unter Verwendung der *forma*-Terminologie diskutiert: Wenn die völlige Erneuerung (*tota novitas*) im zukünftigen Leben *forma salutis* sein wird, dann ist der anfangshafte Gehorsam (*inchoata*

---

107 AaO., 665,2f (zu Gal 4,26): »Sic ego nascor audiendo Euangelium; qui docet me, fingit, format et gerit me in ulnis.«

108 WA 18; 636,17–20 (*De servo arbitrio*, 1525): »homo aptus est rapi spiritu et imbui gratia Dei, [...] hanc enim vim, hoc est, aptitudinem, seu ut Sophistae loquuntur dispositivam qualitatem et passivam aptitudinem et nos confitemur«.

109 WA 39,1; 204,14f: »Quare etsi absque lege et absque operibus legis iustificemur per fidem, Tamen in fide non sine operibus vivimus«.

110 Vgl. AaO., 224,1–4: »Responsio Mart. Luth. Opera gratiae sunt necessaria, ut testentur de fide, ut glorificent Deum patrem, qui in coelis est, ut serviant proximo«.

111 AaO., 225,18–226,1: »vocabulum ambiguum, ineptum et absurdum in theologia«; 225,27: »ambiguum et periculosum«; vgl. WA 39,1; 96,1–8 (*Disputatio De iustificatione*, 1536): »Respondeo igitur ad argumentum: Nostra obedientia est necessaria ad salutem. Ergo est partialis causa iustificationis. Multa sunt necessaria, quae non causant et iustificant, ut terra est necessaria, et tamen non iustificat. Homo peccator si volet salvari, necesse est ut adsit, quemadmodum ille ait, oportet me etiam adesse. Verum est, quod dicit Augustinus: Qui creavit te sine te, non salvabit te sine te. Opera sunt necessaria ad salutem, sed non causant salutem, quia fides sola dat vitam.«

obedientia) dieses Lebens *aliqua forma salutis,* d. h. *partialis causa formalis* des ewigen Lebens – also ist nicht der Glaube allein Grund der Rechtfertigung.[112] Luther antwortet mit einer längeren Darlegung seines Unbehagens beim Gebrauch philosophischer Begriffe für theologische Sachverhalte; die Übertragung von Begriffen der Naturphilosophie in die Theologie führe in unverständliche Erörterungen; wenn man philosophische Termini gebrauchen wolle, dann müsse man sie erst »zum Bade führen« und sich vor Verwirrung hüten.[113] Er gesteht zu, dass der Gehorsam *(obedientia nostra)* im zukünftigen Leben *causa formalis* sei, dies gelte jedoch nicht in diesem Leben, hier sei *causa formalis* der Rechtfertigung bzw. des Heils des Menschen einzig das Erbarmen und Anrechnen Gottes:[114] Ohne dieses könnte die Erneuerung bzw. der Gehorsam des Glaubens vor Gott nicht bestehen, denn wir sind noch nicht völlig wiedergeboren, »nondum formati et iustificati«.[115] Das Problem scheint Luther weiter beschäftigt zu haben, wenig später fand eine von ihm angesetzte Übungsdisputation statt.

7 Die Zirkulardisputation De veste nuptiali, 15. Juni 1537

Luther will nun die Frage nach der Notwendigkeit der Werke als Frage der Exegese von Mt 22,1–14 diskutieren. Die Tradition hatte das Hochzeitskleid einhellig seit Augustinus auf die Liebe und den ihr entsprechenden Lebenswandel gedeutet.[116] Luthers fünf Thesen lauten, dass die Deutung des hochzeitlichen Kleides auf die Liebe bei richtigem Verständnis mög-

---

112 Vgl. aaO., 227,1–228,27.
113 Vgl. aaO., 228,14–16: »Ego hoc vocabulo [formalis], ut et reliquis physicis, in hoc negotio et in tota theologia non libenter utor«; aaO., 229,1 f: »abripitur et abducitur in perplexas et periculosas disputationes«; aaO., 229,23–25: »Si volumus uti philosophicis terminis, müssen wir sie erst wohl zum Bade führen«; aaO. 229,25 f: »moneo, ut ab hoc confusione vobis summo studio caveatis.«
114 Vgl. z.B. aaO., 230,13–17: »Si vultis habere causam formalem obedientiam nostram, habete eam in futura vita, non in hac vita. [...] Hic formalis causa est misericordia et reputatio divina et non est alia.«
115 AaO., 235,1–7, das Zitat aaO., 235,2 f.
116 Vgl. z.B. U. Luz, Das Evangelium nach Matthäus (Mt 18–25) (EKK I/3), 1997, 246–251; Augustinus, Predigt über Mt 22,1–14, PL 38, 562–565; Thomas v. Aquin, Super Mt, cap. 22 l. 1 (https://www.corpusthomisticum.org/cml21.html): »Habere ergo vestem nuptialem est induere Christum per operationem bonam, per conversationem sanctam, per caritatem veram.«

lich sei; dass derjenige, der verdammt wird, weil er das Kleid der Liebe nicht hat, zu Recht verdammt, aber derjenige, der es hat, nicht dadurch oder dessentwegen gerechtfertigt wird; dass der Glaube es ist, der die Berufenen mit der Gerechtigkeit Christi bekleidet, dass dieser Glaube also in Wahrheit das hochzeitliche Kleid sei, und dass dieser Glaube durch die Liebe tätig ist.[117]

Luthers Vorrede zur Disputation betont die Wichtigkeit des theologischen Studiums und des klaren Denkens in der Theologie. In ihrem Verlauf verweist er auf die »überaus einfache« Unterscheidung von Person und Werk.[118] Denn dass das Wirken dem Sein entspringt, leuchtet jedermann ein.[119] Gott selbst aber erneuert die Person durch den Glauben, und »dieser im Wort durch den Glauben von neuem geborenen Person folgen später die guten Werke, nicht vom Gesetz erzwungen, sondern aus eigenem Antrieb und unaufgefordert, denn der Glaube bringt die Person hervor und die Person die Werke.«[120] Nachdem Luther auf verschiedene Argumente aus der Exegese und der theologischen Tradition geantwortet hat, konstruiert Melanchthon schließlich einen Einwand gegen den Vorrang des Glaubens vor der Liebe mit Hilfe der philosophischen Termini *actus* und *privatio*.[121] Luther antwortet, indem er die Begriffe richtig zuordnet und damit klarstellt, dass der Glaube selbst wirkmächtige Wirklichkeit ist: »fides est ipsa forma et actus primus seu ἐντελέχεια charitatis.«[122] Damit ist festgehalten,

---

117 Vgl. WA 39,1; 265,1–14 (*Zirkulardisputation De veste nuptiali*, Thesen 1–5).

118 AaO., 281,17f: »Nunc addemus pauca quaedam pro informatione scholae. Qui non potest subtiliter apud se discernere, teneat illa crassa, clara et rudia.«; vgl. auch aaO., 283,4–10.

119 Luther konnte dies auch mit positivem Bezug auf Aristoteles erläutern, vgl. aaO., 69,16–21 (*Disputation über Dan 4*, 16.10.1535): »Persona est prior opere. Aristoteles id fatetur, quod ante actum secundum necessario praesupponantur actus primus [...];« aaO., 69,16.

120 Vgl. aaO., 283,15–19 (*Zirkulardisputation De veste nuptiali*): »quod persona sit facta per fidem a Deo, [...] Hanc personam sic regeneratam in verbo per fidem sequuntur postea bona opera, non cogente lege, sed sponte et ultro, quia fides facit personam, persona facit opera, non opera fidem nec personam.«

121 AaO., 317,7–9: »Actus est praestantius quiddam, quam privatio. Dilectio seu charitas est actus fidei. Ergo videtur vita aeterna magis dari propter charitatem, quam propter fidem.«

122 AaO., 318,16f.29.

dass allein der Glaube rechtfertigt,[123] und zugleich mit Hilfe der aristo-telisch-scholastischen Terminologie die Liebe als »notwendige« Folge des Glaubens ausgesagt.

III Ertrag

Rechtfertigung ist also ein *formari a deo creatore*.[124] Luther verwendet die Terminologie *formare – formari* zur Charakterisierung des Verhältnisses des Schöpfers zu seinen Geschöpfen im Allgemeinen, insbesondere aber immer wieder auch zur Erläuterung des Rechtfertigungsgeschehens – ohne sich auf diese Terminologie festzulegen und ohne die verschiedenen Bezeichnungen insgesamt zu systematisieren.[125] Die Ausdrücke *formare – formari* gehören zum biblischen (und alltagssprachlichen) Wortschatz, *forma* ist zugleich ein zentraler Fachterminus der aristotelisch-scholastischen (und auch der platonischen) Philosophie. Die philosophische Begrifflichkeit nutzt Luther, um seine Positionen formelhaft zusammenzufassen.

Alles Sein und Geschehen untersteht der Herrschaft Gottes: Gott ist der, dem es zukommt »zu verursachen, zu regieren, zu formen«,[126] der Macht hat über seine Geschöpfe wie der Töpfer über den Ton, den er formt.[127] Das Bild vom Töpfer und dem Ton, der geformt wird, kann Luther auch speziell auf das Rechtfertigungsgeschehen anwenden, er kombiniert es z.B. mit dem Bild vom Weinstock:

123 AaO., 283,4f: »[…] ut scopum ipsum teneam […] per solam fidem in Christum iustifica-mur.«

124 WA 40,1; 407,1 (zu Gal 3,10); zum Thema vgl. auch J. RINGLEBEN, Gott im Wort. Luthers Theologie von der Sprache her (HUTh 57), 2010, 570–579.

125 In seiner Vorlesung über Jesaja 1527–29 unterscheidet Luther einmal die verschiede-nen Aspekte innerhalb des rechtfertigenden Handelns Gottes (WA 25; 279,34–38): »Si quis vult curiose tria haec verba distinguere: Creare est ex impio pium facere, Formare est donis Spiritus sancti ornare, fide scilicet, quae sola format novam creaturam, Facere est absolvere opus, ut omnia, quae dicit et facit Christianus, sint opera Dei [et Deo placeant].«

126 WA 44; 376,30f (*Genesisvorlesung*, 1543–45, zu Gen 39,21–23): »Non sum Deus pass-ivus, sed activus, qui consuevit ducere, regere, formare.«

127 Vgl. WA 18; 733,18 (*De servo arbitrio*, 1525): »non nostri arbitrii est, qualia vasa forme-mur;« mit Bezug auf Röm 9,21, 2Tim 2,20f, Jes 45,9, Jer 18,6.

Wenn ich getaufft werde oder durchs Euangelium bekeret, so ist der Heilige geist da und nimpt mich wie einen thon und machet aus mir eine newe creatur, so itzt ander sinn, hertz und gedancken kriegt, nemlich recht erkentnis Gottes und recht hertzlich vertrawen seiner gnade. Summa: grund und boden meines hertzen wird vernewert und geendert. Das ich gar ein new gewechs werde, gepflantzet inn den Weinstock Christum und aus jm gewachsen. Denn meine heiligkeit, gerechtigkeit und reinigkeit kompt nicht aus mir, stehet auch nicht auff mir, sondern ist allein aus und inn Christo, welchem ich eingewortzelt bin durch den glauben etc., gleich wie der safft aus dem Stock sich inn die reben zeucht etc., und bin nu jm gleich und seiner art, das beide, er und ich, einerley natur und wesens sind und ich inn und durch jhn fruchte trage, die nicht mein, sondern des Weinstocks sind.[128]

Es geht um die verwandelnde Kraft des Eins-Werdens mit Christus. Neben den biblischen und eigenen Bildern[129] gebraucht Luther, insbesondere im Lateinischen, die forma-Terminologie, um zu erfassen, inwiefern der Glaubende »aus und in« Christus ist und mit ihm »einerlei Natur und Wesens« wird.

In den frühen Vorlesungen und Schriften Luthers liegt zunächst ein besonderer Akzent auf dem Zunichte-Werden der alten »forma«, dem Eigenwillen des Menschen, der seinem Getrennt-Sein von Gott entspringt. Denn zur Natur des Menschen gehört ursprünglich das gehorsame Vertrauen auf den Schöpfer,[130] wo dieses fehlt bzw. außerhalb der Bezogenheit auf das

---

128 WA 45; 667,20–31 (*Das XIV. und XV. Kapitel S. Johannis*, 1537, zu Joh 15,5).
129 Vgl. die Fortsetzung aaO., 32f: »Also wird aus Christo und den Christen ein kuchen und ein Leib, das er kan rechte früchte bringen, nicht Adams oder sein eigene, sondern Christi.« Dazu A. BEUTEL, Antwort und Wort. Zur Frage nach der Wirklichkeit Gottes bei Luther (in: Luther und Ontologie: Das Sein Christi im Glauben als strukturierendes Prinzip der Theologie Luthers, hg. v. A. GHISELLI u.a., 1993, 70–93), 77–87: »Die unio cum Christo als Sprachaufgabe des Glaubens«; H.-M. BARTH, Mystik bei Luther? (Luther 88, 2017, 48–58).
130 Vgl. WA 42; 125,21–29 (*Genesisvorlesung*, 1535, zu Gen 3,7): »[...] originalem iusticiam fuisse de natura hominis [...] Manet quidem natura, sed multis modis corrupta, siquidem fiducia erga Deum amissa est, et cor plenum est diffidentia, metu, pudore;« aaO., 112,20–22 (zu Gen 3,1): »Vere enim fons omnis peccati est incredulitas et dubitatio, cum a verbo disceditur. His quia mundus plenus est, ideo manet in idolatria, negat veritatem Dei et fingit novum Deum.« Zum Thema S. E. MATHIASEN STOPA, »Durch die Sünde hat die Natur ihr Vertrauen auf Gott verloren«. Sünde und Vertrauen als formgebende Elemente von Martin Luthers Gesellschaftsverständnis (in: Simul-Existenz. Spuren reformatorischer Anthropologie, hg. v. CH. BARNBOCK / CH. NEDDENS, 2019, 122–140).

göttliche Wort ist der Mensch unentrinnbar auf sich selbst bezogen (*incurvatus in se*), in allem »verzweifelt« das Seine suchend.[131] Gott selbst wirkt durch sein Wort die Einsicht in die Nichtigkeit solchen Strebens und bewegt den Willen des Menschen, der sich selbst preisgibt, das zu lieben, was Gott liebt: »fides enim ipsa transformat sensum«.[132] – In Auslegungen der Propheten Jesaja und Jeremia verwendet Luther später das Bild des vom Töpfer zerschmetterten Gefäßes für die vom Gerichtswort gewirkte Buße und spricht von der Hoffnung des Glaubens, der am Wort der Verheißung festhält, Gott werde den Ton »nicht wegwerfen«, sondern neu formen.[133]

Dass die dem *quaerere quae sua sunt* entgegengesetzte *conformitas* des Willens mit dem Willen Gottes kein Zustand (*habitus*) ist, sondern sich je neu dem Wirken des Wortes verdankt, formuliert Luther unmissverständlich in der zweiten Psalmenvorlesung. Im Glauben wird das göttliche Wort als formende Kraft wirksam. In *De libertate christiana* spricht Luther dann von der *forma dei*, die dem Menschen in der *unio cum Christo* als Ganze zugeeignet wird, während es seine Aufgabe bleibt, sein leibliches

---

131 Vgl. S. KIERKEGAARD, , Die Krankheit zum Tode, 1849; dazu CH. AXT-PISCALAR, Die Krise der Freiheit. Überlegungen zur Sünde im Anschluss an Sören Kierkegaard (in: Unheilvolles Erbe? Zur Theologie der Erbsünde, hg. v. H. HOPING / M. SCHULZ, 2009, 142–160); zum *incurvatus in se* z.B. WA 18; 504,10–14 (*Die sieben Bußpsalmen*, zweite Bearbeitung 1525, zu Ps 51,11[12]): »Ein krummer geist ist des fleisches und Adams geist, der ynn allen dingen sich ynn sich selbs beuget, das seine suchet, der ist uns angeborn, der auffrichtige geist ist der gute wille strack zu Gotte gerichtet, alleine Gott suchend, der mus von newen gemacht werden und eingegossen von Gott ynn das ynnerset unsers hertzen.« Dazu G. BAUSENHART, Stolz-Geschwellte Brust auf schmächtigen Beinen (in: Die sieben Todsünden – Zwischen Reiz und Reue, hg. v. P. NICKL, 2009, 75–95), 82–84.

132 WA 56; 446,5; vgl. WA 2; 146,32–35 (*De duplici iustitia*, 1519): »Et ita Christus expellit Adam de die in diem magis et magis, secundum quod crescit illa fides et cognitio Christi. Non enim tota simul infunditur, sed incipit, proficit et perficitur tandem in fine per mortem.«

133 Vgl. mit Bezug auf Jer 18 WA 34,1; 309,1–310,2 (*Predigt 11. April 1531*): »[...] solt beym schrecken nicht bleiben, das Topflein ist zubrochen et ynn den thon gekneten. Es mus nu ein new topflein werden«; oder mit Bezug auf Jes 64,8 WA 31,2; 549,14–18 (*Vorlesung über Jesaja*, 1527–29): »in fide credamus nos [...] esse lutum figuli, scilicet dei, qui nos reformet. [...] Merae sunt promissiones q. d. Dw wirsts uns nicht wegwerffen, quia promisisti.«

Leben mit dieser *forma*, der Gerechtigkeit Christi, in Übereinstimmung zu bringen.[134] Häufig verwendet Luther das Begriffspaar *sacramentum* (Gabe) und *exemplum* (Vorbild).[135] Der Terminus *forma* bezeichnet quasi beide Aspekte.

Das »Christus sit mea forma« der Galatervorlesung interpretiert die Aussage, dass der Glaube aus dem Glaubenden und Christus gleichsam eine Person macht. Mit »Person« ist hier nicht der Mensch in seiner sozialen Rolle oder als Inhaber eines rechtlichen Status bezeichnet,[136] sondern der lebendige Mensch quasi ›vor‹ seinem Handeln, zu dessen Sein es gehört, dass er sich zu sich selbst bzw. zu seinem Leben und zur Welt verhält.[137] Für Luther ist es die Beziehung zum Schöpfer, zum Ursprung der eigenen Existenz, welche das »Wesen« des Menschen, die »Person«,[138] das Verhältnis des Menschen zu sich selbst und zur Welt bestimmt. Im Eins-Werden mit Christus geht es nicht um die Vernichtung des individuellen Selbst-Seins,[139] sondern um die Zueignung des Werkes Christi, seines Sieges über

---

134 1519 hatte Luther zweierlei Gerechtigkeit unterschieden: Die Gerechtigkeit Christi (*iustitia aliena*) ist die Grundlage, die Ursache und der Ursprung für die eigene Gerechtigkeit des Christen (*iustitia propria*), die in einem guten Lebenswandel besteht, indem der Glaubende mit der fremden Gerechtigkeit zusammenwirkt, vgl. WA 2; 146,8–147,7 (*De duplici iustitia*, 1519); dazu STEGMANN, Auffassung (s. Anm. 23), 239–247, und WA 30,2; 659,4–7 (*De iustificatione*, 1530): »Proinde non est admittenda separatio Iustitiae Fidei et operum, quasi sint duae diversae Iusticiae more Sophistarum. Sed est una Iusticia simplex fidei et operum, Sicut Deus et homo una persona, et anima et corpus unus homo.«

135 Vgl. WA 10,1,1; 12,17–13,2 (*Kirchenpostille*, 1522), WA 39,1; 462,17–24 (2. *Antinomer-Disputation*, 1538); E. ISERLOH, Sacramentum et Exemplum. Ein augustinisches Thema lutherischer Theologie (in: Reformata [s. Anm. 88], 247–264); O. BAYER, Martin Luthers Theologie. Eine Vergegenwärtigung, ⁴2016, 57f.

136 Für diese *persona* gilt, dass Gott sie »nicht ansieht« (Apg 10,34); vgl. z.B. WA 2; 530,9–11 (*Galaterkommentar*, 1519, zu Gal 3,28); WA 12; 289,1–11 (*Epistel S. Petri gepredigt und ausgelegt*, Bearbeitung 1523, zu 1 Petr 1,17).

137 Vgl. H. CANCIK, Art. Person I. Zum Begriff (RGG⁴ 6, 2003, 1120f); E. HERMS, Art. Person IV. Dogmatisch (aaO., 1123–1128); J. v. LÜPKE, Art. Herz (RGG⁴ 3, 2000, 1695–1697).

138 Vgl. WA 34 I; 506,6 (*Predigten*, 1531): »unterscheiden das wesen vel personam et opus.«

139 Zum unvergleichlichen Wert jedes Einzelnen vgl. z.B. WA 38; 506,38–507,38 (*Annotationes in aliquot capita Matthaei*, 1538, zu Mt 10,30 Vestri autem et capilli capitis omnes numerati sunt).

Sünde und Tod, um die Vergebung der Sünden, weil Christus sie in seiner Person getragen hat,[140] und um die Zueignung der Gerechtigkeit Christi, die stärker ist als die Sünde. Die Interpretation der personalen Einheit mit Christus durch den Begriff der *forma* beinhaltet wiederum beide Aspekte, sie besagt, dass die Gerechtigkeit Christi als Ganze zugerechnet wird (*reputatur*) und dass sie als angeeignete verwandelnd wirksam ist. Bleibend gilt, dass es allein Gottes Sache ist, die Sünde zu zerstören und Gerechtigkeit zu schaffen.[141] Die Beziehung zu Christus als *forma extrinseca* bedeutet eine wirkliche Neukonstitution der Existenz.[142] Der Begriff der *forma* gibt quasi an, auf welche Weise der Glaube wirklichkeitsbestimmende Bedeutung hat,[143] er umfasst beides, das »›forensische‹ und das ›effektive‹ Moment«

---

140 Vgl. WA 40,1; 432,5–448,7 (zu Gal 3,13), z.B. aaO., 439,1–5: »Sed in ea una persona, quae est maxima persona, peccator et solus, est etiam aeterna iustitia. Ergo concurrunt maximum peccatum et maxima iustitia; ibi mus eins weichen. Quid ibi fit? colliduntur necesse. Peccatum totius mundi impugnat omni impetu in illam iustitiam. sed iustitia est aeterna et invicta«; aaO., 440,9–11: »Si spectes personam [Christi], omnia vides victa. Ubi ergo Christus regnat et sui fideles, ibi non mors. quatenus non regnat, qui non credunt in illum, carent etc. Das heist ›Victoria‹«; dazu BORNKAMM, Auslegungen (s. Anm. 72), 132–135.

141 Vgl. WA 40,1; 442,5f: »[Dei] est solius destruere peccatum et creare iustitiam, dare vitam« dazu aaO., 589,8 (zu Gal 4,6); zum Thema K.-H. ZUR MÜHLEN, Nos extra nos. Luthers Theologie zwischen Mystik und Scholastik (BHTh 46), 1972, sowie DERS., Befreiung durch Christus bei Luther. Mit spezieller Beachtung seines Konfliktes mit Erasmus (LuJ 62, 1995, 48–66).

142 Vgl. WA 7; 109,18–21 (*Assertio omnium articulorum*, 1520): »ut scriptura loquitur, gratia dei renovet, mutet, in novos homines transformet de die in diem, et res ista serio agatur, non respectibus tollendis, sed substantia et vita mutandis;« WADB 7; 10,6–9 (*Römerbrief-Vorrede*, 1522): Es ist der Glaube »eyn gotlich werck in uns, das uns wandelt und neu gepirt aus Gott, Johan. 1., und todtet den allten Adam, macht uns gantz ander menschen von hertz, mut, synn, und allen kreften.«

143 Die Aussagen Luthers über die wirklichkeitsbestimmende Kraft des Glaubens zur Geltung zu bringen, ist zentrales Anliegen der Mannermaa-Schule, vgl. T. MANNERMAA, In ipsa fide Christus adest (in: DERS., Der im Glauben gegenwärtige Christus. Rechtfertigung und Vergottung [AGTL NF 8], 1989, 11–93), der vom »Substanz-Charakter« der Gnade und der »real-ontischen« Gegenwart Christi im Glauben spricht (aaO., 35.48); zusammenfassend R. SAARINEN, Justification by Faith. The view of the Mannermaa School (in: The Oxford Handbook of Martin Luther's Theology, hg. v. R. KOLB u.a., 2014, 254–273).

der Rechtfertigungslehre.[144] In der Relation des Glaubens, des Sich-Haltens an das Wort, verleiht das göttliche Wort ein neues Sein (*format in novum hominem*)[145] und »bildet und formt« der Heilige Geist das Herz bzw. die Gesinnung (*animos nostras fingit ac format*).[146] Luther formuliert einmal: »Christianus est dupliciter considerandus, in praedicamento relationis et qualitatis«,[147] kann die Sünde also eine *qualitas* des Menschen nennen. Sünde ist demnach *dispositio substantiae*; sie bestimmt den Menschen ohne Gott ganz und gar, gehört jedoch nicht zur Schöpfungsbestimmung, nicht zur von Gott geschaffenen Natur.[148] Die Bestimmung des Menschen ist vielmehr der Glaube, das Leben in der Gottesbeziehung, im Einssein mit dem göttlichen Wort. Dieses wird dem Menschen in der *relatio* des Glaubens zu der der Sünde entgegengesetzten *forma*, welche ihm Gott als ganze anrechnet und welche anfangshaft und zunehmend sein Leben prägt. Die »Definition« des Menschen in der *Disputatio De homine* »homo iustificari fide« gibt an, dass der Mensch, um wahrhaft er selbst zu werden, des »formenden« Gotteswortes bedarf.

144 Vgl. JOEST, Ontologie (s. Anm. 51), 376; D. KORSCH, Freiheit als Summe. Über die Gestalt christlichen Lebens nach Martin Luther (in: Martin Luther, hg. v. CH. DANZ, 2015, 193–211).

145 Vgl. WA 39,1; 48,14 (*Erste Disputation über Röm 3,28*, 1535, These 65): »Iustificatio est revera regeneratio quaedam in novitatem«; WA 42; 437,31–33 (*Genesisvorlesung*, 1535–38, zu Gen 12,1): »Est igitur Abraham, sicut supra dixi, nihil nisi materia, quam divina Maiestas per verbum, quo eum evocat, apprehendit, et format in novum hominem [...]«.

146 WA 40,3; 645,29–33 (*Enarratio capitis noni Esaiae*, 1543/44 [1546]): »Spiritussanctus enim infusus in corda nostra nos mutat concordiaeque amorem pacisque studium nobis inserit, ad benevolentiam mutuam nos invitat Et sic animos nostras fingit ac format, ut mutuum condonemus offensas, libenter remittamus delicta, patienter toleremus errores et imbecillitatem in proximo.« Denn der Glaubenserkenntnis entspringt die Liebe zu Gott (vgl. WA 6; 210,6f [*Von den guten Werken*, 1520]; WA 7; 36,3 [*Von der Freiheit eines Christenmenschen*, 1520]; WA 7; 548,2–10 [*Magnificat*, 1521]; WA 6; 515,28–516,2 [*De captivitate*, 1520]); und aus dieser wiederum »Lust und Liebe zu allen Geboten Gottes« (BSLK 661, 35–40 [*Großer Katechismus*, 1529, zum 3. Artikel des Glaubensbekenntnisses]); vgl. dazu E. HERMS, Luthers Auslegung des Dritten Artikels, 1987; zur Stellung des Christen zum Gesetz vgl. M. OHST, Reformatorisches Freiheitsverständnis. Mittelalterliche Wurzeln, Hauptinhalte, Probleme (in: Freiheit und Menschenwürde. Studien zum Beitrag des Protestantismus [RPT 16], hg. v. J. DIERKEN / A. v. SCHELIHA, 2005, 13–48).

147 WA 39,2; 141,1f (*Promotionsdisputation Joachim Wörlin*, 1540).

148 Vgl. WA 39,2; 371, 10–15 (*Promotionsdisputation Petrus Hegemon*, 1545).

In weiteren Disputationen der 1530er Jahre stellt Luther immer wieder heraus, dass aus der Erneuerung der Person die guten Werke so natürlich und notwendig folgen, wie ein guter Baum gute Früchte bringt und drei plus sieben zehn ist.[149] Dabei hält Luther konsequent sowohl den Vorrang des Seins vor dem Wirken und als auch den Zusammenhang von Person und Handeln fest,[150] schulmäßig präzise erfasst in der Formel »fides est ipsa forma et actus primus seu ἐντελέχεια charitatis«. So rechtfertigt der Glaube zwar allein, bleibt aber nicht allein, sondern »bringt alle Tugenden mit sich«.[151] Von denjenigen, die nicht entsprechend lehren und ermahnen, gilt »das sie warlich auch den glauben und Christum nicht recht verstehen und eben damit auffheben, da sie jn predigen«, sie lehren nämlich etwas und leugnen, was daraus folgen muss, »[s]ie leren Christum und vertilgen Christum, indem sie jn leren.«[152]

Mit der Bezeichnung des göttlichen Wortes, Gottes selbst, als *forma*, die, vermittelt durch die Relation des Glaubens, als *forma extrinseca* das

---

149 Vgl. WA 39,1; 203,24f (*Fünfte Disputation über Röm 3,28*, 1537, These 21); sowie z.B. aaO., 293,16–294,2 (*Zirkulardisputation De veste nuptiali*, 1537).

150 Gegen B. WALD, Personbegriff und Handlungssinn bei Martin Luther. Von der Tugend-ethik zur Ethik des Utilitarismus (in: Das Gottes- und Menschenbild Martin Luthers, hg. v. A. v. BRANDENSTEIN-ZEPPELIN / A. v. STOCKHAUSEN, 2017, 203–229), 204.213. Zum Thema vgl. die Antworten auf H. MARCUSE, Studie über Autorität und Familie (1936) (in: DERS., Ideen zu einer kritischen Theorie der Gesellschaft, 1969, 55–156), 59–81; O. BAYER, Marcuses Kritik an Luthers Freiheitsbegriff (ZThK 67, 1970, 453–478); E. JÜNGEL, Zur Freiheit eines Christenmenschen. Eine Erinnerung an Luthers Schrift, 1978; U. LIEDKE, Anmerkungen zu Herbert Marcuses Lutherkritik (NZSThPh 40, 1998, 197–213).

151 Vgl. WA 42; 567,1f.4 (*Genesisvorlesung*, 1535–38): »fides chorum pulcherrimarum virtutum secum ducit: neque unquam sola est. [...] Fides ceu mater est, ex qua soboles illa virtutum nascitur«; zum Tugend-Thema M. HONECKER, Schwierigkeiten mit dem Begriff der Tugend (in: Tugendethik, hg. v. P. RIPPE / P. SCHABER, 1998, 166–184); I. ASHEIM, Lutherische Tugendethik? (NZSTh 40, 1998, 239–260); J. SCHMIDT, »Die höchste Tugend ist: Leiden und Tragen alle Gebrechlichkeit unserer Brüder«. Luthers Tugendethik als Ethik der Wahrnehmung (Luther 86, 2015, 8–21); A. MICHAEL, Eine Kupferstichserie der Sieben Tugenden nach Maarten de Vos und die Lehre von den Tugenden in der Theologie Martin Luthers (LuJ 83, 2016, 233–272).

152 Vgl. WA 50; 626,15–627,33 (*Von den Konzilien und Kirchen*, 1539), die Zitate: aaO., 627,23–25.33; Luther bezieht sich auf den Zusammenhang von *antecedens* und *consequens* (Aristoteles, Topik I 1), vgl. WA 50; 597,33: »Widerumb ist das letzte falsch, so mus das erste auch falsch sein.«

Wesen des Menschen bestimmt, ist allerdings der scholastische Begriff gesprengt.[153] »Luther [...] bildet zur theologischen Verantwortung des Christus-Heils die neue Sprache, nicht mehr des Seins, sondern des Werdens, nicht mehr der Identität, sondern der Kommunikation und der Vermittlung aus.«[154] Nicht ein philosophisches Denkmodell definiert also die Struktur des Verständnisses, Luther verwendet vielmehr die Terminologie in freier Weise. Diese wird in ihrem theologischen Gebrauch erneuert: »Omnia vocabula fiunt nova, quando e suo foro in alienum transferuntur.«[155]

153 Vgl. z.B. Thomas v. Aquin zur Frage, »ob die Liebe (caritas) etwas Geschaffenes in der Seele sei,« Sent. I, d. 17, qu. 1, art. 1, s.c. 2: »Item, omnis assimilatio fit per formam aliquam. Sed per caritatem efficimur conformes ipsi Deo; qua amissa, dicitur anima deformari. Ergo videtur quod caritas sit quaedam forma creata manens in anima.«

154 J. Baur, Luther und die Philosophie (NZSTh 26, 1984, 13–28), 20.

155 WA 39,1; 231,1–3 (Fünfte Disputation über Röm 3,28, 1. Juni 1537); zum Thema umfassend S. Streiff, »Novis Linguis Loqui«, Martin Luthers Disputation über Joh 1,14 »verbum caro factum est« aus dem Jahr 1539 (FSÖTh 70), 1993; dazu Blaumeiser, Kreuzestheologie (s. Anm. 45), 438–447; Th. Dieter, »Wer ohne Gefahr philosophieren will, muss zuvor in Christus zum Toren werden.« Zu Luthers Umgang mit der Philosophie (in: Möglichkeit und Aufgabe christlichen Philosophierens [STB 6], hg. v. S. Grosse / G. Schultz, 2011, 55–67); P. Bühler, Luther und Aristoteles. Nur Finsternis, oder doch etwas Licht? (in: Luther und die Philosophie – Streit ohne Ende? [HUTh 82], hg. v. H. Ch. Askani / M. Grandjean, 2021, 13–26), 24.

»Das dieser sterbliche Leib sol verfaulen und so stincken«

Reinheit und Vergänglichkeit bei Martin Luther

Von Benedikt Brunner

I Einführende Überlegungen

> Wir seindt allsampt zu dem tod gefodert und wirt keyner für den andern sterben, Sonder ein yglicher in eygner person für sich mit dem todt kempffen.[1]

Luther und sein Leib. Diese durch Lyndal Roper in die wissenschaftliche Diskussion eingeführte Thematik hat die historische Forschung auf vielfältige Weise angeregt.[2] Denn ihre These, dass Luthers Körperlichkeit mit den Grundeinsichten seiner Theologie in Einklang stand und diese gewissermaßen »verkörperte«, müsste von der Kirchengeschichte noch umfassender differenziert werden.[3] Überdies ist der Leib nicht ohne die Seele adäquat zu verstehen. Das heißt, wer von der Leiblichkeit des Menschen im 16. Jahrhundert sprechen möchte, darf die theologiegeschichtlich relevanten Aspekte, wie Roper in ihren eigenen Arbeiten zu zeigen versucht hat, nicht außen vor lassen. Die Frage nach dem Wert des »Materiellen« ist in Bezug auf Martin Luther jedenfalls eine wichtige. Es scheint nahe zu liegen, dass

---

1 WA 10,3; 1,7–9.
2 Vgl. L. ROPER, Martin Luther. Renegade and Prophet, 2017 sowie zuvor in besonders pointierter Form DIES., Der feiste Doktor. Luther, sein Körper und seine Biographen, 2012.
3 In ihrer Biographie liefert Roper hierzu selbst umfangreiches Material. Kritik, die man gegenüber ihrem »feisten Doktor« deswegen machen könnte, kann im Blick auf das Buch aber als entkräftet gelten. Für eine spannende Weiterführung der Impulse Ropers, vgl. H. FLETCHER, »Belly-Worshippers and Greed-Paunches«. Fatness and the Belly in the Lutheran Reformation (German History 39/2, 2021), 173–200.

durch solche neuen Fragen auch neue Perspektiven auf die Reformation eröffnet werden und im besten Fall damit auch zu neuen Erkenntnissen führen können.[4]

In den letzten Jahren gab es eine ganze Reihe von Untersuchungen, die die Bedeutung der Anthropologie im Hinblick auf die Reformation in den Vordergrund gestellt haben.[5] Hier können nur einige grundlegende Aspekte referiert werden.[6] Gerhard Ebeling hat bereits 1975 in seinem grundlegenden Aufsatz entschieden dafür plädiert, Luthers Auffassung vom Menschen von dem für Luther entscheidenden Geschehen der Rechtfertigung des Menschen allein durch den Glauben zu verstehen.[7] Hierdurch habe er »die herrschenden Geistesmächte seiner im Umbruch befindlichen Zeit, Scholastik und Renaissance, zum Streit um die Menschlichkeit des Menschen herausgefordert.«[8] Auch wenn man dies heute möglicherweise etwas zurückhaltender formulieren würde, besteht doch ein gewisser Kon-

---

4 Vgl. aber auch die kritischen Ausführungen von M. Hengerer, Kontroverse Kategorie. Eine Umschau in der geisteswissenschaftlichen Forschung zum Körper (ZHF 37, 2010), 219–247; B. Brunner, Ein neuer Mensch? Körperlichkeit, Sinneserfahrungen und Emotionen in der Reformation Martin Luthers (GWU 68, 2017), 520–534.

5 Vgl. beispielsweise die Beiträge in dem Sammelband Anthropological Reformations – Anthropology in the Era of Reformation (Refo500 Academic Studies 28), hg. v. A. Eusterschulte / H. Wälzholz, 2015; H. Roodenburg, The Body in the Reformations (in: The Oxford Handbook of the Protestant Reformations, hg. v. U. Rublack, 2017, 643–665); zuvor schon: D. Tripp, The Image of the Body in the Formative Phases of the Protestant Reformation (in: Religion and the Body, hg. v. S. Coakley, 1997, 131–152).

6 Für die philosophiegeschichtlichen Hintergründe vgl. S. Salatowsky, De Anima. Die Rezeption der aristotelischen Psychologie im 16. und 17. Jahrhundert, 2006.

7 Vgl. G. Ebeling, Das Leben – Fragment und Vollendung. Luthers Auffassung vom Menschen im Verhältnis zu Scholastik und Renaissance (ZThK 72, 1975, 310–336), 314.

8 Ebd. Vgl. H. Junghans, Anthropologische Vorstellungen unter Renaissancehumanisten (LuJ 66, 1999, 107–134); B. Hentschel, Zur Genese einer optimistischen Anthropologie in der Renaissance oder die Wiederentdeckung des menschlichen Körpers (in: Gepeinigt, begehrt, vergessen. Symbolik und Sozialbezug des Körpers im späten Mittelalter und in der frühen Neuzeit, hg. v. K. Schreiner / N. Schnitzler, 1992, 85–105); E. Jüngel, Der menschliche Mensch. Die Bedeutung der reformatorischen Unterscheidung der Person von ihren Werken für das Selbstverständnis des neuzeitlichen Menschen (in: Ders., Wertlose Wahrheit. Zur Identität und Relevanz des christlichen Glaubens. Theologische Erörterungen III [BevT 107], 1990, 194–213); A. Vind, The Human Being According to Luther (in: Anthropological Reformations [s. Anm. 5], 69–85).

sens darin, dass das Anliegen Luthers in seiner heilsgeschichtlichen Verortung des Menschen einen zentralen Ort gefunden hat.[9]

Eine neue Perspektive auf die kulturellen Implikationen der Reformation Luthers stellen die Ausführungen Peter Burschels aus seiner Berliner Antrittsvorlesung von 2012 dar: Luther sei seiner Ansicht nach eine zentrale Rolle bei der »Erfindung der Reinheit« zuzuschreiben. Das Konzept der Reinheit habe dazu gedient, »Wahrnehmungen in Einklang zu bringen und Erfahrungen zu vereinheitlichen, um auf diese Weise Selbst- und Weltdeutungen zu homogenisieren«.[10] Außerdem, und auch dies sei in der Zeit der Reformation und des Konfessionellen Zeitalters entscheidend, wurden durch dieses Konzept Zugehörigkeitsgrenzen gezogen zwischen Menschen und »Unmenschen«.[11]

Noch zwei weitere Funktionen der Reinheit als einen »kulturellen Code« meint Burschel ausgemacht haben zu können. Zur Unreinheit gehöre zunächst die Reinheit konstitutiv dazu. Im Anschluss an Reinhart Koselleck will er sie als sich wechselseitig ausschließende, »asymmetrische Gegenbegriffe« verstanden wissen.[12] Dadurch verweise die Begrifflichkeit auch auf das Verhältnis von Identitäten und Alteritäten, die dabei immer schon mitverhandelt werden. Nicht zuletzt werden durch die Reinheit Grenzen gezogen »zwischen religiösen, sozialen und ethnischen Gruppen, Grenzen zwischen gestern und heute, Grenzen zwischen Mann und Frau, Grenzen zwischen ›Menschen‹ und – um einen durchaus geläufigen Begriff [...] zu nennen – ›Unmenschen‹«.[13] Es werden also durch die Zuschreibungen Grenzen und damit auch Differenzen sprachlich markiert.[14] Mit den Konzepten von Reinheit und Unreinheit sei historisch vor allem der Ver-

---

9 Vgl. N. SLENCZKA, Cognitio hominis dei. Die Neubestimmung des Gegenstandes und der Aufgabe der Theologie in der Reformation (in: Der Reformator Martin Luther 2017. Eine wissenschaftliche und gedenkpolitische Bestandsaufnahme [Schriften des Historischen Kollegs, Kolloquien 92], hg. v. H. SCHILLING, 2014, 205–229).

10 P. BURSCHEL, Die Erfindung der Reinheit. Eine andere Geschichte der frühen Neuzeit, 2014, 17.

11 AaO., 17 f.

12 AaO., 16.

13 AaO., 18.

14 Ebd. Vgl. auch in diesem Sinne K. P. LURIA, Sacred Boundaries. Religious Coexistence and Conflict in Early Modern France, 2005 sowie die luzide Einleitung von D. HACKE,

such unternommen worden, »Uneindeutigkeit in Eindeutigkeit zu über-führen.«[15] Wie weit diese Mechanismen auch in Bezug auf den Exegeten und Prediger Luther greifen, wird zu überprüfen sein. Es gibt allerdings bislang kaum in gleicher Weise kultur- wie kirchengeschichtlich informierte Forschungen, auf die man sich beziehen könnte. Diese Fehlanzeige ist überraschend, wenn man an die Bedeutung der Dichotomie rein / unrein in den biblischen Schriften denkt.[16]

In diesem Beitrag wird der Versuch unternommen, Luthers Theologie des Todes daraufhin zu befragen, inwiefern er zu dieser Frage mit den Kategorien »rein« und »unrein« operierte. Das Schicksal des Leibes (und der Seele) ist für das theologische Nachdenken über den Tod von zentraler Bedeutung. Untersucht werden soll dies anhand von Äußerungen Luthers, die sich mit der Vergänglichkeit des Menschen beschäftigen. Dieses Beispiel ist keinesfalls zufällig gewählt. Zur christlichen Identität gehört nicht zuletzt auch ein spezifischer Blick auf das menschliche Dasein, das »den konkreten Umgang mit dem Sterben, dem Tod, der Bestattung und dem Totengedenken«[17] wesentlich beeinflusst. Das Todesverständnis und der Umgang mit dem Tod sind Ausdruck einer bestimmten christlichen Identität.[18] Es wird also auch danach zu fragen sein, inwieweit »Reinheit« in Luthers Sicht auf die menschliche Vergänglichkeit eine Rolle spielt.[19]

Konfession und Kommunikation. Religiöse Koexistenz und Politik in der Alten Eidgenossenschaft – Die Grafschaft Baden 1531–1712, 2017, 13–21.

15 BURSCHEL, Erfindung (s. Anm. 10), 18.

16 Vgl. W. PASCHEN, Rein und unrein. Untersuchung zur biblischen Wortgeschichte (SANT 24), 1970; vgl. auch K. THOMAS, Cleanliness and Godliness in Early Modern England (in: Religion, Culture and Society in Early Modern Britain. Essays in Honour of Patrick Collinson, hg. v. A. FLETCHER / P. ROBERTS, 1994, 56–83).

17 U. VOLP, Menschlicher Tod als Thema der Theologie, in: Tod [TdT 12], hg. v. DEMS., 2018, 1–10), 1. Vgl. A. GÖSSNER, Krankheit und Sterben in der reformationszeitlichen Seelsorge (KD 60, 2014, 75–91).

18 Vgl. VOLP, Tod (s. Anm. 17), 1f.

19 Vor dem Hintergrund, dass in der bisherigen Forschung der Reformation eine große Bedeutung als Zäsur im Umgang mit dem Tod zugemessen wird, ist Luthers Position natürlich von zentraler Bedeutung. Vgl. P. MARSHALL, After Purgatory. Death and Remembrance in the Reformation World (in: Preparing for Death, Remembering the Dead [Refo500 Academic Studies 22], hg. v. T. Rasmussem / J. Ø. Flæten, 2015, 25–43); vgl.

Im Folgenden wird darum anhand von Luthers Schriften und Predigten selbst der Frage nachgegangen werden, in welchem Verhältnis der Wittenberger Reformator den Leib im Angesicht der menschlichen Vergänglichkeit *theologisch* deutet und zu welchen Akzentsetzungen er hierbei kommt. Bedenkt man die große Bedeutung des Aspekts, wie er sich in der mittelalterlichen Theologie und Frömmigkeit ausgeprägt hat, wird die Relevanz dieser Frageperspektive unmittelbar einleuchtend, zumal Luther selbst bis 1525 als Mönch lebte.[20] Um Luthers Leiblichkeit verstehen zu können, muss also die Reinheit als ein kultureller Code in seinen jeweiligen Verwendungsweisen beim Wittenberger Reformator untersucht werden.

In einem ersten Schritt sollen die Begriffe Leib und Seele näher bestimmt werden und das, was Luther mit ihnen zum Ausdruck bringen wollte (II.). In aller Kürze soll danach der Frage nachgegangen werden, welche Bedeutung der Tod für Luther hatte und in welchen theologischen Kontexten das Thema zu sehen ist (III.). Anschließend wird in einem chronologischen Durchgang analysiert, welche Rolle »Reinheit« als kultureller Code tatsächlich gespielt hat (IV.), ehe zuletzt ein Ausblick auf die mittel- und langfristigen Auswirkungen der hier untersuchten Sachverhalte versucht werden soll (V.).

II Definitorische Bestimmungen

Für Luthers Bestimmung des Verhältnisses von Leib und Seele des Menschen ist eine Stelle aus seiner Magnificat-Auslegung von großer Bedeutung.[21]

---

auch die Beiträge in: Ders., Invisible Worlds. Death, Religion and the Supernatural in England, 1500–1700, 2017.

20 Vgl. A. Angenendt, Geschichte der Religiosität im Mittelalter, 1997, 235–261.

21 Auf die Traditionen, auf denen Luther aufbaut und von denen er sich zum Teil entschieden abgrenzt, kann hier nicht ausführlich eingegangen werden, vgl. aber W. Joest, Ontologie der Person bei Luther, 1967, 56–79. Wesentliche Anregungen für das folgende habe ich entnommen: S. Rolf, Die Kommunikativität des Menschlichen. Überlegungen zum Verhältnis von Leib und Seele im Anschluss an Martin Luther (NZSTh 53, 2011, 119–136); ferner: M. Plathow, Spiritus creator und geschöpfliches Wirken. Der Schöpfergeist in der vernetzten Kommunikation mit geschöpflichem Handeln bei Martin Luther (Luther 93/1, 2022, 29–41).

Die Schrift teilt den Menschen in drei Teile, da S. Paulus [...] [1 Thess 5,23] sagt: »Gott, der ein Gott des Friedens ist, der mache euch heilig durch und durch, also dass euer ganzer Geist und Seele und Leib unsträflich erhalten [bleibe] auf die Zukunft unseres Herrn Jesu Christi«. Und ein jeglicher dieser dreier samt dem ganzen Menschen wird auch geteilt auf eine andere Weise in zwei Stück, die da heißen Geist und Fleisch, welches [eine] Teilung nicht [nach] der Natur, sondern der Eigenschaft ist. Das ist, die Natur hat drei Stücke: Geist, Seele, Leib, die mögen alle samt gut oder böse sein, das heißt denn Geist und Fleisch sein, davon jetzt nicht zu reden ist. Das erste Stück, der Geist, ist der höchste, tiefste, edelste Teil des Menschen, damit er geschickt ist, unbegreifliche, unsichtbare, ewige Dinge zu fassen. Und ist kurz das Haus, da der Glaube und Gottes Wort [...] wohnet [...]. Der andere, die Seele, ist eben derselbe Geist nach der Natur, aber doch in einem anderen Werk. Nämlich in dem, als er den Leib lebendig macht und durch ihn wirket, und wird oft in der Schrift für »das Leben« genommen; denn der Geist mag wohl ohne den Leib leben aber der Leib lebt nicht ohne den Geist. Dieses Stück sehen wir, wie es auch im Schlaf und ohne Unterlass lebt und wirkt. Und ist seine Art, nicht die unbegreiflichen Dinge zu fassen, sondern was die Vernunft erkennen und ermessen kann [...]. Denn [die Seele] ist zu geringe in göttlichen Dingen zu handeln. Diesen beiden Stücken eignet die Schrift viele Dinge zu, als sapientiam und scientiam: die Weisheit dem Geist, die Erkenntnis der Seele, danach auch Hass, Liebe, Lust, Gräuel und desgleichen.[22]

Luther kann also von Leib, Seele und Geist sprechen und damit an die Konstitutionstrichotomien der Bibel und der »Tradition« anknüpfen.[23] Zugleich kommt bei ihm die Unterscheidung von Geist und Fleisch hinzu. Die negativ konnotierte Begrifflichkeit des Fleisches wird meist synonym verwendet zum durch die Sünde korrumpierten Leib des Menschen. Unter »Fleisch« wird bei Luther meist eine Willensausrichtung hin zum Bösen verstanden.[24] Die erste Unterscheidung betrachtet den Menschen unter dem Gesichtspunkt seiner Leiblichkeit und Geistigkeit, während die zweite Unterscheidung auf die »menschliche Gottesbeziehung, also auf

---

22 WA 7; 550,20–551, 11, zitiert nach der sprachlich geglätteten Version von ROLF, Kommunikativität (s. Anm. 21), 126. Vgl. auch CH. BURGER, Marias Lied in Luthers Deutung. Der Kommentar zum Magnifikat (Lk 1,46b–55) aus den Jahren 1520/21 [SuR. NR 34], 2007, 41–47; vgl. außerdem A. VIND, Luther's Reflections on the Life of a Christian. Expounded on the Basis of His Interpretation of the Magnificat, 1521 (Transfiguration 2012, 7–27) sowie kürzlich J. V. LÜPKE, Magnificare Deum. Aufgabe und Gegenstand der Theologie nach Luthers Auslegung des Magnificat (LuJ 86, 2019, 133–167).

23 Vgl. JOEST, Ontologie (s. Anm. 21), 163–195.

24 Vgl. W. CHRISTE, Gerechte Sünder. Eine Untersuchung zu Martin Luthers »simul iustus et peccator«, 2014, 387.

Glauben oder Unglauben«[25] rekurriert. Man kann also zu Recht von einem »an die Antike anknüpfende[m] additive[m] Leib-Seele-Modell und ein[em] stärker relationale[m]«[26] sprechen, die sich beide überlagern. Der Leib kann ohne die Seele nicht leben, die Seele ohne den Leib aber sehr wohl. Hier klingt die aristotelische Vorstellung der Seele als Lebensprinzip deutlich an.[27] Sie ist aber noch mehr als das, wie vor allem Luthers Ausführungen in der Freiheitsschrift deutlich machen. Bei Luther kann die Seele auch zu einem soteriologischen Begriff werden und die »Instanz« beschreiben, »die im Glauben mit Christus vereinigt wird und in dieser Vereinigung das Heil Christi erhält.«[28]

> Nit allein gibt der glaub ßovil, das die seel dem gottlichen wort gleych wirt aller gnaden voll, frey und selig, sondernn voreynigt auch die seele mit Christo, als eyne brawt mit yhrem breudgam.[29] Auß wilcher ehe folget, wie S. Paulus sagt, das Christus und die seel eyn leyb werden, ßo werden auch beyder gutter fall, unfall und alle ding gemeyn, das was Christus hatt, das ist eygen der glaubigen seele, was die seele hatt, wirt eygen Christi. So hatt Christus aller gütter und seligkeit, die seyn der seelen eygen. So hatt die seel alle untugent und sund auff yhr, die werden Christi eygen. Hie hebt sich nu der frölich wechßel und streytt.[30]

Was Luther hier beschreibt, lässt sich auch mit dem Terminus der *communicatio idiomatum* zusammenfassen.[31] Es ereignet sich ein »Existenzwechsel Christi und der Seele«.[32] Die Rettung und Belebung der Seele muss also

---

25 Rolf, Kommunikativität (s. Anm. 21), 126.
26 V. Leppin, Madensack und Tempel des Heiligen Geistes. Leiblichkeit bei Martin Luther (in: Dimensionen der Leiblichkeit, hg. v. B. Janowski / Ch. Schwöbel, 2015, 86–97), 90.
27 Vgl. Joest, Ontologie (s. Anm. 21), 80–83.
28 Rolf, Kommunikativität (s. Anm. 21), 127.
29 Zur Brautmetaphorik bei Luther vgl. R. Schwarz, Mystischer Glaube – die Brautmystik Martin Luthers (ZW 52, 1981, 193–205).
30 WA 7; 25,26–34.
31 J. A. Steiger, Die communicatio idiomatum als Achse und Motor der Theologie Luthers. Der »fröhliche Wechsel« als hermeneutischer Schlüssel zu Abendmahlslehre, Anthropologie, Seelsorge, Naturtheologie, Rhetorik und Humor (NZSTh 38, 1996, 1–28). Sowie äußerst instruktiv B. Hamm, Heilsgabe, Glaube und Handeln in der kontinentalen Reformation – das Paradigma Martin Luthers (in: Sister Reformations II, hg. v. D. Wendebourg / A. Ryrie, 2010, 65–87).
32 Rolf, Kommunikativität (s. Anm. 21), 128.

notwendigerweise von außen kommen.[33] Dabei kommt dem Menschen eine dezidiert passive Rolle zu.[34] Dem Charakter einer »additiven Anthropologie«[35] ist es wohl zuzuschreiben, dass der Leib wie ein »äußerer Vorhof« zum ganzen Menschen hinzugehört.

> Das dritte ist der leip mit seinen gelidernn, wilchs werck sein nur ubungen und prauch, nach dem die seel erkennet und der geist glawbt. Unnd das wir des eyn gleichnisz antzeigen ausz der schrifft: Moses macht eyn Tabernakell mit dreyen unterschiedlichen gepewen. Das erst hiesz sanctum sanctorum, da wonet got ynnen, unnd war kein liecht drinnen. Das ander, sanctum, da ynnen stund ein leuchter mit sieben rohren und lampen. Das drit hiesz atrium, der hoff, das war unter dem hymel offentlich, fur der sunnen luiecht. Inn der selben figur ist ein Christen mensch abgemalet. Sein geist ist sanctum sanctorum, gottis wonung ym finsternn glawben on liecht, denn er glewbt, das er nit sihet, noch fulet, noch begreiffet. Sein seel ist sanctum; da sein sieben liecht, das ist, allerley vorstannt, underscheid, wissen und erkentnisz der leiplichen, sichtlichen dinger. Sein corper ist atrium; der ist yderman offenbar, das man sehen kan, was er thut, und wie er lebt.[36]

Der Leib ist das Atrium, der sichtbare öffentliche Raum, in dem das Handeln des Menschen offenbar wird. In der Freiheitsschrift mahnt Luther darum auch an, dass der Leib regiert werden muss, auch wenn für die Seele im inneren Menschen die geschenkte Rechtfertigung durch den Glauben bereits ausreicht.[37] Zum evangelischen Leben, wie Luther es beschreibt, gehört »in einem sehr elementaren Sinne auch die Kontrolle des Leibes«[38] dazu und zwar auf der theologischen Grundlage einer »rechtfertigungstheologischen

33 K.-H. ZUR MÜHLEN, Nos extra nos. Luthers Theologie zwischen Mystik und Scholastik (BHTh 46), 1972.
34 Vgl. PH. STOELLGER, Passivität aus Passion. Zur Problemgeschichte einer »categoria non grata« (HUTh 56), 2010.
35 LEPPIN, Madensack (s. Anm. 26), 91.
36 WA 7; 551,12–24.
37 Vgl. LEPPIN, Madensack (s. Anm. 26), 91 mit Verweis auf WA 7; 30,11–19. Zur Unterscheidung vom äußeren und inneren Menschen, auf die hier nicht weiter eingegangen werden kann vgl. J. WOLFF, Martin Luthers »innerer Mensch« (LuJ 75, 2008, 31–66); K.-H. ZUR MÜHLEN, Innerer und äußerer Mensch. Eine theologische Grundunterscheidung bei Martin Luther (in: Reformatorisches Profil. Studien zum Weg Martin Luthers und der Reformation, hg. v. J. BROSSEDER / A. LEXUTT, 1995, 199–207); R. GALLINAT, Der »natürliche Mensch« nach Luther (LuJ 42, 1975, 33–51).
38 LEPPIN, Madensack (s. Anm. 26), 92.

Begründungsstruktur.«[39] Wie Lyndal Roper in ihrer Biografie unterstrichen hat, ging Luther nicht den Weg einer grundsätzlichen Trennung von Geist und Körper,

> der die körperliche Existenz als untergeordnet betrachtete. Natürlich trennte auch Luther, wie alle Theologen seiner Zeit, zwischen Fleisch und Geist, doch sein Schwerpunkt lag immer auf der Vereinbarung, nicht auf der Trennung der beiden.[40]

Dies wird auch durch Luthers Sichtweise auf die kreatürlichen Dimensionen des Messias unterstrichen, wenn der Wittenberger Reformator beispielsweise auf die Windeln des Herrn oder dessen Angst am Vorabend seiner Kreuzigung eingeht.[41]

III Martin Luthers Sicht auf Tod und Sterben

Auch Luthers Sicht auf das Ende des menschlichen Lebens im Diesseits ist in höchstem Maße von seiner Rechtfertigungslehre bestimmt. Der Mensch, im Glauben an Jesus Christus gerechtfertigt, bleibt in Luthers Verständnis bekanntlich zugleich auch Sünder. Dies wird mit dem bekannten Schlagwort des *simul iustus et peccator*[42] umschrieben. Bedeutsam wird für ihn, besonders deutlich in der *Disputatio de homine* von 1536, die aristotelische Unterscheidung von *materia* und *forma*. Der diesseitige Mensch wird zum Potenzial für Gottes eschatologisches Handeln, wenn er dort etwa in der 35. These formuliert: »Quare homo huius vitae est pura materia Dei ad futurae formae suae vitam.«[43] Die eschatologi-

---

39 Ebd.

40 L. Roper, Der Mensch Martin Luther. Die Biographie, 2016, 457.

41 Für diesen Hinweis danke ich Anne-Charlott Trepp. Vgl. auch M. Frettlöh, »Gott ist im Fleische …«. Die Inkarnation Gottes in ihrer leibeigenen Dimension beim Wort genommen (in: »Dies ist mein Leib«. Leibliches, Leibeigenes und Leibhaftiges bei Gott und den Menschen, hg. v. J. Ebach u.a., 2006, 186–229).

42 Vgl. WA 56; 347,3f. Hierzu auch die umfangreiche Studie von W. Christe, Gerechte Sünder. Eine Untersuchung zu Martin Luthers »simul iustus et peccator« (ASyTh 6), 2014; O. Bayer, Luthers »simul iustus et peccator« (KD 64, 2018, 249–264). Aus der älteren Forschung: K. O. Nilsson, Simul. Das Miteinander von Göttlichem und Menschlichem in Luthers Theologie (FKDG 17), 1966.

43 WA 39,1; 177,3f. Vgl. hierzu auch G. Ebeling, Lutherstudien Bd. 2: Disputatio de Homine. Teil 3: Die theologische Definition des Menschen. Kommentar zu These 20–40, 1989.

schen Aussagen der Thesen 36 bis 39 kontrastieren die Aspekte der Potentialität und Aktualität.[44]

> Die schon im Glauben an Jesus Christus als ganze gerechtfertigte Person des Menschen wird zugleich in täglicher Reue und Buße der Macht der Sünde entrissen, bis diese schließlich in der eschatologischen Vollendung völlig überwunden und der Gerechtfertigte als vollkommenes Ebenbild Gottes wiederhergestellt wird.[45]

Auf dieser Grundlage sind die stereotypen Behauptungen, dass die reformatorische Theologie vom Menschen keinen adäquaten Lebenswandel fordere und die Buße etwa keine Rolle spiele, klar von der Hand zu weisen.[46] Allerdings folgt aus dem gottgefälligen Lebenswandel nicht das Heil und auch keine Heilsbereitschaft, sondern die guten Werke sind ein Resultat des Heilshandelns Gottes am Menschen.[47] Welche Bedeutung haben vor diesem Hintergrund Tod und Sterben für Luther? Und welche Vorstellungen finden sich bei Luther über das Schicksal von Leib und Seele sowie das Leben nach dem Tod?

Otto Hermann Pesch hat darauf hingewiesen, dass Luthers Äußerungen zum Thema Sterben und Tod aus dessen seelsorgerlicher Praxis stammen. Der Wittenberger Reformator entwickele nicht in erster Linie eine Theorie, sondern versuche die Thematik denkerisch zu durchdringen.[48] Sie »führt in ein weitverzweigtes Netz von Beziehungen zu allen Schwerpunkten der Theologie Luthers, historisch wie sachlich. Luthers Verständnis von Sünde, Konkupiszenz, Gnade, Evangelium, Gesetz, neuem Leben und von der Ver-

---

44 Vgl. K.-H. ZUR MÜHLEN, Die Anthropologie Martin Luthers im Lichte seiner Eschatologie (in: DERS., Reformatorische Prägungen. Studien zur Theologie Martin Luthers und zur Reformationszeit, hg. v. A. LEXUTT / V. ORTMANN, 2011, 210–228), 222; G. W. FORELL, Justification and Eschatology in Luther's thought (CH 38, 1969, 164–174); K.-V. SELGE, Die eschatologisch-apokalyptische Dimension in der Theologie Luthers (in: Storia e figure dell'Apocalisse fra 500 e 600, 1996, 127–144).

45 ZUR MÜHLEN, Anthropologie (s. Anm. 44), 222.

46 Vgl. A. STEGMANN, Luthers Auffassung vom christlichen Leben (BHTh 175), 2014.

47 Vgl. HAMM, Heilsgabe (s. Anm. 31).

48 Vgl. O. H. PESCH, Theologie des Todes bei Martin Luther (in: Im Angesicht des Todes. Ein interdisziplinäres Kompendium. Bd. II [PiLi 4], hg. v. H. BECKER / B. EINIG / P.-O. ULLRICH, 1987, 709–789), 709. Vgl. auch U. MENNECKE-HAUSTEIN, Luthers Trostbriefe (QFRG 56), 1989, 33–53 sowie zuletzt V. LEPPIN, Schmerz und Trost. Beobachtungen zu Luthers Umgang mit dem Tod (in: Luthers Tod. Ereignis und Wirkung [Schriften der Stiftung Luthergedenkstätten in Sachsen-Anhalt 23], hg. v. A. KOHNLE, 2019, 49–68).

borgenheit Gottes sind im Spiel.«[49] Ausgehend von der biblischen Maß-
gabe, dass der Tod eine Folge der Sünde ist, entwickelt Luther ein Verständnis der Buße als Sterben. Erst durch die Annahme des Gerichts, durch die
geschenkte Selbsterkenntnis des Menschen als Sünder, kann das Gericht
zum Heil werden. Der Tod des Menschen ist erforderlich, damit er wieder
lebendig gemacht werden kann.[50] Auch wenn Luther die Bedeutung der
Selbstanklage im Verlauf der Zeit abmildern wird: dadurch, dass dem Menschen die Gnade immer neu zugesprochen werden muss, bleibt die Buße ein
lebenslanges Projekt des (Ab-)Sterbens.

> Dieses Verständnis der lebenslangen Buße prägt schließlich die Perspektive auf das
> leibliche Sterben: Es ist das Ende des lebenslangen Bußkampfes, weil es das Ende der
> bleibenden Sünde ist. [...] Der zweite Gesichtspunkt, unter dem der Christ den Tod als
> »zukünftiges Gut« ansehen soll, ist: ER ist das Ende der Sünden und Laster.[51]

Der Tod wird somit zu etwas Begrüßungswertem. Ob die kolportierte To-
dessehnsucht im 17. Jahrhundert in diesen theologischen Weichenstellungen zumindest eine Mitursache hat, bedürfte weiterer Untersuchungen.[52]

49 PESCH, Theologie (s. Anm. 48), 733.
50 Vgl. aaO., 735: »Gottes rettendes Handeln gerade durch sein Gericht, das Lebendigma-
chen durch Töten, ist ein Gedanke, den Luther – nicht ohne Anregungen aus der Tradition – schon hier [beim jungen Luther, BB] originell ausgebildet und lebenslang beibehalten hat.«
51 AaO., 741 mit weiteren Belegen.
52 So J. DELUMEAU, Angst im Abendland. Die Geschichte kollektiver Ängste im Europa des
14. bis 18. Jahrhunderts, 2 Bde., 1985; besonders stark gemacht wurde dieser Punkt auch
von P. ALTHAUS, Friedhof unserer Väter. Ein Gang durch die Sterbe- und Ewigkeitslieder
der evangelischen Kirche, ⁴1948; ausgewogener urteilt L. LORBEER, Die Sterbe- und Ewigkeitslieder in deutschen lutherischen Gesangbüchern des 17. Jahrhunderts (FKDG 104),
2012, 338–350; zu den methodischen Problemen vgl. W. J. BOUWSMA, Anxiety and the
Formation of Early Modern Culture (in: After the Reformation, hg. v. B. C. MALAMENT,
1980, 215–246). Zur weiteren Differenzierung hat und wird auch in Zukunft die Leichen-
predigtforschung beitragen, in der sich zahlreiche Schattierungen finden lassen, wie der
Umgang des Sterbenden mit dem Tod gehandhabt wird. Keineswegs sind Leichenpredigten stereotype, serielle Quellen, wie hier und dort noch immer behauptet wird. Vgl. für
das große Potenzial dieser Quellen nur I. DINGEL, »Recht glauben, christlich leben und
seliglich sterben.« Leichenpredigt als evangelische Verkündigung im 16. Jahrhundert (in:
Leichenpredigten als Quelle historischer Wissenschaften, Bd. 4, hg. v. R. LENZ, 2004,
9–36); DIES., Religion et politique dans les éloges funèbres des souverains des XVIe et

Luther bezeichnet ihn als willkommen, respektive ersehnt.[53] Pesch meint jedenfalls, dass es für Luther ein »Zeichen echten Glaubens an Gottes rechtfertigendes Handeln« sei, »wenn der Christ um den Tod bittet [...].«[54] Denn erst mit der im Tod inbegriffenen Lösung des Leibes von der Seele könne der Mensch endgültig von der ihm anhängenden Sünde befreit werden.

Die Taufe steht am Anfang des lebenslangen Bußprozesses des Menschen, den Luther auf die bekannte und griffige Formel des »Ersäufen des alten Adam« gebracht hat.[55] Seine Auslegung von Röm 6,3 ist hier besonders aussagekräftig, unterscheidet er doch prägnant zwei »Formen« des Todes.

> Quod duplex est mors sc. Nature seu melius temporalis et eterne. Temporalis est solutio corporis et anime. Sed hec mors est figura, similitudo, et velut mors picta in pariete quoad eternam, que et spiritualis, Vnde et in Scriptura frequentissime Somnus, quies, dormitio vocatur.[56]

Luther unterscheidet also grundsätzlich zwei Todesarten, den natürlichen bzw. zeitlichen und den ewigen Tod. Den zeitlichen definiert er klassisch als die Trennung von Leib und Seele. Er meint aber, dass dieser Tod nur ein Abbild sei im Vergleich zum ewigen, oder auch geistlichen Tod.[57]

> Aeterna mors est duplex. Alia bona et optima, Que est mors peccati et mors mortis, Qua anima soluitur et separator a peccato et corpus a corruption et per gratiam et gloriam copulatur Deo viuenti. Hec autem est propriissime mors, quia in omnibus aliis morti-

---

XVIIe siècles (RHPR 94, 2014, 137–161); Dies., Spuren reformierter Konfessionalität in Leichenpredigten auf Angehörige des schlesischen Adels (in: Die Reformierten in Schlesien. Vom 16. Jahrhundert bis zur Altpreußischen Union von 1817 [VIEG.B 106], hg. v. J. Bahlcke / I. Dingel, 2016, 15–30). Vgl. zudem S. Lehmann, Jrdische Pilgrimschafft und Himmlische Burgerschafft. Leid und Trost in frühneuzeitlichen Leichenpredigten (The Early Modern World. Texts and Studies 1), 2019.
53 Vgl. WA 6; 109,40–110,27; WA 17,2; 13,14–29.
54 Pesch, Theologie (s. Anm. 48), 742 sowie die weiteren Hinweise bei O. H. Pesch, Theologie der Rechtfertigung bei Martin Luther und Thomas von Aquin (Walberger Studien der Albertus-Magnus-Akademie. Theologische Beiträge 4), 1967, 361 f.
55 Zur Luthers Tauflehre vgl. D. Wendebourg, Taufe und Abendmahl (in: Luther Handbuch, hg. v. A. Beutel, ²2010, 414–423).
56 WA 56; 322,11–15.
57 Die Editoren der Weimarer Ausgabe wie auch der Studienausgabe verweisen meines Erachtens zurecht darauf, dass Luther hier an Totentanzdarstellungen gedacht haben könnte, vgl. WA 56; 322, Anm. 13; Martin Luther Studienausgabe, hg. v. H.-U. Delius, Bd. 1, 3. Nachdruck der 1. Aufl., 1987, 124, Anm. 214.

bus manet aliquid mixtum vite preterquam in ista, Vbi est purissima Vita solum, quia eterna. Quia huic soli conueniunt absolute et perfecte conditio mortis et in hac sola totum perit et in nihilum sempiternum perit, quicquid sic moritur, et nunquam reuertitur aliquid ex eo, immo quia et eternam mortem mortificat. Sic moritur peccatum et peccator, quando Iustificatur, Quia peccatum non reuertitur ineternum, Vt hic Apostolus dicit: »Christus iam non moritur« etc.[58]

Die positive Seite des ewigen Todes, die Luther hervorhebt, bezeichnet er als den Tod der Sünde und in einer besonders prägnanten Formel als Tod des Todes.[59] Erst im Tod können Leib und Seele wieder in Ordnung gebracht, von ihrer Sündhaftigkeit gereinigt werden und in eine enge Verbindung mit Gott treten. Auch hier fällt die eschatologische Dimension der Rechtfertigungsvorstellungen Luthers ins Auge. Besonders einschlägig für den hiesigen Fragezusammenhang ist Luthers Aussage, dass ausschließlich dieses ewige Leben eines in vollkommener Reinheit sein würde. Der amerikanische Historiker Ronald K. Rittgers hat verschiedentlich auf die Bedeutung der Leidenstheologie hingewiesen, die bereits beim frühen Luther angelegt gewesen sei.[60] Luther habe das Leiden eben nicht mehr als Buße verstanden, sondern als eine Glaubensprüfung.[61] Und diese *tentatio* konnte sich eben auch körperlich manifestieren, im »Fleisch« des Menschen.[62] Das Ende dieser Prüfungen stellt erst der Tod dar, mit dem für den Gläubigen diese Form des bewährenden Leidens endet.

Die Sakramente nehmen in der Theologie des Todes des Wittenberger Reformators eine wichtige Rolle ein. Ulrich Asendorf hat schon 1967 dargelegt, dass »Luthers Lehre von Wort und Sakrament in ganz unmittelbarem Zusammenhang mit den letzten Dingen steht. Der Gebrauch

---

58 WA 56; 322,15–25.
59 Vgl. G. EBELING, Des Todes Tod. Luthers Theologie der Konfrontation mit dem Tod (ZThK 84, 1987, 162–194).
60 Vgl. R. K. RITTGERS, A Significant Silence in Luther's Early Theology of Suffering. New Evidence for an Initial Reformational Umbruch (LuJ 85, 2018, 241–261).
61 Vgl. aaO., 260. Vgl. ferner R. K. RITTGERS, Embracing the »True Relic« of Christ. Suffering, Penance, and Private Confession in the Thought of Martin Luther (in: A New History of Penance [Brill's Companion to the Christian Tradition 14], hg. v. A. FIREY, 2008, 377–393).
62 Vgl. O. BAYER, Oratio, Meditatio, Tentatio. Eine Besinnung auf Luthers Theologieverständnis (in: LuJ 55, 1988, 7–59).

der Sakramente zielt auf die Auferstehung.«[63] Dies bringt uns zum letzten Punkt dieses Abschnitts. Welche Vorstellungen über das Leben nach dem Tod lassen sich bei Luther ausmachen? Die Kontroverse, ob Luther die Unsterblichkeit der Seele nun lehrte oder nicht, braucht hier nicht nochmals ausgebreitet werden. Es spricht viel dafür, dass er sie lehrte und auch bei dieser Lehre blieb.[64] Es findet sich bei ihm die Vorstellung eines Seelenschlafes, der dem »normalen« Schlaf insofern ähnelt, als dass Luther keine »wache Seligkeit« der verstorbenen Seelen behauptet.[65] Das Ziel des Seelenschlafes besteht in der »Auferweckung ›an leib und seele‹.«[66] Die Seele wird erweckt, während Gott dem Menschen einen völlig neuen Leib bilden wird. Auch für Luther geht es also um die leibliche Auferstehung.[67] Im Unterschied zum Gros der mittelalterlichen Theologie ist bei Luther nun durchaus eine Aufwertung des Körpers zu konstatieren.[68] Dies wird vor dem Hintergrund der »Tradition« besonders deut-

63 U. ASENDORF, Eschatologie bei Luther, 1967, 289.
64 Vgl. u. a. W. THIEDE, Luthers individuelle Eschatologie (LuJ 49, 1982, 7–49), 22–26; DERS., Nur ein ewiger Augenblick. Luthers Lehre vom Seelenschlaf zwischen Tod und Auferweckung (Luther 64, 1993, 112–125); F. HEIDLER, Die biblische Lehre von der Unsterblichkeit der Seele. Sterben, Tod, ewiges Leben im Aspekt lutherischer Anthropologie (FSÖTh 45), 1983; CH. HERRMANN, Unsterblichkeit der Seele durch Auferstehung. Studien zu den anthropologischen Implikationen der Eschatologie (FSÖTh 83), 1997. Vgl. jetzt auch das instruktive Fallbeispiel von B. T. G. MAYES, Old Luther Disputing the Origin of the Soul. Augustinian and Scholastic Anthropologies in Debate (LuJ 88, 2021, 113–133).
65 Vgl. THIEDE, Eschatologie (s. Anm. 64), 33.
66 Ebd.
67 Vgl. zur Problemgeschichte C. W. BYNUM, The Resurrection of the Body in Western Christianity, 200–1336, 1995; aus systematisch-theologischer Sicht: G. WENZ, Die allgemeine Totenauferstehung und das Problem ihrer Leiblichkeit (in: DERS., Vollendung. Eschatologische Perspektiven [Studien Systematische Theologie 10] 2015, 247–265).
68 Vgl. J. KROEMER, »Doctor Martin, get up«. Luther's View of Life after Death (in: On the Apocalyptic and Human Agency. Conversations with Augustine of Hippo and Martin Luther, hg. v. K. STJERNA / D. A. THOMPSON, 2014, 33–50), hier 45: »Luther valued the body too much to have the soul experience the joy of heaven without it.« Er verweist hier auf L. ROPER, Martin Luther's Body. The ›Stout Doctor‹ and His Biographers (AHR 115, 2010, 351–384).

lich.[69] Begründet ist die Auferstehung des durch den Glauben gerechtfertigten Menschen in der »Auferweckung Christi. Sein Auferstehen verheißt allen, die glauben und getauft sind, daß auch sie auferstehen werden. Mit seiner Auferstehung ist das Entscheidende bereits geschehen.«[70] Der Mensch werde dann von unbeschreiblicher Freude erfüllt, die sich einer genaueren Beschreibung entzöge. Bei den hier skizzierten Ausführungen Luthers kommt, wie an einigen Stellen schon angedeutet wurde, der Idee der Reinheit eine besondere Rolle zu, wie insbesondere seine Auslegung von Röm 6,3 gezeigt hat.

IV Reinheit und Vergänglichkeit bei Luther

Zunächst scheint es ratsam, einige Stellen aufzuweisen, in denen sich Luther allgemein des Begriffs der Reinheit bedient, ehe näher auf das Thema der Vergänglichkeit zu sprechen zu kommen sein wird.[71] Man wird mit guten Gründen zunächst auf Luthers Römerbriefvorlesung blicken, stellt sie doch ein Schlüsseldokument seiner theologischen Entwicklung dar.[72] Mit

---

69 Vgl. E. LAMBERT, The Reformation and the Resurrection of the Dead (Sixteenth Century Review 47, 2016, 351–370), z.B. 357; DIES., New Worlds, New Images. Picturing the Resurrection of the Body in Sixteenth-Century Germany (in: Anthropological Reformations [s. Anm. 5], 533–540); B. LOHSE, Luthers Theologie in ihrer historischen Entwicklung und ihrem systematischen Zusammenhang, 1995, 346. P. ROBINSON, »One Foot Already Out of the Grave«. Luther Preaches the Resurrection (in: From Wittenberg to the World. Essays on the Reformation and its Legacy in Honor of Robert Kolb [Refo500 Academic Studies 50], hg. v. CH. P. ARAND / E. H. HERRMANN / D. L. MATTSON, 2018, 193–205).

70 F. BEISSER, Hoffnung und Vollendung (HST 15), 1993, 71.

71 Es kann im Folgenden keine Begriffsgeschichte der Reinheitsbegriffe *puritas*, *mundicia* und *castitas* geliefert werden. Gleiches gilt für ihre frühneuhochdeutschen Entsprechungen. Eine solche umfassende Begriffsgeschichte, die sich keinesfalls auf Luther beschränken müsste, erscheint aber als ein lohnenswertes Unterfangen, gerade im Hinblick auf eine kulturgeschichtliche Erweiterung der Lutherforschung.

72 Vgl. U. KÖPF, Luthers Römerbrief-Vorlesung (1515/16) – Historische und theologische Aspekte (in: Meilensteine der Reformation. Schlüsseldokumente der frühen Wirksamkeit Martin Luthers, hg. v. I. DINGEL / H. P. JÜRGENS, 2014, 48–55); D. DEMMER, Lutherus Interpres. Der theologische Neuansatz in seiner Römerbriefexegese (UKG 4), 1968.

der *mundicia cordis*,[73] der Reinheit des Herzens, fällt ein zentrales Stichwort schon in der Auslegung zu Röm 1,24. Diese sei erforderlich, wenn man Gott anbetend schauen wolle. Sie stehe in einem diametralen Gegensatz zum Schicksal derer, die von Gott nichts wissen wollten. Diese »ut non solum sint corde immundi (quod fit per idolatriam), sed etiam corpore, ut qui corde nolunt esse mundi, nec corpore sint.«[74] Luther macht hier deutlich, dass es keine Reinheit des Leibes ohne eine reine Seele geben kann. Beide Konstitutiva menschlicher Existenz stehen in einem engen Zusammenhang miteinander, wobei das, was mit der Seele geschieht, wichtiger zu sein scheint. Mit der *immundicia*, von der der Apostel spreche, sei jede *voluntaria et solitaria pollutio*[75] gemeint.[76] Diese könne auf unterschiedlichen Wegen erfolgen, wie Luther einigermaßen zurückhaltend darlegt, etwa

sc. Nimiis ardoribus cogitationem turpium, Confricatione manuum aut tactu alicuius corporis, presertim muliebris, aut obscene motu etc. Sane »Voluntariam« dixi ad exlusionem nocturne pollutionis aut certe etiam diurne et vigilantis, sed preter consensum, vt multis contingit, Quoniam tales not sund voluntarie. »Solitaria« dixi, Quia si fiat consortio sexus eiusdem vel alterius, aliud nomen habet.[77]

73 WA 56; 183,22. Vgl. B. STOLT, Martin Luthers Rhetorik des Herzens, 2000; W. ADOLPH, »Homo creator enim et magister Dei«. Anthropologisch-harmatiologischer Exkurs. Luthers Rede vom »dichtenden Herzen« (cor fingens) als einer menschlichen »Götter- und Götzenfabrik« (NZSTh 58, 2016, 325–336).

74 WA 56; 183,25–27.

75 WA 56; 185,1f.

76 Zur ›Pollutio‹ vgl. die zahlreichen Studien von A. ANGENENDT: z.B. DERS., Die »kultische Reinheit« in Religion und Liturgie (ALW 52, 2010, 52–93); DERS., Reinheit und Unreinheit. Anmerkungen zu »Purity and Danger« (in: Reinheit, hg. v. P. BURSCHEL / CH. MARX, 2011, 47–73); CH. VON BRAUN, Die Macht des Reinen. Zum Begriff der Reinheit (Werk, Bauen + Wohnen 91, 2004, 5–9).

77 WA 56; 185,2–8: »[...] durch die allzu heiße Brunst schändlicher Gedanken, durch Reiben mit den Händen oder Berührung eines Körpers, zumal eines weiblichen oder durch unzüchtige Bewegungen. Allerdings nannte ich sie eine willentlich herbeigeführte Befleckung, um davon die Verunreinigung auszunehmen, die während der Nacht oder gewiß auch tagsüber und im wachen Zustand, aber jedenfalls unabsichtlich erfolgt, wie es vielen zustößt. Solche Handlungen sind ja nicht selbstgewollt. Auf den einzelnen beschränkt nannte ich sie. Denn wenn es zum Geschlechtsverkehr innerhalb desselben Geschlechts oder mit dem anderen Geschlecht kommt, dann trägt diese Befleckung einen anderen Namen.« (M. LUTHER, Vorlesung über den Römerbrief 1515/1516. Lateinisch-deutsche Ausgabe, Bd. 1, 1960 [nach der Übersetzung Eduard Ellweins], 73).

Die Beispiele und auch die Bewertungskriterien, die hier angeführt werden, entstammen deutlich einem mönchischen Horizont. Interessanterweise wies Luther in einer Tischrede viele Jahre später noch auf die hier angeführten »Pollutionen« hin.[78] Auch wenn sich diese Ansichten spätestens seit 1525 signifikant änderten, so bleibt doch festzuhalten, dass Luthers Vorstellungen von Reinheit zuvorderst biblisch, dann aber auch durch die Lebenswelt des Mönches und die hier auftretenden Phänomene geprägt waren.[79]

Die leibliche Existenz bringt also eine bleibende Herausforderung mit sich, von der sich auch der gerechtfertigte Mensch in diesem Leben nicht freisprechen kann und die sich, wenn er denn als Christenmensch leben will, mit bestimmten ethischen Implikationen verbindet, die aber allesamt Folge des rechtfertigenden Handelns Gottes am Menschen sind.[80] Es sei ein leichtes, die Verkehrtheit des menschlichen Willens in leiblichen Dingen zu sehen. Luther nennt hier die Liebe des Menschen zum Bösen und die Flucht vor dem Guten, das Gefühl der Hingezogenheit zu Lüsternheit und Geiz, Schlemmerei, Hochmut und Ehren und dem Widerwillen gegen Keuschheit, Freigiebigkeit, Mäßigung, Demut und Schmach.[81]

Erst der Tod kann den letztgültigen Sieg über die Sünde und damit auch über den Leib bringen. Denn das sündige Wesen des Menschen klebt

---

78 WAT 1; 47,15f (Nr. 121): »Monachus ego non sensi multam libidinem. Pollutiones habui ex necessitate corporali.« Vgl. zu dieser Stelle LEPPIN, Madensack (s. Anm. 26), 87f sowie dort zum mönchischen Erbe der Leiblichkeitsvorstellungen Luthers; vgl. ferner W.-F. SCHÄUFELE, »… iam sum monachus et non monachus«. Martin Luthers doppelter Abschied vom Mönchtum (in: Martin Luther – Biographie und Theologie, hg. v. D. KORSCH / V. LEPPIN, 2010, 119–139); D. WENDEBOURG, Der gewesene Mönch Martin Luther – Mönchtum und Reformation (KD 52, 2006, 303–327).

79 Vgl. A.-C. TREPP, Luther 1525. Vom »feisten Doktor«, von brünstigen Jungfrauen und toten Bauern (in: Pars pro toto. Historische Miniaturen zum 75. Geburtstag von Heide Wunder, hg. v. A. JENDORFF / A. PÜHRINGER, 2014, 299–309); M. E. WIESNER-HANKS, »Lustful Luther«. Male Libido in the Writings of the Reformer (in: Masculinity in the Reformation Era, hg. v. S. H. HENDRIX / S. C. KARANT-NUNN, 2008, 190–212); J. STROHL, Luther's New View on Marriage, Sexuality and the Family (LuJ 76, 2009, 159–192).

80 WA 56; 35,21f: »Sed potius econtra ex iustificatione et iustitia prehabita fiunt opera legis.« Vgl. M. KROEGER, Rechtfertigung und Gesetz. Studien zur Entwicklung der Rechtfertigungslehre beim jungen Luther (FKDG 20), 1968.

81 Vgl. WA 56; 258,23–28.

an seinem Leib. Leib und Sünde werden von Luther in einem sehr engen Zusammenhang gestellt, zumindest wenn Luther vom Leib im Sinne der fleischlichen, sündhaften Ausrichtung des Menschen spricht:

> Vsque ad finem Vite sumus in peccatis. Quia hic b. Augustinus dicit: »Donec vivificetur corpus et absorbeatur mors in victoria, sollicitant concupiscentie.« [...] Sic itaque omnes apostoli et sancti confitentur peccatum et concupiscentiam in nobis manere, donec corpus in cinerem resolvatur et aliud resuscitetur sine concupiscentia et peccatum [...].[82]

Hier deutet sich zugleich schon ein zentrales Element der eschatologischen Überzeugungen Luthers an, die leibliche Auferstehung des Menschen in einem geläuterten, neuen Leib, auf die weiter unten noch sprechen zu kommen sein wird. Röm 6,6 folgend setzt er sich dann später mit der Zerstörung des Leibes der Sünde auseinander, ein Ereignis, das ihn geradezu jubilieren lässt.[83] Hierbei handelt es sich seiner Ansicht nach um einen Prozess »per assiduum noue vite profectum«.[84] Dieses Zerstören sei geistlich (spiritualiter) zu verstehen. Es geht ihm dabei nicht um die leibliche Zerstörung, die sowieso erfolgen würde und für die der Kreuzestod Jesu nicht erforderlich gewesen sei. Was heißt aber dann, den Leib der Sünde geistlich zerstören, fragt der Wittenberger Theologieprofessor:

> Igitur destrui corpus peccati est concupiscentias carnis et veteris hominis frangi laboribus penitentie et crucis ac sic de die in diem minui eas et mortificari, ut Col. 3: Mortificate membra vestra, que sunt super terram. Sicut ibidem clarissime utrunque hominem describit, novum et veterem.[85]

Der Leib muss also regiert werden, wie Luther später in anderem Zusammenhang sagt.[86] Es gibt hier einen ethischen Impetus, der eng mit der Leib-Problematik in Verbindung steht. Am Ende seiner Auslegungen zum sechsten Kapitel des Römerbriefes kommt er dann konkret auf das Phänomen der Reinheit zu sprechen. Es geht dabei um die Frage, wie weit der gerechtfertigte Mensch noch von der Sünde regiert werden kann. »Heiligen« und »sich von

---

82 WA 56; 321,2–4.10–14.
83 Zu Luthers Auslegung dieses Kapitels vgl. L. GRANE, Modus loquendi theologicus. Luthers Kampf um die Erneuerung der Theologie (1515–1518) (AThD 12), 1975, 91–93.
84 WA 56; 58,9.
85 WA 56; 326,6–10.
86 WA 7; 30,15–30.

Befleckungen reinigen« sind seiner Ansicht nach weitestgehend synonym zu verstehen. Wichtig sei es, die Begriffe richtig zu erfassen.

> Nam idem vult per sanctificationem et mundiciam intelligere, ipsam sc. Corporis castitatem, non quamcunque, sed que ex spiritu fidei sanctificante ab intra venit. Gentilis enim castitas est, sed non sancta castitas seu sanctificatuio, quia polluta est anima eorum. Unde et hic prius dicit: servire iustitie et postea: in sanctificationem. Quia per fidem prius anima castificanda est, ut sic anima sancta corpus mundum faciat propter Deum, alioquin erit castitas.[87]

Zwar spricht Luther nicht direkt von Menschen und »Unmenschen«, aber gleichwohl werden hier eindeutige Unterscheidungen zwischen dem Heiden und dem Christen gemacht, die mit der Vorstellung der Reinheit des Leibes operieren. Semantisch fällt auch die Unterscheidung der verwandten Begriffe *mundicia* und *castitas* ins Auge. Heiligkeit und Reinheit werden auf den richtigen Umgang mit dem Leib bezogen. Bewirkt werden müsse dies durch den Heiligen Geist im Inneren des Menschen. Auch hier wird die Rechtfertigung, als von außen empfangen, dem Heiligungsprozess vorgeschaltet verstanden.[88] Die Seele müsse zuerst durch den Glauben keusch gemacht werden, damit sie im Anschluss auch den Leib rein machen könne *propter Deum*.[89]

In den Befleckungen des Leibes (*pollutioni corporis*) werde im Umkehrschluss klar, dass jemand der Sünde diene und keinen Glauben habe. Scharf erfolgt auch die Abgrenzung von heidnischen Reinheitsvorstellungen, die immer als defizitär anzusehen seien, weil die Seelen der Heiden Luthers Ansicht nach ohne den Glauben befleckt bleiben müssen.[90] Reinheit dient

---

87 WA 56; 333,11–18.

88 Vgl. H. HÜBNER, Rechtfertigung und Heiligung in Luthers Römerbriefvorlesung. Ein systematischer Entwurf (GlLeh 7), 1965; ZUR MÜHLEN, Nos extra nos (s. Anm. 33), 148–155; Vgl. auch A. CONRAD, Heiligkeit und Gender. Geschlechtsspezifische Reinheitsvorstellungen im Christentum (in: Reinheit [s. Anm. 76], 143–156), v.a. 144 zum Verhältnis von Heiligkeit und Reinheit.

89 WA 56; 333,17. Vgl. TH. KAUFMANN, Die Sinn- und Leiblichkeit der Heilsaneignung im späten Mittelalter und in der Reformation (in: Medialität, Unmittelbarkeit, Präsenz. Die Nähe des Heils im Verständnis der Reformation [SMHR 70], hg. v. J. HABERER / B. HAMM, 2012, 11–43).

90 Vgl. hierzu auch TH. KAUFMANN, The Christian Perception of Islam in the Late Middle Ages in the Reformation (Comparativ 20, 2010, 43–57); DERS., Luthers Judenhass im

in der Römerbriefvorlesung also als Differenzmarker zwischen gewollten und abzulehnenden Zuständen des Menschen. Damit verbunden war aber ebenfalls ein ethischer Impuls. Auf Basis der geschenkten Rechtfertigung durch Christus soll der Mensch ein reines Herz und reine, d.h. ethisch lautere, Verhaltensweisen an den Tag legen.[91] Dabei handelt es sich jedoch um einen Prozess, der hier auf Erden nicht erfolgreich abgeschlossen werden kann, sondern unter einem eschatologischen Vorbehalt steht.

Möchte man den hier skizzierten Entwicklungen nun konkreter anhand Luthers Beschäftigung mit dem Tod nachgehen, so würde man intuitiv wohl zum *Sermon von der Bereitung des Sterbens* greifen, der von der Forschung der letzten Jahrzehnte intensiv traktiert worden ist.[92] Hinsichtlich der Fragestellung dieses Beitrages muss der 1519 publizierte Sermon jedoch als Fehlanzeige bezeichnet werden. Das mag sicherlich auch mit dem besonderen Charakter der Schrift zusammenhängen, die in der Tradition der spätmittelalterlichen Ars-Moriendi-Literatur steht und diese zugleich reformatorisch »überarbeitet«.[93] Luther geht es vor allem darum, durch eine Fokussierung auf das Christusgeschehen dem Sterben seinen

Kontext anderer Feindseligkeiten (in: Antisemitismus und andere Feindseligkeiten, hg. v. K. Rauschenberger / W. Konitzer, 2015, 29–50).

91 Zur Bedeutung des Herzens bei Luther vgl. jetzt auch J. Reinert, Das menschliche Herz und Luthers Theologie. Ein weiterer Blick auf den Denkweg des werdenden Reformators (LuJ 88, 2021, 44–68).

92 Vgl. U. Stock, Die Bedeutung der Sakramente in Luthers Sermonen von 1519 (SHCT 27), 1982, 87–111; W. Goez, »Ein Sermon von der Bereitung zum Sterben« und die spätmittelalterliche ars moriendi (LuJ 48, 1981, 97–114); H.-M. Barth, Leben und Sterben können. Brechungen der spätmittelalterlichen »ars moriendi« in der Theologie Martin Luthers (in: Ars Moriendi. Erwägungen zur Kunst des Sterbens [QD 118], hg. v. H. Wagner, 1989, 45–66); R. Schwarz, Das Bild des Todes im Bild des Lebens überwinden. Eine Interpretation von Luthers Sermon von der Bereitung zum Sterben (in: Gewißheit angesichts des Sterbens [VLRA 28], hg. v. J. Heubach, 1998, 32–64); J. Wicks, Applied Theology at the Deathbed. Luther and the Late-Medieval Tradition of Ars moriendi (Greg 79, 1998, 345–368); B. Hamm, Luthers Anleitung zum seligen Sterben vor dem Hintergrund der spätmittelalterlichen Ars moriendi (JBTh 19, 2004, 311–362); D. Ugi, Luthers »Sermon von der Bereitung zum Sterben« und seine Bedeutung für aktuelle Diskurse um Krisenerfahrung und Resilienz (in: Martin Luther als Praktischer Theologe [VWGTh 50], hg. v. P. Zimmerling / W. Ratzmann / A. Kohnle, 2017, 351–364).

93 Vgl. R. Rudolf, Ars Moriendi. Von der Kunst des heilsamen Lebens und Sterbens, 1957; L. Schottroff, Die Bereitung zum Sterben. Studien zu den frühen reformatorischen

Schrecken zu nehmen und ihn in gewisser Weise zu entdramatisieren. Auf Grundlage seiner frühen reformatorischen Theologie legt er einen besonderen Nachdruck darauf, dass das Heil dem Menschen in Jesus Christus bereits zugesprochen ist und im Tod nun mehr die Vollendung dessen, worauf der Christenmensch hofft, zu erwarten ist. Ausführungen über die Reinheit des Menschen oder eben auch seine Unreinheit vor Gott wären hier wohl fehl am Platze gewesen.

Der Tod suchte die Menschen des 16. Jahrhunderts nicht zuletzt auch in Form der immer wiederkehrenden Pestseuchen heim.[94] Damit stellte sich für diejenigen, die die Möglichkeit dazu hatten, die Frage, ob man nicht vor der Pest fliehen sollte. Auf diese Frage und andere Fragen reagierten auch die geistlichen Führungspersönlichkeiten immer wieder mit eigenen Schriften.[95] Luther war von den evangelischen Predigern Breslaus, nachdem dort 1525 die Pest wütete, gefragt worden, wie mit denen zu verfahren sei, die vor der Pest fliehen wollten. In diesem Zusammenhang finden sich auch Ausführungen über die Reinheit.[96] Die Pestilenz werde durch böse Geister unter die Leute gebracht, »gleich wie auch andere plagen, das sie die lufft vergifften odder sonst mit einem bösen odem anblasen und da

Sterbebüchern [zuerst 1960], (Refo500 Academic Studies 5) 2012; A. Reinis, Reforming the Art of Dying. The ars moriendi in the German Reformation (1519–1528), 2006.

94 Vgl. A. Cunningham / O. P. Grell, The Four Horsemen of the Apocalypse. Religion, War, Famine and Death in Reformation Europe, 2000, 274–304; K. Bergdolt, Die Pest. Geschichte des Schwarzen Todes, 2018.

95 Vgl. zum Beispiel in Basel Johann Jakob Grynäus, Ein Christliche Predig, So zu Basel im Münster Sontags den 20. Januarii dieses angehenden 1611. Jahres Von der Frag Ob man auch zur zeit der einreissenden Pestilentz einanderen verlassen vnnd ein jeder jym selbs erlauben möge, an andere ort sich zu begeben, außzubleiben, vnd nachdem die Sterbensläuff etwas nachgelassen, seins gefallens nach hauß sich wider begeben möge oder aber nicht?, 1611. (VD17 12:133478L). Zu denken wäre auch an Heinrich Bullingers *Bericht der Kranken*, vgl. hierzu A. Mühling, Welchen Tod sterben wir? – Heinrich Bullingers »Bericht der Kranken« (1535) (Zwing. 29, 2002, 55–68).

96 Auf den einzelnen Argumentationsgang kann an dieser Stelle nicht eingegangen werden. Vgl. dazu aber die Fallstudien von A. Stegmann, Zweierlei Arznei gegen die Pest. Brandenburgische Pestschriften des Reformationsjahrhunderts (LuJ 88, 2021, 134–184) sowie E. A. Heinrichs, Plague, Print, and the Reformation. The German Reform of Healing, 1473–1573, 2017.

mit die todliche gifft ynn das fleisch schiessen.«[97] Der Teufel arbeite ohne Unterlass daran, den Menschen zu erschrecken und zu falschem Handeln anzustacheln.

Denn so ein bitter böser teuffel ists, das er nicht alleine on unterlas zu tödten und morden sucht, sondern seine lust damit buffen wil, das er uns schew, erschreckt und verzagt zum tode mache, auff das uns der tod ja auffs aller bitterst werde odder yhe das leben kein ruge noch fride habe, und uns also mit drecke zu diesem leben hinaus stosse, ob ers mocht zu wegen bringen, das wir an Gott verzweifeleten, un willig und unbereit zum sterben wurden und ynn solcher furcht und sorge, als ym tunckeln wetter, Christum unser liecht und leben vergessen und verloren und den nehesten ynn noten liessen und uns also versundigeten an Gott und menschen [...].[98]

Ins Auge fällt der Dreck, mit dem der Teufel versuche, den Menschen aus diesem Leben zu drängen, was zum Licht, welches Christus ist, in starken Kontrast gesetzt wird. Die Pest und der Teufel selbst als deren Verursacher sind nicht nur böse, sondern eben auch schmutzig.[99] Auch wenn Luther die geistliche Dimension bei der Bekämpfung der Pest (und des Teufels) in den Vordergrund stellt, so rät er doch auch dazu, sich der bekannten Gegenmittel zu bedienen.[100] Zum Ende der Schrift jedoch schießt sich Luther auf die »geistliche Pestilenz des leidigen Satans«[101] ein, mit dem dieser die Welt vergifte und beschmeiße.[102] Er fährt dann fort:

Ich sehe doch, das sie [seine Gegner, vor allem die »Sakramentierer« und das Papsttum] nur erger davon werden, und sind wie eine wantze, wilche von yhr selbs ubel stinckt, Aber yhe mehr man sie zu reibet, yhe erger sie stinckt.[103]

97 WA 23; 355,17–19.
98 WA 23; 355,27–356,5.
99 Vgl. A. HÖFERT, Ist das Böse schmutzig? Das Osmanische Reich in den Augen europäischer Reisender des 15. und 16. Jahrhunderts (Historische Anthropologie 11, 2003, 176–192).
100 Vgl. WA 23; 365,23–27.
101 WA 23; 377,22. Vgl. auch WA 32; 36,34–37,1: »er [der Teufel] kan sich unter allen creaturn bergen, allein das wort deckt jn auff, das er sich nicht bergen kann, und weiset jederman, wie schwartz er ist.« Zum Teufel vgl. auch J. LÖHDEFINK, Zeiten des Teufels. Zum Zusammenhang von reformatorischen Teufels- und Zeitvorstellungen (Luther 88, 2017, 123–29).
102 Dieses Beschmeissen trägt ebenfalls wieder eine Implikation in sich, die auf das Beschmutzen durch den Teufel folgern lässt.
103 WA 23; 377,31–33 und 379,1.

Solche Aussagen hat man bislang oft als die bissige, polemische Art Luthers abgetan. Allerdings folgen sie einer bestimmten Logik, in der das Deklarieren als unrein, hier im Sinne von stinkend, eine wichtige Rolle einnimmt.[104] Wie gezeigt werden konnte, basieren sie also auf einer theologischen Basis, die in einem engen Zusammenhang mit Luthers Rechtfertigungslehre steht.

In seinen Predigten kommt Luther ebenfalls immer wieder auf den Leib und das Thema der Auferstehung zu sprechen.[105] In einer Predigt vom August 1531, die die zukünftige Hoffnung des Christen diskutiert, konstatiert er, dass die Herrlichkeit des Menschen, die ihn in der Auferstehung erwarte, der Vernunft verschlossen bleiben müsse.[106] Dafür ursächlich sei nicht zuletzt das, was mit dem Menschen nach dem Tod geschehe.

> Das dieser sterbliche Leib sol verfaulen und so stincken, Das kein Unflat und As auff Erden also stincket, Dazu zu pulver und aschen und von den Würmen gefressen werden, Und dennoch aus dem stanck, staub und Würmen wider erfür komen und aufferstehen, Das es sey eben derselb Leib, Aber heller und klerer denn die Sonne, also das kein Creatur auff Erden schöner sein wird.[107]

Solche drastischen Darstellungen dienen einem bestimmten Zweck. Zum einen soll das Argument der Vernunft gegen die Plausibilität einer Auferstehung entkräftet werden.[108] Der Leichnam ist der Inbegriff der Unreinheit und oftmals auch mit einem Tabu versehen.[109] Der Wittenberger Reformator verweist dann zum anderen auf den engen Zusammenhang zwischen Christi Auferstehung und der eigenen, noch ausstehenden. Wenn die Toten

104 Vgl. KAUFMANN, Luthers Judenhass (s. Anm. 90), 32–47.
105 Vgl. U. ASENDORF, Die Theologie Martin Luthers nach seinen Predigten, 1988, 115–149.
106 Vgl. WA 34,2; 118,37 f.
107 WA 34,2; 119,8–13.
108 Zur Vernunft bei Luther noch immer instruktiv: B. LOHSE, Ratio und Fides. Eine Untersuchung über die Ratio in der Theologie Luthers (FKDG 8), 1958. Vgl. außerdem E. MAURER, Lebendige Vernunft? Zur personalen Wirklichkeit bei Martin Luther (in: Das Menschenbild der Konfessionen – Achillesferse der Ökumene?, hg. v. B. STUBENRAUCH / M. SEEWALD, 2015, 186–216).
109 Vgl. grundlegend R. SCHMITZ-ESSER, Der Leichnam im Mittelalter. Einbalsamierung, Verbrennung und die kulturelle Konstruktion des toten Körpers (Mittelalter-Forschungen 48), ²2016. Eine vergleichbare Studie fehlt für die Frühe Neuzeit meines Erachtens noch.

nicht auferstehen würden, so sei auch Christus nicht auferstanden und dies ist für Luther dezidiert ausgeschlossen.

> Wolan, ob schon ein Mensch stirbt, Und wenn er gestorben ist, scheuslich sihet, verfau-let, stincket und von Würmern gefressen wird, So kere ich mich doch nicht dran, und gibt mir nichts zu schaffen, was die Vernunfft hiezu saget. Ich hab ein Liecht, das gehet weit uber alle Vernunfft, Nemlich die Tauffe und das Euangelium, Dasselbige Liecht sa-get mir also, Gott werde aus diesem unfletigem Fleisch und schendlichen todten Leibe, so jtzt verfaulet und stincket, zu seiner zeit ein schön, herrlich Fleisch und lebendi-gen, klarer Leib machen, der heller sey denn die Sonne und besser reiche denn aller Balsam.[110]

Die besonders drastischen Schilderungen weiter oben, die sich im Text noch wiederholen, dienen also gerade dazu, die Allmacht Gottes und die Zuverlässigkeit des biblischen Wortes hervorzuheben. In gewisser Weise wird hier, vermittelt über die Reinheit, das dialektische Wechselspiel von Alterität und Identität von Luther durchgespielt. »Also sollen wir uns auch gegen unsern Leib stellen Und auffs aller gewisset on allen zweiffel gleu-ben, er werde wider von den Todten aufferstehen.«[111] Differenzen gibt es allerdings nicht hinsichtlich des Sterbens, denn »Ein Christ, wenn er stirbt, stincket eben als ein Türck und Gottloser Mensch.«[112] Insofern bleibt der Tod der große Gleichmacher, als den ihn die Totentänze des Mittelalters darstellen.[113] Und gerade deswegen liegt für Martin Luther im Glauben an Jesus Christus jeder Unterschied begründet.[114]

Zuletzt soll noch auf die vier Predigten eingegangen werden, die Luther jeweils »uber der Leiche« der Kurfürsten Friedrichs des Weisen 1525 sowie Johanns des Beständigen 1532 gehalten hat.[115] Diese Predigten sind nicht

---

110 WA 34,2; 119,28–36.
111 WA 34,2; 122, 30–32.
112 WA 34,2; 125, 36f.
113 Vgl. WA 34,2; 127,19–24.
114 Vgl. WA 34,2; 126,24–35. Ähnlich verfährt Luther auch in seinen Reihenpredigten über 1Kor 15, vgl. hierzu A. WIEMER, »Mein Trost, Kampf und Sieg ist Christus«. Martin Luthers eschatologische Theologie nach seinen Reihenpredigten über 1Kor 15 (1532/33) (TBT 119), Berlin 2003; E. WITTENBORN, Luthers Predigt vom Jüngsten Tag. Theologische Darstellung, homiletische Form, grundsätzliche Bedeutung, Diss. Theol., 1964.
115 Vgl. E. WINKLER, Die Leichenpredigt im deutschen Luthertum bis Spener (FGLP, Zehnte Reihe 34), 1967, 26–41; R. KOLB, »Life is King and Lord over Death«. Martin Luther's

zuletzt deshalb so wichtig, weil sich eine ganze Predigtart auf sie beruft: die Leichenpredigten.[116] Diese wurden zu einem ganz zentralen Element der protestantischen Trauerbewältigungspraxis mit einem festen Ort im Beerdigungsritual. Dies wurde durch die oft erfolgende Drucklegung und der damit einhergehenden Entwicklung, dass sie Erbauungsliteratur wurden, noch verstärkt.[117] Und im Übrigen waren sie auch kein rein lutherisches Phänomen, sondern fanden auch über die konfessionskulturellen Grenzen des Luthertums hinaus Anklang.[118]

Für die Fragestellung dieses Beitrages sind vor allem die beiden Predigten für Johann den Beständigen aussagekräftig. Das Ziel dieser Predigten sieht Luther darin, dass Gott gepriesen und die Leute gebessert werden.[119] *Doctrina* und *consolatio* werden bei ihm also auf charakteristische Weise

View of Death and Dying (in: Tod und Jenseits in der Schriftkultur der Frühen Neuzeit [Wolfenbütteler Forschungen 119], hg. v. M. KOBELT-GROCH / C. NIEKUS MOORE, 2008, 23–45).

116 Vgl. zur Gattung F. M. EYBL, Art. Leichenpredigt (HWRh 5, 2001, 124–151); J. KUNZE, Leichenpredigten (in: Sterben und Tod. Geschichte – Theorie – Ethik. Ein interdisziplinäres Handbuch, hg. v. H. WITTWER / D. SCHÄFER / A. FREWER, 2010, 257–261).

117 Vgl. V. LEPPIN, Die Transformation der mittelalterlichen ars moriendi zur reformatorischen Leichenpredigt (in: Häuslich – persönlich – innerlich. Bild und Frömmigkeitspraxis im Umfeld der Reformation, hg. v. M. DEITERS / R. SLENCZKA, 2020, 165–177). Zur praktisch-theologischen Anschlussfähigkeit vgl. T. ROSER, Eine neue Ars Moriendi. Zwölf Beobachtungen zu Sterben und Sterbebegleitung in der Tradition Martin Luthers (Luther 90, 2019, 12–28).

118 Im reformierten Basel entwickelte sich eine fruchtbare Leichenpredigtkultur, die erstaunlicherweise bis heute anhält. Vgl. R. HARTMANN, Das Autobiographische in der Basler Leichenrede (BBGW 90), 1963; B. BRUNNER, Basler Leichenpredigten. Forschungsperspektiven auf einen europäischen Sonderfall (BZGAK 120, 2020, 29–60). Auch in England wird die Bedeutung der dortigen »funeral sermons« von der Forschung oftmals unterschätzt, vgl. aber F. MOLEKAMP, Seventeenth-Century Funeral Sermons and Exemplary Female Devotion. Gendered Spaces and Histories (RenRef 35, 2012, 43–63); P. PRITCHARD, »Speaking Well of the Dead«. Characterization in the Early Modern Funeral Sermon (in: Narrative Concepts in the Study of Eighteenth-Century Literature, hg. v. L. STEINBY / A. MÄKIKALLI, 2017, 249–268); F. B. TROMLY, »According to sounde religion«. The Elizabethan Controversy over the Funeral Sermon (JMRS 13, 1983, 293–312).

119 Vgl. WA 36; 237,18.

miteinander verbunden.[120] In Anknüpfung an seine vorherigen Stellungnahmen zu diesem Thema empfiehlt Luther erneut im Angesicht des Todes
auf den Tod Christi sehen zu lernen,

> durch welchen unser tod erwürget ist, und ob es wol anders scheinet für unsern augen,
> menget doch der heilige geist diesen sawren essig mit honig und zucker, das sich unser
> glaub erschwinge jnn Gott und lerne den todten ansehen nicht im grabe und sarck, son-
> dern jnn Christo, Wenn man jn also da hin beschleusst, so ist der todte leichnam nicht
> mehr im sarck, ob wol das ass faul ist und stinckend, da ligt nicht an, Da thu augen und
> nasen und alle funff synn hinweg und gedenke [...] Man begrebt den corper jnn aller un-
> ehre ist war, aber da sihe nicht nach, denn er wird widder auffstehen jnn aller herrligkeit.
> Er wird begraben und geseet als verweslich und wird aufferstehen unverweslich [...].[121]

Sein seelsorgerlicher Rat besteht also darin, nicht auf das zu schauen, was
vor den Augen – und vor der Nase – liegt, sondern vielmehr über Christi Tod
und Auferstehung zu meditieren.[122] Der Leichnam ist, um eine oben darge-
stellte Unterscheidung Luthers aufzugreifen, nur noch Materie und bedarf
keiner besonderes Behandlung, auch wenn Luther keineswegs ein »ordent-
liches« Begräbnis ablehnt.[123] Die Unreinheit der Leiche, die er wiederum

---

120 Vgl. U. NEMBACH, Predigt des Evangeliums. Luther als Prediger, Pädagoge und Rhetor,
1972, 25–59; ferner A. BEUTEL, Verdanktes Evangelium. Das Leitmotiv in Luthers Predigtwerk (LuJ 74, 2007, 11–28).

121 WA 36; 243,33–244,21.

122 Vgl. WA 36; 249,31f–250,14: »Also mus man eines Christen sterben ansehen mit andern
augen, denn wie ein kue ein new thor ansihet, und mit einer andern nasen da zu riechen,
nicht wie ein kue zum gras reucht«. Vgl. V. LEPPIN, Passionsmystik bei Luther (LuJ 84,
2017, 51–81). Nicht zufällig entwickelten sich gedruckte Leichenpredigten in der Folgezeit zu einer veritablen Gattung der Erbauungsliteratur, vgl. B. BRUNNER, Die gedruckte
Leichenpredigt als Erbauungsbuch – eine Erfolgsgeschichte des 17. Jahrhunderts? (Medium Buch 1, 2019, 87–105); L.-M. RICHTER, Pluralität, Konkurrenz & Invektivität. Über
das Rechtfertigungsverständnis als Ausdruck der Reflexion von Zeitlichkeit und Ewigkeit in ausgewählten lutherischen Sterbeschriften der zweiten Hälfte des 16. Jahrhunderts (in: Die Zeit der letzten Dinge. Deutungsmuster und Erzählformen des Umgangs
mit Vergänglichkeit in Mittelalter und Früher Neuzeit [Encomia Deutsch 6], hg. v. J.
WEITBRECHT / A. BIHRER / T. FELBER, 2020, 315–345).

123 Vgl. R. KOLB, Orders for burial in the Sixteenth Century Wittenberg Circle (in: Gute
Ordnung. Ordnungsmodelle und Ordnungsvorstellungen in der Reformationszeit [Leu-
corea-Studien zur Geschichte der Reformation und der Lutherischen Orthodoxie 25], hg.
v. I. DINGEL / A. KOHNLE, 2014, 257–279).

als stinkend und als Aas bezeichnet, darf nicht darüber hinwegtäuschen, dass Gott mit diesem Leib noch etwas vorhat.

> Aber flugs, wenn sie nur den leuten aus den augen sind und nu ein faul stinckend ass, das niemand leiden kann, odder zu pulvert und zu steubt, das niemand weis, wo sie blieben sind, und gar abgescheiden und vergessen sind von aller wellt, als die nichts mehr zu hoffen haben, Da heben sie erst an für Gott köstlich ding zu werden [...].[124]

Der alte Adam, der leibliche Mensch, muss überwunden werden; dass er im Tod sein Ende findet und mit ihm die an ihm haftende Sünde ist für Luther durch und durch begrüßenswert und überdies auch theologisch notwendig und zwangsläufig.

> Denn wir haben die heiligkeit noch nicht gar on allein im hertzen durch den glauben, aber greiffen sie noch nicht nach dem eusserlichen wesen, Da stecken wir noch im schlam und unflat unsers alten Adams halben, der sich noch unrein machet, sputzet und rotzet, dem müssen wir sein anklebent unflat, gebrechen und sunde lassen, bis er gar verscharret werde, so wird denn ein ende werden alles jamers und leides [...].[125]

Es lassen sich also Indizien dafür hervorbringen, dass Luther auch in der Zeit, in der er schon verheiratet war und auch die Freuden der Sexualität und der Leiblichkeit für sich entdeckt hatte, den Leib stark negativ betrachten konnte, als etwas, das letztendlich sterben und am Ende der Zeiten durch Gott verklärt und wieder zusammengesetzt werden müsse. Dies ist allerdings in hohem Maße kontextabhängig. Zugleich sieht Luther die körperlichen Dimensionen des Menschen durchaus pragmatisch. Der Leib muss zwar regiert, die Sünde also so weit wie möglich aus Gnade im Zaum gehalten werden. Aber: Luther ist durchaus offen, die Vorzüge des Menschseins als Mensch zu begrüßen und zu genießen.

V Schluss und Ausblick

Peter Burschel hat in seiner schon erwähnten Antrittsvorlesung die Behauptung aufgestellt, dass mit der Reformation die rituelle Reinheit von

---

124 WA 36; 259,15–19.
125 WA 36; 262,22–27; ähnlich auch WA 36; 269,39.270,6–9. Zu den Hintergründen vgl. P. Bahl, Geht Paulus mit den Römern spazieren? Zu Luthers und Melanchthons Auslegung der Adam-Christus-Gegenüberstellung (Röm 5,12–21) und ihrer exegetischen Tragweite (LuJ 87, 2020, 59–86).

der ethischen abgelöst worden sei.[126] Auch wenn Luther durchgängig hervorgehoben habe, »dass keine geistliche oder weltliche Ordnung die verlorene Reinheit von Herz und Leib wiederherstellen kann«, so habe er doch zugleich betont, »dass sittliche Vervollkommnung als sittliche Pflicht des Rein-Werdens möglich ist und das ›institutionalisierte‹ Lebensformen zu dieser Vervollkommnung beitragen können«.[127] Hierzu hat der vorliegende Beitrag weitere Differenzierungen aufgezeigt. Insbesondere bedürfte die Aussage über die »sittliche Vervollkommnung«, wie dargestellt werden konnte, einer Präzisierung, klingen hier doch in der jetzigen Formulierung unzeitgemäße Perfektibilitätsvorstellungen an, die eher in das Jahrhundert der Aufklärung, als in die Reformationszeit gehören.[128] Noch zu untersuchen bleibt ferner, wie die hier von Luther gesetzten Weichenstellungen in der Folgezeit rezipiert und modifiziert worden sind. Insbesondere die Leichenpredigten des späten 16. und des 17. Jahrhunderts stellen einen für diese Fragen einen weitestgehend noch nicht gehobenen Schatz dar. Es gibt zahlreiche Indizien für eine intensive Auseinandersetzungen über Leib und Seele sowie naturgemäß deren Schicksal im und nach dem Tod.[129] Reizvoll wäre es nicht zuletzt, diese Frageperspektive zum einen auf die Gruppe der Wittenberger Reformatoren auszuweiten, insbesondere auf Philipp Melanchthon.[130] Zum anderen muss auch nach den Leiblichkeitsvorstellungen

126 BURSCHEL, Erfindung (s. Anm. 10), 25. Vgl. ferner G. HÄRLE, Reinheit der Sprache, des Herzens und des Leibes. Zur Wirkungsgeschichte des rhetorischen Begriffs puritas in Deutschand (Rhetorik-Forschungen 11), 1996, 65–98.
127 Beide Zitate BURSCHEL, Erfindung (s. Anm. 10), 28. Er hebt hier besonders die Bedeutung der Ehe hervor.
128 Vgl. A. BEUTEL, Aufklärung in Deutschland, 2006, 382–385.
129 Vgl. B. BRUNNER, Was passiert mit dem »stinkenden Madensack«? Der Umgang mit dem Tod als Lackmustest der reformatorischen Bestimmung von Leib und Seele (TZ 76/2, 2020, 164–190); DERS., Madensack oder Tempel Gottes? Lutherische Bewertungen des Leibes im Angesicht des Todes (Ebernburg-Hefte 54, 2020, 9–31 = BPfKG 87, 2020, 345–367).
130 Melanchthon hat Aristoteles' *De Anima* in zwei Lehrbüchern kommentiert und damit einen wesentlichen Beitrag zur Seelenlehre des 16. Jahrhunderts geleistet, vgl. S. KUSUKAWA, The Transformation of Natural Philosophy. The Case of Philip Melanchthon, 1995, 75–123; S. DE ANGELIS, Bildungsdenken und Seelenlehre bei Philipp Melanchthon. Die Lektüre des Liber de anima (1553) im Kontext von Medizintheorie und reformatorischer Theologie (in: Anfänge und Grundlagen moderner Pädagogik im 16. und 17. Jahr-

der anderen Konfessionen gefragt werden, um zu einem ausgewogenen Bild zu gelangen und Luthers Position besser verorten und kontextualisieren zu können.[131]

Diskutiert man die Relevanz von »Reinheit« als einem kulturellen Code, geraten Aspekte der Theologie Luthers in den Blick, die sonst vielleicht eher außen vor geblieben wären. Auffallend ist die anhaltende Bedeutung der Rechtfertigung in den Aussagen Luthers über die Reinheit. Letztlich vermag Christus auch das Unreine, den »unflat« rein zu machen; ist doch denen die rein sind, alles rein (Tit 1,15).

hundert [Beiträge zur Historischen Bildungsforschung 29], hg. v. H.-U. Musolff / A.-S. Göing, 2003, 95–119.

131 Vgl. hierzu demnächst: Une religion sans corps? Corporalité et incarnation dans la pensée de la première réforme [Cahiers de la Revue de Théologie et de Philosophie], hg. v. B. Brunner / P.-A. Mellet / U. Zahnd, [erscheint voraussichtlich 2023].

Johannes Bernhardi on Emotions

By Pekka Kärkkäinen

I Introduction

Among the pupils and colleagues of Luther and Melanchthon, Johannes Bernhardi of Feldkirch (*Velcurio, Veltkirchius* 1490–1534) stands out most prominently through two posthumous textbooks: a natural philosophy *Epitomae physicae libri quattuor* (1538)[1] and a commentary on Erasmus of Rotterdam's *De duplici copia* (1534).[2] Both were printed dozens of times during the 16th century and spread throughout all of Europe.[3] The topics of the books reveal their author's wide range of interests: On the one hand, Bernhardi was *professor oratoriae*, teacher of rhetoric,[4] but on the other, he also delved deeply into the Aristotelian natural science of his time.

This double interest will be seen particularly well in his manifold comments on emotions. In addition, one may add certain aspects of ethics as a

---

1 JOHANNES BERNHARDI, Epitomae physicae libri quatuor, Erfurt 1538.

2 JOHANNES BERNHARDI, In De copia Desiderii Erasmi Roterodami De duplici copia verborum ac rerum commentarii duo, multa accessione nouisque formulis locupletati. Vna cum commentariis M. Veltkirchii oratoriae professoris in schola Vuittenbergensi, iam recens natus ac aeditis, Hagenau 1534. ERASMUS OF ROTTERDAM, De copia verborum ac rerum, ed. by B. I. KNOTT, 1988.

3 S. KUSUKAWA, The Transformation of Natural Philosophy: the Case of Philip Melanchthon, 1995, 109–112; P. KÄRKKÄINEN, Johannes Bernhardi on Method (LuJ 81, 2014, 193–223), 195.

4 For Bernhardi's life, see H. SCHEIBLE / C. SCHNEIDER, Bernhardi, Johann (in: Melanchthons Briefwechsel 11 Personen A–E, ed. by H. SCHEIBLE / C. SCHNEIDER, 2003, 145f).

third interest, as will be seen below. »Emotion« should not be understood here anachronistically based on modern theories of psychology but in the context of 16th century academic culture, where terms such as *affectus* and *passio* were used more or less to designate the kind of mental phenomena that we still call emotions.[5] Medieval and early modern academic literature did not lack theories about such phenomena, and theorizing is exactly what Bernhardi does in his natural philosophy, but he expands it with more practical considerations of emotions in his works on rhetoric.

As other early Wittenberg reformers, Bernhardi was a transitional figure in terms of intellectual history. His works provide us material whose genres combine late medieval influences with humanist aspirations. His textbook on natural philosophical, *Epitome,* seems to stand in a certain continuity with late medieval textbooks, which had, in turn, evolved from a strict commentary form into thematically organized wholes.[6] In the following two sub-chapters, late medieval textbooks on natural philosophy from Bernhardi's immediate context will be consulted as reference material. Among them, the textbook of natural philosophy by Jodocus Trutfetter of Eisenach holds a prominent role since its section on philosophical psychology was recommended, along with Bernhardi's textbook, by Bernhardi's closest Wittenberg colleague Melanchthon. It was therefore likely held in high regard even in post-Reformation Wittenberg.[7]

In addition to his textbook of natural philosophy, there are other sources of Bernhardi's views on emotions. These are of a more distinctively humanist outlook. Several other works by Bernhardi have survived in complete book form, albeit, like the natural philosophy, they were published posthumously by his students and colleagues. In addition to the aforementioned commentary on the *Copia* of Erasmus, there is a commentary on Livy's

---

5 For a historiography of emotions in the early 16th century, see K. ESSARY, Enduring Emotions: Reception and Emotion in Christian Humanism (CHRC 97, 2017, 328–333) and R. MÜLLER, Die Ordnung der Affekte. Frömmigkeit als Erziehungsideal bei Erasmus von Rotterdam und Philipp Melanchthon, 2017.

6 On this development, see P. KÄRKKÄINEN, Psychology and the Soul in Late Medieval Erfurt (Vivarium 47, 2009, 421–443), 424–426.

7 PHILIPP MELANCHTHON, Commentarius de anima. Wittenberg 1540, a5ʳ. Melanchthon calls Trutfetter »Isennacensis« and Bernhardi »Velcurio«.

Roman history,[8] on the tenth book of Quintilian's *Institutio*[9] and on Cicero's *De officiis, De amicitia* and *De senectute*.[10] Furthermore, some lecture notes from 1532 on Cicero's Orations have survived, published by a student 36 years later, together with some handwritten notes on Ovid from the same year.[11] All of these reveal Bernhardi as a lecturer of classical texts who provides concise comments on individual words as well as lengthier explanations on certain important topics.

As a writer – or a lecturer, as most of the sources mentioned above were obviously prepared for teaching purposes[12] – Bernhardi follows in the footsteps delineated by Melanchthon in his contemporary textbooks of rhetoric. It has been noted that a notable peculiarity in Melanchthon's rhetoric was his introduction of a new kind of discourse, which he called *genus didacticum*, the didactic discourse. For Melanchthon, it seems to have been

---

8 JOHANNES BERNHARDI, Explicationes in T. Livii Patavini historiarum ab urbe condita libros, primum et secundum, numquam antea excusae, Strasbourg 1545.

9 JOHANNES BERNHARDI, In Quintiliani librum decimum annotationes (in: M. Fabii Quintiliani Institutionum librum decimum, doctissimorum virorum annotationes, nempe Philippi Melanchthonis, Ioannis Velcurionis, Ioannis Stigelii, Casparis Landsidelii summo studio ac singulari erga eloquentiae studiosos fide collectae, in ordinem digestae et aeditae per M. Stephanum Riccium, Leipzig 1570).

10 JOHANNES BERNHARDI, In Officia Ciceronis scholia M. Ioannis Velcurionis (in: De officiis M. Tullii Ciceronis libri tres. Eiusdem De amicitia, De senectute, dialogi duo: eum Paradoxis et Somnio Scipionis. Omnia denuo optimis quibusque collatis exemplaribus diligentissimus castigata. Una cum Scholiis Philippi Melanchthonis, quibus accesserunt M. Ioannis Velcurionis Annotationes in librum Officiorum, De senectute et De amicitia nusquam hactenus editae, Frankfurt 1545, A1r–E5r); JOHANNES BERNHARDI, Annotationes in dialogum Ciceronis De amicitia (in: De officiis … [s. loc. cit.], E5v–G4v).

11 JOHANNES BERNHARDI, In Ciceronis orationes (in: Selectiores M. T. Ciceronis orationes Philippi Melanchthonis, Ioannes Velcurionis, aliorumque doctissimorum virorum, qui in Academia Vuittenbergensi olim flouruerunt, enarrationes summa diligentia ac singulari erga eloquentiae studiosos fide colleactae, ac partim etiam antea, partim nunc primum in lucem editae per M. Stephanum Riccium. Tomus Primus, Leipzig 1568, 483–606). For the dating, see loc. cit., 606; F. COULSON, Ovidiana from the Wittenberg Collegium in the Ratsschulbibliothek of Zwickau (Paideia 70, 2015, 43–57), 46. 54f.

12 Cf. H. SCHEIBLE, Die Philosophische Fakultät der Universität Wittenberg von der Gründung bis zur Vertreibung der Philippisten (ARG 98, 2007, 7–43), 31f for the classical authors used in the University of Wittenberg.

essential that this kind of discourse is based on logically valid demonstrations and delivers knowledge based on true and trusted principles.[13] Complementary to this, Melanchthon highlights the use of rhetorical forms for guiding the emotions of the audience.[14] Both of these serve the higher aim of theological and moral formation according to humanist aspirations.[15] As will be seen below, Bernhardi's considerations of emotions are rooted in this same framework of ideas.

In Bernhardi's textbook on natural philosophy, this Melanchthonian context is not as conspicuous, since one could consider most of it to reflect the usual late medieval Aristotelian style: It presents the main terms under each discussed topic, with terminological divisions and subdivisions together with discussion of relevant disputed questions. Yet even here, Bernhardi displays a methodologically reflected procedure that should not be reduced to medieval Aristotelian tradition. He follows a novel description of a pedagogical and scientific procedure developed together with Melanchthon in which the connections to moral education are also visible.[16]

In his commentaries on classical texts, and in his lectures on Cicero in particular, Bernhardi puts Melanchthon's hermeneutic approach more emphatically into action when he systematically and repeatedly extracts the underlying argumentative structure of Cicero in the form of Aristotelian syllogisms. He does this to imitate the classical authorities in the contents of their argumentation in addition to commenting on their rhetorical devices and use of examples found in orations. More importantly for the present topic, Bernhardi also comments on the role of emotions in rhetorical practice and on emotions as a foundation of life in human society, which he frequently comments on in his commentary on Livy. In particular, the manifold tensions between emotions and rational reasoning are exemplified in the concrete occurrences in the lives of individuals. These give us a glimpse at the more practical side of emotion discourse and connects Bernhardi's

13 P. MACK, A History of Renaissance Rhetoric 1380–1620, 2011, 114.
14 Loc. cit., 116.
15 MÜLLER, Ordnung (see n. 5), 171–177.
16 For Bernhardi's Melanchthonian method, see KÄRKKÄINEN, Johannes Bernhardi (see n. 3).

discussion closely to Melanchthon's aspirations that are found in his works on ethics and politics from the same period.[17]

II Nature of Emotions

In his textbook of natural philosophy (*Epitome*), Bernhardi lays the psychological foundation for his various comments on emotions. His presentation of the nature and species of emotions reveals, on one hand, how his thought is embedded in medieval Christian philosophy and, on the other, his humanist sympathy and reverence for classical authors.

Among the ancient theories, the Stoic fourfold model of the classification of emotions has been the starting point for various other classifications throughout the history of Western philosophy. Bernhardi describes the system of emotions following Stoic terminology in its different varieties and the Stoic principle, according to which all emotions derive from four basic emotions. Bernhardi lists these four emotions as follows, with alternative terms for each of them: hope or desire (*spes, cupiditas, libido*), joy or delight (*laetitia, voluptas*), fear (*timor, metus*), and sorrow or pain (*tristitia, dolor*).[18] From the perspective of contemporary aspirations, Bernhardi's adoption of this model can be seen as a return to the sources of ancient philosophy. A

---

17 For a thorough analysis of Melanchthon's ethical and political works, see N. Kuropka, Philipp Melanchthon. Wissenschaft und Gesellschaft. Ein Gelehrter im Dienst der Kirche (1526–1532) (SuR.NR 21), 2002.

18 Bernhardi, Epitomae (see n. 1), h8r: »Duplex est iuxta Platonicos appetitus hic sensitivus, scilicet concupiscibilis in epate tanquam in suo organo, appetens per concupiscentiam, vel futurum bonum, ut spes quae et cupiditas, et lĪbdo appellatur, vel praesens bonum, ut laetitia, quae, et voluptas dicitur, et appetitus irascibilis aut vis irascibilis in corde tanquam in suo organo, aversans quasi per iram, et odium, et in digne ferens vel futurum malum ut timor, qui, et metus dicitur, vel malum praesens, ut tristitia, qua et dolor dicitur. Sunt ergo ita quatuor genera affectuum, et duo ipsius appetitus obiecta, vel materia circa quam is versatur, scilicet bonum spe aut laetitia appetibile, et malum metu aut dolore aversabile, et abominabile quasi. Ex his quatuor generibus omnes aliae oriuntur.« See also loc. cit., L8v–m1r. On Stoic terminology, see F. Buddensieck, Stoa und Epikur. Affekte als Defekte oder als Weltbezug? (in: Handbuch Klassische Emotionstheorien. Von Platon bis Wittgenstein, hg. v. U. Renz / H. Landweer, 2012, 69–93), 84, whose list of Latin terms is almost the same as those in Bernhardi's list.

further indication of this can be seen in Bernhardi's appeal to Cicero's classification, which consciously follows the Stoics at this point.[19]

However, the adoption of the classic Stoic classification may show also other affinities. Many late medieval textbooks were based on the Stoic classification. This was common among different schools of philosophy also in Bernhardi's immediate surroundings, which may be reflected in his designation of the fourfold division as the »standard classification«.[20] Also Melanchthon followed the fourfold classification, with a list which is identical to the one Bernhardi usually gives: *laetitia*, *dolor*, *spes*, and *metus*.[21] Furthermore, if we leave the fourfold division, there are other features in Bernhardi's classification, which are more remote to the Stoic theories.

With Melanchthon, Bernhardi participated in the reintroduction of Aristotle's natural philosophy into university curricula during the late 1520s and early 1530s.[22] His textbook of natural philosophy is designed after the traditional Aristotelian university curriculum, and the section on psychology, which includes a discussion on emotions, is largely similar to its late medieval counterparts. As in the traditional Aristotelian natural philosophy, Bernhardi discusses emotions under the concept of »movements of the soul«.[23] Discussion of all the movements of the soul under a unified framework can be regarded as a distinctively Aristotelian feature that was

---

19 BERNHARDI, Epitomae (see n. 1), h8^v: »Malui tamen hic vulgatam opinionem sequi quam alteram illam, praesertim quia et Cicero huic nostrae consentit in tertia, et quarta Tusculana.« See also loc. cit., L5^v–m1^r. On Cicero's classification, see M. GRAVER, Cicero on the Emotions: Tusculan Disputations 3 and 4, 2002, 93f.

20 On Stoic classification in medieval authors, see S. KNUUTTILA, Emotions in ancient and medieval philosophy, 2004, 232.238.283. For *via moderna* in Erfurt see JODOCUS TRUTFETTER, Summa in totam physicen hoc est philosophiam naturalem conformiter siquidem verae sophiae: que est Theologia, Erfurt 1514, Dd3^v, who also presents the corresponding terms from Cicero. For Thomist *via antiqua* in Leipzig, see JOHANNES PEYLIGK, Philosophie naturalis compendium, Leipzig 1499, N5^{r-v}. In addition to fourfold division, Peyligk mentions also Aquinas's longer list.

21 PHILIPP MELANCHTHON, De dialectica libri quatuor, Wittenberg 1529, C2^v–C3^r. For Bernhardi's shorter list, see for example BERNHARDI, Epitomae (see n. 1), m1^r.

22 On Melanchthon, see S. SALATOWSKY, De Anima. Die Rezeption der aristotelischen Psychologie im 16. und 17. Jahrhundert, 2006, 70.

23 See, for example, TRUTFETTER, Summa (see n. 20), Dd2^{r-v}.

mediated to late medieval natural philosophy through Avicenna's harmonization of medical and Aristotelian elements.[24] In contrast, the Stoics and others who followed them, such as Cicero, had discussed the passions (*pathe, passio*) of their fourfold division as undesirable disturbances (*perturbationes*) that ought to be eradicated.

Though the Stoics considered the passions to be undesirable disturbances of the mind and called for their eradication, the contrast with Aristotelian tradition is not that sharp, however. The Stoics also recognized positive affective phenomena, the *eupatheiai*.[25] Furthermore, they recognized a certain, although partial, uniformity between passions and *eupatheiai*.[26] Cicero's description of the virtues as *adfectio animi*[27] may have had some significance for Bernhardi's terminology. However, the more plausible source of his usage of *affectus* for passions is Augustine's terminological reflections in *De civ.* 9.4. In late medieval Aristotelianism, *affectus* eventually became the general designation for emotions along with the more traditional *passio*.[28]

In addition to Stoicism and Aristotelianism, the third school of ancient philosophy that has relevance for the classification of emotions here is Platonism. Unlike Melanchthon, who had connections to Renaissance Platonism,[29] Bernhardi does not usually show particular sympathy for Platonism, and in certain cases he criticizes particular Platonist views in detail.[30] In his classification of emotions, however, he points out that the basic division into irascible and concupiscible emotions is of a Platonist origin and

24 On Avicenna, see KNUUTTILA, Emotions (see n. 20), 222–226.
25 On the proper understanding of Stoic *apatheia*, see M. GRAVER, Stoicism and Emotion, 2007, 210f.
26 Loc. cit., 53–57.
27 MARCUS TULLIUS CICERO, Tusculanae disputationes 4.15.34 (in: M. Tulli Ciceronis scripta quae manserunt omnia, fasc. 44, ed. by M. POHLENZ, 1918), 352.
28 Augustine had already used *affectus* in this sense (G. O'DALY, Augustine's Philosophy of Mind, 1987, 46f; KNUUTTILA, Emotion [see n. 20], 256), but in the late 15th century, Gabriel Biel noted that a contemporary translation of Aristotle renders Greek *pathe* with *affectus*. See D. METZ, Gabriel Biel und die Mystik, 2001, 83f.
29 G. FRANK, Die theologische Philosophie Philipp Melanchthons (1497–1560), 1995, 25–29.
30 BERNHARDI, Epitomae (see n. 1), d3r.c4v. lr–v.n3r.01r–v. See, however, loc. cit., c2v.

is based on their twofold division of the moving power of the soul.[31] Such a remark on Platonists may be considered a characteristically humanist notion since in medieval Aristotelianism, this division was considered a part of the standard Aristotelian framework.[32]

In general, Bernhardi seldom highlighted any differences between the philosophical traditions concerning the emotions. The only notable exception is his criticism of the Stoic ideal of *apatheia*, which will be discussed further below. The tendency to integrate Stoic views of emotions into a Platonist-Aristotelian framework has a long history in the Middle Ages, initiated by Augustine in his discussion of different schools in book 9 of *De civitate Dei*.[33] In addition to his widespread influence on medieval philosophy, Augustine himself was also a major authority for the Wittenberg Reformers. In addition to considering the views of Stoics as consonant with Aristotelian-Platonist ideas, Augustine also joined in the criticism of the Stoic view on *apatheia*.[34]

A closer look at Bernhardi's classification of emotions reveals some specific affinities to the late medieval school of *via moderna*. According to Bernhardi, the irascible power of the soul, which produces anger and sorrow, is directed toward either present or future evil.[35] In Bernhardi's immediate context, Jodocus Trutfetter in Erfurt, representing the school of *via moderna*, adhered to this same view,[36] whereas Kilian Reuter from the Thomist *via antiqua* in Wittenberg followed Aquinas's different position.[37]

---

31 Loc. cit., h8r: »Duplex est iuxta Platonicos appetitus hic sensitivus, scilicet concupiscibilis in epate tanquam in suo organo, [...] et appetitus irascibilis aut vis irascibilis in corde tanquam in suo organo.«

32 Knuuttila, Emotion (see n. 20), 222.226–237.240.283.

33 On Augustine, see Knuuttila, Emotion (see n. 20), 154; Y. Gao, Freedom from Passions in Augustine, 2015, 66–99.

34 On Augustine, see Knuuttila, Emotion (see n. 20), 155f; E. Saak, Augustine in the Western Middle Ages to the Reformation (in: A Companion to Augustine, ed. by M. Vessey, 2012, 465–477), 475f.

35 Bernhardi, Epitomae (see n. 1), 18r.

36 Trutfetter, Summa (see n. 20), Dd3v.

37 Kilian Reuter, Liber de Anima Aristotelis nuper per Joannem Argiropilum de Greco in Romanum sermonem elegantissime traductus cum commentariolis diui Thome Aquin-

Bernhardi's classification of emotions therefore features a mixture of elements from different philosophical traditions, both ancient and more recent. Hailing from a common late medieval milieu, Bernhardi shows a certain amount of awareness of these traditions, which is obviously due to his firsthand familiarity with the ancient sources, above all the works of Cicero. This observation is confirmed and complemented below with respect to a wider scope of traditions, including Bernhardi's humanist and theological contexts.

One can trace two main lines of thought in Bernhardi's explanations of the genesis of emotions. Both have some affinities to Stoic views, but in different ways. One of them sees emotions in a Stoic manner as disturbances in the soul and seeks to identify their causes in various corporeal and psychological deviances. The other focuses on good or at least morally indifferent emotions and seeks to find their roots in the order of nature to justify their moral legitimacy. The latter line of thought bears some resemblance to the Stoic view of *eupatheiai* as reasoned affective responses.[38] As a third aspect, Bernhardi also sets the genesis of emotions in the specific context of his Aristotelian psychological framework.

Bernhardi's consideration of the causes of emotions in natural philosophy focuses on emotions as disturbances, although not exclusively. In his discussion, he first highlights psychological factors, but he does not forget the corporeal basis of emotions. The context of this discussion is emotions in the animal soul – common to both human beings and animals – but surprisingly, Bernhardi's treatment here deals much with the role of the human mind. The good or bad habituation of the human mind (*mens*) is mentioned first as a cause of emotions. Bernhardi refers to Cicero, but his own view of the psychological basis includes both good or bad minds (*mens, anima*) and habits (*consuetudo*), which is more comprehensive than Cicero's view. In *De legibus* I.33, Cicero's discussion on habit is concerned with the emergence of emotions understood as disturbances. The relationship

atis iterum explosa barbarie castigatis et reuisis iuxta ordinarium processum ducalis Academie Wittenburgensis. Wittenberg, 1509, H5ᵛ.
38 On this aspect of *eupatheiai*, see GRAVER, Stoicism (see n. 25), 51.

between virtues and emotions is treated in more detail below in the discussion of human emotions.[39]

The next factor in Bernhardi's list is discipline. He illustrates this theme with examples from animals, but even here it is about animals in relation to humans and their learned behavior instead of natural instincts. In the realm of animals, the close connection between learning and emotions is apparent in the process of taming wild animals with the right kind of discipline, or even in the opposite process of their becoming feral as a consequence of their ill-treatment.[40]

Of the corporeal factors, he mentions the tendency of specific humoral temperaments to produce certain kinds of emotions, thus continuing the focus on humans but in a less morally evaluative tone. Sanguinics are joyful (*hilares ac laeti*), cholerics hot-tempered (*iracundi*), phlegmatics torpid (*segnes*), and melancholics sad and timid (*tristes et meticulosi*). In addition, the celestial bodies also contribute to the emergence of certain emotions through their influence on bodily temperaments. But then again, the balance of the bodily constitution may help one better maintain the more noble emotions. Bernhardi considers all this as a sign of the great affinity (*sociabilitas*) between the soul and the body.[41] He also holds the bodily nature

39 BERNHARDI, Epitomae (see n. 1), 11ʳ: »Causa efficiens affectuum, et appetitionum est ipsa mens, et consuetudo bona aut prava, iuxta illud, mala mens, malus animus, ut de consuetudine prolixe Cicero in primo de legibus explicat.«
40 Ibd.: »Item disciplina vel inscitia, sic ferae indomitae, et ingenia effera, tamen mansuescunt disciplina, sicut et contra mansueti tandem iniuria ac improbitate hominum aut casuum efferascunt.«
41 Ibd.: »Item complexio corporum temperata vel intemperata miras appetitiones ac varias ingerit. Sic sanguinei sunt hilares ac laeti propter sanquinem multum clarumque ac spiritum puriorem ac lucidum quasi. Sic colerici sunt iracundi propter sanguinem calidiorem non ita clarum et spiritum spissiorem. Sic phlegmatici segnes sunt propter sanguinem tenuem, et aquosum ac minus calidum spiritum. Sic melancholici sunt semper tristes, et meticulosi propter sanguinem turbidum, crassum, frigidiorem, et propter spiritum impuriorem ac tenebricosum quasi. Ideoque, et solitudine gaudent, sicut contra frequentia, et luce sanguinei. Ita est sociabilitas maxima animae cum suo corpore, quo ad effectus quoque.«; Loc. cit., 11ᵛ: »Haec corporum qualitatem, et inclinationem ad quaelibet appetenda plurimum alliciunt, irritant, ac provocant, influentiae coelestes, planetarum praecipue, et signorum, unde cientur aegritudines animae, affectiones, sicut, et morbi corporum. Quo vero temperatior est complexio corporis sensibilis, eo puriores

of the emotions to be the reason why persistent strong emotions weary the body in a similar manner as excessive labor does, even making life shorter.[42]

As a sum of his reflections on corporeal factors, Bernhardi states that those who have a more balanced bodily constitution also have purer and nobler emotions, but because of the predominance of the mind, even they must be wary against the bad habits and evil influence of their own mind, as mentioned at the beginning of the same paragraph.[43]

Bernhardi's psychological description of how the two major factors, human will and nature, produce emotions is presented below in the discussion of human emotions. However, in addition to the faculties of the human rational soul, the internal sense of fantasy/imagination in the animal soul plays a crucial role in the genesis of emotions:

> First, we apprehend the forms of sensible objects through external senses, such as vision, hearing, and so on. Immediately thereafter, we apprehend them internally through internal senses, such as common sense and fantasy, that is, imagination, and only then do the apprehended forms move the emotions (affectus) and the will, so that we go after or avoid them. This all takes place in almost one moment of time in both humans and animals.[44]

Bernhardi emphasizes the role of imagination, noting that it may produce distorted mental images that consequently lead the evaluative process astray. This is particularly evident in the emotions caused in dreams.[45]

---

quoque, et magis generosos habent affectus, melioraque appetunt.« On the roles of or organs such as the heart and liver in the emotional states, see loc. cit., H8ᵛ. Melanchthon and Erasmus also mention the effects of the bodily humors on the emotions. See MÜLLER, Ordnung (see n. 5), 94.156.

42 BERNHARDI, Epitomae (see n. 1), c6ʳ⁻ᵛ.

43 Loc. cit., 11ᵛ: »Sed cavere oportet ne prava consuetudo, et mala mens hanc generositatem subvertat.«

44 »Primum enim species rerum sensibilium apprehendimus sensu exteriore, ut visu, auditu, et caeteris. Deinde statim eas apprehendimus intrinsecus sensu interiore, scilicet sensu communi et phantasia, hoc est, imaginatione, tum demum apprehensae species movent affectum et voluntatem, ut eas prosequamur vel aversamur, et haec tamen omnia fere uno momento contingunt homini et animali. Sensus communis in cerebro, phantasia in vertice fere capitis, memoria in occipite est.« BERNHARDI, In Quintiliani (see n. 9), 261ᵛ–262ʳ. All translations are the author's except where otherwise noted.

45 BERNHARDI, Epitomae (see n. 1), h8ᵛ: »Obiectum ergo vel materia appetitus est bonum, et malum revera tale, aut opinione tantum, cuius species aut imaginem perceptam sensu, offert appetitui phantasia tanquam probandam vel improbandam, quod si phantasia sub-

Finally, he comments on differences between the emergence of emotions in humans and animals. The emotional life of animals seems to share a lot with humans. In both of them, the greater emotions overcome the lesser, for instance. Furthermore, many animals act in a way that looks like prudence, pride or similar virtues or vices that are found among humans. According to Bernhardi, this in no way testifies to the existence of free choice (and the consequent moral value of action) among animals, but their actions are exclusively controlled by their natural instincts.[46] As will be seen, the emotions in humans are insolubly connected with the human power of rational choice and will, which is the actual goal of Bernhardi's discussion on emotions, and which raises some further issues for discussion.

III Human Emotions

It has already been noted above that moral evaluation plays a significant role in Bernhardi's conception of emotions. However, his presentation of specifically human emotions constitutes his most complete description of the subject, and only there does the question of the relationship between emotions on one hand and moral virtues and vices on the other properly arise.

In discussing specifically human emotions, Bernhardi defines them again as movements of the soul, but in distinction to the emotions of the animal soul, these movements are movements of the will, which is the power of the human soul that is connected to reason. Indeed, he classifies

movens, et invitans affectum decipitur ac aberrat, tum etiam appetitus decipit affectam, et commotam animam. Sic species laetitiaque vana, sic metus ac dolor inanis saepissime decipit, et frustratur animalia, atque hoc praecipue in insomniis evenit, cum phantasia offert appetitui vanas species et futiles.«

46 Loc cit., i4^v: »Tametsi opera quaedam humanis operibus similia bestia efficiant, aliae aliis subtiliora, et affectibus item quasi humanis ducantur, et tametsi affectu maiore minores vincantur in bestiis affectus, quae etiam astute simulare, et dissimulare multa norunt, et virtutum humanarum quaedam simulacra prae se ferunt ac vitiorum, ut de apum et formicarum prudentia, de equorum superbia, ac similia infinita produnt scriptores, ut Plinius, et alii, tamen haec qualiacunque nulla electione neque libero arbitrio, nedum intellectu agunt bestiae, sed mero ductu, instinctu, et impetu naturae.«

all movements of will as emotions (*affectus*).[47] This is in accordance with his definition of the will, which desires objects that one's reason deems to be good or detests those that are deemed to be evil.[48]

The emotions are distinguished from the will as a mere power, and they are further from virtues and vices, which he classifies as dispositions (*habitus*) of the will. The human soul possesses a certain aptitude by nature, a spark for both virtues and vices, but good or bad habits (*consuetudines*), advice (*praecepta*), teaching (*doctrina*), and practice (*usus*) objectify these initial sparks into stable moral dispositions. Being metaphysically classified as qualities of the will, virtues are distinct from emotions, which Bernhardi considers to be acts of the will. As is noted below, this difference remains rather vague in the case of durable or virtuous/vicious emotions, such as love, but the dynamic nature of emotions distinguishes them from virtues, which are more static by nature. In his natural philosophy, Bernhardi passes over the listing of individual virtues and vices but refers to Aristotle's *Nicomachean ethics* and Cicero's *De officiis*.[49]

Although emotions are movements of the will, not all of them are under our control. First, there is an involuntary part of the will, which Bernhardi calls the natural will. It causes such acts as desire for existing, for knowledge, for eating, and so on as well as the natural aversion to death and other miseries of life. In contrast to this, the rational will consists of freely chosen acts of the will.[50] Another related class of emotions are spontaneous movements of the will, which are called first movements.[51] Bernhardi explicitly

47 Loc. cit., 18ʳ: »Hoc caput de affectibus inscripsi, non quod affectus sit aliud quiddam quam voluntas ipsa, verum ut varias voluntatis species ac formas indicarem.«
48 Loc. cit., k8ᵛ: »Ita voluntas est potentia animae rationalis motiva, qua homo intellecta cupit ut bona, vel renuit ut mala.« Cf. The definition of emotion: »Affectus est brevis vel durabilis motus voluntatis, prosequens bona, aut aversans mala.« Loc. cit., 18ʳ.
49 Loc. cit., m3ᵛ.m6ʳ–m7ʳ. On teaching and discipline in education, see also loc. cit., n3ʳ⁻ᵛ. Melanchthon also notes that moral virtues are not emotions but dispositions (*habitus*), although emotions can be either virtuous or vicious. However, he considers theological virtues (faith, hope, and charity) to be emotions infused by the Holy Spirit. See PHILIPP MELANCHTHON, In primum, secundum, tercium et quintum Ethicorum commentarii, Wittenberg 1532, D4ᵛ. Bernhardi seems to adopt a similar position, but focuses on moral virtues.
50 BERNHARDI, Epitomae (see n. 1), 11ᵛ.
51 Loc. cit., 18ʳ; BERNHARDI, In Ciceronis orationes (see n. 11), 528.

adopts the theory of first movements, or propassions, which dates back to late Stoicism, but which was extremely important in the Latin Middle Ages up until the time of the Lutheran Reformation.[52]

First and second movements – in Bernhardi's terminology first and second emotions – differ from each other with regard to an act of assent or dissent and consequent moral responsibility. We are morally responsible only for those emotions that follow from a deliberation and assent to something good that is to be pursued or evil that is to be avoided.[53] However, this does not mean that involuntary impulses lack moral value in some sense. According to Bernhardi, any emotion may be rendered a moral value based upon its origin in either good or corrupted habits or – in a theological sense – in original sin. This conceptualization relies on the correspondence of emotions to the moral judgement of reason and ultimately to divine and natural laws, on which the moral deliberation relies through conscience and other related faculties, as is indicated below.[54]

Bernhardi's adoption of the theory of first movements raises some questions. Early Lutherans found the theory to be problematic for theological reasons. Luther himself initially emphasized that evil impulses without the will's consent and evil impulses consented by the will are both sinful, although the latter are of a more severe nature. The reason for this is that they both are transgressions against divine law, which is the objective norm of sinfulness.[55] In *De servo arbitrio* (1525), however, Luther clearly articulates that the will has free choice concerning outward things, things not related to one's relationship to God, which produce acts of civil righteous-

---

52 KNUUTTILA, Emotion (see n. 20), 63–67.195; R. SAARINEN, Weakness of Will in Renaissance and Reformation Thought, 2011, 106–109.

53 BERNHARDI, Epitomae (see n. 1), 18ʳ: »Secundarius affectus est consulta inclinatio, quae rei cognitae assentitur et eam inhiat, et hic si feratur in illicitam rem criminosus est affectus.«

54 Loc. cit., m1ʳ: »Ut licitus et bonus affectus rationi obtemperat, a natura et bona consuetudine profectus hominem mire commendat, sic contra illicitus malusque affectus neque rationi aut synteresi, neque conscientiae obtemperat, utpote profectus a mala consuetudine secundum philosophos et a prava cupiditate peccatoque originali secundum theologos, ac hominem vituperabilem et criminosum reddit plaerumque dum renuit bona et praehensat mala, contra rationem et conscientiam hominis.«

55 SAARINEN, Weakness (see n. 52), 122f.

ness. However, he does not explicate the moral value of such actions and their relationship to sin against the law of God.[56]

Melanchthon further elaborates his understanding of the freedom of choice concerning earthly matters in his ethics commentaries. Nevertheless, he does not explicitly discuss the moral relevance of consenting or not consenting to evil impulses. Instead, he discusses the voluntary and involuntary nature of external acts at some length. This is consonant with two theological points: first, like Luther, Melanchthon evaluates the emotions on the basis of their agreement with divine and natural law, which forms part of his argumentation for the sinfulness of involuntary impulses; second, he sees civil righteousness to consist of external acts in contrast to the righteousness of faith, which is essentially internal.[57] Furthermore, in his discussion on deliberation, Melanchthon mentions incidental external acts that follow spontaneous internal impulses, which do not include moral deliberation.[58]

Against this background, Bernhardi's way of distinguishing between morally indifferent first movements and morally evaluated second movements of the will appears somewhat pre-Lutheran but not necessarily contrary to Lutheran aspirations. In his pre-Lutheran textbook of natural philosophy, Jodocus Trutfetter carefully distinguished between the stages of consenting to evil impulses (»first movements«) with a corresponding moral evaluation of their culpability.[59] Bernhardi's view of the non-culpability of first emotions is essentially the same, but this raises the question of how is this view is in line with texts in which Bernhardi explicitly joins Luther and Melanchthon in evaluating the emotions on the basis of their objective conformity with divine and natural law, as mentioned above.

There are two possible ways of explaining the internal tension in Bernhardi's texts. Either he has carelessly adopted the pre-Lutheran distinction without further consideration, or he has reinterpreted the traditional distinction to conform to Luther's and Melanchthon's ideas of civil righteous-

---

56 Loc. cit., 130f.
57 MELANCHTHON, Ethicorum (see n. 49), A4^v.F2^{r-v}.
58 Loc. cit., F4^{r-v}.F5^r.
59 TRUTFETTER, Summa (see n. 20), Ff5^v–Ff6^r. On Trutfetter and his colleague Bartholomaeus Arnoldi of Usingen, see SAARINEN, Weakness (see n. 52), 106–109.

ness. Whatever the answer, it should be noted that Bernhardi stays firmly outside theological concerns in his explication: He draws an example from Homer's description of the Trojan aristocrats and Paris and refers to the philosopher Aulus Gellius' description of the Stoic notion of first movements.[60]

The context of the Homeric example can render some support for reading Bernhardi's distinction on the basis of the Lutheran view of civil righteousness as essentially consisting of external deeds. In the example, Bernhardi contrasts actions of Paris with the scene in which Trojan aristocrats see Helen for the first time.[61] The former is known to have abducted Helen from her legally wedded husband Menelaos. The latter, however, express their admiration for Helen's beauty, but immediately thereafter wish for her return to Menelaos in order to avoid the misfortunes her abduction had already caused through the enmities with the Achaians.[62]

Therefore, the broader context of the example is in avoiding the externally criminal action of adultery, although the underlying psychological explanation is presented in the form of assenting to or dissenting from the first involuntary movement of the will. The focus on external action is further enhanced by Bernhardi's wording. He designates evil secondary emotions as »criminal emotion« (*affectus criminosus*) if they are drawn towards illicit action (*res illicita*), as in the case of Paris, or alternatively as escapes from a licit action. The emotion that follows the internal act of assent or dissent is thus named based on the external action that it causes or avoids. The term criminal even highlights the legal rather than the moral or theological nature of the action. The same first emotion could therefore be sinful in a theological sense but not criminal in the sense of civil righteousness.[63]

---

60 BERNHARDI, Epitomae (see n. 1), 18r–v; Gellius is also mentioned in BERNHARDI, In Ciceronis orationes (see n. 11), 528. See AULUS GELLIUS, Noctes Atticae 19.1., ed. by P. Marshall, 1968, 560,4–563,7.

61 The story is told in HOMER, Iliad 3.156–160.

62 BERNHARDI, Epitomae (see n. 1), 18r: »Ut quamvis permoveantur apud Homerum in 3. Iliados Troiani principes specie Helenes, tamen quia non consentiunt isti motui concupiscentiam eius, ideo non statim erant adulteri.«

63 Loc. cit., 18v: »Secundarius affectus est consulta inclinatio, quae rei cognitae assentitur et eam inhiat, et hic si feratur in illicitam rem criminosus est affectus, sin fugeat rem

As mentioned above, Bernhardi considers virtues and vices to be causes of emotions. However, the relationship between emotions and moral character is more complex. As is shown below, Bernhardi's ultimate norm for the moral evaluation of emotions is their conformity to universal moral laws, the natural and the divine laws, which both derive from the same will of God. This is not far from the Stoic idea of conformity with the universal *logos*, which Bernhardi was familiar with in its Ciceronian form.

For Bernhardi, the most obvious link between the order of nature and the emotions is the concept of natural emotions. On several occasions, he addresses certain specific emotions as natural emotions, i.e., innate to all human beings. He does not consider these to be morally virtuous, but they are, at least, allowed to humans on the basis of their naturalness as long as they do not contradict the moral good. In contrast, a lack of them is not preferable. In his commentary on Cicero's oration *Pro domo suo*, Bernhardi adds a lengthy criticism of the »inhumanity« (*inhumanitas*) of the Stoics, who allegedly would not even allow natural emotions to a Sage in their ideal of *apatheia*.[64] Bernhardi uses the Greek word »*storge*« (affection, spelled »*sorge*« in the text) to refer to these kinds of emotions and describes them as follows:

> The Stoics err (*peccabant*) in denying natural licit affections, which are not against the conscience and follow nature, such as pity, fear of death, moderate grief, hope, joy, and the love for one's closest persons, such as between spouses, between friends, and between neighbors. Perhaps nobody is praised on account of them, but neither is one rebuked for having them. Certainly, if someone is devoid of them, we call that person *asorgon* and inhuman, even monstrous.[65]

---

licitam criminosus item est affectus, ut Paris visam Helenam inhians crimen iam adulterii non effugit, quia motui adiungit assensum voluntatis et concupiscentiam.«

64 »Curant id est istam sapientiam ineptam et inhumanam Stoicam.« BERNHARDI, In Ciceronis orationes (see n. 11), 527f.

65 Loc. cit., 527f: »In hoc vero peccabant Stoici, quod naturales quasdam affectiones licitas, et conscientiae non adversarias, negabant esse licitas, et secundum naturam, ut est misericordia, mortis metus, mediocris sensus doloris, spei, laetitiae, amoris in suos, ut inter coniuges, inter amicos, vicinos, a quibus affectionibus ut nemo fortasse laudatur, ita contra nemo vituperari debet. Certe eum, qui iis caret, asorgon et inhumanum, atque etiam immanem dicimus.«

In his comments on the first book of Cicero's *De officiis*, Bernhardi iden-
tifies natural emotions with natural affections that arise from the need for
self-preservation. According to him, Cicero counts these as a psychological
source for knowledge of the precepts of natural law concerning what is ad-
vantageous (*utile*). Bernhardi points out that Cicero's way of starting from
a natural urge for self-preservation, or even self-love (*filautia*), is a characteristically philosophical starting point, which obviously does not take into
account the first commandments of the Decalogue about the cult of God.[66]

Bernhardi does not here further explicate the difference between the
philosophical and theological views of the natural law. However, it displays
some similarities with the contemporary reading of the Golden Rule by
Martin Luther. Unlike several other commentators, Luther does not consider the expression »as thyself« in the Golden Rule to be a command to
love oneself. Instead, it is merely a presupposition that guides us towards a
correct love for one's neighbor. Therefore, self-love is for Luther something
that is common to all humans, and in this limited sense »natural«, but unlike love for our neighbor, loving oneself is not morally virtuous. However,
Luther considers self-love to be a perversion in the original human nature
and incompatible with love for one's neighbor. It is difficult to say whether
Bernhardi disagrees here with Luther's theological interpretation or merely
describes the position of »the philosophers«, such as Cicero.[67]

In his natural philosophy, however, Bernhardi gives a more negative
portrayal of the influence of self-love, which he considers to be responsible
for immoral actions through the faculty of lower reason. Lower reason is a

---

66 BERNHARDI, In Officia Ciceronis (see n. 10), A3ᵛ–A4ʳ: »In hoc autem capite prius disserit
de corporis defensione, quae est iuris naturalis, et de rebus utilibus, ac ad hominis vitam
necessaria pertinentibus, secutus ipsum ordinem naturae convenientem [...] Primum
praeceptum huius loci est, Conserva teipsum. Nam natura omnium hominum animis
indidit naturales quosdam affectus, quos Graeci vocant sorgas fysikas erga suos. Ergo
filautia in natura hominis primum est. Ab hoc praecepto incipiunt philosophi. Nemo
enime Sapientum leges primae tabulae attigit, Deum scilicet esse colendum.« See also
loc. cit., B4ʳ. For Cicero, see MARCUS TULLIUS CICERO, De officiis 1.4.12 (in: M. Tulli
Ciceronis scripta quae manserunt omnia, fasc. 48, ed. by C. ATZERT, 1963), 5, where he
even uses the term »love« for such affections.
67 A. RAUNIO, Divine and Natural Law in Luther and Melanchthon (in: Lutheran Reformation and the Law, ed. by V. MÄKINEN, 2006, 21–61), 34f.

faculty of practical reason, which considers not the divine or natural laws but human laws and utility for oneself. Here, Bernhardi explicitly contrasts self-love with the natural law, which is more in line with Luther's interpretation of the Golden Rule. According to Bernhardi, lower reason is prone to follow the lead of the vicious emotions and corrupted habits. Bernhardi does not deny that even so can one be led to morally right conclusions, but they are based on perverted motivation: on individual utility or fear of punishment and not on moral good.[68]

In this context, Bernhardi adopts the metaphor of lower reason as a seducing woman, which refers to the story of Adam and Eve in Paradise. The metaphor dates back to Augustine, and during the Middle Ages, Peter Lombard utilized it in his influential *Sentences*. Despite an occasional comment on the connection between femininity and moral evil, the metaphor is not as prominent in Bernhardi as it is, for example, in the corresponding case of the contemporary natural philosophy of Trutfetter. For Trutfetter, as in Bernhardi, the metaphor functions as support for a psychological elucidation of the liability of lower reason to the influence of the sensuality of the animal soul, which results in erroneous moral judgment.[69]

In a general outlook, Bernhardi's psychological description of the cause of error in moral deliberation is similar to Trutfetter's with the addition of the Ciceronian notion of corrupt habits. It should be noted, however, that this is not Bernhardi's only way of describing the genesis of evil acts. In another context, Bernhardi suggests that vicious emotions are the direct cause of evil acts against the judgment of reason and synteresis. For more on this »clear-eyed« akratic behavior, see below. In both cases, Bernhardi sees the

---

68 BERNHARDI, Epitomae (see n. 1), 15ᵛ.m7ᵛ: »Atque haec inferior ratio pravis affectionibus mire obnoxia et appetitui sensitivo, fertur prava delectatione et illecebris tantum ad externum bonum, timoreque illiberali ac servili cavet vitia…Estque haec inferior ratio nequam ille oculus sinister et pravus, qui sui amore *filautia* nimium laborat, et hanc homines plaerique docti et magni sequuntur. Haec etiam ex prava aliqua sententia et maligna pravum affectum hominis et vitiosam consuetudinem potius imitatur, quam legem naturae et synteresin.«

69 PETRUS LOMBARDUS, Sententiae in IV libris distinctae II.24.7, 455,7–13; TRUTFETTER, Summa (see n. 20), Ff6ʳ. For Luther's way of connecting feminity with sin, see S. MIKKOLA, »In Our Body the Scripture Becomes Fulfilled«: Gendered Bodiliness and the Making of the Gender System in Martin Luther's Anthropology (1520–1530), 2017, 74–76.

ultimate cause of evil in corrupt habits, in philosophical terms, and in the fallen human nature, in theological terms.[70]

In contrast, the faculties of synteresis and higher reason work solely on the basis of divine and natural law and of the moral good (*bonum hones-tum*), and they are not liable to the influence of the depraved emotional part of the human being.[71] However, in the text of natural philosophy, Bernhardi does not claim the origin of natural emotions to be in self-love. Rather, their origin can be traced to the faculties of synteresis and higher reason since the veneration of God and obedience to homeland, the magistrates, and parents are counted among the very first principles of the natural law.[72]

In fact, Bernhardi explicitly assigns an emotional aspect to higher reason and does not altogether exclude the idea of affective synteresis.[73] In the midst of his presentation on the cognitive moral evaluation that is carried out by higher reason, he adds:

> This superior reason does not obey the evil emotions but rules over them as a queen, being moved through free and pious love towards the moral good, and in free and not servile fear, [it] avoids the vices.[74]

One may conclude that, in his natural philosophy, Bernhardi considers the natural emotions to be closely connected to, or even an aspect of the activity of higher reason. Notably, natural self-love has no positive function in this model, which is not expressed as clearly in the commentary on *De officiis*.

---

70 BERNHARDI, Epitomae (see n. 1), m1ʳ: »Ut licitus et bonus affectus rationi obtemperat, a natura et bona consuetudine profectus hominem mire commendat, sic contra illicitus malusque affectus neque rationi aut synteresi, neque conscientiae obtemperat, utpote profectus a mala consuetudine secundum philosophos et a prava cupiditate peccatoque originali secundum theologos, ac hominem vituperabilem et criminosum reddit plaerumque dum renuit bona et praehensat mala, contra rationem et conscientiam hominis.«

71 Loc. cit., 15ʳ.

72 Loc. cit., L4ʳ.

73 On *synteresis*, see P. KÄRKKÄINEN, Synderesis in late medieval philosophy and the Wittenberg reformers (British Journal for the History of Philosophy 20, 2012, 881–901), 17.

74 BERNHARDI, Epitomae (see n. 1), 15ʳ: »Haec superior ratio malis affectionibus non obnoxia, sed illis tamquam regina imperans, amore ingenuo et pio fertur ad honesta et timore ingenuo non servili cavet vitia.«

So, despite his criticism of the Stoic doctrine of *apatheia*, Bernhardi's view of the natural emotions shows some affinities to the Ciceronian notion of natural affections, which is directly based on the common Stoic principle of *oikeiosis* or »making one's own«. For the Stoics, these natural inclinations were important in the progression towards the virtuous life. Some Stoic authors, and Cicero after them, even argued that certain actions are appropriate on the basis of these natural inclinations.[75] In commenting on the first book of *De officiis*, Bernhardi summarizes how Cicero describes the moral progression of a human being, starting from the realization of natural needs at an early age and progressing to an understanding of virtues and the moral good. Whether or not Bernhardi himself considered this view as plausible remains open.[76]

As already mentioned, it is obvious that Bernhardi did not consider the idea of natural emotions to be compatible with the Stoic doctrine of *apatheia*. In his commentary on Cicero's *De amicitia*, Bernhardi traces a criticism of the Stoic position as a central theme of the dialogue. According to Bernhardi, the Stoics did not consider love between friends and sorrow at the loss of a friend to be virtuous, contrary to what the dialogue suggests.[77] Bernhardi's interpretation rests on the dubious assumption that the Stoics counted love between friends as an undesirable disturbance of the soul. On the contrary, the Stoics included friendship between equals and certain types of love (*eros, agapesis*) among the *eupatheiai*.[78]

---

75 On Stoics and Cicero, see GRAVER, Stoicism (see n. 25), 175 f.

76 BERNHARDI, In Officia Ciceronis (see n. 10), A3ᵛ: »Homines enim prius quam virtutis vim intelligant, initio aetatis utilia sibi, et ad corporis humani sustentationem necessaria quarere student. Deinde aetatis progressu videre discunt initia virtutum et amplectuntur ea, paulatimque ad ipsam virtutem, natura duce, perveniunt, quam deinceps magis colendam, et in maiori precio habendam esse statuunt, quam reliqua bona omnia.«

77 BERNHARDI, Annotationes in De amicitia (see n. 10), E7ᵛ: »Quod Laelius tam sapiens, tantusque princeps coluerit amicitiam, quam tamen Stoici reiecerint, tanquam vitiosum affectum, quasi mutuus amor et gratulatio in bonis, et mutuus dolor in adversis sint affectus omnino vitiosi, qui tamen duo affectus nunquam non incidant et amicitiae adsint. Hicque error Stoicorum exprimitur et a persona Laelii refutatur, qui aperte testatur se mortem Scipionis amici sui dolere.« See also loc. cit., F5ᵛ.

78 GRAVER, Stoicism (see n. 25), 179.

In his commentary on Erasmus' *De copia*, Bernhardi further specifies that such natural affections are of a relatively stable nature.[79] Here, Bernhardi follows in the footsteps of Melanchthon, who uses similar examples and the Greek word *storge* (»affection«) in a description of the natural emotions in his Ethics commentary. Melanchthon also refers to Paul's rebuttal of *astorgoi* (Rm 1:31) in his criticism of the Stoic position.[80] Even if similar criticism was commonplace already among earlier humanist authors and Augustine,[81] the use of the Greek word *storge* in both Bernhardi and Melanchthon points to Erasmus, who described the natural emotions similarly in his commentary on the New Testament from 1516.[82]

Bernhardi's way of connecting Cicero's plea for humanity to the criticism of Stoic *apatheia* may not do full justice to the sources since Cicero was, at least in books 3 and 4 of *Tusculan Disputations*, an outspoken advocate of the Stoic doctrine concerning emotions.[83] However, there is a historical precedent for Bernhardi in Erasmus' early writings, where Erasmus developed a view of natural emotions in deliberate criticism of the Stoic doctrine of *apatheia* while at the same time building upon the Stoic doctrine of *oikeiosis*.[84] In general, despite his critical tone, Bernhardi's (and Melanchthon's) view of natural affections can be considered a continuation of Augustine's and Erasmus' attempts to harmonize the Stoic view of emotions with Aristotelian/Platonist models rather than replace it with them.

---

79 BERNHARDI, In De copia (see n. 2), 269.
80 PHILIPP MELANCHTHON, In Ethica Aristotelis commentarius, Wittenberg 1529, D4^r.
81 J. KRAYE, Stoicism in the Renaissance from Petrarch to Lipsius (Grotiana 22, 2001, 21–45), 24f.30.
82 ERASMUS OF ROTTERDAM, Novum Instrumentum omne, Basel 1516, 423 [on Rm 1:31]: »Sine affectione) asorgoi, ut ne excutiam interim, quod interpres abusu est affectione pro affectu. Cum multum inter sit. Affectibus carere, iuxta Stoicos summa laus est. Sic apud nos quoque malis vacare affectibus laudi ducitur. At sorge non simpliciter significat affectum, sed potius affectum illum pietatis aut charitatis, quo parentes tanguntur erga liberos, ac vicissim illi erga eos, quo frater erga fratrem. Unde qui eo processerunt in viciis, ut ad hos quoque communes affectus, et ad ipsum naturae sensum obsurduerint, asorgoi vocantur.« Loc. cit., 576 [On 2 Tm 3]: »Sine affectione asorgoi quod proprie significat eos qui nullo affectu sunt in suos, puta filios, aut famulos, aut uxorem«.
83 GRAVER, Cicero (see n. 19), xii.
84 R. DEALY, The stoic origins of Erasmus' philosophy of Christ, 2017, 105f.

To sum up Bernhardi's view of natural emotions: In his natural philosophy, Bernhardi pictures the human being in a continuous struggle between the influence of virtuous natural emotions, which are in harmony with divine and natural law, and the influence of vicious emotions, which are connected to self-love, corrupt habits, and original sin. As seen above, vicious emotions influence the process of moral deliberation through the faculty of lower reason. At least in certain cases, therefore, vicious emotions result in immoral actions through moral deliberation. Bernhardi describes such flawed processes in his discussion of conscience, which is the faculty that draws the conclusions of the practical syllogism, suggests actions to be taken, and evaluates past actions.[85]

As seen above, Bernhardi's view of the origin of erroneous conscience is rather close to that of his scholastic predecessor Jodocus Trutfetter. Like Trutfetter, Bernhardi attributes the conscience itself to an emotional function, as it consoles for one's good actions and accuses or even torments for evil actions. The torments of conscience are an extreme case of this, for which Bernhardi refers to Cicero's interpretation of the Furies as their personifications.[86]

In addition to cases in which the depraved emotions cause flawed moral deliberations, there are some indications that Bernhardi sees a more robust conflict between the moral deliberation of a person and simultaneous immoral action affected by depraved emotions. This links Bernhardi to other contemporary authors like the humanist Josse Clichtove, who features a version of clear-eyed-akrasia of a »commonplace Platonist« type in which akratic behavior is considered as ultimately irrational.[87] Like Clichtove, Bernhardi describes akratic behavior with the example of Medea deliberating between loyalty to her homeland and Jason, quoting, among others, the line, »I see and approve the better, but follow the worse.« Medea was frequently used as an example of such behavior also by Bernhardi's Wittenberg colleagues Melanchthon and Joachim Camerarius (1500–1574). Like

---

85 BERNHARDI, Epitomae (see n. 1), 16ʳ–17ᵛ.
86 Loc. cit., 16ᵛ–17ʳ.
87 See SAARINEN, Weakness (see n. 52), 80.

Melanchthon, Bernhardi considers Medea's actions to be a deliberate choice for evil against the testimony of her own conscience.[88]

A further perplexity in Bernhardi's view of virtues and emotions comes from his use of the word *ethos*. In certain cases, Bernhardi explicitly includes *ethos* in his framework of emotions. Whereas Aristotle understands *ethos* as the moral character of the person, Bernhardi adopts a later usage of the term from Quintilian.[89] *Ethos* and *pathos* depict two classes of emotions. The difference between them is in their intensity: *Ethos* is mild (*mitis / lenis*), whereas *pathos* is a vehement movement.[90]

Despite the explicit distinction between emotions and habits of the will in his natural philosophy (as seen above), Bernhardi includes virtues and vices under the concept of mild emotions (*ethos*) in his commentary on *De copia*. In the same text, he also addresses natural emotions (love towards one's offspring etc.) as a subcategory of mild emotions. They are further considered as belonging to a longstanding type of emotion that enhances their affinity to emotional dispositions.[91] As examples of longstanding emotions, Bernhardi mentions sadness in a melancholic person and irascibility a choleric person. He classifies natural emotions in the natural philosophy as a specific class outside mild emotions.[92] As seen below in the discussion on societal emotions, these kinds of conceptual structures render the distinction between emotions and virtues (or vices) somewhat vague. It is im-

88 Bernhardi, Epitomae (see n. 1), m1r: »Ut licitus et bonus affectus rationi obtemperat, a natura et bona consuetudine profectus hominem mire commendat, sic contra illicitus malusque affectus neque rationi aut synteresi, neque conscientiae obtemperat, utpote profectus a mala consuetudine secundum philosophos et a prava cupiditate peccatoque originali secundum theologos, ac hominem vituperabilem et criminosum reddit plaerumque dum renuit bona et praehensat mala, contra rationem et conscientiam hominis. Ut amans Medea fatetur apud Ovidium in principio septimi metamorphoseon dicens: Excute virgineo conceptas pectore flammas / Si potes infoelix, si possem sanior essem / Sed trahit invitam nova vis, aliudque cupido, / Mens aliud suadet, video meliora proboque / Deteriora sequor etc. Sic ille ait prudens vidensque pereo.« On Melanchthon and Camerarius, see Saarinen, Weakness (see n. 52), 134–142.149–151.

89 On the difference between Aristotle's and Quintilian's understanding of *ethos*, see R. Katula, Quintilian on the Art of Emotional Appeal (Rhetoric Review 22, 2003, 5–15), 8f.

90 Bernhardi, Epitomae (see n. 1), 18v.

91 Bernhardi, In De copia (see n. 2), 269.

92 Bernhardi, Epitomae (see n. 1), 18v.

portant to note that Bernhardi considers the discussion on human emotions to be a preliminary stage to the discussion of ethics.[93]

The essence of emotions as movements of the soul serves Bernhardi's presentation of emotional conflicts as struggles between unequal forces well. In considering Dido's love for Aeneas, the example of equally bad emotions underlines the dynamic of mental movements: The stronger movement overcomes the weaker. The stronger emotion in the case of Dido is the grief caused by her collapsed hope for Aeneas' love, and the weaker emotion is her natural fear of death by her own hands. Incidentally, Bernhardi also reveals that he thinks that bad emotions are likely to overtake the good ones in most cases.[94]

The notion of the human mind as a playground of conflicting emotional forces also forms the basis for the processing of evil emotions. In the spirit of Aristotelian-Platonist moderation, rather than that of the Stoic extirpation of emotions, Bernhardi focuses on strengthening the virtues. Reason defeats the evil emotions by moderating them through virtue, obviously through virtuous good emotions. The formation of a virtuous character is therefore key to a proper emotional life. Bernhardi's view aligns with that of Erasmus and Melanchthon, which see the regulation of emotions as an educational pursuit.[95]

Bernhardi's view of disciplining evil affects through reason is largely consonant with Melanchthon's view in the *Loci theologici* from early 1530s, where he notes that philosophy adds to the obligation of doing externally good works also the obligation of being accustomed to discipline the evil emotions, although the emotions will not themselves be tamed to follow the human laws. Thus philosophy is only able to fulfill the human laws but not the divine law. According to Melanchthon, the divine law requires that

---

93 Loc. cit., m1ᵛ: »Reliqua vero de hac materia ad Ethicam prorsus pertinent, cuius exempla vide in poetis, qui sunt optimi artifices in depingendis affectibus.«

94 Loc. cit., m1ᵛ: »Atque est ita non solum bonis affectibus pugna cum malis cupiditatibus, verum mali etiam affectibus inter se pugnant, ac infirmiorem ut fit superat superat fortior appetitus, ut plerumque meliorem deterior. Sic metum mortis vicit dolor amoris decepti spe sua in Didone, cum inquit: Quin morere ut merita es ferroque averte dolorem.« On the principle of »emotion overcomes emotion« in Melanchthon, see MÜLLER, Ordnung (see n. 5), 130.

95 On Erasmus and Melanchthon, see MÜLLER, Ordnung (see n. 5).

evil emotions not only be disciplined, but that their source in the distorted nature should be healed as well.[96]

One important tool for guiding the emotions is rhetoric. Before looking at Bernhardi's views on the rhetorical guidance of emotions, it is beneficial to devote some attention to the societal aspect of emotions. Bernhardi's commentaries on Livy and Cicero provide lots of material for this.

IV Emotions and Society

For Bernhardi, Livy was a prominent authority on the style of historical prose.[97] In addition to style, Bernhardi draws examples from Livy concerning ideal conduct in society in his commentary on *Ab urbe condita*. In these examples, emotions function as central ingredients for maintaining vital social relationships, on the one hand, but as potential causes for the disruption of these relationships and even of society itself as a whole, on the other hand.

At the beginning of his commentary, Bernhardi reflects on the use of historical examples in the context of his rhetorical model of constructing knowledge, which he elsewhere calls »method«.[98] The historical stories provide vivid descriptions of the characters' virtues and vices through their actions. As singular cases, they provide confirmation for general ethical and political precepts, which are in turn discussed in the sciences of ethics, politics and jurisprudence.[99] It is not clear how much the singular cases function as epistemic confirmation of the general precepts in any stronger sense and how much they are rhetorical or pedagogical means for merely applying the moral precepts to one's life. In any case, for Bernhardi, a rhetorically well-constructed discourse helps the reader to build their own inner

---

96 PHILIPP MELANCHTHON, Loci theologici, CR 21, 295: »Leges humanae tantum requirunt aut prohibent externa facta, Philosophia addit etiam ut assuefaciamus nos ad comprimendos malos affectus, etiamsi affectus ipsi non flectuntur legibus magistratus [...]. At lex dei non tantum requirit aut prohibet externa facta, non tantum requirit illam diligentiam de qua philosophi praecipiunt coercendorum affectuum, sed requirit naturam ita consentientem legi dei, sicut nunc concupiscentia repugnat legi dei.«

97 BERNHARDI, Explicationes (see n. 8), 5ᵛ; BERNHARDI, Quintiliani (see n. 9), 109ʳ.

98 On Bernhardi's understanding of method, see KÄRKKÄINEN, Bernhardi (see n. 3).

99 BERNHARDI, Explicationes (see n. 8), 6ʳ⁻ᵛ.

life towards morally sound virtues through the imitation of the good ideals. The vivid descriptions of particular cases guide the reader's emotions towards adopting the ideals as their personal virtues.[100]

As for the nature of emotions, the broad picture here is to consider all the movements of the soul on the basis of their relation to virtues and vices.[101] The questions of controlling or cherishing emotions are therefore bound to their moral evaluation in any given social context. The most obvious cases for this are those in which there is a conflict between two or more emotions, which – isolated from their immediate context – can all be considered virtuous, but which fall under moral scrutiny in a particular situation.

Such a case is found in Bernhardi's discussion of Livy's story about Gnaeus Marcius Coriolanus, who, motivated by the humiliation caused by his compatriots, led an uprising of the Volsci against his native Rome. From the outset, Coriolanus serves as an example of a person whose personal experience of injustice leads him to contradict his duty or loyalty (pietas) towards his homeland. Bernhardi comments that Coriolanus' actions are to be deemed impious despite the context of exile and injustice that his compatriots had caused him. In his terminology, Bernhardi does not particularly highlight the role of emotions as motivating forces, although in the context of Livy's text this is clearly presupposed. His main focus is on the moral evaluation of Coriolanus' actions, and therefore the analysis of his duties is more in the foreground.[102]

The viciousness of Coriolanus' actions is lessened during the course of the story as he eventually gives up hostilities towards the Romans, risking his own life. The cause for his change of mind was the intervention of his mother Veturia. Here again, Bernhardi's comments focus on duties rather than emotions. Seen from the viewpoint of Coriolanus, his duty towards his mother and family is strong enough to turn him away from fighting against his country. Bernhardi remarks that loyalty (pietas) towards his mother, which Coriolanus prefers to his own self-interest, can be attributed to him

---

100 On vivid descriptions, see the discussion of emotions in Bernhardi's rhetoric below.
101 For Bernhardi's theoretical views on the relationship between emotions and virtues, see above.
102 BERNHARDI, Explicationes (see n. 8), 138ᵛ.

as a merit, but his duty (*pietas*) would have been more perfect (*absolutior*) had he listened to the pleas of his compatriots. So the analysis is based on a hierarchy of duties, where loyalty towards one's homeland is a higher duty than loyalty towards one's parents. The focus is again on the moral evaluation.[103]

Furthermore, Bernhardi extols Veturia's actions, which he considers to transcend the role of her sex, as she »rebukes the crime of impiety in a passionate speech (*oratione pathetica*) in which she does not ask or pray in a womanish manner (*muliebriter*), but she clearly orders and threatens her son by her maternal authority«.[104] In this comment the terminology of emotions appears for the first time during this story, but only in the role of describing the means of exerting Veturia's maternal authority. The rest of the comments are focused on Veturia's virtuous activity.

As another example of virtuous behavior in the midst of emotional conflict, Bernhardi mentions the case of the Consul Lucius Junius Brutus, who participated in the death sentence of his own sons in the case of their high treason. In addition to Livy, Bernhardi quotes a text from Virgil, who like Livy, vividly describes the internal conflict of Brutus at the execution of his sons. According to both classical authors, the audience could clearly trace

103 Loc. cit., 139ʳ: »Exemplum pietatis erga matrem suam in Coriolano, qui praestare maluit beneficium, et obsequi suae matri, quam patriae precanti. Fuisset autem absolutior pietas, si idem patriae praecibus praestitisset, soluta obsidione urbis.«

104 Loc. cit., 139ᵛ: »Exemplum libertatis, et maternae authoritatis observatae a Veturia adversus Coriolanum filium, quae libere filio hosti praepotenti exprobrat impietatis crimen oratione pathetica, qua non muliebriter rogat neque supplex est, sed plane imperat et minatur filio pro iure matris.« In another part of his commentary (loc. cit., 114ʳ⁻ᵛ), Bernhardi gives a strongly gendered description of women's virtues. According to him, nature has ordered most women to the cure of domestic matters, and they are consequently not suitable for public discussions since they lack the virtues of prudence and fortitude necessary for public life. He notes, however, that there were certain heroic women in history who featured these virtues, but they were rare exceptions. Even in this comment, one can trace the idea that a heroic woman transcends her own sex, especially in the way Bernhardi equals the »heroic virtue« of a woman with »virile virtue« (*virtus virilis*). For further examples of female heroes, he refers to Plutarch's *De fortitudine muliebri*, which may be identified as tractate *Mulierum virtutes*, published during Bernhardi's time in Basel, 1530, under the name *De claris mulieribus sive de virtute mulierum*.

the emotions of the suffering Brutus. Contrary to the story of Coriolanus, Bernhardi here uses the terminology of emotions. He sees in the story Brutus' love (*charitas*) for his homeland, which leads to his extreme severity towards his sons.[105]

In these two accounts described above, it is not evident whether Bernhardi in any way expanded the already rather extensive description of emotions found in Livy's text. Bernhardi's comments rather focus on the moral evaluation of actions, where morally colored emotions function as driving forces. On the terminological level, Bernhardi even fluctuates between terms of emotion and social duties: The sons of Brutus show disloyalty (*impietas*) towards the homeland, whereas their father shows love for the homeland.

In addition to the preceding examples of internal conflict, there is one example that is somewhat more focused on the internal emotional life of the individual. This constitutes the severe accusations of the conscience, which torment wrongdoers such as in the case of king Servius Tullius. Following Cicero, Bernhardi interprets these torments, which were connected with divinities called Furies in Roman poetry, as internal pains that emerge in the souls of those who have committed evil deeds.[106]

Love for one's family and love for one's homeland are indeed major emotions, and Bernhardi considers them to be inherent or natural to all human beings, as noted above. In his commentary on Livy, Bernhardi bases this categorization of naturalness on a cosmological view according to which these emotions are based on natural law and, consequently, have ultimately been established by God. The link between the law of nature and the natural emotions is found conceptually in the hierarchy of duties.[107]

The close connection between natural emotions and the divine command as the basis for moral good becomes evident in Bernhardi's comments

---

105 BERNHARDI, Explicationes (see n. 8), 103ᵛ–104ʳ. The story is told in Liv. 2.5. It should be noted that Livy also mentions Brutus' love (*caritas*) for the Republic (*caritas rei publicae*) Liv. 2.1.

106 BERNHARDI, Explicationes (see n. 8), 78ᵛ; BERNHARDI, Epitomae (see n. 1), 16ᵛ–17ʳ. Bernhardi refers here to Ciceros Laws 1 and Pro Roscio. See also Bernhardi's comments in BERNHARDI, In Ciceronis orationes (see n. 11), 570f.

107 See Bernhardi's list of principles concerning duties established by natural law in BERNHARDI, Explicationes (see n. 8), 112ᵛ–113ʳ.

on the love for homeland and the status of the rulers. In accordance with Luther's famous doctrine of two regiments, Bernhardi also posits that the secular authorities derive their authority directly from God. The office of the magistrates is established by God in order to avoid anarchy as the worst of societal evils.[108]

However, in his description of the magistrates' virtues, Bernhardi elucidates the limitations of their power and connects these reflections to the ideal relationship between magistrates and the people, build on the foundation of adequate social emotions. First of all, magistrates should not act in a way that only raises fear in the people and not love. Bernhardi considers this to be in accordance with the law of nature and humanity.[109] Therefore, ruling power should not in general be given to fierce persons (*ferocibus*) but rather to milder ones (*mitioribus*).[110] Bernhardi takes the fury of the lower classes (*furor plebis*) as a kind of force of nature to which the rulers must sometimes yield for their own good in order not to be totally ruined by it.[111] On the other hand, in the actions of the Consul Brutus during the first years of the Republic, Bernhardi finds an example of the principle of how the fierceness and inconstancy among the lower classes, which arises from excessive freedoms and disagreements among them, must be resisted even by coercion.[112]

The magistrates themselves must also be guided by virtuous love for their homeland, including the pursuit of the common good, even at the expense of particular goods.[113] The principle of the common good of society

108 Loc. cit., 113^r; 132^v–133^r.
109 Loc. cit., 100^r: »Amari potius quam metui debere magistratum a popularibus suis, ius naturale et humanitas desiderat. Convenit itaque utrosque ita suum officium facere, ut amore mutuo et reverentia se invicem prosequantur. Id quod in privata quoque societate et potestate observari debere admonet Terentianus Mitio, eo loco, ubi dicit Stabilius esse imperium quod benevolentia adiungitur quam vi.«
110 Loc. cit., 133^v–134^r.
111 Loc. cit., 133^r.159^v.
112 Loc. cit., 102^r: »Fiat thesis haec fere, plebis ferociam et inconstantiam immodica libertate et discordiis fieri intolerabilem, et rebus publicae perniciosam, contra vero plebem concordia, authoritate et imperio coerceri.«
113 BERNHARDI, Explicationes (see n. 8), 159^v: »Omnino decet magistratum, et quemlibet civem, posthabere privatos affectus publicae utilitati et charitati, ut supra saepissime est dictum.«

also wards against the other excesses, which are seen in populism (*popula-ritas*) in which the ruler acts according to the desires of the people against the good of the whole community. Here again, Bernhardi sees the emotional instability of the masses as a severe danger for society, and it is again set under moral scrutiny of the common good.[114]

In addition to such general references to the emotional instability of the masses, Bernhardi sometimes highlights in more detail the emotional basis of conflicts that arise in society, such as the feeling of security that accompanies excessive leisure. In contrast to this, he considers people to be more easily united by the fear of imminent evil.[115] Bernhardi does not have much to say about the social emotions of ordinary citizens beyond the examples of natural emotions towards one's homeland, friends, and relatives that are mentioned above. He does, however, note the commonly held duties of showing gratitude to benefactors and humanity (*sensus humanitatis*) towards captives, which are basically moral attitudes despite their emotional flavor.[116]

To sum up, in Bernhardi's discussion of social relations, the emotions are predominantly depicted negatively as motivating forces and mainly under the moral consideration of their relationship to social duties and virtues. The purpose for mentioning them is mostly to indicate how virtuous actions (mainly of the rulers) can control the destructive effect of emotions on the common good of society. In some cases, Bernhardi also mentions the motivating force of natural emotions in contributing to the virtuous life, but he usually does not significantly distinguish these emotions from moral duties.

V Emotions in Rhetoric

While Bernhardi's discussion of emotions in the social context is dominated by their moral evaluation, the situation is completely different in his discussion on rhetoric. As can be seen below, Bernhardi joins the tradition that utilizes emotions as a legitimate means in the toolbox of the rhetor.

---

114 Loc. cit., 159^v.
115 Loc. cit., 146^v. On leisure, see also loc. cit., 146^r.
116 Loc. cit., 110^r.123^r.

Support for such a position is easy to find in Cicero and Quintilian. Even Cicero, who preferred the position of the Stoics with regard to the theoretical conception of emotions, including the ideal of *apatheia*, never ceased defending the use of emotions as a rhetorical device. Quintilian clearly follows in the footsteps of Cicero.[117]

Bernhardi comments on the use of emotions in his theoretical discussion of rhetorical methods: he includes the emotions as rhetorical commonplaces (*loci*) and comments on them and on their function in specific parts of a speech, above all in the introduction and peroration. But not only that, he also comments on the actual role of emotions and the use of rhetorical techniques for arousing emotions in his analyses of Cicero's speeches and other classical texts.

Among the list of 180 rhetorical commonplaces, Bernhardi mentions emotions in general (*affectus*) and four main emotions, which are hope, joy (here: *laetitia*), fear, and pain, as commonplaces of their own. In Bernhardi, the meaning of a commonplace is a single general concept, or an »incomplex theme« expressed in one term, that can be discussed as itself. Bernhardi discusses such individual commonplaces in individual chapters of his work, and they can further act as constituents of a thesis, that is, a general principle in the form of a sentence.[118]

For his list of rhetorical commonplaces, Bernhardi has chosen themes that have special relevance for the *studia humanitatis*, for »the discipline (*professio*) of poetics, history and rhetorics, and above all moral philosophy«. He excludes numerous other themes of other disciplines, such as theology and jurisdiction.[119]

---

117 M. LEIGH, Quintilian and the Emotions (Institutio oratoria 6 Preface and 1–2) (The Journal of Roman Studies 94, 2004, 122–140), 131–134.

118 BERNHARDI, In De copia (see n. 2), 371f.

119 Loc. cit., 372f. In addition to a list of rhetorical commonplaces, Bernhardi also distinguishes a specific rhetorical mode of considering the commonplaces, which is distinct from »puerile« and logical (dialecticus) modes of consideration. The puerile mode refers to the practice of gathering quotes from classical authors under general themes, and the logical mode refers to the use of general terms in argumentation. Rhetorical consideration does not differ from the logical in its basic structure of argumentation but rather in its use of rhetorical forms for achieving eloquent speech. On Bernhardi's notion of commonplaces, see KÄRKKÄINEN, Johannes Bernhardi (see n. 3), 200–202.

In his commentary on Erasmus's *De copia*, Bernhardi uses the sentence, »whether a wise person is subject to an emotion« (*an affectus cadat in virum sapientem*), as an example of the procedure of resolving a thesis using commonplaces. The truth or falsity of any particular thesis can be resolved by the discussion of a set of standard questions, such as what are emotions, what are their parts, what constitutes a wise person, what are the causes of such a person etc. Interestingly enough, Bernhardi expands the concept of a »wise person« to the form a »wise person according to the Stoics« in order to indicate the specific context of his thesis. However, Bernhardi does not actually carry out such a resolution here. He only presents an example of the form of such a procedure, specifically from the rhetorical aspect, and explains how it generates a copiousness of speech, »a most abundant flow of speech« (*uberrimum orationis flumen*).[120] In contrast, Bernhardi uses a syllogistic analysis of sentences about emotions, worries, and the Sage in his commentary on Cicero's *De amicitia* in order to refute the Stoic doctrine of *apatheia*.[121]

As for more practical advice for becoming a good rhetor, Bernhardi points out that it is useful to learn how good authors accommodate their speeches to their particular contexts, including emotions.[122] Furthermore, the parts of a speech in which examples of the use of emotions are to be found regularly include emotional content: creating a benevolent relation with the audience (*captatio benevolentiae*) in the introduction and rousing the emotions in the peroration.[123] Bernhardi applies this in his own commentaries on the classics. He describes how Cicero captivates the benevolence of his audience[124] or how he rouses emotions in the peroration[125] and occasionally in other parts of his speeches as well.[126]

---

120 BERNHARDI, In De copia (see n. 2), 377.
121 BERNHARDI, Annotationes in De amicitia (see n. 10), F5^{r-v}.
122 BERNHARDI, In Quintiliani (see n. 9), 140^v.
123 Loc. cit., 139^r.
124 BERNHARDI, In Ciceronis orationes (see n. 11), 539f.547.
125 Loc. cit., 534f.538.564.604.
126 See, for example, the occurrences of the Greek word »pathos« in Bernhardi's comments, usually without any further explanations: Loc. cit., 497 (introductory material of the speech in absence of a proper introduction); 521.530.536f (introductory material); 538 (peroratio); 562 (introduction); 563.586 (peroratio); 596 (introduction).

But how is the creation of proper emotions achieved according to Bernhardi? In a continuation of the Ciceronian-Quintilianian tradition, above all through vivid descriptions (*enargeia*).[127] Erasmus devotes a chapter to *enargeia* in his *De copia*, which gives Bernhardi an occasion to comment on it at length in his commentary.[128] However, in other parts of *De copia*, Bernhardi seldom comments on the rhetorical function of the emotions.[129]

The purpose of using vivid descriptions in general is to enable readers or listeners of a text »to have the described things in front of their eyes as if as a living image«.[130] One could presume that Bernhardi would link descriptions as a rhetorical device to create emotions in his listeners since, in his natural philosophy, he notes the psychological basis of emotions in the faculty of imagination and the phantasms it produces as seen above. This may be due to his view that phantasms are proper efficient causes but merely as conditions on which emotions are based. Nevertheless, he does not mention this aspect in his discussion of descriptions until reaching the description of emotions themselves.[131]

In the commented text, Erasmus mentions the description of emotions only incidentally when discussing the description of a person, but Bernhardi devotes a passage of its own to emotions. Bernhardi's description of emotions follows a classification that is largely similar to his treatment of emotions in his natural philosophy but with certain nuances.

Unlike Erasmus, Bernhardi adds here a further distinction between two types of vivid descriptions, *ethopoia* and *pathopoia*. The term *ethopoia* dates back to the *progymnasmata* excises of the ancient study of rhetoric, but Bernhardi's source for the *ethopoia/pathopoia*-distinction is obviously the treatise of the ancient Latin rhetorician Emporius, whom he explicitly mentions. Whereas in Emporius, the distinction designates different forms

---

127 In addition to descriptions, Bernhardi also refers to stylistic means such as the copiousness of the discourse in enhancing the emotional effect. See loc. cit., 586; BERNHARDI, In De copia (see n. 2), 15.

128 BERNHARDI, In De copia (see n. 2), 267–271.

129 See, for example, the reference to the legitimate use of verbosity in rousing emotions in loc. cit., 15.

130 Loc. cit., 268: »Ut lectori ob oculos ea quasi praesens versetur, veluti viva pictura«

131 Loc. cit., 268.

of *progymnasmata* exercises, Bernhardi uses it as a tool for the rhetorical analysis of texts.[132]

For Bernhardi, *ethopoia* includes both moral virtues and mild emotions, which he distinguishes as different subclasses of *ethos*. Bernhardi mentions Terence as a master of *ethopoia*. Its first subclass is straightforwardly about the moral virtues and vices, but other internal characteristics of a person come into question, such as talents (*ingenium*) and skills.[133]

The second subclass of *ethos* includes the natural emotions, which is obvious because of their relatively persistent nature. He also enlists more social relations than the usual two that are mentioned above (the relations between citizen and homeland and between parents and their offspring). Leaving out the relationship between citizen and homeland, he mentions fellowship (*coniunctio*) as part of several private relationships, such as between equal friends, a host and a guest (*hospitium*), and between the neighbors, and he adds the separation (*disiunctio*) of enemies. Bernhardi names Livy, Herodotus, Virgil, and Ovid as exemplary authors in describing these emotions.[134] The third subclass of *ethos* consists of light emotions, which Bernhardi exemplifies with positive emotions such as moderate joy, hope, the caressing of the lovers in Ovid, and the salutations and benevolence in the introductions of speeches. A common feature of these is that »they do not greatly confound (*perturbare*) or lead the soul into perdition«.[135]

In his commentary on Livy, Bernhardi explicitly mentions *ethopoia* a couple of times. The descriptions of favor and admiration might be addressed to the first subclass, whereas the calmness of emotions in the story

---

132 In the commented text, Erasmus mentions neither of the Greek terms but describes their content under the term *prosopopoia* or *prosopographia*, the description of person. For Emporius, see EMPORIUS, De ethopoeia (in: Rhetores Latini minores, ed. by C. Halm, 1863). A confirmation of whether Bernhardi was the first author to adopt Emporius' distinction among writers of the Renaissance rhetorical textbooks would need further investigation.

133 BERNHARDI, In De copia (see n. 2), 268f; In Quintiliani (see n. 9), 141ʳ. On ethopoia, see also BERNHARDI, In De copia (see n. 2), 351f.

134 BERNHARDI, In De copia (see n. 2), 269.

135 Loc. cit., 269.

of the siege of Alba might simply refer to the general definition of *ethopoia* as a description of mild emotions.[136]

The different subclasses of *ethos*, ranging from social duties to more clearly emotional responses, are consonant with Bernhardi's terminology in his commentary on Livy, which, as noted above, oscillates between the terms signifying social duties and more emotionally focused terminology. These subclasses characteristically include not only the Stoic *eupatheiai* but also the Aristotelian-Platonist moderate passions, that is, exclusively the morally acceptable emotions.

In contrast, the next class of emotions to be described includes both negative and possibly morally suspect emotions. Parallel to the description of mild emotions, it counts as a class of its own that describes passions (gr. *pathopoia*). Bernhardi divides these »vehement emotions and perturbations« further into two subclasses: intentions/imaginations and commiserations. In the lists of passions, one may note how Bernhardi includes immoderate joy and hope among the perturbations, whereas he includes them under *ethos* as moderate emotions.[137] As for the ideal of *metriopatheia*, this could imply a division in the moral evaluation of these emotions, but Bernhardi does not include any absolute moral evaluation of any particular class of emotions in context of rhetoric.

VI Conclusion

Bernhardi's most interesting contribution to the history of emotions lies in his way of developing a consistent framework that exceeds the disciplinary boundaries of his time. It is based on a thoughtful reading of ancient and medieval philosophical sources and a strong idea of the naturalness of certain emotions, and it is bound together with an equally strong ethical pessimism about the general state of human emotional life. This dialectic further contributes to Bernhardi's humanist project of the reformation of emotions through education and an outspoken positive view of the possibilities of rhetoric in this pursuit. In all this, Bernhardi follows the general principles that Melanchthon had already delineated. In several details,

136 BERNHARDI, Explicationes (see n. 8), G4ᵛ.105ʳ.150ᵛ.
137 BERNHARDI, In De copia (see n. 2), 269.

however, Bernhardi appears as an independent alternative at the time when Melanchton's natural philosophy and rhetoric was still very much in the making.

Zwischen Luther und Melanchthon

Martin Chemnitz – Eine Bilanz zu seinem 500. Geburtstag

Von Andreas Lindner

I Die Zeit

Martin Chemnitz ist mit seinen Lebensdaten 1522–1586 ziemlich mittig in jenem 16. Jahrhundert verortet, das in zwei bemerkenswert ungleiche Hälften zerfällt. Eine an äußeren Ereignissen reiche bis zum Augsburger Religionsfrieden 1555 und eine durch innerkonfessionelle Konfliktverlagerung nach innen gekennzeichnete Hälfte. In letzterer vollzogen sich Selbstfindungsprozesse der Konfessionsparteien in gegenseitiger Abgrenzung, die zu Dokumenten theologischer Identitätsbestimmung führten. Als die Wesentlichsten dürfen die Dekrete des Tridentinums, der *Heidelberger Katechismus* und das *Konkordienbuch* gelten.

In diesen Konflikten und Prozessen kristallisierten sich Führungspersönlichkeiten als Vordenker und Vermittler heraus: Diego Laínez (1512–1565), der Nachfolger Ignatius von Loyolas, und Giovanni Morone (1509–1580), der Präsident der dritten Sitzungsperiode des Konzils in der römischen Kirche. Für den deutschsprachigen Raum sind der Konvertit Friedrich Staphylus (1512–1564) und in praktischer Hinsicht Petrus Canisius (1521–1597) zu nennen. Im Bereich der Reformierten wirkte Calvin bis zu seinem Tod 1564, gefolgt von Theodor von Beza (1519–1605); zu erwähnen sind hier weiterhin Heinrich Bullinger (1504–1575) und Zacharias Ursinus (1534–1583), der maßgebliche Redaktor des *Heidelberger Katechismus*.

Im Luthertum, innerhalb dessen die heftigsten Kämpfe ausgetragen wurden, schieden sich die Geister an Männern wie Matthias Flacius Illyricus (1520–1575) und Cyriakus Spangenberg (1528–1604), an Joachim Mörlin (1514–1571) und Tilemann Heshusius (1527–1588), während andere wie

Jakob Andreä (1528–1590) und eben Martin Chemnitz zu den Vätern des *Konkordienbuchs* wurden. Ihnen allen war gemeinsam, dass sie, wenn erforderlich, ihre eigene Lehr- und Gewissensüberzeugung vor die Sicherheiten ihrer bürgerlichen Existenz setzten. Die Reihe der Streitigkeiten ist bekannt und obwohl die Kernauseinandersetzungen um 1570 endeten, bestimmten ihre Themen bei den folgenden Bestrebungen zur Erlangung einer lutherischen Lehreinheit die Diskussion: der Adiaphoristische Streit bis 1560, der Zweite oder Bremer Abendmahlsstreit bis 1561/62, der Synergistische Streit ebenfalls bis 1561/62, der Majoristische Streit um die guten Werke bis 1570, der Antinomistische Streit um den Gebrauch des Gesetzes bis 1571, der Osiandrische Streit um die Rechtfertigung bis 1566. Letzterer führte ins Extreme, indem mit Johann Funck, dem Hofprediger des Herzogs Albrecht von Preußen, ein Beteiligter einem Justizmord zum Opfer fiel. Am 28. Oktober 1566 wurde er in Königsberg enthauptet. Das Urteil gründete auf einer Argumentationskette, die in seiner theologischen Position einsetzte. Mit seiner Haltung für Osiander und der Beeinflussung des Herzogs habe er den öffentlichen Frieden gestört, was man ihm als Hochverrat auslegte. Diese gesamte Schattenseite derartiger theologischer Auseinandersetzungen im eigenen Lager hat Melanchthon in der Erwartung seines nahenden Todes zu den Zeilen veranlasst: »Liberaberis ab aerumnis et a rabie Theologorum.«[1] Melanchthons Erbe suchten vor allem Georg Maior (1502–1574) und Paul Eber (1511–1569) zu wahren. Eine Mittelstellung zwischen den oben genannten Gnesiolutheranern und den Melanchthons Position treu bleibenden sogenannten Philippisten nahmen der eigentlich aus deren Lager kommende Nikolaus Selnecker (1530–1592) und David Chyträus (1530–1600) ein.

Diese kontroversen Themen der Theologie erreichten zudem den gemeinen Mann, denn alle genannten Theologen und die enorme Schar ihrer Amtsbrüder trugen sie als Prediger auch auf die Kanzel. Aber sie dominierten das Leben nicht in der Weise wie in den Jahren vor dem Augsburger Religionsfrieden, in dem wenig ausgehandelt[2] und vieles im Fluss war. Die

---

1 CR 9; 1098 (Übersetzung: »Du wirst befreit werden von den Trübsalen und von der Wut der Theologen.«).

2 Der *Hammelburger Vertrag* zwischen dem Erzbischof von Mainz und der Stadt Erfurt ist das früheste Beispiel, ein geordnetes Miteinander zwischen zwei verschiedenen Kirchen in einem Gemeinwesen herzustellen.

Jahrzehnte bis 1580 waren in Bezug auf die Kernterritorien des Heiligen Römischen Reichs Jahre inneren Friedens.[3] Der größte Aufreger waren die dem ernestinisch-albertinischen Gegensatz im Hause Wettin geschuldeten *Grumbachschen Händel* von 1567. Ansonsten waren diese Jahre frei von abrupten wirtschaftlichen und damit sozialen Krisen, auch wenn es, wie immer, Gewinner und Verlierer gab. Zu den Gewinnern gehörten infolge der durch Bevölkerungswachstum bedingten Agrarkonjunktur der landbesitzende Adel und durchaus auch größere Bauernwirtschaften; die Schattenseite bildete eine stetige Verteuerung der Lebensmittelpreise, deren Tiefpunkt die erste Hälfte der 1570er Jahre darstellte, als mehrere regnerische Sommer und langanhaltende Winter in Folge zu Hungersnöten führten.[4]

Die Entdeckung der neuen Welt und der transatlantische Handel verschoben den Welthandel weg von der Mittelmeerroute, so dass die oberdeutschen städtischen Wirtschaftszentren wie Augsburg und Nürnberg ihren Zenit überschritten hatten, während Messestädte wie Frankfurt am Main und die norddeutschen Küstenstädte, allen voran Hamburg und Bremen, aufstiegen. Der Westen entlang des Rheins profitierte von der massiven wirtschaftlichen Entwicklung der Niederlande. Die Montanregionen jedoch gerieten durch den Edelmetallzufluss aus den spanischen und portugiesischen Kolonien bis zum Ende des Jahrhunderts unter Druck. Und diese Jahre sahen eine neue Prosperität des Bildungswesens in dem Wettbewerb an Schulgründungen, den sich die Konfessionen auf diesem Gebiet lieferten. Im Zuge der Herausbildung frühmoderner Staatsverwaltungen und frühmerkantilistischer Wirtschaftsformen erstarkten die fürstlichen Territorialstaaten. Das Herzogtum Braunschweig-Lüneburg als Wahlheimat von Martin Chemnitz ist unter dem von 1568 bis 1589 regierenden Herzog Julius ein Paradebeispiel für all diese Reformen. Die kaiserliche Zentralgewalt verlor ihnen gegenüber an Durchsetzungsfähigkeit. Die drei Habsburgerkaiser dieser Zeit, Ferdinand I. (reg. bis 1564) Maximilian II. (reg. 1564–1576) und Rudolf II. (reg. 1576–1612) befeuerten die konfessionellen

---

3 Anders sieht das natürlich für die Niederlande aus.
4 Vgl. E. KOCH, Ausbau, Gefährdung und Festigung der lutherischen Landeskirche von 1553 bis 1601 (in: Das Jahrhundert der Reformation in Sachsen. Festgabe zum 450jährigen Bestehen der Evangelisch-Lutherischen Landeskirche Sachsens, hg. v. H. JUNGHANS, 1989, 195–223), 195.

Gegensätze nicht; im Gegenteil galt Maximilian II. sogar als Sympathisant des Protestantismus.[5]

Der *Kölner Bistumskrieg* 1583 markiert das Ende dieser Phase. Von da an setzt über den *Straßburger Kapitelstreit* 1584, den *Vierklosterstreit* und die Suspendierung der Visitationskammer als Berufungsinstanz des Reichskammergerichts 1588 durch Kaiser Rudolf II., die aggressive Gegenreformation in den österreichischen Erblanden seit 1596, den Fall Donauwörth 1607 sowie die daraus resultierende Blockierung der Konfessionsparteien im Reichstag der Strudel der Ereignisse ein, der in den Dreißigjährigen Krieg führte.

II Rezeption

Chemnitz bildet in seiner Biographie auch die genannten Hälften des 16. Jahrhunderts gewissermaßen ab, indem er bis 1554 die Phase seiner Bildung und theologischen Positionierung durchläuft und von da an in einer sehr geradlinigen, unspektakulären aber effektiven Weise zu wirken beginnt. Das hat trotz höchster Wertschätzung seiner Zeitgenossen und der nachfolgenden Generation dazu geführt, dass er rezeptionsgeschichtlich nicht übermäßig in den Focus rückte.

Mit Philipp Julius Rehtmeyers *Historiae Ecclesiae [...] Brunsvigae [...] Oder der berühmten Stadt Braunschweig Kirchen-Historie*[6] von 1710 steht

---

5 Diese Gesamtcharakteristik hat dazu geführt, dass die zweite Hälfte des 16. Jahrhunderts in der historischen Beurteilung negativ erscheint. Bezeichnend dafür dürfte das Beispiel des populärwissenschaftlich weitverbreiteten und allgemein auf einer seriösen Faktenbasis arbeitenden dtv-Atlas zur Geschichte sein, in dessen Band 1, München ^{38}2005, 251, das »Zeitalter der Glaubensspaltung / Deutsches Reich II (1555–1618)« folgendermaßen eingeleitet wird: »Die längste Friedenszeit der europ[äischen] Mitte gleicht einem erschöpften Atemholen. Deutschland steht abseits vom Welthandel; die Städte verarmen, das Gewerbe verfällt; die Reichsautorität schwindet; große Persönlichkeiten fehlen.« Abgesehen davon, dass die pauschalen Aussagen zu den Städten und zum Gewerbe so nicht stimmen – Sachsen z. B. erlebte unter der Regentschaft Kurfürst August I. 1553–1586 eine wirtschaftliche und kulturelle Blütezeit – dürfte sich die Interpretation aus historischer Sicht eher umgekehrt darstellen: Welch angenehme Phase für die Zeitgenossen angesichts dessen, was im nächsten Jahrhundert kommen sollte.

6 PH. REHTMEYER, Historiae Ecclesiae [...] Brunsvigae [...] Oder der berühmten Stadt Braunschweig Kirchen-Historie, Braunschweig 1710 (VD18 13356747).

eine kompakte frühneuzeitliche Quelle zur Verfügung. In ihrem dritten Teil behandelt Rehtmeyer das Leben und Wirken von Chemnitz direkt und im Kontext der Geschichte des Fürstentums Braunschweig-Lüneburg unter Herzog Julius, sowie des Braunschweigischen geistlichen Ministeriums auf 262 Seiten und einer beträchtlichen Anzahl von Dokumentenanhängen. Dabei greift er wiederum auf ältere Quellen zurück. Die beiden wichtigsten sind die 1588 unter dem Titel *Oratio De Vita, Stvdiis Et Obitv [...] D. Martini Chemnitii*[7] erschienene Gedenkrede des Braunschweiger Pfarrers an St. Katharinen Johannes Gasmer (gest. 1592) und ein eigenhändiger bis 1555 reichender Lebenslauf von Chemnitz, den Rehtmeyer komplett wiedergibt.[8]

In der zweiten Hälfte des 19. Jahrhunderts mit ihrem anschwellenden biographischen Interesse an Persönlichkeiten der Reformation und ihrer Folgezeit erschienen in relativ kurzem Abstand drei entsprechende, monographisch angelegte Publikationen über Chemnitz. Der kirchenhistorisch arbeitende württembergische Dekan Theodor Pressel brachte 1862 Chemnitz in Band 7 des biographischen Sammelwerks *Leben und ausgewählte Schriften der Väter und Begründer der lutherischen Kirche*[9] ein. 1867 legte der in der Braunschweiger Landeskirche beheimatete Pfarrer Hermann Hachfeld mit *Martin Chemnitz nach seinem Leben und Wirken, insbesondere nach seinem Verhältnisse zum Tridentinum* ein Werk im Kontext des konfessionellen Gegensatzes seiner Zeit vor, den die Kurie in den *Syllabus errorum* von 1864 einbezogen hatte. Dessen These 18 in der Reihe der Irrtümer lautet: »Der Protestantismus ist nichts anderes, als eine eigenständige Form des gleichen wahren christlichen Glaubens. In diesem Glauben ist es ebenso gut möglich, Gott wohlgefällig zu dienen, wie in der katholischen Kirche.«[10] Hachfeld konstatiert in seinem Vorwort:

---

7 J. GASMER, Oratio De Vita Stvdiis Et Obitv [...] D. Martini Chemnitii, o.O. 1588 (VD16 G 485).

8 REHTMEYER, Historiae (s. Anm. 6), 277–296.

9 TH. PRESSEL Martin Chemnitz / nach geichzeitigen Quellen, in: Leben und ausgewählte Schriften der Väter und Begründer der lutherischen Kirche, Bd. 7, Elberfeld 1862.

10 Enzyklika *Quanta cura* vom 8. Dezember 1864; das Zitat nach der deutschen Übersetzung unter http://www.domus-ecclesiae.de/magisterium/syllabus-errorum.teutonice.html (Stand: 28.1.2022). Am 29. Juni 1867 war die Einberufung des 1. Vatikanischen Konzils erfolgt.

Nachdem das Leben und Wirken des Martin Chemnitz [...] der kirchlichen Leserwelt als ein wichtiger Factor in der Kirchengeschichte des 16. Jahrhunderts bekannt geworden ist, bedarf eine genauere Darstellung seiner Vertheidigung des Protestantismus, welche seinen Namen unsterblich gemacht hat, keiner Rechtfertigung. Sie wird sogar von der Sorge um unsere evangelische Kirche gefordert. Rom setzt gegen sie, wie vor drei Jahrhunderten, Alles in Bewegung. Wie damals stützt es sich heute namentlich auf das Concilium von Trient und den Orden der Jesuiten. Niemand lehrt uns diese Mächte besser kennen, als Martin Chemnitz. Von ihm vorzüglich hat die evangelische Kirche gelernt und noch immer zu lernen, wie sie die Wahrheit, das Alter, die Ursprünglichkeit und die religiös-sittliche Heilsamkeit ihrer Lehre geltend machen müsse.[11]

Bereits ein Jahr zuvor, 1866, veröffentlichte der vor allem an der Geschichte seiner Region interessierte niedersächsische Landpfarrer Carl Georg Heinrich Lentz mit: *Dr. Martin Kemnitz [...] ein Lebensbild aus dem 16. Jahrhunderte; aus gedruckten und handschriftlichen Nachrichten entworfen.*[12]

Die meisten gegenwärtigen biographischen Überblicksdarstellungen zu Chemnitz stammen von dem 2011 verstorbenen Marburger Systematiker Theodor Mahlmann, der die entsprechenden Artikel für die TRE[13] und für die von Martin Greschat herausgegebene Reihe *Gestalten der Kirchengeschichte* verfasst hat. Am Ende des TRE-Artikels merkt er speziell

---

11 H. HACHFELD, Martin Chemnitz, Leipzig 1867, Vorwort [V].

12 C. G. H. LENTZ: Dr. Martin Kemnitz, Stadtsuperintendent in Braunschweig, Kurfüstl. Brandenburgischer und Herzogl. Braunschweig-Lüneburgiser Consistorial- und Kirchenrath; ein Lebensbild aus dem 16. Jahrhunderte; aus gedruckten und handschriftlichen Nachrichten entworfen, Gotha 1866.

13 TH. MAHLMANN, Art. Chemnitz, Martin (1522–1586) (TRE 7, 1993, 714–721); zur Ehre der Lexika kam Chemnitz schon von J.H. ZEDLERS großem *Universal=Lexikon Aller Wissenschaften und Künste* (Bd. 5, 1733, 276–278) an über die ADB und dann durchgehend durch, die verschiedenen Auflagen der RE und TRE, des LThK (zuletzt H. WAGNER, Art. Chemnitz, Martin [LThK³ 2, 2006, 1034]), der RGG (zuletzt TH. MAHLMANN, Art. Chemnitz [Kemnitz, Chemnitius], Martin [RGG⁴ 2, 1999, 127f]). Außerdem TH. MAHLMANN, Martin Chemnitz (in: GK 6, hg. v. M. GRESCHAT, 1993, 315–331). Eine sehr gute Zusammenfassung von Leben und Werk bietet außerdem der Personalartikel von I. DINGEL, Art. Martin Chemnitz (in: Das Reformatorenlexikon, hg. v. I. DINGEL / V. LEPPIN, 2014, 101–109); zuletzt mit Schwerpunkt auf seiner kirchenorganisatorischen Tätigkeit: B. HOFFMANN, Martin Chemnitz – Stratege und Vermittler der Reformation im Fürstentum Braunschweig-Wolfenbüttel (in: Reformation. Themen, Akteure, Medien, hg. v. B. HOFFMANN / H. PÖPPELMANN / D. RAMMLER, [Quellen und Beiträge zur Geschichte der Evangelisch-lutherischen Kirche in Braunschweig 26], 2018, 207–234).

zur Thematik der Christologie an: »Diese diffizile Wirkungsgeschichte bedarf [...] der Erforschung [...].«[14], was man aber zu vielen Facetten des Wirkens von Chemnitz sagen kann. Zu zwei wichtigen Themen wurden inzwischen durch die umfangreichen Untersuchungen von Inge Mager zur Rolle des Fürstentums Braunschweig-Wolfenbüttel und damit zentral auch von Chemnitz im Entstehungsprozess der Konkordienformel[15] und von Hendrik Klinge eben zu seiner Christologie[16] Lücken geschlossen. Unter theologiegeschichtlichen Gesichtspunkten fand Chemnitz eben auf Grund seiner Mitwirkung am Konkordienbuch und seiner Christologie schon immer Beachtung. Johann Georg Walch führt ihn im 18. Jahrhundert in der Reihe der »Konkordientheologen« an erster Stelle.[17] Im 19. Jahrhundert ist es Heinrich Heppe, der zentrale theologische Anschauungen aus seinen beiden dogmatischen Hauptwerken, den *Loci theologici* und dem *Examen Concilii Tridentinii* extrahiert.[18]

Die letzte umfangreiche Würdigung erfolgte 1986 in einer Festschrift zum 400. Todestag unter dem Titel *Der zweite Martin der Lutherischen Kirche*.[19] Hier versammelten der Evangelisch-lutherische Stadtkirchen-

---

14 MAHLMANN, Art. Chemnitz (TRE) (s. Anm. 13), 719.

15 Vgl. I. MAGER, Die Konkordienformel im Fürstentum Braunschweig-Wolfenbüttel. Entstehungsbeitrag – Rezeption – Geltung (SKGNS 33), 1993. Darüber hinaus hat sie folgende Aufsätze zu Chemnitz veröffentlicht: I. MAGER, Das Testament des Braunschweiger Stadtsuperintendenten Martin Chemnitz (1522–1586) (in: Braunschweigisches Jahrbuch 68, 1987, 121–132); DIES., »Ich habe dich zum Wächter gesetzt über das Haus Israel«. Zum Amtsverständnis des Braunschweiger Superintendenten und Wolfenbüttelschen Kirchenrats Martin Chemnitz (in: Braunschweigisches Jahrbuch 69, 1988, 57–69).

16 Vgl. H. KLINGE, Verheißene Gegenwart. Die Christologie des Martin Chemnitz (FSÖTh 152), 2015.

17 J. G. WALCH, Historische und Theologische Einleitung in die Religions=Streitigkeiten Der Evangelisch=Lutherischen Kirchen Von der Reformation an bis auf ietzige Zeiten, ²1733, 143.

18 Vgl. H. HEPPE, Dogmatik des deutschen Protestantismus im sechzehnten Jahrhundert, Bd. 1–3, Gotha 1857. Ein Überblick zur Rezeption seiner Christologie findet sich bei KLINGE, Gegenwart (s. Anm. 16), 17–26.

19 Der zweite Martin der Lutherischen Kirche. Festschrift zum 400. Todestag von Martin Chemnitz, hg. v. Ev.-luth. Stadtkirchenverband und Propstei Braunschweig, 1986. Die Publikation erfolgte im Selbstverlag und einem ungewöhnlichen Quer-Oktav-Format. Mit Beiträgen beteiligt waren neben Inge Mager und Theodor Mahlmann unter anderem Bengt Hägglund, Ernst Koch, Robert Kolb, Gerhard Müller (zu diesem Zeitpunkt Bischof

verband und die Propstei Braunschweig einen internationalen Kreis von Theologen und weiteren Fachleuten zu Leben und Werk von Chemnitz mit einem deutlichen Schwerpunkt in der Theologiegeschichte. Eine umfassende wissenschaftliche Biographie gehört zweifellos zu den Desideraten kirchengeschichtlicher Forschung.

III Von Treuenbrietzen nach Braunschweig

Martin Chemnitz stammte aus dem brandenburgischen Treuenbrietzen unweit der Grenze zum sächsischen Kurkreis. Bis Wittenberg waren es vier Meilen und mit Wittenberg verband ihn der Zufall seines Geburtsdatums. Das war der 9. November 1522 und damit ein Tag vor Luthers Geburtstag. Später trug ihm das in Verbindung mit seinem Lebenswerk den Namen des »zweiten Martins« ein. Seine Vorfahren erwirtschafteten ihren Lebensunterhalt im Handel und im Textilgewerbe. Eine akademische Ausbildung stand nicht im Horizont der Familie, die bereits 1533 den Vater und damit den Haupternährer verlor. Nach der Elementarschule in Treuenbrietzen und drei Jahren auf der Lateinschule in Wittenberg 1536 bis 1538, weigerte sich sein älterer Bruder, weiter in seine Bildung zu investieren. Er sollte nun ebenfalls ein Handwerk erlernen. Davor rettete Martin dessen offensichtliche Begabung zur Autodidaktik. Durch sie hatte er sich bewerbungsfähige Lateinkenntnisse angeeignet, mit denen er 1539 entfernte Verwandte in Magdeburg überzeugte, ihn auf dem dortigen Altstädtischen Gymnasium unterzubringen. Das Problem verlagerte sich allerdings nur, da er nach dem Verlassen der Schule 1542 wieder keine Mittel hatte, um zu studieren. Sein Leben vollzog sich daher zunächst in kurzen Episoden: Nach einer Zwischenstation als Lehrer in Calbe, nutzte er erneut verwandtschaftliche Beziehungen, immerhin zu Melanchthons Schwiegersohn Georg Sabinus,[20] um für ein Jahr zum Studium an die Universität nach Frankfurt an der Oder

der Braunschweigischen Landeskirche), Hans Schneider und Robert Stupperich. Enthalten ist eine von Mahlmann zusammengestellte Bibliographie mit 78 Titeln.
20 Der Großvater väterlicherseits des bekannten Humanisten, war der zweite Ehemann von Chemnitzens Großmutter. Sabinus' Vater Balthasar Schuler wiederum fungierte als Vormund, nachdem der elfjährige Chemnitz 1533 Halbwaise geworden war. Vgl. REHTMEYER, Historiae (s. Anm. 6), 277f.

zu gehen. Daraufhin wurde er 1544 wieder Lehrer in Wriezen an der Oder und zusätzlich Fischzollschreiber.

Seit 1545 verstetigte sich seine Situation zunächst in einem zweijährigen Studium in Wittenberg. Sabinus hatte ihn an Melanchthon vermittelt, dem er sich mit einem auf Griechisch verfassten Brief empfehlen konnte. Der kümmerte sich um ihn und riet ihm, Mathematik und Astrologie zu studieren. Luther, den er schon in den Gottesdiensten seiner Wittenberger Schülerzeit erlebt hatte, nahm er nun in den letzten Zügen seiner Predigt- und Lehrtätigkeit wahr. Das dürfte vor allem das Ende seiner Genesisvorlesung betroffen haben. Der Zusammenbruch des Schmalkaldischen Bundes im Krieg von 1546/47 beendete seinen zweiten Wittenbergaufenthalt.

Am 18. Mai 1547, einen Tag vor der Wittenberger Kapitulation, erreichte er Königsberg in Preußen, wo Georg Sabinus seit 1544 als erster Rektor der neugegründeten Universität amtierte. Wieder verdiente er seinen Lebensunterhalt als Lehrer, konnte aber zugleich am 27. September 1548 an der Albertina zum Magister artium promovieren. Die Kosten dafür trug Herzog Albrecht, der auf Chemnitz als Astrologen aufmerksam geworden war und ihn, um ihn in Königsberg zu halten, im April 1550 als Bibliothekar der Schlossbibliothek anstellte. In seinem Lebenslauf kommentiert er das mit den Worten: »Das halte für das größte Glück / das mir Gott zur Zeit meines Studierens gegeben hat.«[21] Er hatte Zeit und Gelegenheit, sich in allen drei oberen Fakultäten auszuprobieren. Aber weder Medizin noch Jura konnten ihn begeistern und auch das Theologiestudium, das in dieser Zeit an der Albertina von Friedrich Staphylus geprägt worden sei, gab ihm in zwei Jahren nichts, da es seine Aufmerksamkeit weder auf Sicheres noch Solides gerichtet hätte. Seine Rettung fand er in der »Menge der besten Bücher«[22] in der herzoglichen Bibliothek und seiner Neigung zum Selbststudium, mit der er sich jetzt den biblischen Büchern in verschiedenen Ausgaben und Erklärungen, den Kirchenvätern und schließlich den Schriften »über

---

21 AaO., 284.
22 »Tunc igitur cum in ducali biblioteca exoptatissimam haberem optimorum librorum copiam.« REHTMEYER, Historiae (s. Anm. 6), 290. Übersetzung A.L.: »Damals verfügte ich folglich in der herzoglichen Bibliothek über die erwünschte Menge der besten Bücher.«

die Kontroversen unserer Zeit«²³ widmete. So gerüstet reichte es schon am 24. Oktober 1550 zur Opponentenrolle in einer Disputation über die Rechtfertigung durch den Glauben gegen Andreas Osiander, den er bis dato in seinen Erinnerungen nicht erwähnt, obwohl er der prägnanteste unter den Theologen in Königsberg war.

Im weiteren Gefolge dieser an sich friedfertig verlaufenen Disputation begannen der Osiandrische Streit in Königsberg in seiner öffentlichen Form, der lebenslange Kampf von Chemnitz gegen die Osiandrische Christologie, die er späterhin vor allem in Württemberg vertreten sah und seine ebenso lebenslange Freundschaft mit dem gerade einmal sechs Wochen in Königsberg befindlichen Joachim Mörlin. Der befand sich unter den Hörern und beteiligte sich an dem Gespräch, das die Disputanten im Nachgang bei einem Essen privat fortsetzten.²⁴

Die Dinge waren also noch nicht eskaliert wie drei Jahre später, als der Herzog Mörlin im Februar 1553 des Landes verwies. Am 3. April folgte ihm Chemnitz, was zu seinem dritten Wittenbergaufenthalt führte. Er wurde im Hause Melanchthons aufgenommen und begleitete ihn zum Naumburger Konvent 1554. Auf der dreitägigen Reise von Wittenberg an die Saale vom 17. bis 20. Mai hatten die beiden viel Zeit sich auszutauschen. Und jetzt erst scheint Melanchthon Chemnitz theologische Begabung erkannt zu haben, der seit Januar an der Artistenfakultät lehrte. Der Naumburger Konvent blieb ergebnislos, nicht aber die Reiseunterhaltung mit Melanchthon, denn er beauftragte Chemnitz unmittelbar nach ihrer Rückkehr mit einer Loci-Vorlesung auf der Grundlage seiner *Loci communes*, die dieser am 9. Juni begann. Es lässt auf die Spontaneität dieser Entscheidung schließen, dass Melanchthon bei den ersten Vorlesungen anwesend war. Auch hier wieder erwuchs Chemnitz wie im Falle der Osiandrischen Christo-

---

23 »[…] ex recentioribus ea diligenter legebam, qvi fundamenta repurgatae doctrinae monstrabant, praecipuè verò qvi πολεμικά de controversiis nostri temporis tractarunt [sic!], […] / […]« Ebd. Übersetzung A.L.: »Aus den neuen Veröffentlichungen sammelte ich sorgfältig die heraus, die die Fundamente der gereinigten Lehre zeigten, vornehmlich aber diejenigen, die die Polemika über die Kontroversen unserer Zeit behandelt haben […].«

24 Die *Disputatio de iustificatione* publiziert 1551 als *Ein disputation von der rechtfertigung des glaubens* (in: A. Osiander d.Ä. Gesamtausgabe. Bd. 9: Schriften und Briefe 1549 bis August 1551, hg. v. G. MÜLLER / G. SEEBASS, 1994, Nr. 425/490, 422–447).

logie aus einem Ereignis, in das er eher beiläufig gerutscht war, eine lebenslange Beschäftigung. Er wurde, indem er diese Vorlesung ab 1555 in Braunschweig fortsetzte, zu dem Anwalt der *Loci* Melanchthons über alle gnesiolutherisch-philippistischen Auseinandersetzungen hinweg, indem er sie auf Luthers Intentionen hin auslegte.[25] Der Nachwelt greifbar durch die posthume Ausgabe Polycarp Leysers, die 1591 in Frankfurt am Main unter dem Titel *Loci theologici [...] d. Martini Chemnitii [...], quibus et Loci communes d. Philippi Melanchthonis perspicue explicantur et quasi integrum christianae doctrinae corpus ecclesiae Dei syncere proponitur*[26] erschien.

Was sich als ein enges Lehrer-Schüler-Verhältnis zu Melanchthon entwickelte, endete schnell. Im August 1554 lud ihn der inzwischen als Superintendent in Braunschweig beheimatete Mörlin ein, sich für das Amt seines Koadjutors vorzustellen. Obwohl Melanchthon ihn zu halten suchte, trat er, am 25. November noch von Bugenhagen in Wittenberg ordiniert, nach dem üblichen Prüfungskolloquium sein Amt in Braunschweig zum 15. Dezember an. Die neu erlangte Stellung brachte ihn sozial in den Status, eine Familie gründen zu können. Am 19. August 1555 heiratete er Anna Jaeger, die damals 22-jährige Tochter eines aus Köthen stammenden Juristen. Aus der Ehe gingen zehn Kinder hervor, von denen sechs das Erwachsenenalter erreichten. Mörlin hatte ihm offensichtlich die Aufgabe zugedacht, angesichts der konfliktträchtigen Zeiten die Einheit der Lehre im Braunschweigischen Ministerium zu wahren. Dem diente, die Wiederaufnahme seiner Vorlesungen über die *Loci communes* Melanchthons, die er selbst so verstand: »Et auditores nolui prolixis dictatis onerare, sed qvae

---

25 Generell hieß dies vor allem, dass er Lehrinterpretationen des späten Melanchthons abzuwehren bzw. zu korrigieren suchte; so schon 1561 mit seiner *Repetitio sanae doctrinae de vera praesentia corporis et sanguinis in Coena* in Verbindung mit einem *Tractatus complectens doctrinam de Communicatione idiomatum.* Sein persönliches Verhältnis zu Melanchthon war schon seit 1557 zerstört, als er ihn mit Mörlin zwischen dem 19. und 28. Januar mehrmals in Wittenberg besuchte, um in den Auseinandersetzungen über das Interim mit Flacius zu vermitteln. Melanchthon begriff das als Parteinahme für Flacius und als Ansinnen eines einseitigen Widerrufs.

26 Loci theologici [...], d. Martini Chemnitii [...] quibus et Loci communes d. Philippi Melanchthonis perspicue explicantur et quasi integrum christianae doctrinae corpus ecclesiae Dei syncere proponitur, hg. v. P. LEYSER, Frankfurt am Main 1591 (VD16 C 2197).

ad explicationem utilia & necessaria videbantur, recitando tradebam.«[27] In dem Pfarrer an St. Petri, Johannes Zanger, fand er hierbei einen begeisterten Mistreiter, den er dann auch 1577 zu seinem Koadjutor machte.

Jenseits der Sorge für die Lehre, aber immer von ihr ausgehend, entwickelte Chemnitz einen starken Zug zur Vereinheitlichung und Regulierung auf allen Ebenen, die in die Kompetenzen der Braunschweiger Pfarrer fielen. Das betraf einheitliche Regeln für die Kirchenzucht, die öffentliche Beicht- und Absolutionspraxis,[28] das Decorum im Gottesdienst,[29] für Trauungen, das Bettelwesen, das Kurrendesingen der Schüler,[30] die seelsorgerlich ausdifferenzierte Einsegnung von Müttern nach ihrer sechswöchigen Kindbettzeit,[31] die Evaluation und Besoldung von Hebammen,[32] die Versorgung der Predigerwitwen und ihrer Kinder[33] sowie die Berufung neuer Prediger.[34] 1563 erweiterte er die von Bugenhagen 1528 ausgearbeitete Braunschweiger Kirchenordnung um einen Bekenntnisteil und damit um die Antwort auf die Frage nach der für die Stadt gültigen rechten Lehrtradition. Dadurch änderte sich auch die Bezeichnung zu *Corpus doctrinae*. Zugleich stellte er das Dokument damit in den großen Rahmen des Kampfes um die rechte Lehre, der

27 Zitiert nach REHTMEYER, Historiae (s. Anm. 6), 295. Übersetzung A. L.: »Auch habe ich die Zuhörer nicht mit langatmigen Diktaten belasten wollen, sondern die Dinge, die mir zur Erklärung nützlich und notwendig erschienen, trug ich vor.«

28 Diese Regel setzte er nicht ohne schwere Konflikte zu Beginn seiner Amtszeit als Superintendent 1567/68 durch. Vgl. aaO., 307–312.

29 Dies bedeutete ein Schmuckverbot für Frauen beim Abendmahl. Es war ein Ansinnen, das in einer so selbstbewussten Stadt wie Braunschweig mit einer entsprechend situierten Oberschicht öffentlichkeitswirksam seinen geistlichen Führungsanspruch in der civitas untermauerte. Gleichzeitige wertete Chemnitz den liturgischen Rahmen der Kommunion auf. Vgl. aaO., 312–314.

30 Vgl. aaO., 314; hinsichtlich der Trauungen kreierte Chemnitz eine frühe Form des Personenstandwesens, um irreguläre Verbindungen zu verhindern. Die Kandidaten sollten bei den zuständigen Bürgermeistern und Pastoren mit Zeugen den Nachweis erbringen, dass sie unverheiratet seien, die Zustimmung ihrer Eltern hätten und nicht in verbotenen Verwandtschaftsgraden stünden.

31 Glückliche Geburt, Tod des Kindes im Kindbett nach der Taufe, Totgeburt ohne die Möglichkeit der Taufe. Vgl. aaO., 380f.

32 Vgl. aaO., 381f.

33 Vgl. aaO., 394f.

34 Vgl. aaO., 396; die Berufungsordnung als Nr. 31 in Rehtmeyers Dokumentenanhang zu Kap. VIII.

seinen Ausgangspunkt von Melanchthons *Corpus doctrinae* von 1560 nahm, unter dem sich das philippistische Lager einigte. 1571 legte er in zwölf knapp gehaltenen Artikeln noch einmal eine Amts- und Lebensordnung für die Braunschweiger Prediger vor, die als *Corpus doctrinae* die Einheit des Ministeriums garantierte.[35] Kurz – er erwies sich für das Braunschweiger Kirchenwesen als ein Mann von Führungsqualität, die auf seiner kommunikativen Durchsetzungsfähigkeit basierte. Er nahm von sich aus Probleme wahr und sucht nach Lösungen, die auch in die Zukunft hinein tragfähig sein sollten.

Zugleich hatte er sich über Braunschweig hinaus einen Namen gemacht. Zum einen innerevangelisch, indem er immer an der Seite Mörlins und von diesem motiviert zum Akteur im Feld der eingangs genannten Lehrstreitigkeiten wurde. Das begann mit den unglücklichen Besuchen bei Melanchthon im Rahmen des Coswiger Gesprächs im Januar 1557 und setzte sich mit den vergeblichen Einigungsversuchen zwischen diesem sowie seiner Fraktion und den Gnesiolutheranern auf dem zweiten Wormser Religionsgespräch vom August bis Oktober1557 fort, bei denen sämtliche Streitthemen zur Sprache kamen. Und es betraf insbesondere den zweiten Bremer Abendmahlsstreit, in den er 1561 mit eigenen Schriften eingriff.[36] Zum anderen mit zwei Publikationen, die in umfassender Weise auf die konfessionelle Reorganisation des Katholizismus reagierten, den *Theologiae Iesvitarum praecipua capita* 1562 und seinem vierteiligen *Examen decretorum Concilii Tridentini*, dessen erste beide Teile 1566 erschienen waren.

Dieses gesamte Spektrum seines Wirkens empfahl ihn als Mediator in konfliktträchtigen bzw. ungeklärten Situationen. So ging er Ostern 1567 noch einmal nach Preußen, um nach dem endgültigen Scheitern des von Herzog Albrecht protegierten Osiandrismus gemeinsam mit Mörlin eine neue Kirchenordnung auszuarbeiten. Diese wurde am 7. Juli von den Landständen approbiert und ist unter dem Titel *Corpus doctrinae Pruthenicum* bekannt. Ihr eigentlicher Titel *Repetitio Corporis doctrinae ecclesiasticae, oder widerholung der summa und inhalt der rechten allgemeynen christlichen kirchen lehre, wie dieselbige aus Gottes wort in der Augspurgischen Confession, Apologia und Schmalkaldischen Artickeln begriffen [...] Zum*

---

35 *Articuli, Qvi subscripendi proponuntur illis, qvi ad Ministerium in hâc Ecclesiâ recipiuntur.* Siehe aaO., als Nr. 32 in Rehtmeyers Dokumentenanhang zu Kap. VIII.
36 Vgl. die Titel oben, Anm. 25, die durch den Bremer Abendmahlsstreit veranlasst wurden.

zeugnis eintrechtiger, bestendiger bekentnis reiner lehr wider allerley corruptelen, rotten und secten, so hin und wider unter dem scheindeckel der Augspurgischen Confession die kirche zurütten[37]gab ein Programm vor, dem wenig später die Bemühungen um das Konkordienwerk galten.

Das Jahr 1567 stellt insofern einen Einschnitt in Chemnitz Leben dar, als Herzog Albrecht Mörlin bewegen konnte, als Bischof nach Preußen zurückzukehren. Am 1. Dezember hielt er sein Abschiedskolloquium in Braunschweig, auf dem er das Ministerium noch einmal auf seine gnesiolutherische Position unter Vermeidung flacianischer Radikalismen einschwor.[38] Zum Hüter dieses Erbes machte er Chemnitz, der sein Nachfolger wurde. Wie geschickt und weitsichtig dieser als Verhandler war, führt das Dokument Nr. 1 in Rehtmeyers Anhang zu Kapitel VIII seiner Chronik vor Augen. Chemnitz schaffte es, seine eigenen Anstellungsbedingungen formulieren zu dürfen. Hinsichtlich des Kirchenwesens beanspruchte er das Wächteramt über die reine Lehre und die Riten sowie wesentlichen Einfluss auf kirchliche Personalentscheidungen natürlich immer in Kommunikation mit dem als Colloquium bezeichneten Konvent aller Pfarrer. In Bezug auf das weltliche Regiment sicherte er sich die Freiheit, dieses im Namen der Kirchenzucht frei kritisieren zu dürfen, wie auch dieses bei Missständen in der Kirche eingreifen durfte. Ebenso ließ er sich die Hilfe des Rats bei der Durchsetzung der Kirchenzucht innerhalb der Gemeinden garantieren und die geistliche Schulinspektion bestätigen. Dafür verpflichtete er sich keine Wegberufung nach außerhalb anzunehmen. Chemnitzens Bestallung ist ein Musterbeispiel für die Funktionsbeschreibung eines, Superintendent genannten, evangelischen Bischofs und die praktische Umsetzung von Luthers Zwei-Regimenten-Lehre. Am 24. September 1567 war die Amtsübergabe von Mörlin an Chemnitz erfolgt. Die Reputation des Amtes erforderte seine Promotion zum Dr. theol., die er, vom Braunschweiger Rat finanziert, 1568 an der Universität Rostock erlangte.[39]

---

37 Die *Repetitio Corporis doctrinae* erschien 1567 in zwei Ausgaben in Eisleben (VD16 P 4794) und Königsberg (VD16 P 4795).

38 REHTMEYER, Historiae (s. Anm. 6), Dokumentenanhang zu Kap. VII, Nr. 32 in der Berichtsfassung durch Chemnitz, der einleitend anmerkt, er habe Mörlin um diesen Vortrag gebeten.

39 Das Promotionsprogramm aaO., Dokumentenanhang zu Kap. VIII, Nr. 2.

IV Ein Fürst und »sein« Theologe

Die eigentlich gravierende Folge dieses Aufstiegs war aber, dass sich nunmehr Herzog Julius von Braunschweig-Wolfenbüttel an Chemnitz wandte und ihn am 28. Juli 1568 zur Teilnahme an der Reformation seines Territoriums einlud. Das erweiterte den Aktivitätsradius Chemnitzens dauerhaft über die Stadt Braunschweig hinaus. Die verweigerte sich nicht, denn das Verhältnis der Stadt zu dem Welfenherzog war äußerst diffizil. Seit der Verlegung der Welfenresidenz nach Wolfenbüttel 1432 war sie de facto unabhängig aber keine freie Reichsstadt und deshalb dauerhaft dem Restitutionsanspruch der Fürsten ausgesetzt. Dem suchte man durch eine Balance von Souveränitätswahrung und Entgegenkommen zu steuern, die bei jedem fürstlichen Herrschaftswechsel neu ausgehandelt werden musste. Der Vertrag, den die Stadt in dieser Hinsicht mit Herzog Julius am 10. August 1569 schloss, räumte dessen Konsistorium das Mitspracherecht bei Braunschweiger Pfarrstellenbesetzungen ein. Chemnitz, nunmehr auch herzoglicher Kirchenrat und damit Diener zweier Herren, wurde Teil dieser Gemengelage aber im Entscheidungsfall immer als Vertreter der Stadt. Für seine neue Aufgabe, die Organisation eines reformatorischen Kirchenwesens in einem einheitlichen Lehr- und Bekenntnisrahmen, brachte er längere Erfahrung mit, denn abgesehen vom Braunschweiger und vom Preußischen *Corpus doctrinae*, hatte er schon 1561 gemeinsam mit Mörlin mit den *Lüneburger Artikeln* einen solchen Rahmen für die sieben bedeutendsten Städte[40] des Niedersächsischen Reichskreises nach Braunschweigischem Vorbild geschaffen.[41]

Das Verhältnis zwischen Chemnitz und Herzog Julius muss beiderseits als vertrauensvoll und wertschätzend beschrieben werden. Der Fürst hatte eine spezielle Vorgeschichte. Sein Vater, der streng katholische Heinrich II., der Jüngere von Braunschweig-Wolfenbüttel (1489–1568), 1542 bis

40 Braunschweig, Bremen, Hamburg, Lübeck, Lüneburg, Magdeburg, Rostock.
41 J. Mörlin, Erklerung aus Gottes wort / vnd kurtzer bericht / der Herren Theologen / Welchen sie der Erbarn sechsischen Stedte Gesanten / auff dem Tag zu Lüneburg / im Julio des 61. Jars gehalten, Regensburg 1562 (VD16 M 5877) unterteilt in drei Abschnitte: Corpus doctrinae, Kommentierung strittiger Lehrpunkte, Verhältnis zur katholischen Kirche.

1547 vom Schmalkaldischen Bund aus seinem Herzogtum vertrieben und von Luther als »Hans Worst« gedemütigt, war bis zu seinem Tod der letzte katholische Fürst in Norddeutschland. Sein drittgeborener zum Protestantismus konvertierter Sohn Julius konnte die Herrschaft nur antreten, weil seine beiden älteren Brüder in der Schlacht von Sievershausen 1553 gefallen waren. Der als regierungsunfähig verschriene neue Regent erwies sich als tatkräftiger Reformfürst und Chemnitz hatte mit der zügigen Erstellung einer reformatorischen Kirchen- und Schulordnung 1569 für das Herzogtum unter Beweis gestellt, dass er den Anforderungen Julius' entsprach.[42] Der Theologe gestand seinem Fürsten wiederum im *Corpus doctrinae Julium* 1576 ausdrücklich die *cura religionis* zu,[43] was zeigt, dass er ihn für einen integren Herrscher hielt.

Von Anfang an wurde Chemnitz zu einem der zentralen Mitarbeiter beim Aufbau des höheren Bildungswesens im Herzogtum. Er begleitete sowohl die Einrichtung des Pädagogiums, das im März 1571 im ehemaligen Franziskanerkloster Gandersheim[44] eingerichtet wurde als auch dessen Verlegung 1574 und schließlich Aufwertung zur Universität in Helmstedt im Oktober 1576. Zu beiden Gründungsanlässen hielt er Predigten, die ihn als programmatischen Gestalter des Wolfenbüttelschen Bildungswesens ausweisen. In seinem grundsätzlichen Bildungsverständnis ist er dabei ganz Schüler Melanchthons.[45] Was die Universität betraf, war er einer der wesentlichen Berater bei der Erarbeitung der Statuten und der Zusammenstellung des Professorenkollegiums. Die Organisation der feierlichen

---

42 Vorbereitet von einer Generalvisitation und der Einrichtung eines Konsistoriums. *Die Kirchenordnung [...] zu Braunschweig und Lüneburg etc.* 1569 bei E. SEHLING, Die evangelischen Kirchenordnungen des XVI. Jahrhunderts VI./1/1: Die Fürstentümer Wolfenbüttel und Lüneburg mit den Städten Braunschweig und Lüneburg, 1955, 83–280.

43 Vgl. MAGER, Konkordienformel (s. Anm. 15), 347.

44 Zum Gesamtkontext vgl. M. GAUGER-LANGE, Die evangelischen Klosterschulen des Fürstentums Braunschweig-Wolfenbüttel 1568–1613 (SKGNS 49), 2018.

45 Die Predigt zur Eröffnung des Pädagogiums in Gandersheim bietet eine allgemeine Geschichte der Schule und entspricht damit dem Muster von Melanchthons Predigt zur Eröffnung der reformierten Universität Leipzig 1543; vgl. PH. MELANCHTHON, Rede über das unentbehrliche Band zwischen den Schulen und dem Predigtamt / Oratio de necessaria coniunctione scholarum cum ministerio evangelii (in: Melanchthon deutsch. Bd. 2: Theologie und Kirchenpolitik, hg. v. M. BEYER / S. RHEIN / G. WARTENBERG, ²2011, 25–42).

Eröffnung stand in seiner Verantwortung. Eine Professur wollte er jedoch selbst ebenso wenig übernehmen, wie er David Chyträus davon überzeugen konnte, der mit ihm in all diesen Fragen zusammenarbeitete. Professor Theologiae primarius wurde schließlich Timotheus Kirchner (1533–1587), der 1572 von Jena nach Wolfenbüttel gekommen war und im Folgejahr die Leitung des Pädagogiums in Gandersheim übernommen hatte.

V Auf dem Weg zur Konkordienformel

Allerdings geriet Chemnitz in einem größeren Rahmen zugleich wieder in die Rolle des Adjunkten. Denn bei der von Herzog Christoph von Württemberg forcierten Frage der Herstellung einer Lehreinheit der lutherischen Territorien, die Julius von Braunschweig-Wolfenbüttel aufgriff und in der Folgezeit massiv protegierte, wurde mit Jacob Andreae der dominierende Theologe der Württemberger federführend eingebunden. Das Welfische Herzogtum und der gesamte Niedersächsische Reichskreis sollten dabei als Drehscheibe nach Mittel- und Ostdeutschland aber auch in den besonders vom Calvinismus tangierten Nordwesten fungieren. Zu diesem Zweck hatte er Unionsartikel[46] zu den fünf wichtigsten Lehrpunkten (Rechtfertigung, gute Werke, freier Wille, Adiaphora, Abendmahl) verfasst. Allerdings standen die Zeichen für diesen großen Rahmen schlecht. Im Gefolge der Grumbachschen Händel und der Vollstreckung der Reichsacht an dem Gothaer Herzog Johann Friedrich dem Mittleren durch Kurfürst August von Sachsen 1567 war die gnesiolutherische Bastion der Ernestiner gefallen. Etwa 100 Pfarrer wurden vertrieben, um das Territorium kirchenpolitisch dem Philippismus zu unterwerfen. Nur die Universität Jena blieb zunächst unter dem Schutz des Herzogs Johann Wilhelm eine Stütze der Gnesiolutheraner. Das Scheitern des Altenburger Konvents zwischen herzoglichen und kurfürstlichen Theologen 1568/69 zeigte, wie vergiftet die Verhältnisse waren. Die sächsischen Fürstentümer als Kernlande der Reformation, vor allem jedoch die Albertiner mit ihrem poli-

---

46 Die zentralen Texte zur Genese der Konkordienformel und der Vorrede zum Konkordienbuch sind mit kurzen Einleitungen zusammengestellt in: Die Bekenntnisschriften der Evangelisch-Lutherischen Kirche. Quellen und Materialien. Bd. 2: Die Konkordienformel, hg. v. I. Dingel / M. Bechtold-Mayer / H.-C. Brandy, 2014.

tischen Einfluss waren unerlässlich für den Versuch einer Einigung des lutherischen Lagers.

Andreae trat trotzdem an und das hieß, er musste zunächst Chemnitz einbinden, dessen Autorität als Theologe inzwischen der Schlüssel zum gesamten Niedersächsischen Reichskreis war. Deshalb wurden Wolfenbüttel und Braunschweig jeweils Ausgangs- und Endpunkte seiner Werbereisen für ein einheitliches Bekenntnis. Chemnitz aber war grundsätzlich misstrauisch wegen der Nähe der Württemberger Theologen zur Christologie Osianders und speziell, weil er annahm, dass Andreae Vermittlungserfolge wichtiger seien als Inhalte. Er befürchtete die Verwässerung der reinen Lehre Luthers, so wie sie ihm zufolge im Braunschweiger *Corpus doctrinae* und den in dieses aufgenommenen *Lüneburger Artikeln* von 1561 vertreten wurde, was er in diesem Sinne im Sommer 1569 auch öffentlich äußerte.[47] Anfang Oktober kam es zu einem ersten persönlichen Zusammentreffen und zur Aussprache mit Andreae in Braunschweig. Der hatte inzwischen auf seiner Rundreise durch Sachsen, Brandenburg, Anhalt und Pommern den Bekenntnisstand der verschiedenen Territorien vor dem Hintergrund seiner Unionsartikel eruiert. Das Verhältnis zwischen den beiden blieb schwierig. Andreae bereiste nun in einer zweiten Etappe die norddeutschen Städte und Fürstentümer sowie Dänemark und präsentierte im Januar 1570 den Sachstand hinsichtlich Lehre und Bekenntnisse erneut in Braunschweig. Dieser war betreffs der Reaktionen so disparat, dass Chemnitz seine kritische Distanz nicht aufgab. Andreaes Unionsartikel waren nicht das, was er sich als Vorlage einer allgemeinen Richtlinie vorstellte. Und er vermisste, typisch gnesiolutherisch gedacht, die Abgrenzung von irrigen Lehrmeinungen. Es blieb das Dauerproblem zwischen ihnen, dass sie beide Vermittler waren, aber Andreae bereit war, das Ziel der Einheit in der Lehre über diese selbst zu stellen und auch interpretierbare Formulierungen zu akzeptieren. Hier setzte Chemnitz die Grenzen enger, d. h. keinen Fußbreit von Luthers zentralen Bekenntnisschriften, wie sie am Ende auch in das Konkordienbuch aufgenommen wurden. Immerhin überarbeitete Andreae seine Unionsartikel in der Folge und erklärte sie zum reinen Arbeitspapier.[48]

---

47 MAGER, Konkordienformel (s. Anm. 15), 71.
48 Aao., 72.

Zum ersten Knotenpunkt der Entwicklung wurde der Zerbster Konvent vom 9. und 10. Mai 1570, von dem sich Chemnitz fernhielt, obwohl Julius von Braunschweig-Wolfenbüttel gemeinsam mit Landgraf Wilhelm von Hessen-Kassel als Einladender fungierte. Der Konvent scheiterte, was sein Ziel betraf,[49] schuf aber noch einmal Klarheit über die Konstellation, in der sich die jeweiligen Lager befanden. Die vor allem von der Universität Wittenberg repräsentierten kursächsischen Theologen, die ihre Positionen so weit in Richtung calvinischer Anschauungen verschoben hatten, dass der Philippismus endgültig als kryptocalvinistisch deklariert werden konnte, hatten nur gezwungenermaßen teilgenommen und schon im Vorfeld aus ihrer Abneigung gegen die auf Luthers Schriften orientierten Konkordienbestrebungen keinen Hehl gemacht. 1571 fiel gleich mit mehreren Wittenberger Publikationen, in deren Zentrum der von Christoph Pezel verantwortete *Wittenberger Katechismus* stand,[50] der Schleier. Herzog Julius beauftragte Chemnitz mit einer Gegendarstellung die dieser unter dem Titel *Wiederholte Christliche Gemeine Confeßion vnd Erklerung, Wie in den sechsischen Kirchen [...] gelehret wird* lieferte. Hier verteidigt er das Verhältnis verschiedener Theologumena, die die Wittenberger ablehnten. So die *communicatio idiomatum*, aus der sich die Realpräsenz Christi auf Grund seiner Einsetzungsworte im Abendmahl ableiten ließ. Davon streng getrennt will er die Ubiquität des Erhöhten wissen, da es für ihren Zusammenhang mit der Realpräsenz keine Basis in der Schrift gibt. Unter der Hand wäre damit beinahe eine lutherische Einheitsformel entstanden, denn die Schrift wurde als öffentliches Zeugnis der Lehre und des Bekenntnisses Luthers in den Welfischen Fürstentümern, den Städten des Niedersächsischen Reichskreises sowie in Mecklenburg und Württemberg wahrgenommen sowie dem sächsischen Kurfürsten übersandt. Es dauerte noch, bis dieser 1574 die Konsequenzen zog und die Kryptocalvinisten aus Kursachsen vertrieb.

---

49 MAGER, Konkordienformel (s. Anm. 15), 118, sieht ihn jedoch als eine Art Katalysator, der den Beteiligten die Situation und die Notwendigkeit weiteren Handelns vor Augen führte.

50 Catechesis continens explicationem [...] Decalogi, Symboli Apostolici, Orationis Dominicae, Doctrinae de Poenitentia et Sacramentis, Wittenberg 1571 (VD16 C 1551).

Parallel zu diesem Geschehen musste sich Chemnitz mit Nikolaus Selnecker als neuem Amtskollegen auseinandersetzen. Der amtierte seit Februar 1570 als Generalsuperintendent, Kirchenrat und Hofprediger in Wolfenbüttel und verdrängte lange Zeit das offene Abgleiten der kursächsischen Philippisten, denen er von seinem akademischen Werdegang bis hin zur theologischen Doktorpromotion in Wittenberg am 10. Mai 1571 selbst zugehörte, in den Kryptocalvinismus. So fehlte ihm auch das Verständnis dafür, dass die niedersächsischen Theologen Melanchthons *Corpus doctrinae* von 1560, das er in Braunschweig-Wolfenbüttel neben der dort erst 1569 von Chemnitz erstellten Kirchenordnung einzuführen suchte, mit ihren eigenen Lehrgrundlagen nicht für vereinbar hielten. Obwohl es spätestens in eben jenem Jahr 1569 in Kursachsen als Reaktion auf den gescheiterten Altenburger Konvent als *Corpus doctrinae Misnicum* amtlich approbiert worden war, galt es in den Augen des Braunschweigers als ein rein privates Projekt Melanchthons, das von der *Confessio Augustana variata* ausging, die wiederum calvinistischen Deutungen die Tür öffnete. Er konnte sich damit auch bei Herzog Julius durchsetzen, der ihn am 14. Juli 1570 zum Generalsuperintendenten und damit zum Vorgesetzten Selneckers beförderte. D.h. Chemnitz behielt zunächst einmal in diesen kirchenpolitisch unsicheren Zeiten das Heft des Handelns für das Fürstentum in der Hand, was umso wichtiger war, als Selnecker seine philippistische Position nicht aufgab. Er kehrte dann auch im November 1573 in seine Leipziger Professur zurück.

Sein Agieren hatte allerdings den Druck verstärkt, noch einmal ein für alle Lehrer und Geistlichen des Fürstentums und der Stadt Braunschweig verbindliches lutherisches Corpus doctrinae zu schaffen. Dieses Bekenntnisbuch lag im Herbst 1576 vor. Es enthielt eine allgemeine kirchenpolitisch akzentuierte Vorrede[51] von Chemnitz, seine Vorrede, *Kurzer [...] bericht von etlichen fürnemen artickeln der lehr,* aus der Kirchenordnung für das Fürstentum von 1569 die drei altkirchlichen Symbole, die *Confessio Augustana* und ihre *Apologie,* die *Schmalkaldischen Artikel* mit Melanchthons Traktat von der Gewalt des Papstes sowie Luthers beide Katechismen. Zur Absicherung wurde eine auch schon in *Kurzer [...] bericht* genannte

---

51 Sie betonte die summepiskopale Zuständigkeit des Herzogs für die Erhaltung der rechten Lehre.

Lehrschrift des zuletzt als Superintendent des Fürstentums Braunschweig-Lüneburg wirkenden Urbanus Rhegius (1489–1541) angefügt: *Wie man fürsichtlich und ohn ergernis reden sol von den fürnemsten Artikeln Christlicher Lehre.*[52] Diese Zusammenstellung wurde als *Corpus doctrinae Julium* bekannt. Über die Absicherung der lutherischen Lehrnorm im regionalen Rahmen hinaus hatte es Bedeutung in dem seit 1574 wieder angelaufenen Prozess einer gesamtlutherischen Konkordie. Es enthält bereits alle Kernschriften des späteren Konkordienbuchs.

Jakob Andreae hatte inzwischen seitens der Württemberger Theologen in Kommunikation mit Herzog Julius und Chemnitz einen Lehrkonsens mit den Niedersachsen zustande gebracht, der sich eindeutig vom Kryptocalvinismus abgrenzte. Kern dieser Einigung waren sechs eher volkstümlich gehaltene Predigten über die großen seit 1548 bis dato strittigen theologischen Themen, die er Julius gewidmet und auf Verlangen von Chemnitz zu Lehrartikeln umgearbeitet hatte. Daraus erwuchs schließlich im Frühjahr 1574 die *Schwäbische Konkordie*, die am 31. August von den Theologen Braunschweig-Wolfenbüttels angenommen wurde. Von da aus erfolgte die von Chemnitz in Zusammenarbeit mit der Rostocker Universität gesteuerte Meinungsbildung im ganzen niedersächsischen Reichskreis, die bis zum August 1575 zur *Schwäbisch-Sächsischen Konkordie* führte. Gemeinsam mit der im Januar 1576 erstellten *Maulbronner Formel* wurde sie zur Basis des Torgauer Konvents Ende Mai, Anfang Juni 1576 und damit des *Torgischen Buches.*

Chemnitz fiel nun wiederum die Aufgabe zu, die Zustimmung aber auch kritische Stellungnahmen der Städte und Territorien im niedersächsischen Reichskreis einzuholen, was ihm mittels entsprechender Reisetätigkeit bis Januar 1577 gelang. Auf insgesamt drei Konventen im März, April und Mai erfolgte in Kloster Berge bei Magdeburg die Endredaktion des *Torgischen Buches*. Chemnitz, Andreae und Selnecker hatten sich als innerer Zirkel für diese Arbeit herauskristallisiert. Das Hauptergebnis bestand in einer Straffung des *Torgischen Buches* hin zu der Struktur wie sie dann als Konkordienformel approbiert wurde: einer Zweiteilung in die *Epitome*

---

52 Die lateinische Urfassung: U. Rhegius, Formvlae qvaedam caute et citra scandalum loquendi de praecibuis Christianae doctrinae locis, Wittenberg 1535 (VD16 R 1795); die deutsche Fassung von 1536 (VD16 R 1805).

oder den *Summarischen Begriff*, die in elf Artikeln die strittigen Lehrpunkte benennt, den orthodoxen, lutherischen Standpunkt darlegt und die Gegenmeinung verwirft und die *Solida declaratio* oder *Gründliche Erklärung*, die diese Artikel in ihrem Zusammenhang erörtert. Dieses sogenannte *Bergische Buch* sollte nun wiederum in Nord- und Nordwestdeutschland kommuniziert und die Geistlichen möglichst zur Unterschrift bewegt werden. Wieder lag der Prozess in der Hauptverantwortung von Chemnitz, der, unterstützt von Herzog Julius, über diverse Reisen und Konvente bis Anfang 1578 »rund 650 Unterschriften von niedersächsischen Pastoren und Lehrern«[53] zusammenbrachte. Im März durfte Chemnitz diese Unterschriften nebst einem Exemplar im Auftrag seines Herzogs, dem sächsischen Kurfürsten in Dresden persönlich überreichen. Über seinen quasi Zuständigkeitsbereich Niedersachsen hinaus war er in diesem Jahr an insgesamt vier Konventen in Tangermünde, Langensalza, Herzberg und Schmalkalden beteiligt, um die Theologen Hessens, der Kurpfalz und Anhalts für das Konkordienwerk zu gewinnen.

VI Eklat auf der Zielgerade

Am 15. Oktober 1578 wurde Heinrich Julius, der älteste Sohn Herzog Julius von Braunschweig-Wolfenbüttel 14 und damit rechtsfähig in der Lage, die Administration des Bistums Halberstadt anzutreten, auf das er seit 1566 die Anwartschaft hatte. Der Vorgang, in dieser Art und Weise Bistümer zu säkularisieren, war nicht unüblich, auch wenn das mit den Bestimmungen des Augsburger Religionsfriedens nicht vereinbar war. So hatte Kurfürst August von Sachsen nach dem Tod der letzten katholischen Bischöfe von Merseburg, Michael Helding 1561, und Naumburg, Julius von Pflug 1564, jeweils seinen minderjährigen Sohn Alexander zum Administrator wählen lassen. Das Problem in Halberstadt bestand allerdings darin, dass das Domkapitel dezidiert katholisch geblieben war und eine entsprechende Investitur des bisherigen Administrators verlangte. Diese fand dann auch vom 27. November bis 11. Dezember 1578 in Form der Tonsurierung des Knaben im Benediktinerkloster Huysburg, sowie, in jeweils getrennten Akten, seiner liturgischen und juristischen Einsetzung zum Bischof durch das Kapitel

---

53 MAGER, Konkordienformel (s. Anm. 15), 295.

im Dom statt. Dass das absolut keine Rekatholisierung des Hauses Braunschweig-Wolfenbüttel bedeuten sollte, machte Herzog Julius mit mehreren demonstrativ öffentlichen Bekundungen des lutherischen Glaubens seines Sohnes in Form von Gottesdiensten deutlich bis dahin, dass sein Sohn den Bischofseid letztendlich nicht im Rahmen einer Messe ablegte. Das Domkapitel nahm diese permanenten Demütigungen in Kauf, da es in den neuen Verhältnissen seine Chance sah, seine Unabhängigkeit von Rom und insbesondere den Kräften des tridentinischen Reformkatholizismus zu wahren. In der Voraussicht, dass es trotz allem Probleme geben werde, hatte Julius die Planungen im Vorfeld geheim gehalten, was natürlich nach der Tonsurierung nicht mehr möglich war.[54] In völliger Ignoranz seines politischen Pragmatismus war er von allen Seiten einem Sturm der Besorgnis und Entrüstung ausgesetzt von Fürsten wie dem Herzog von Württemberg bis zum Kurfürsten von Sachsen. Aber auch von seinen eigenen Theologen, die im Sinne dessen agierten, was sie als ihr Wächter- und Strafamt verstanden. Chemnitz hatte sich das auch gegenüber der Obrigkeit vom Braunschweiger Rat ausdrücklich zugestehen lassen. Nun wandte er es in einem Schreiben an den Herzog vom 19. Dezember und zwei Tage später öffentlich in seiner Predigt zum 4. Adventssonntag an. Obwohl der Name des Herzogs nicht fiel, war das Statement eindeutig. Diese Reaktion führte zum abrupten und dauerhaften Bruch der Beziehung zwischen Julius und Chemnitz.[55]

Die wesentlichste Folge bestand darin, dass Julius, der bisher zu den treibenden Kräften des Konkordienwerks gehört hatte, an den Rand gedrängt wurde und dann über die Theologen seiner Hochschule eine Sonderrolle einnahm. Hier ersetzte nun Tilemann Heshusius, seit 1577 Professor,

---

54 In ihrer Detailfülle bis heute wertvoll ist die Darstellung durch E. BODEMANN, Die Weihe und Einführung des Herzogs Heinrich Julius von Braunschweig als Bischof von Halberstadt und die damit verbundenen Streitigkeiten 1578–1580 (Zeitschrift des Historischen Vereins für Niedersachsen 43, 1878, 239–297). In aktueller Form vgl. MAGER, Konkordienformel (s. Anm. 15), 325–366.

55 Die Verhältnisse waren bereits angespannt, weil der Herzog aus wirtschaftlichen Gründen mit Edikt vom 12. August 1578 Juden die Ansiedlung in seinem Territorium gestattet hatte, wogegen sich die Stadt Braunschweig aus ebensolchen wirtschaftlichen Gründen wehrte, allerdings antijüdisch-theologisch orchestriert von Chemnitz und den übrigen Geistlichen.

Chemnitz als Berater. Seitdem saß ihm die Helmstedter Fakultät hinsichtlich des Konkordienwerks gnesiolutherisch-kritisch im Nacken, da Herzog Julius alles, was er vorlegte, durch diese evaluieren ließ. Chemnitz seinerseits agierte nur noch in Vertretung der Stadt Braunschweig sowie im Verein mit Andreae im Auftrag des sächsischen Kurfürsten. Das Konkordienwerk war soweit fortgeschritten, dass man sich schon 1578 vor allem um die Vorrede kümmerte.

Trotz aller entsprechenden Intentionen leistete das am 25. Juni 1580 zum 50. Jahrestag der *Confessio Augustana* in Dresden feierlich veröffentlichte *Konkordienbuch* nicht, wofür es bestimmt war: die Lehr- und Bekenntniseinheit der evangelischen Territorien. In seiner gerade auch durch Chemnitz bewirkten Abgrenzung von allen philippistischen und calvinistischen Tendenzen erregte es massive kritische Reaktionen in den reformierten Gebieten, vor allem in Hessen und Bremen. Das führte zu einem letzten Akt in Sachen Konkordientheologie für Chemnitz, der diesmal im Auftrag Kurfürst Johann Georgs von Brandenburg Mitglied einer Kommission wurde, die eine Apologie zum *Konkordienbuch* erstellen sollte. Diese führte ihn vom 23. Oktober bis 8. Dezember 1581 in Erfurt noch einmal mit Nikolaus Selnecker und Timotheus Kirchner[56] zusammen. Da war er gesundheitlich aber bereits so angeschlagen, dass die Arbeit nicht vollendet werden konnte, sondern im Mai 1582 in Braunschweig bei dem nicht reisefähigen Chemnitz fortgesetzt werden musste. In der Kontroverse über diese Apologie, die zwischen ihren drei Autoren und der Helmstedter Fakultät umfangreich auf dem Quedlinburger Konvent vom 7. bis 30. Januar 1583 ausgetragen wurde, kam es zum endgültigen Ausscheiden des Herzogtums Braunschweig-Wolfenbüttel aus dem Kreis der Konkordienunterzeichner. Chemnitz musste als Teilnehmer dieses Scheitern in seinem kirchenpolitischen »Heimatterritorium« hinnehmen.

Seine große geistige Spannkraft bis etwa in diese Zeit wird an dem Aufsehen erregenden Ereignis der Gregorianischen Kalenderreform deutlich. Am 24. Februar 1582 verfügte Papst Gregor XIII. mit der Bulle *Inter gravissimas*

---

56 Kirchner war 1579 von Herzog Julius entlassen worden, weil er sich mit der gesamten Theologischen Fakultät ebenfalls kritisch zur Art der Übernahme des Halberstädter Bistums geäußert hatte. Im Gegensatz zu dem durch seine Braunschweiger Stellung geschützten Chemnitz konnte er Kirchner direkt sanktionieren.

einen Zeitsprung von zehn Tagen, um den bis dato bestehenden (Julianischen) Kalender wieder in Einklang mit den tatsächlichen astronomischen Gegebenheiten zu bringen. Zuerst erfolgte dieser Sprung in Italien vom 4. auf den 15. Oktober 1582 und wurde 1583 auch in einigen katholischen Gebieten im Reich, wie in Bayern und den Bistümern am Rhein und in Süddeutschland, vollzogen. In den protestantischen Staaten hatte man per se keinen Grund, päpstlichen Entscheidungen zu folgen. Damit entstand allerdings ein Terminchaos zwischen verschieden konfessionellen Gebieten. Das betraf z. B. das von Polen lehnsabhängige Preußen. Herzog Albrecht, der Chemnitz vor allem als Astronomen bzw. Astrologen so geschätzt hatte, dass er ihn 1553 nur ungern wegziehen ließ,[57] fragte jetzt bei ihm an, was er davon hielte. Der zeigte sich informiert und präpariert und konnte den Herzog beruhigen, der offensichtlich befürchtete, die Veränderung würde den kirchlichen Festkalender durcheinanderbringen. Chemnitz war sich des Problems bewusst und auch, dass der Zeitsprung eine gute Lösung darstellte. Gegen die allgemeine Aufregung im protestantischen Lager, die sich der Kalenderreform Gregors noch ein gutes Jahrhundert lang verweigern sollte, verfiel er nicht in konfessionelle Denkschablonen der Art: »Was vom Papst kommt, kann nicht gut sein.« Es störte ihn allerdings, dass die Stände des Reichs überhaupt nicht informiert wurden, und er gab zu bedenken, »[...] daß nicht per indiscretam acceptionem novi Calendarii Gregoriani dem Pabst einige Gewalt in unsern Kirchen etwas zu ändern / anzusetzen oder zu gebieten directè oder obliqvè wiederum eingeräumt würde / [...]«[58]

---

57 Chemnitz hatte für das Jahr 1549 in Königsberg einen astronomisch-astrologischen Kalender erstellt, woraufhin sich Herzog Albrecht von ihm persönliche Horoskope erstellen ließ, vgl. REHTMEYER, Historiae (s. Anm. 6), 287–291. In seinem Bericht an den Herzog bemerkt er, dass er seine mathematischen und astronomischen Studienunterlagen aus der Königsberger Zeit immer noch besitze und zu Rate ziehe.

58 *D. Martini Chemnitii Bericht vom neuen Päbtischen* [sic!] *Calendario Gregoriano an den Marckgrafen und Hertzog in Preussen;* zitiert nach dem Abdruck bei REHTMEYER, Historiae (s. Anm. 6), Beilagen zu Kap. VIII, Nr. 105, 359–362; hier 362. Abgesehen von den Einleitungssätzen ging der Bericht wörtlich gleichlautend und unter demselben Datum, 18. Dezember 1582, auch an Landgraf Wilhelm IV. von Hessen-Kassel: *D. Martini Chemnicii Bericht vom newwen Päbstischen Calendario Gregoriano, an den Landgraffen zu Hessen,* o.O. 1584, VD16 ZV 23364; weitere Ausgaben ZV 3229 und C 2158. Die Ausgabe an Herzog Albrecht fehlt im VD 16. – Im Herzogtum Preußen wurde

1583 begann sich seine Gesundheit rapide zu verschlechtern. In seinen Dienstverpflichtungen immer mehr eingeschränkt, gab er sein Amt am 9. September 1584 auf. Am 8. April 1586 verstarb er und wurde im Chor der Martinskirche beigesetzt. Sein Epitaph zeugt bis heute von dem Ansehen, das er bei seinen Zeitgenossen hatte.

VII Bilanz

Martin Chemnitz gehört unstrittig zu den theologisch fähigsten und deshalb auch kirchenpolitisch bedeutendsten Akteuren innerhalb des deutschen Luthertums in der zweiten Hälfte des 16. Jahrhunderts. Ihn als einen wesentlichen Mitbegründer der lutherischen Orthodoxie als »Epigonen« Luthers zu behaften, würde ihm nicht gerecht. Insofern ist die Redeweise vom »zweiten Martin« sehr unglücklich, weil sie genau das impliziert. Von bis heute bleibender Wirkung ist sein Engagement bei der Entstehung von *Konkordienformel* und *Konkordienbuch*. Mag dieses Projekt auch nicht das ursprünglich intendierte kirchenpolitische Ziel in vollem Umfang erreicht haben, so war es doch eine Notwendigkeit der Zeit, den konfessionellen Zusammenschluss zu suchen, da sich das deutsche Luthertum ab dem »Epochenjahr des Calvinismus«[59] 1559 und dem Ende des Konzils von Trient 1564 zwischen den Fronten eines sich dynamisch entwickelnden Calvinismus und eines erstarkenden genuin antiprotestantischen Reformkatholizismus wiederfand.

Außerdem blieb die Krise von 1547/48 in Form der diversen Lehrstreitigkeiten gegenwärtig. Mit dem Interim hatte alles angefangen. Die historische Erinnerung für die Gestaltung dieses Einigungsprozesses fokussiert sich stark auf die Person Jacob Andreaes als des zweifellos ausdauernden und immer neu aktiv werdenden Agitators und Organisators. Die Justierung der theologischen Systematik in der Kombination von Bekenntnisschriften und Lehre (*Epitome* und *Solida Declaratio*), oder wenn man so will, die Semantik des gesamten Corpus geht jedoch wesentlich auf das Mitwirken von

---

die Kalenderreform als erstem protestantischem Territorium überhaupt 1612 vollzogen. Hessen-Kassel machte erst die allgemeine Übernahme durch das Corpus Evangelicorum vom 18. Februar auf den 1. März 1700 mit.

59 H. KLUETING, Das konfessionelle Zeitalter 1525–1648, 1989, 196–201.

Chemnitz zurück, der immer wieder eingriff, weil er abgesehen vom Konvent zu Zerbst 1570 neben Andreae in diesem Prozess dauerpräsent war.

Im Ergebnis führte das inhaltlich zu einer klaren Fixierung auf Luther und zur Verdrängung des Erbes Melanchthons. Stefan Michel hat das in einen großen Zusammenhang gestellt, den er als die Kanonisierung Luthers im Gefolge von theologischen Normierungsprozessen beschreibt.[60] Dabei war Chemnitz sich der Grenzen eines solchen Unternehmens sicher bewusst, denn schon 1573 formulierte er in der Auseinandersetzung mit Flacius' Erbsündenlehre:

> O mein lieber Herr Magister [Flacius], es wäre übrig, übrig genug und herzlich zu wünschen, daß wir nur können das in der Kirche erhalten und auf unsere Nachkommen bringen, was der liebe Lutherus erstritten und uns gelassen. Mit dem Verbessern möchte und wollten wir gern und wohl still schweigen. Parta tueri können wir leider nicht aus gerechtem göttlichem Zorn, darum möchten wir das ulterius quaerere wohl nachlassen.[61]

Gleichzeitig war Melanchthon damit nicht völlig außerhalb des nachreformatorischen Traditionsprozesses gestellt, denn das Herzstück aller Lehre, die *Loci communes* blieben seiner Methodik verpflichtet. Auch hierfür bildet Chemnitz mit seinen fortgesetzten Loci-Vorlesungen in Braunschweig und deren Edierung durch Leyser die Brücke zu einer Geschichte, die in das 17. Jahrhundert führt und bis ins 18. reicht.[62] Thomas Kaufmann hat das schon 1997 Chemnitz im Blick auf Melanchthons Loci in besonderer Weise herausgestellt, wenn er resümiert:

> Unter den Kommentatoren zu Melanchthons »Loci«, die von Verfassern stammen, die in einem konfessionstheologisch präzisen Sinne als Lutheraner anzusprechen sind, sind Chemnitzens »Loci« die erfolgreichsten gewesen. Sein Kommentar, der als der bedeutendste Melanchthon-Kommentar überhaupt gerühmt wurde, leistete keinen unwesentlichen Beitrag dazu, daß die Auseinandersetzung mit dem Werk des Praeceptors im Horizont seiner zeitgenössischen innerlutherischen Umstrittenheit lebendig blieb und daß das Erbe Melanchthons nicht der sich auf ihn berufenden und seine »Loci« lebhaft kommentierenden philippistisch-reformierten Richtung reformatorischer Theologie überlassen blieb. [...] Die annähernd vollständige Bedeutungslosigkeit, die in Bezug auf

---

60 S. MICHEL, Die Kanonisierung der Werke Luthers im 16. Jahrhundert (SMHR 92), 2016.

61 Zitiert nach W. PREGER, Matthias Flacius Illyricus und seine Zeit, 1. Hälfte, 1859, 328.

62 Die letzte große Dogmatik der lutherischen Orthodoxie, David Hollatz' *Examen theologicum acroamaticum* (1707), ist, abgesehen von den Prolegomena, immer noch dieser Methodik verpflichtet.

Melanchthons »Loci« als Lehrbuch im akademischen Unterricht des 17. Jahrhunderts festzustellen ist, wurde durch die Wirkung, die Chemnitzens »Loci« erreichten, in gewissem Sinne kompensiert, zumal die Chemnitzschen »Loci«-Ausgaben einen Abdruck des Melanchthonschen Textes boten und so auch als das [...] im 17. Jahrhundert bedeutendste Medium zur Verbreitung der Melanchthonschen »Loci« fungierten. Insofern scheint die Rezeption oder das Studium der Melanchthonschen »Loci« im Zeitalter der sich zur Hoch- bzw. Spätorthodoxie ausformenden lutherischen Theologie wesentlich Chemnitzens Kommentarwerk verbunden gewesen zu sein.[63]

Diesem Gesamtbild entspricht auch, dass Hendrik Klinge in seiner großen christologischen Untersuchung zu dem Schluss kommt, Chemnitz habe »eine ›rechte Mittelstraß‹ zwischen dem antispekulativen Ansatz des frühen Melanchthon und der Einheitschristologie Luthers« gebahnt.[64] In seiner Christologie blieb er dabei nicht nur rezeptiv, indem er die Lehre von der *Communicatio idiomatum* in die drei genera des *genus idiomaticum*, *apotelesmaticum* und *maiestaticum* ausdifferenzierte.[65] Das wirkte auf die Abendmahlsdiskussion zurück, indem das *genus maiestaticum* die Teilhabe der menschlichen Natur an der Allgegenwart Christi und somit Luthers Auffassung von der Realpräsenz gegen den calvinistischen Vorwurf einer Vermischung beider Naturen sicherte. Chemnitzens theologisches Erbe findet sich in dieser Gestalt in der *Konkordienformel* wieder. Der Braunschweiger Superintendent ist weder ein Nachzügler der Reformation noch ein Vorläufer der Orthodoxie, sondern der Durchsetzungsfähigste einer ganzen Generation von Brückenbauern zwischen Reformation und Orthodoxie.

---

63 TH. KAUFMANN, Martin Chemnitz (1522–1586). Zur Wirkungsgeschichte der theologischen Loci (in: Melanchthon in seinen Schülern, hg. v. H. SCHEIBLE, 1997, 183–253); das Zitat 250f u. 253.

64 KLINGE, Gegenwart (s. Anm. 16), 337.

65 Vgl. M. CHEMNITZ, De duabus Naturis in Christo. De Hypostatica Earum Unione: De Communicatione Idiomatum, Jena 1570 (VD16 C 2162); mit fünf weiteren selbständigen Auflagen, Leipzig 1578 (VD16 C 2163) und 1580 (VD16 C 2164); Jena 1591 (VD16 C 2165) und Leipzig 1600 (VD16 C 2166).

Evangelische Stundenliturgie im lutherischen Lübeck

Hermann Bonnus, *Hymni et Sequentiae* 1559

Von Johannes Schilling

Für Heimo Reinitzer

I

Lied und Gesang zeichnen die evangelische, insbesondere die lutherische Kirche und die von ihr ausgehende Musikkultur von Anfang an aus.[1] In ihr und über sie hinaus wurde seit der Reformation die Musik sowohl in der Gemeinde wie im Gesang der Schüler gepflegt, und die protestantische Musikkultur ist geradezu zu einem Kennzeichen dieser Kirche geworden. Luther zählte auch den Gesang zu den *notae ecclesiae*. In den Auseinandersetzungen der frühen Reformationszeit bekannte er in der Vorrede zu dem Wittenberger Gesangbuch 1524:

> Auch das ich nicht der meynung binn / das durchs Euangelium sollten alle kůnst [artes] zu boden geschlagen werden vnd vergehen / wie etzliche abergeystlichen [falsche Geistliche] fürgeben / Sondern ich wǒllt alle künste / sonderlich die Musica gern sehen im dienst des / der sie geben vnd geschaffen hat.[2]

---

1 J. Schilling, Musik (in: Luther Handbuch hg. v. A. Beutel, ³2017, 276–284); Ders., »Die Musik ist eine Gabe Gottes«. Luther und die Reformation der Musik (in: Das Evangelium in der Geschichte der Frömmigkeit. Kirchengeschichtliche Aufsätze, hg. v. D. Korsch / J. Lohrengel, 2016, 187–201).

2 Geystliche Gsangbüchlin. Erstlich zů Wittenberg / vnd vol= || gend durch Peter schǒffern || getruckt / im jar. || M.D.XXV.|| Worms: Peter Schöffer d. J., 1525 (VD16 L 4777), Bl. A ijʳ; vgl. WA 35; 475,2–5.

Musik sollte nach seinem Willen überdies ein integraler Bestandteil des Schulunterrichts sein und ist es über Jahrhunderte geblieben. In seiner Schrift *An die Ratsherrn aller Städte deutsches Lands, dass sie christliche Schulen aufrichten und halten sollen*[3] entwarf er ein Programm für den Unterricht evangelischer Schulen, die Frömmigkeit und Bildung gleichermaßen dienen und die Schüler als nützliche Mitglieder der Gesellschaft heranziehen sollten. Am meisten war es ihm um die Pflege der Sprachen zu tun.[4] Darüber hinaus aber erklärte er: »Wenn ich kinder hette und vermöchts, Sie müsten mir nicht alleyne die sprachen und historien hören, sondern auch singen und die musica mit der gantzen mathematica lernen«.[5] Von diesem Ansatz aus entwickelte sich in den lutherisch gewordenen Gemeinwesen eine zum Teil blühende Musikpflege, an der die Schulen und ihre Schülerchöre einen wesentlichen Anteil hatten.[6]

II

Die Hansestadt Lübeck[7] hatte bereits vor der Reformation eine reiche Musikkultur aufzuweisen.[8] Aus der Amtszeit des Bischofs Dietrich I. (1186–1210) ist ein Missale erhalten, das »bis weit in das 14. Jahrhundert im

---

3 WA 15; (9) 27–53.
4 Vgl. dazu J. SCHILLING, Sprachen – Schrein für das Kleinod des Evangeliums. Ein historischer Spaziergang (in: Heilige Sprachen? Zur Debatte um die Sprachen der Bibel im Studium der Theologie, hg. v. D. KORSCH / J. SCHILLING, 2019, 11–34), bes. 18–22.
5 WA 15; 46,13–15.
6 Vgl. nur J. RAUTENSTRAUCH, Luther und die Pflege der kirchlichen Musik in Sachsen (14.–19. Jahrhundert). Ein Beitrag zur Geschichte der katholischen Brüderschaften, der vor- und nachreformatorischen Kurrenden, Schulchöre und Kantoreien Sachsens, 1907 (Nachdruck 1970).
7 Grundlegend: W.-D. HAUSCHILD, Kirchengeschichte Lübecks. Christentum und Bürgertum in neun Jahrhunderten, 1981.
8 K. HOFMANN / G. KARSTÄDT, Lübeck, (in: Die Musik in Geschichte und Gegenwart. Sachteil 5, ²1996, 1498–1504; W. STAHL, Geschichte der Kirchenmusik in Lübeck bis zum Anfang des 19. Jahrhunderts, 1931 (manche Partien wörtlich wieder in DERS., Musikgeschichte Lübecks Band II: Geistliche Musik, 1952).

Gebrauch war«[9]. Seit der zweiten Hälfte des 12. Jahrhunderts gibt es Nachrichten über den Unterricht im Chorgesang an der dortigen Domschule; 1248 ist ein Kantor im Dom nachgewiesen.[10] 1259 bestimmte eine Ordnung als Aufgabe für den Kantor, »scholares regere in choro et in scolis«,[11] also die Schüler sowohl im Gottesdienst als auch in den Schulen anzuleiten; auch später ist in den Quellen immer wieder von »pueri chorales«[12] die Rede. 1462 bestand an der Marienkirche eine Sängerkapelle. Sie umfasste sechs Knaben und zwei »sankmestere«. Figuralmusik im Gottesdienst wird zuerst 1486 erwähnt, doch könnte mehrstimmige Musik auch schon früher in den Kirchen erklungen sein. Die Lübecker Stadtbibliothek verfügte nach der Auflösung der Klöster und der Dombibliothek einst auch über einen reichen Bestand an liturgischen Handschriften, Antiphonarien (mit Gesängen für die Stundengebete), Gradualien (Chorbücher für die Messe), Missalien, Psalterien und Hymnarien und Sequentiarien,[13] von denen freilich nurmehr wenige am Ort nachweisbar sind. Ein Antiphonar wurde noch 1522 von einer Schwester des St. Annenklosters fertiggestellt,[14] als die ersten Anzeichen des neuen evangelischen Christentums bereits *ante portas* standen.[15]

Zu den beliebtesten geistlichen Dichtungen, die in Lübeck zu den jeweiligen Kasualien und Anlässen gesungen wurden – seit 1462 hatten zuerst in der Marien-, dann aber auch in den anderen Kirchen, die »Marientiden« zugenommen –, gehörten vor der Reformation »Ecce panis an-

---

9 Stadtbibliothek Lübeck, Ms. theol. lat 2° 3; vgl. Speculum Aevi. Kirchengesang in Lübeck als Spiegel der Zeiten, hg. v. A. KADELBACH / A. SCHNOOR, 1995, 14 (Zitat) und 23f, Nr. 1.1.

10 AaO., 14.

11 Urkundenbuch des Bistums Lübeck I, Nr. 101, 105, 139; zit. nach STAHL, Geschichte (s. Anm. 8), 19.

12 STAHL, Musikgeschichte (s. Anm. 8), 11.

13 [Ehemals] Ms. theol. lat. 2° Nr. 1–34 (nach STAHL, Geschichte [s. Anm. 8]). – Erhalten sind mindestens ein Antiphonale (Ms. theol. lat. 2° Nr. 10) und ein Graduale (Ms. theol. lat. 2° Nr. 11).

14 Ms. theol. lat. 2° Nr. 33 (nach STAHL, Geschichte [s. Anm. 8]).

15 Das Bild, das J. A. JUNGMANN, Der Stand des liturgischen Lebens am Vorabend der Reformation (in: DERS., Liturgisches Leben und pastorale Gegenwart. Studien und Vorträge, 1960, 87–107) gezeichnet hat, dürfte nach einem halben Jahrhundert intensiver Forschungen gegenwärtig deutlich positiver ausfallen.

gelorum« (aus der Sequenz »Lauda Sion salvatorem«), »Dies irae«, »Media vita in morte sumus«, dazu, wie es heißt, »in beatae virginis honorem«, »Sancta dei genetrix«,[16] »Alma redemptoris mater«,[17] »Salve regina«[18] und »Recordare virgo mater«[19] – sie werden aus religiösen und theologischen Gründen – Maria wird in ihnen als Beistand im Gericht angerufen – allesamt in Bonnus' Sammlung nicht mehr vorkommen. Eine Besonderheit bildet die Sequenz »Ave praeclara [maris stella]«,[20] eine seit dem 8. oder 9. Jahrhundert überlieferte Mariensequenz und zugleich eine der berühmtesten und verbreitetsten Mariendichtungen des Mittelalters, die seit dem 12. Jahrhundert auch mehrfach ins Deutsche und andere europäische Spra-

---

16 »Sancta Dei Genetrix, / Virgo gloriosa Maria, / exaltata est super choros angelorum; date laudem Deo.«

17 »Alma Redemptoris Mater, / quae pervia caeli | porta manes / et stella maris, / succurre cadenti, | / surgere qui curat, populo: / tu quae genuisti, | natura mirante, / tuum sanctum Genitorem, | / Virgo prius ac posterius, / Gabrielis ab ore | sumens illud Ave, / peccatorum miserere.«

18 »Salve, Regina, mater misericordiae, / vita, dulcedo, et spes nostra, salve. / Ad te clamamus exsules filii Evae. / Ad te suspiramus, / gementes et flentes in hac lacrimarum valle. / Eia, ergo, advocata nostra, / illos tuos misericordes oculos ad nos converte. / Et Jesum, benedictum fructum ventris tui, / nobis post hoc exsilium ostende. / O clemens, O pia, O dulcis Virgo Maria. Amen.« – Gegen diese Antiphon wird in der Kirchenordnung ausdrücklich polemisiert (Bl. Dᵛ; Lübecker Kirchenordnung von Johannes Bugenhagen 1531. Text mit Übersetzung, Erläuterungen und Einleitung, hg. v. W.-D. HAUSCHILD, 1981 [Faksimile des Originaldrucks], 50). – Luther lehnte das *Salve regina* ab; vgl. WA 10,3; 321f; WA 15; 150,13: »blasphemum illud ›Salve regina‹, in quo nomen vitae et spei Christo eripitur.« – Vgl. auch H.-U. DELIUS, Luther und das »Salve regina« (Forschungen und Fortschritte 38, 1964, 249–251).

19 »Recordare, virgo mater Dei, dum steteris in conspectu Domini, ut loquaris pro nobis bona et ut avertat indignationem suam a nobis.
Sancta Mater, istud agas, / Crucifixi fige plagas / Cordi meo valide.
Fac, ut portem Christi mortem, / Passionis fac consortem, / Et plagas recolere.
Flammis ne urar succensus, / Per te, Virgo, sim defensus / In die iudicii.
Christe, cum sit hinc exire, / Da per Matrem me venire / Ad palmam victoriae.
Quando corpus morietur, / Fac, ut animae donetur / Paradisi gloria. Amen.« – Alle Angaben nach STAHL, Musikgeschichte (s. Anm. 8), 10.

20 Vgl. dazu E. ROTHENBERGER, Ave praeclara maris stella. Poetische und liturgische Transformationen der Mariensequenz im deutschen Mittelalter (Liturgie und Volkssprache 2), 2019. Die Arbeit geht auf die Reformationszeit nicht ein.

chen übersetzt wurde, »quam M. Hermannus Bonnus correxit«,[21] indem er aus der Marien- eine Christussequenz machte.[22]

III

Geistliche Gesänge begleiteten die Reformation in Lübeck von Anfang an. Mit dem Singen des Liedes »Ach Gott, vom Himmel sieh darein«[23] kämpften die »Martinianer« – wie man die Anhänger Luthers und der neuen Glaubensrichtung in Lübeck nannte – wie schon zuvor in Braunschweig für die Erneuerung von Kirche und Glauben. Am 2. Adventssonntag, dem 5. Dezember 1529, gab es nach dem Bericht eines sympathisierenden Zeitgenossen in St. Jakobi eine (böse) Überraschung:

> Alse der sermon ut was, ehr de prediger darsulvest war von wusten, hoven twe kleene jungen an den psalm ›Ach Gott vam Hemmel seh dar in‹ und dat volk sank vortan efendrechtig, effte se darup thor schole gegan hedden. Dit singen makede ein grot verschreck aver de ganze statt, averst Gott was meister daraver; wente dat grote krafft und sterke nicht hedde tho wege bringen konnen, dat dede dusse psalm: ›Ach Gott vam Hemmel‹. Wente von der tidt an, wo ein hücheler up dem predigtstol quam, so höreden se en wohl so lange, bet he beghunde minschentand hervor tho brinhen, aldenn hoven se an: ›Ach Gott vam Hemmel‹, dat ok de papisten so schouw wurden, dat erer nicht ein up dem predigtstoel kamen dorfte, se weren noch de hoghen, effte sinden papen, effte monnike.[24]

Und Johannes Bugenhagen wusste am 25. Februar 1530 zu berichten, dass in Lübeck vor und nach der Predigt »nostra Germanica cantica« gesungen wurden.[25] Schon 1525 war in Lübeck – nach Wittenberger Vorbild – ein Gesangbuch in niederdeutscher Sprache gedruckt worden; ein Nachdruck

21 BONNUS, Hymni (s. Anm. *), Bl. M^v.
22 Vgl. unten Abschnitt IX.
23 M. LUTHER, Ach Gott, vom Himmel sieh darein (in: DERS., Die Lieder, hg. v. J. HEIDRICH / J. SCHILLING, 2017, 37–40.160f, Nr. 8 [Edition nach dem Rostocker Gesangbuch von 1525, mit Abbildungen]).
24 Zit. nach W. JANNASCH, Geschichte des lutherischen Gottesdienstes in Lübeck. Von den Anfängen der Reformation bis zum Ende des Niedersächsischen als gottesdienstlicher Sprache (1522–1633), 1928, 4f.
25 Johannes Bugenhagen an Konrad Cordatus in Zwickau. Wittenberg, 25. Februar 1530 (in: Dr. Johannes Bugenhagens Briefwechsel, gesammelt und hg. v. O. VOGT, mit einem Vorwort und Nachträgen v. E. WOLGAST unter Mitarbeit v. H. VOLZ, 1966, 91–93), 92.

erfolgte im Jahr 1527. Nach frühen reformatorischen Bewegungen[26] wurde am 14. Mai 1531 die Reformation in Lübeck durch eine Kirchenordnung Johannes Bugenhagens, der bereits Ordnungen für Braunschweig und Hamburg verfasst hatte, offiziell eingeführt.[27] Diese Ordnung regelte nicht nur die Gottesdienste, sondern auch das Schulwesen und die Armenpflege. Nach der Schulordnung (»Ordeninge der vyff steden vnde arbeydes yn der Scholen« – Ordnung der fünf Klassen und Arbeit in der Schule) sollte es an jedem Werktag um 12 Uhr eine Singstunde geben, in der die Kinder Freude am Singen bekommen sollten. »Wente de Musica is eine kunst van den fryen kůnsten / de me den kyndern van iôget vp fyn vnd vaste wol leren kann / vnde de me thom besten ock wol brůken kann / so wol alse andere kůnste« (Denn die Musik ist eine gute Kunst der freien Künste, die man die Kinder von Jugend auf gut und sicher lehren kann und die man auch wohl zum besten genau so gut wie andere Künste brauchen kann.)[28] Ein besonders umfangreiches Kapitel handelt »Vam singende vnd lesende der Scholern / yn allen Parkerken« (Vom Singen und Lesen der Schüler in allen Pfarrkirchen).[29] Es regelt Voraussetzungen und Durchführung der Gottesdienste. Ausdrücklich ist da die Rede vom Gesang von Hymnen: Nach den Lesungen »schal me singen die kôstelen Hymnos Feriales alle dage eynen / edder ock to tyden andere fine Hymnos Ambrosij / Prudentij etc.« (soll man

---

26 Vgl. W. JANNASCH, Reformationsgeschichte Lübecks vom Petersablaß bis zum Augsburger Reichstag 1515–1530 (Veröffentlichungen zur Geschichte der Hansestadt Lübeck 16), 1958; HAUSCHILD, Kirchengeschichte (s. Anm. 7); alle folgenden Darstellungen bieten keine neuen Quellen. Knapp zusammenfassend: J. SCHILLING, Die Reformation in Lübeck (in: Lübeck 1500. Kunstmetropole im Ostseeraum, 2015, 45–53).

27 Der Keyser || liken Stadt Lůbeck || Christlike Ordeninge / || tho denste dem hilgen || Euangelio / Christliker || leue / tucht / frede vnde || enicheyt […] || Dorch Jo. Bugen. Pom. || beschreuen. 1531 || [...] Gedrucket yn der Key= || serliken Stadt Lubeck || dorch Johan balhorn || M D XXXI. || Lübeck: Johann Balhorn d. Ä. 1531. 100 Blätter (VD16 L 3159). – Vorhanden in Leipzig UB (Jus can. 426ᶠʸ; online), Rostock UB (Rf-15319.a2), Wolfenbüttel HAB (4 Exemplare: M: Tk 45; H: S 400. 8° Helmst.; S 400a. 8° Helmst.; T 721 8° Helmst.); Ausgaben: Die evangelischen Kirchenordnungen des XVI. Jahrhunderts. Bd. 5, hg. v. E. SEHLING., 1913 (Nachdruck 1970), (325) 334–368; Lübecker Kirchenordnung (s. Anm. 18).

28 Christlike Ordeninge (s. Anm. 27), Bl. B 6ʳ; Lübecker Kirchenordnung (s. Anm. 18), 27.

29 Christlike Ordeninge (s. Anm. 27), Bl. Dʳ–D 7ᵛ; Lübecker Kirchenordnung (s. Anm. 18), 49–62.

singen die herrlichen täglichen Hymnen, jeden Tag einen, oder auch zuweilen andere schöne Hymnen des Ambrosius, Prudentius usw.)[30] – Gesänge, die sich in Bonnus' Sammlung wiederfinden werden.

Die enge Verbindung zwischen Kirche und Schule war und blieb auch für die evangelische Gottesdienstkultur konstitutiv; insbesondere für die Nebengottesdienste war die Mitwirkung der Schüler nicht nur unverzichtbar, die Horen[31] waren recht eigentlich Schülergottesdienste, »eine gottesdienstliche Ergänzung des Latein-, Gesang-, Katechismus- und Bibelunterrichts«.[32] Das zeigt sich auch daran, dass unter den Hymnendichtungen die jeweiligen Metren angegeben waren, so etwa »Iambicum dimetrum« (A 2ᵛ), »iambicum Archilochicum« (A 4ʳ) oder »Sapphicum« (F 2ᵛ) und, jedenfalls immer wieder einmal, die Namen der Verfasser.

IV

In der Neuformierung des evangelischen Gottesdienstes kam es Luther darauf an, unevangelische Elemente auszuscheiden, aber gleichwohl Kontinuität zu wahren.

> Das gesenge ynn den sontags messen und vesper las man bleyben, denn sie sind fast [sehr] gutt und aus der schrifft getzogen, doch mag mans wenigern odder mehren. Aber das gesenge und psalmen teglich des morgens und abents zu stellen soll des pfarrers und predigers ampt seyn, das sie auff eyn yglichen morgen eyn psalmen, eyn feyn Responsorion odder Antiphen mit eyner Collecten ordenen.[33]

---

30 Christlike Ordeninge (s. Anm. 27), Bl. D iijᵛ; Lübecker Kirchenordnung (s. Anm. 18), 54.

31 H. Goltzen, Der tägliche Gottesdienst. Die Geschichte des Tagzeitengebets, seine Ordnung und seine Erneuerung in der Gegenwart (in: Leiturgia. Handbuch des evangelischen Gottesdienstes. Bd. 3, hg. v. K. F. Müller / W. Blankenburg, 1956, 99–296); zu Bugenhagen aaO., 199–207; A. Odenthal, Evangelische Stundenliturgie im lutherischen Württemberg. Zum Chordient der Klöster und Klosterschulen nach Einführung der Reformation (SMHR 113), 2020. Vgl. dazu die Rezension von S. Holtz (ThLZ 147, 2022, 386–388).

32 Jannasch, Geschichte (s. Anm. 24), 23.

33 WA 12; 37,10–15.

Heiligentexte möge man ausscheiden, »denn es ist greulich viel unflatts drynnen«.[34] Geistliche Gesänge als Gestalten der Wortverkündigung standen bei ihm hoch im Kurs,[35] unter den Hymnen schätzte er nach einer Aufzeichnung Johann Schlaginhaufens insbesondere »Rex Christe, factor omnium« und »Inventor rutili«.[36] Sie sollten ihren Ort in den Nebengottesdiensten, in Mette und Vesper auf zwei oder allenfalls drei reduziert, finden, weil sie, insbesondere durch die Lesungen, der Verkündigung des Wortes Gottes dienen.[37]

Den Verlauf dieser Nebengottesdienste hat Luther in seiner Schrift *Von Ordnung Gottesdiensts in der Gemeine*[38] dargestellt: morgens Lesung und Auslegung, danach »soll man drauff yn gemeyn got dancken, loben und bitten umb frucht des worts etc. Dazu soll man brauchen der psalmen und ettlicher gutten Responsoria, Antiphon«[39], ebenso am Abend. »Denn es ist alles zuthun umb gottis wort, das dasselb ym schwang gehe und die seelen ymer auffrichte und erquicke, das sie nicht lassz werden.«[40]

In der Frage nach lateinischen oder deutschen Texten im Gottesdienst hatte schon Luther deren jeweilige Berechtigung für unterschiedliche Adressaten unterstrichen – die deutschen für die Gemeinde, die lateinischen für die »Jugend«. In der Vorrede zur *Deutschen Messe* betonte er 1526:

---

34 WA 12; 37,17f; eine ähnliche Aussage berichtet auch Johannes Mathesius; vgl. H. Volz, Die Lutherpredigten des Johannes Mathesius, 1930, 207.

35 Vgl. WA 12; 219,8–21.

36 WAT 2; 88,8, Nr. 1403. – 1. Der ursprünglich Gregor dem Großen zugeschriebene Hymnus beginnt: Rex Christe, factor omnium, Redemptor et credentium, Placare votis supplicum Te laudibus colentium. – 2. Prudentius, Inventor rutili, dux bone, luminis; Ausgabe: Ein Jahrtausend lateinischer Hymnendichtung. Eine Blütenlese aus den Analecta Hymnica mit literarhistorischen Erläuterungen von G. M. Dreves. Nach des Verfassers Ableben revidiert von C. Blume. Erster Teil. Hymnen bekannter Verfasser. Zweiter Teil. Hymnen unbekannter Verfasser, 1909 (Neudruck 1969 [Bibliotheca musica Bononiensis 5.10]), I, 20f.

37 WA 12; 219,8–11: »In reliquis diebus, quas ferias vocamus, nihil video, quod non ferri possit ... Nam Matutinae trium lectionum et horae, tum vesperae et completorium de tempore (exclusis sanctorum feriis) nihil sunt nisi scripturae divinae verba«. Vgl. WA 12; 36,24–26.

38 WA 12; (31) 35–37.

39 WA 12; 36,12–14.

40 WA 12; 36,24–26.

Es ist aber dreyerley unterscheyd Gottis diensts und der Messe. Erstlich eyne latinsche, wilche wyr zuvor haben lassen ausgehen, und heyst Formula Misse.[41] Diese will ich hie mit nicht auffgehaben odder verendert haben, sondern wie wyr sie bis her bey uns gehalten haben, so sol sie noch frey seyn, der selbigen zu gebrauchen, wo und wenn es uns gefellet odder ursachen bewegt. Denn ich ynn keynen weg wil die latinische sprache aus dem Gottis dienst lassen gar [ganz] weg komen, denn es ist myr alles umb die jugent zu thun. Und wenn ichs vermöcht und die Kriechsche und Ebreische sprach were uns so gemeyn als die latinische und hette so viel feyner musica und gesangs, als die latinische hat, so sollte man eynen sontag umb den andern yn allen vieren sprachen, Deutsch, Latinisch, Kriechisch, Ebreisch messe halten, singen und lesen. Ich halte es gar nichts mit denen, die nur auff eyne sprache sich so gar [ganz] geben und alle andere verachten.[42]

Für die Schulknaben sollten besondere Bedingungen gelten: Täglich vor den Lesungen sollten sie singen »ettliche psalmen latinisch, wie bis her zur metten gewonet, denn, wie gesagt ist, wyr wollen die jugent bey der latinischen sprachen ynn der Biblia behalten und uben.«[43] Auch zur Vesper sollte eine lateinische Antiphon und, sofern vorhanden, ein Hymnus sowie das Magnificat gesungen werden.[44] Der Sonntagsgottesdienst sollte nun ausdrücklich in deutscher Sprache gefeiert werden. »Aber mit den festen, als weynachten, ostern, pfingsten, Michaelis, purificationis und der gleychen mus es gehen wie bisher latinsch, bis man deudsch gesang gnug dazu habe«[45] – für eine Übergangszeit solle es also bei der bisherigen, gewohnten Gottesdienstsprache bleiben. Nachdem die Horen in Wittenberg zunächst abgeschafft worden waren, wurden sie später wieder aufgenommen.[46]

41 M. LUTHER, Formula Missae et Communionis (1523) (in: WA 12; [197] 205–220).
42 WA 19; 73,32–74, 11.
43 WA 19; 80,5–7.
44 WA 19; 80,16f.21.
45 WA 19; 112,14–16.
46 A. BOËS, Die reformatorischen Gottesdienste in der Wittenberger Pfarrkirche von 1523 an und die »Ordnung der gesenge der Wittenbergischen Kirchen« von 1543/44 (JLH 4, 1958/59 [1959], 1–40), zu den Metten und Vespern aaO., 22–28. – Zur Praxis lateinischer Kirchenmusik in Wittenberg vgl. auch J. SCHILLING, Johannes Bugenhagens Vorrede zu den Responsorien des Balthasar Resinarius (1543) (in: »Music is different« – isn't it? Bedeutungen und Bedingungen musikalischer Autonomie. FS für Siegfried Oechsle zum 65. Geburtstag, hg. v. K. KIRSCH / A. LOTZOW (Kieler Schriften zur Musikwissenschaft LVII),

Auch zu den Verhältnissen jenseits der Sonntags- und Festgottesdienste nahm Luther nach einem Bericht Johann Walters, den der Wolfenbütteler Hofkapellmeister Michael Praetorius (1571–1621) überliefert hat, Stellung.[47] Luther habe erklärt,

> daß die arme Schüler / so nach Brod lauffen / für den Thüren lateinische Gesänge / Antiphonas vnd Responsoria, nach gelegenheit der zeit / singen solten: Vnd hatte keinen gefallen daran / daß die Schüler für den Thüren nichts denn deutsche Lieder singen. Daher seind die jenigen auch nicht zu loben / thun auch nicht recht / die alle Lateinische Christliche Gesänge aus der Kirchen stossen / lassen sich düncken / es sey nicht Evangelisch oder gut Lutherisch / wenn sie einen Lateinischen Choral Gesang in der Kirchen singen oder hören sollten: Wiederum ists auch vnrecht / wo man nichts denn lateinische Gesänge für der Gemeine singet / daraus das gemeine Volck nichts gebessert wird. Derowegen seind die deutsche Geistliche / reine / alte vnd Lutherische Lieder vnd Psalmen für den gemeinen hauffen am nützlichsten / die Lateinischen aber zur vbung der Jugend vnd für die Gelärten.[48]

In Lübeck gab es nach der Reformation ein reiches Angebot an Gottesdiensten, neben den Messgottesdiensten Predigtgottesdienste und Horen.[49] Täglich sollten Mette und Vesper gefeiert werden, letztere außer mittwochs, damit die Schüler nicht »ouerdratich to der lere werden«[50] sollten. Aus einer Stellungnahme der norddeutschen Städte Lübeck, Hamburg und Lüneburg zum Interim[51] geht hervor, dass zwar die Praxis der vorreformatori-

---

2021, 87–102. S. RHEIN, Latein im evangelischen Gesangbuch der Reformationszeit (in: Das Gesangbuch und seine Bilder. Voraussetzungen, Gestaltung, Wirkung, hg. v. E. P. WIPFLER, 2020, 23–44).

47 MICHAEL PRAETORIUS, Syntagma musicum I, Wittenberg 1615 (VD17 3:315037M).

48 AaO., 452. Zitat nach dem Faksimile in W. BLANCKENBURG, Johann Walter. Leben und Werk aus dem Nachlaß, hg. v. F. BRUSNIAK, 1991, 425. Text auch in WA 35; 82.

49 Eine tabellarische Übersicht über alle Gottesdienste in Lübeck bei JANNASCH, Geschichte (s. Anm. 24), 21. – Zur Geschichte der Gottesdienste ist wegen des reichen Materials noch immer nützlich P. GRAFF, Geschichte der Auflösung der alten gottesdienstlichen Formen in der evangelischen Kirche Deutschlands bis zum Eintritt der Aufklärung und des Rationalismus, 1921. – Zu den »Nebengottesdiensten« vgl. aaO., 206–221.

50 JANNASCH, Geschichte (s. Anm. 24), 19.

51 Bekentnisse vnd Erkle= || ringe vp dat JNTERIM / dorch der Erbarn || Stede / Lübeck / Hamborch / || Lünenborch / etc. || Superintendenten / Pastorn vnd Predigere / || tho Christliker vnd nödiger Vnder= || richtinge gestellet. || [...] || Dorch Joachim Louw gedrü-

schen Horen als »ein vnnůtte vnd leddich gedőne«[52] verurteilt, in Lübeck
aber auch 1548 noch Nebengottesdienste unter Mitwirkung der Schüler
gehalten wurden, und offenbar, wie es die Kirchenordnung vorsah, noch immer täglich: »We laten dachlyk vnse Schőler to Chore gån / vor middage /
vn na middage / thor Vesper tydt / dat se Psalmos et Cantica pro Tempore
singen / vnd Lectiones vth dem olden vnd dem nyen Testamente ordentlick
lesen / wy laten ock sůlcke gesenge dorch de Prester mit Collecten beslu-
ten«.[53] Kontinuität und Wandel zeichnen sich hier also ab; denn am Ende
des Kapitels heißt es:

> De gewőntlike gesenge vnd Solenniteten / so in den festen gewőntlick geholden sin /
> laten wy so wyth vnangefőchten / alse se mit dem worde Gades stemmen / der kercken
> thor betteringe nůtte syn / vnd ane ergernisse kőnen geholden vnd gebruket werden /
> Wy achtent ock darűőr / Men werde vth den Ceremonien nicht notwercke vnd Artickel
> des gelouens maken / vnd minscken settinge / nicht bauen Godt vnd syn wordt setten /
> vnd de Geweten darmede besweren.[54]

Offenbar konnte diese Praxis aber auf Dauer nicht gehalten werden; in einer
»Ratio institutioque informandae juventutis scholast. Lub.« von 1567[55] sowie in einer Schulordnung von 1571 kommen die Horen nicht (mehr) vor.[56]
1574 veröffentlichten Johann Balhorns Erben noch einen »Trostpsalm, So
de Kinder by der Begreffnisse der Doden plegen tho singen, Latin vnde Dü-
desch. Job 19. Ick weth, dat my Erlöser leuet«[57] – ein Zeichen dafür, dass
es noch Reste der Zweisprachigkeit im Gesang der Schüler gab. Zwei Ge-

cket. || [Hamburg 1548], Hamburg: Joachim Löw 1548 (VD16 A 362). – Vorhanden: Berlin
SBPK (Dg 4476).

52 AaO., Bl. e iiijᵛ.
53 AaO., »Van den Gesengen vnd Festen«, Bl. e iiijᵛ–fᵛ, hier fʳ.
54 AaO., Bl. fᵛ.
55 Vorhanden: Stadtbibliothek Lübeck, Ms. Lub. 909 (ehemals B. D. 43m), aus der »Biblio-
    theca Deeckiana«. – Für die freundliche Auskunft danke ich Frau Marion Kowski, Stadt-
    bibliothek Lübeck.
56 In der Lauenburger Kirchenordnung von 1585 werden Horen behandelt; Chor und Orgel
    wechselten sich offenbar in der Darbietung ab. »Vnd wenn also die Responsoria, Hymni
    und Magnificat von den Knaben zu Chore gesungen wirt, sol der Organist einen Versch
    vmb den andern, auff der Örgel, ohne langen vorzog spielen, doch also, das er keine
    leichtfertigen Bulenlieder, Berggesänge, Passemesen oder dergleichen schlahe« (zit. nach
    JANNASCH, Geschichte [s. Anm. 24], 109).
57 AaO., 96f.

nerationen später, im Jahre 1630, gab es nurmehr eine blasse Erinnerung an die alten Zeiten.[58]

V

Bonnus wurde 1504 in Quakenbrück geboren, studierte seit 1523 in Wittenberg und später in Greifswald. 1528 ging er als Erzieher des siebenjährigen dänischen Prinzen Johann nach Kopenhagen und Gottorf. In diesen Jahren verfasste er eine lateinisch-niederdeutsche Grammatik. An der Stadtschule in Treptow an der Rega lernte er Johannes Bugenhagen kennen. 1531 wurde er Rektor des Katharineums, der in den Räumen des ehemaligen Franziskanerklosters entstandenen Lateinschule, und bald darauf Superintendent der auch für die Anfänge des lutherischen Christentums in Deutschland bedeutenden Stadt.

1539 erschien ein Katechismus,[59] der im selben Jahr auch in Magdeburg[60] und 1543 in Hildesheim[61] gedruckt wurde, im selben Jahr eine Chronik der

58 AaO., 89f.
59 Eine korte vor || uatinge der Christli || ken lere / vnd der vŏr ||enèmestè Fragestŭcke / || so vnder dem Euan || gelio gemenlikè vŏr || uallen / vp frage vnd || antwert gestellet /|| vor de kynder vnd || gemenè man. || Dŏrch M. Hermannum || Bon. Superat. to Lŭbeck. || Jn der Keiserliken Stadt Lŭ= || beck dŏrch Johan Bal= || horn gedrŭcket.|| [1539], Lübeck: Johann Balhorn d. Ä. 1539 (VD16 B 6634). – Borchling-Clausen 1300: Ehemals Lübeck, Stadtbibliothek. Gegenwärtig kein Exemplar nachgewiesen. Zu Bonnus vgl. P. SAVVIDIS, Hermann Bunnus, Superintendent von Lübeck (1504–1548). Sein kirchenpolitisch-organisatorisches Wirken und sein praktisch-theologisches Schrifttum (Veröffentlichungen zur Geschichte der Hansestadt Lübeck B 20), Lübeck 1992.
60 Eine korte || Voruatinge der || Christliken Lere / vnde || der vŏrnemesten fragestŭcke / || so vnder dem Euangelio || gemenliken vŏruallen / Vp frage || vnde antwert gestellet / vor de || kinder vnde gemenen mann. || Dorch M. Hermãnũ Bonnũ || Superattendè: tho Lŭbeck. || Gedrŭcket tho Magdeborch / || dorch Hans Walther. || M.D.XXXIX. ||, Magdeburg: Hans Walther 1539 (VD16 B 6635).
61 Eine korte vor || uatinge der Christli= || ken lere vnde der vŏr = || nemesten fragestŭ= cke / || so vnder dem Euangelio || gemenliken vŏruallen / vp || frage vnde antwort ge= || stellet / vor de kinder || vnde gemenen man. || Dorch M. Hermannum || Bon. Super. tho Lŭbeck. – Gedrŭcket tho Hildenssem || dorch Henningk || Rŭdem. || M.D.XLIII.||, Hildesheim: Henning Rüdem 1543 (VD16 B 6636). Wolfenbüttel HAB (A: 990.30 Theol. und H: QuH 132.2 [3]).

Stadt Lübeck,[62] 1543 wurde eine Kirchenordnung für die Stadt Osnabrück veröffentlicht,[63] im gleichen Jahr erarbeitete er eine »Kerckenordnung vor de landkercken des stiftes Osenbrugge«, die indes nur handschriftlich überliefert ist,[64] und eine Horenordnung für das Stift Quakenbrück und die Klöster des Osnabrücker Stiftsgebietes.[65] 1545 erschien ein Nachdruck von Joachim Slüters (um 1490–1532) Gesangbuch von 1525/1531, »Gecorrigeret Dörch Magistrum Hermannum Bonnum«,[66] das 1547 eine zweite Auflage erfuhr.[67] Weitere Schriften galten der lateinischen Elementarlehre, der Schriftauslegung und der Geschichtsschreibung.[68] Von seinem Lied »Ach wyr armen sünder« haben sich einige Strophen bis in das Evangelische Gesangbuch gehalten.[69] Am 12. Februar 1548 starb Bonnus, seine schwangere Witwe Katharina und sechs Kinder hinterlassend. Ein eindrucksvolles Gemälde des Lübecker Meisters Hans Kemmer zeigt ihn auf dem Totenbett.[70] Sein Gedächtnis wurde offenbar lange in Ehren gehalten – nicht nur erschienen

62 VD16 B 6619; ZV 2259.
63 Christlicke Kercken || Ordenungh.|| Der Statt Ossenbrügge/|| Dorch || M. Hermannum Bonnum || Verfatet.|| Gedrücket || Jm Jahr 1543.||[s.l.], o.O. 1543, [16?] Bll., Borchling-Clausen 1392 A (VD16 ZV 21277). Vorhanden: Berlin SB (Dr 14050 R [Fragment; online]).
64 In: EKO 7,2,1 (1963), (232) 247–264; vgl. SAVVIDIS, Bonnus (s. Anm. 59), 150–152.
65 Ordinatio magistri Hermanni Bonni […] Exercitium quotidianum in sacris scripturis et psalmis cantandis pro ecclesiis collegiatis, ubi praedicatur evangelium, als dar is Quakenbrugge und anders mer. Anno 1543 (in: EKO 7,2,1 [1963], 229–231).
66 VD16 G 936.
67 VD16 G 937. Kiel UB (Arch 4° 161 [Fragment]). – Speculum Aevi (s. Anm. 9), 43, Nr. 2.1; Glauben. Nordelbiens Schätze 800–2000. Katalog zur Ausstellung Glauben. Nordelbiens Schätze 800–2000 im Rantzaubau des Kieler Schlosses vom 30. April bis 30. Juli 2000, hg. v. J. SCHILLING, 2000, 77f, Nr. 1.49. Von einer Parchimer Ausgabe (VD16 G 938; Borchling-Clausen 1489, dort: Schwerin, Landesbibliothek) aus demselben Jahr ist kein Exemplar nachweisbar, ebenso wenig wie von einer Lübecker Ausgabe aus dem Jahr 1556 (VD16 G 942; Borchling-Clausen 1658). Weitere Ausgaben: Hamburg 1558 (VD16 G 943) u.ö.
68 Vgl. die Titelaufnahmen im VD16.
69 F. K. PRASSE, 75 Ehre sei dir, Christe (Liederkunde zum Evangelischen Gesangbuch 10, 2004, 35–39) ist historisch gesehen unergiebig.
70 Vgl. zuletzt Lucas Cranach der Ältere und Hans Kemmer. Meistermaler zwischen Renaissance und Reformation, hg. v. D. TÄUBE in Zusammenarbeit mit M. MAYER / J. HARTENSTEIN, 2021, 176 Kat. 5 (mit Abb.). Zu diesem Katalog vgl. meine Rezension in diesem Band, 279–283.

die *Hymni et Sequentiae* elf Jahre nach seinem Tod unter seinem Namen; auch in einer Ausgabe des *Enchiridion Geistliker Gesenge* von 1564 wird er noch – ohne Sterbevermerk – als Bearbeiter genannt.[71]

VI

Zur Festigung des neuen Glaubens erschien, noch vor der hochdeutschen Ausgabe in Wittenberg, 1534 in Lübeck eine vollständige Ausgabe der Bibel in niederdeutscher Sprache, die »Bugenhagenbibel«, an deren Entstehen der Reformator Norddeutschlands nachweislich Anteil hatte.[72] Ihr Titelblatt zeigt gleichsam die Summe des neuen Glaubensverständnis: In der bildlichen Darstellung von Gesetz und Evangelium[73] verdichtete sich die Luther'sche Vorstellung dessen, was Evangelium sei.[74]

Dieses Motiv wurde später auch von dem Lübecker Künstler Hans Kemmer aufgenommen und auf eigene Weise zur Darstellung gebracht.[75] Als ein weiteres bedeutendes Zeugnis aus der Frühzeit des neuen Lübecker evangelischen Glaubens hat die Kanzel zu gelten, die, zeitgleich mit der Erarbeitung der Bibel, für die Marienkirche in Lübeck entstand.[76] Es handelt sich um die älteste evangelische Kanzel in Deutschland; eine Rechnung von 1534 bezeugt die Aufstellung dieses »nyen preddickstols« in der Kirche. Sie ersetzte eine offenbar durch figürliche Mariendarstellungen gezierte Vorgängerin.[77] Im Unterschied zu dieser präsentieren die fünf Kanzelreliefs nun die Darstellung der neuen lutherischen Glaubenseinsicht von

71 PH. WACKERNAGEL, Bibliographie zur Geschichte des deutschen Kirchenliedes im XVI. Jahrhundert, 1855 (Nachdruck 1987), 329f, Nr. DCCCLVII. (VD16 G 951).
72 Vgl. dazu T. LORENTZEN, Die erste lutherische Vollbibel auf der ersten lutherischen Kanzel. Lübeck 1534 (in: Wittenberger Bibeldruck der Reformationszeit, hg. v. S. OEHMIG / S. RHEIN [Schriften der Stiftung Luthergedenkstätten in Sachsen-Anhalt 24], 2022, 163–189).
73 Grundlegend: H. REINITZER, Gesetz und Evangelium. 2 Bde., 2006.
74 Vgl. auch J. SCHILLING, Evangelium heißt auf Deutsch: gute Botschaft, gute Mär, gute Nachricht, Freudengeschrei. Martin Luthers Vorrede zum Neuen Testament (1522) (Luther 93, 2022, 64–71).
75 Lucas Cranach der Ältere (s. Anm. 70), 97, Abb. 4 und 254, Kat. 50.
76 Vgl. W. TEUCHERT, Kanzelreliefs (in: Glauben. Nordelbiens Schätze [s. Anm. 67], 70–75, Nr. 1.47 [mit der älteren Literatur]).
77 JANNASCH, Geschichte (s. Anm. 24), 58.

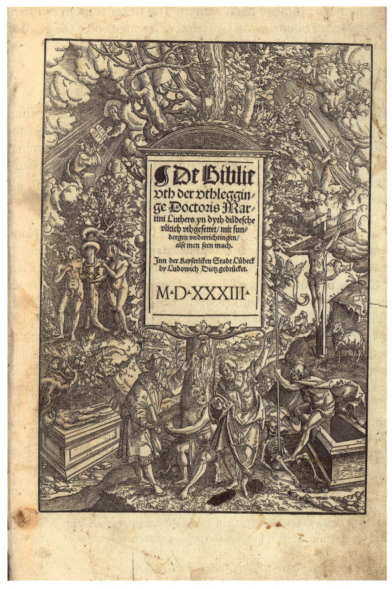

De Biblie
vth der vthlegginge Doctoris Martini Luthers yn dyth düdesche vlitich vthgesettet/ mit sundergen vnderrichtingen/ alse men seen mach.

Jnn der Keyserliken Stadt Lübeck by Ludowich Dietz gedrücket.

M·D·XXXIII·

Abb. 1: Titelblatt der »Bugenhagenbibel« (Thüringer Universitäts-
und Landesbibliothek Jena, 2 Theol. XIII,16).

der Rechtfertigung des gottlosen Sünders.[78] Mit dieser Kanzel und mit der bei Ludwig Dietz gedruckten Bibel bezeugte die evangelische Bürgerschaft der Freien und Hansestadt Lübeck ihr reformatorisches Bekenntnis.

VII

Auch nach der Reformation kann man von einer reichen und vielseitigen Musikpflege der Musik ausgehen. Im Dom und in der Marienkirche gab es bedeutende Orgeln, ebenso in St. Jakobi.[79] Wie die Überlieferung ausweist, wurden die Gottesdienste auch durch Figuralmusik bereichert, teilweise auch mit Instrumentalmusik. 1556 erschien in Lübeck ein Band mit »Antiphonae et responsoria in vespertinis canenda«, also ein liturgisches, mit Noten versehenes Buch für die Abendgottesdienste, von dem sich aber offenbar kein Exemplar erhalten hat.[80]

Der Unterweisung der Jugend und der Bereicherung der Gottesdienste sollte und konnte überdies ein Büchlein dienen, das freilich erst nach dem Tode seines als solchen benannten Kompilators Bonnus im Druck erschien: *Hymni et Sequentiae, tam de tempore quam de sanctis cum suis Melodiis, sicut olim sunt cantata in Ecclesia Dei, et iam passim correcta,* also »Hymnen und Sequenzen sowohl für die Kirchenjahreszeiten als auch für die Heiligentage mit ihren Melodien, so wie sie von alters in der Kirche Gottes gesungen wurden und durchgehend ›gebessert‹«, wie es in vergleichbaren Titeln oder Überschriften gleichzeitiger Liederdrucke heißt. Schon der Titel zeigt damit an, dass die Pflege der lateinischen Kirchenmusik in der reformatorischen Kirche fortgesetzt wurde und auch weiterhin gepflegt

---

78 1691 wurde die Kanzel aus der Kirche abgebaut und 1699 an die Pfarrkirche in Zarrentin verkauft, wo sie sich über die Jahrhunderte erhalten hat.

79 Vgl. dazu D. WÖLFEL, Die wunderbare Welt der Orgeln. Lübeck als Orgelstadt, (1980) ²2004.

80 Kein Eintrag im VD16; aufgenommen in den World Cat, aber dort ohne Exemplarnachweis. Ehemals Lübeck, Stadtbibliothek (Theol. pract. 8° 1395). Eine zweite Auflage soll 1568 erschienen sein, ehemals Lübeck, Stadtbibliothek (Theol. pract. 8° 1396) (vgl. JANNASCH, Geschichte [s. Anm. 24], 94, Nr. 7. 96, Nr. 16; so auch STAHL, Musikgeschichte [s. Anm. 8], 24). Beide Bände gehören zu den im Zweiten Weltkrieg ausgelagerten Beständen und sind bisher nicht in die Bibliothek zurückgekehrt (lt. Auskunft von Frau Marion Kowski, Stadtbibliothek Lübeck vom 16.6.2022).

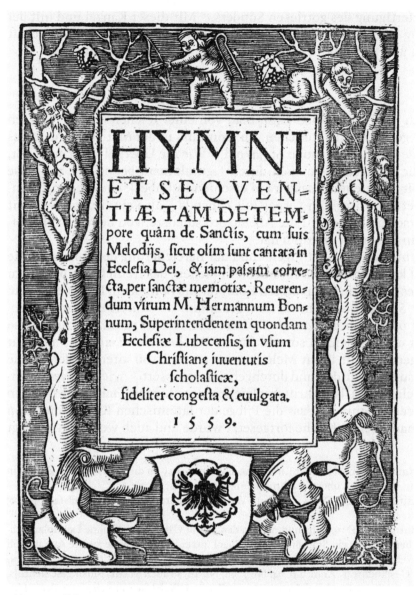

Abb. 2: Titelblatt zu HERMANN BONNUS, Hymni et sequentiae, Lübeck 1559.

158

werden sollte. Diese Praxis entsprach nicht nur dem Selbstverständnis der reformatorischen Kirche als der wahren alten Kirche,[81] sondern auch der Überzeugung, dass es zu allen Zeiten in der Kirche, auch unter institutionellen Verkehrungen, gute Theologie, wahre Christen und echte Frömmigkeit gegeben habe.

Das Buch wurde 1559 bei Georg (Jürgen) Richolff in Lübeck[82] gedruckt. Es umfasst 64 Blätter (A–Q₄) und hat damit ein handliches Format, so dass es, anders als die großen vorreformatorischen Chorbücher, die im Gottesdienst auf großen Pulten auslagen, damit die Sänger sie gemeinsam einsehen konnten, jedem Schüler zum Studium und zum Vortrag im Gottesdienst in die Hand gegeben werden konnte. Sollten die Schüler diese Bücher haben mit nach Hause nehmen dürfen, hatten sie in ihnen zugleich Lehrbücher für das Studium der Texte. Die Angaben der Metren, so etwa »Iambicum dimetrum«, weisen darauf hin, dass die Knaben damit außerdem Grundkenntnisse der lateinischen Metrik erwerben konnten. Andernorts erfolgte diese Kenntnisnahme durch humanistische Motetten, durch deren Gesang man sich Grundkenntnisse der lateinischen Metrik aneignen konnte und sollte.[83]

Auf der Titelrückseite befindet sich ein lateinisches Gedicht des Druckers; sein Text lautet im Original und in deutscher Übersetzung:

81 Vgl. J. Schilling, » ... damit ich abermals bezeuge, das ich's mit der rechten christlichen Kirchen halte«. Luthers Bekenntnis zur Katholizität der evangelischen Kirche (Luther 89, 2018, 4–7).

82 Vgl. Ch. Reske, Die Buchdrucker des 16. und 17. Jahrhunderts im deutschen Sprachgebiet. Auf der Grundlage des gleichnamigen Werkes von Josef Benzing. (Beiträge zum Buch- und Bibliothekswesen 51), ²2015, 607f; Die Lübecker Buchdrucker im 15. und 16. Jahrhundert. Buchdruck für den Ostseeraum, hg. v. A. Bruns / D. Lohmeier, 1994, 80–82.

83 Vgl. dazu J. Schilling, Johannes Honterus und die reformatorische Musikkultur (im Druck); K.-G. Hartmann, Die humanistische Odenkomposition in Deutschland. Vorgeschichte und Voraussetzungen (Erlanger Studien 15), 1976; G. Hermann, »Müssen sie ein genus Carminis Horatij eintrechtig mit vier stymmen singen«. Der Beitrag Zwickauer Humanisten zur Pflege und Verbreitung der ›deutschen Humanistenode‹ im mitteldeutschen Raum (1500–1700) (in: Lateinschulen im mitteldeutschen Raum, hg. v. Ch. Fasbender / G. Mierke [Euros 4], 2014, 286–318).

Gregi pusillo scholae Lubecensis typographus salutem.

Ne puer in sacrae stares penetralibus aedis
        Vaniloquus, linguax, desidiosus, iners:
Succurri vitiis has excudendo pagellas,
        Cantica nativis, sed perarata notis.
Illa usurpato divinos semper in usus,
        Disce et in aetatis noscere flore deum.
Noscendus deus est, deus est celebrandus in hymnis,
        Carmine, voce, sono, relligione, fide.
Haec capias primum, puer, ut munuscula parva,
        Uberiora alio tempore praela dabunt.

Der kleinen Schar der Lübecker Schule entbietet der Drucker seinen Gruß bzw. wünscht der Drucker Heil.

Junge, damit du nicht im Inneren des heiligen Hauses herumstehst, dummes, windiges Zeug redend, schwatzhaft, müßig, antriebslos,
bin ich solchen Lastern im Voraus durch den Druck dieser Blätter zu Hilfe gekommen:
Gesänge sind es mit ihren ursprünglichen Melodien, aber sorgsam durchgesehen.
Mache immer kräftig gottgefälligen Gebrauch von ihnen, und in der Blüte der Lebenszeit lerne Gott kennen.
Gott muss man kennenlernen, Gott soll man feiern in Hymnen, im Lied, mit Stimme, Klang, frommer Lebensweise und Glauben.
Diese (Gesänge) sollst du zuerst in Empfang nehmen, Junge, als kleine Geschenkchen; Reichhaltigeres werden die Druckerpressen zu anderer Zeit geben.[84]

Erstmals erwähnt wird der Druck, wie es scheint, von dem Lübecker Kirchenhistoriker Caspar Heinrich Starck,[85] einem ehemaligen Wittenberger Studenten und späten Vertreter der lutherischen Orthodoxie, im ersten Band seiner Lübeckischen Kirchenhistorie, der 1744 in Hamburg erschien[86],

---

84 Für die Durchsicht meiner Übersetzung und seine Anregungen danke ich Herrn Dr. Matthias Dall'Asta, Heidelberg.

85 Über Caspar Heinrich Starck (1681–1750) vgl. zuletzt A. Kurschat, Art. Starck (Biographisches Lexikon für Schleswig-Holstein und Lübeck 13, 2011, 441–445 = BioLex Digital [2020], 2524–2527).

86 Caspar Heinrich Starck, LUBECA LUTHERANO-EVANGELICA, das ist, der Kayserlichen / Freyen / und des Heil. Römischen Reichs Hanse- und Handel-Stadt Lübeck Kirchen-Historie Erster Theil, Darin Die merckwürdigsten Geschichte, und Religions-Handlungen, welche sich in der Kirchen daselbst, von der Reformation Hern Lutheri an, biß zu dem Jahre 1548. Unter dem Ersten Superintendenten, Herr M. Hermann. Bonno

in dem er Bonnus' Schriften bibliographisch verzeichnet und je und je mehr
oder weniger ausführlich kommentiert. Nach der Behandlung des Gesang-
buchs von 1545 vermerkt er: »Nebenst diesen Teutschen Liedern hat Bonnus überdas auch mit den Lateinischen ein sehr heilsames Werck gethan /
wovon folgendes Buch zum Beweise steht« – es folgt die Beschreibung unseres Büchleins, das er als ein »haupt=rare(s)« Buch bezeichnet.[87] Starck zitiert zudem sehr ausführlich aus der scharfen Kritik des altgläubigen Kölner
Theologen Cornelius Schulting aus Steinwyk in Holland († 1604) an Bonnus' Buch, der vor allem die Umdeutung der marianischen Dichtungen zu
christologischen kritisiert,[88] und schließt: »So viel mag gnug sin zur Probe
des schmähsüchtigen Geistes Schultingii, damit er Bonnum gantz unver-
dienter Weise wegen seiner an Verbesserung der Lieder gewandten Arbeit
noch in seinem Grabe angreifft.«[89]

Bibliographisch verzeichnet ist es sodann in dem grundlegenden Werk
von Philipp Wackernagel, Bibliographie zur Geschichte des deutschen Kirchenliedes im XVI. Jahrhundert, dort ohne Nachweis eines Exemplars,[90]
hingegen machte er später ein Exemplar in Stockholm ausfindig.[91] Ein –
inzwischen verschollenes – Exemplar in deutschen Bibliotheken war seit

begeben, und zugetragen haben, beschrieben und mit zulänglichen, dazu gehörigen Bey-
lagen beleuchtet werden von Caspar. Henric. Starcken, Hamburg 1744, 73–76, https://
digital-stadtbibliothek.luebeck.de/viewer/image/Lub46724Ex2/21 / (Stand: 7.7.2022).
87 Von den Hymnen habe Lucas Lossius [1508–1582] »die meisten« in seine »Psalmodia«
übernommen. – Deren erste Ausgabe aber soll zuerst 1552 bei Georg Rhaus Erben in
Wittenberg erschienen sein: PSALMODIA || hoc est.|| CANTICA || SACRA VETERIS ||
ECCLESIAE &c. per Lucam Lossium Lunebergensem.|| M.D.LII.|| (VD16 L 2827; kein
Exemplar nachgewiesen), und die erste erhaltene Ausgabe stammt aus Nürnberg 1553,
also vor dem Druck von Bonnus' Hymni: PSALMODIA,|| hoc est,|| CANTICA || SACRA
VETERIS || ECCLESIAE || SELECTA.| [...] (VD16 L 2828; DKL 1553¹⁰). Vorhanden in
München BSB (Res. 2° Liturg. 352 [online]). VD16 kennt fünf weitere Ausgaben zwischen
1561 und 1595.
88 ECCLESIASTICAE DISCIPLINAE LIBRI SEX [...] Köln 1598 (VD16 S 4464). Vorhanden:
München BSB (H. mon. 536 [online]). Weitere Ausgaben: Köln 1598 (ZV 14231) und Köln
1599 (ZV 14233).
89 STARCK, LUBECA (s. Anm. 86), 76.
90 WACKERNAGEL, Bibliographie (s. Anm. 71), 295, Nr. DCCLXVII.
91 PH. WACKERNAGEL, Das deutsche Kirchenlied von der ältesten Zeit bis zu Anfang des
XVII. Jahrhunderts. Bd. 1, 1864 (Nachdruck 1964), 446f, Nr. CXVII.

Starcks Verzeichnung offenbar nur Wilhelm Jannasch und Wilhelm Stahl aus der Stadtbibliothek Lübeck bekannt.[92] Es stammte »aus der früheren Musikaliensammlung von St. Petri«,[93] also offenbar aus gottesdienstlichem Gebrauch. Petra Savvidis[94] beschrieb das ihr bekannte, aber nicht von ihr eingesehene Exemplar der Königlichen Bibliothek in Stockholm nach Wackernagel. Es handelt sich nach gegenwärtiger Kenntnis um ein Unicum.[95]

Eine Ausgabe von Hymnen für den gottesdienstlichen Gebrauch war 1559 – oder wann immer Bonnus diese Sammlung abgeschlossen haben mag – keine Novität. Ein erster, freilich ins Deutsche übertragene Hymnarius war bereits 1524 in Schwaz in Tirol erschienen.[96] Er war vielleicht für die Schüler der Schwazer Lateinschule bestimmt[97] und wird mit einer deutschen Übersetzung von »Conditor alme siderum« eröffnet; als zweites Stück folgt eine deutsche Fassung von »Veni redemptor gentium«.

92 [Ehemals] Lübeck, Stadtbibliothek (Lubec. 4° 8800); vgl. JANNASCH, Geschichte (s. Anm. 24); J. HENNINGS / W. STAHL, Musikgeschichte Lübecks. Bd. 2: Geistliche Musik von W[ilhelm] Stahl, 1952, 24 u. Abb. 6. W.-D. HAUSCHILD, Der Kirchengesang der Reformationszeit (in: Studien zur Musikgeschichte der Hansestadt Lübeck [Kieler Schriften zur Musikwissenschaft XXXI], hg. v. A. EDLER / H. W. SCHWAB, 1989, 34–43), hier 43: »seit 1945 verschollen«. Laut Auskunft der Stadtbibliothek Lübeck vom 16.6.2022 noch immer vermisst.

93 JANNASCH, Geschichte (s. Anm. 24), 94, Nr. 9.

94 SAVVIDIS, Bonnus (s. Anm. 59), 372–405, bes. 372–376.382–387.391–400.

95 Stockholm, Kungliga Biblioteket (NLS21A105270.pdf).

96 Hymnarius: durch || das ganntz Jar ver || teutscht / nach ge= || wödlicher weyß || vnnd Art zw || synngen / so || yedlicher || Hymnus / || Gemacht ist. || .Got zu lob / eer / || vnd preyß. Vnnd || vñs Cristē zu trost. |||(Nachuolgent etlich || schöne gepet || vnnd || Lobgsanng || zw Got vnd Maria |||)(Verstentnusz des || Gebetz Vater || Vnsers.||. Gedruckht zw Sygmundslust / durch || Josephn Piernsyeder: in verlegung || [...] || Görgen || Stökhls An Sannd Andreas || abent [...] || ym: 1524 Jar / || sålygkhlichen / || volendt.|||), Sigmundslust: Joseph Piernsieder und Jörg Stöckl 1524. Enthaltene Werke: 1. Etliche schöne Gebet und Lobgesang zu Gott und Maria (VD16 E 4076), 2. Verständnis des Gebets Vater Unser (VD16 V 860; VD16 H 6506; RISM B/VIII 1524-06). Vorhanden in München BSB (Liturg. 622g [online]). Vgl. dazu die ausgezeichnete Studie von K. GLÖCKNER, Das deutsche Hymnenbuch »Hymnarius – Sygmundslust 1524« (Veröffentlichungen des Tiroler Landesmuseum Ferdinandeum 50, 1970, 29–72).

97 So J. JANOTA, Studien zu Funktion und Typus des deutschen geistlichen Liedes im Mittelalter (Münchener Texte und Untersuchungen zur deutschen Literatur des Mittelalters 23), 1968, 252–255.

1542 war dann in Wittenberg bei Georg Rhau eine Sammlung von Hymnen erschienen, freilich für die Figuralmusik. Sie enthält insgesamt 134 Stücke. Ein Exemplar aus der Bibliotheca Electoralis ist in der Thüringer Universitäts- und Landesbibliothek Jena erhalten.[98] Das Inhaltsverzeichnis weist zunächst Stücke für das Kirchenjahr von Advent bis Trinitatis aus, sodann Gesänge »De corpore Christi«, danach solche zu den Heiligentagen. Die besten Komponisten der Zeit sind vertreten; neben den von Luther verehrten Josquin, Heinrich Finck und Ludwig Senfl, Thomas Stoltzer, Arnold von Bruck, Adam Rener und einige weitere. Ein Vergleich mit Bonnus' Sammlung zeigt zahlreiche Übereinstimmungen, vor allem bei den Gesängen für das Kirchenjahr; die Heiligentage sind bei Bonnus allerdings deutlich knapper gehalten als in Rhaus Wittenberger Sammlung.[99]

Sechs Jahre vor der Ausgabe des Bonnus, im Jahre 1553, war in Nürnberg die erste Ausgabe der *Psalmodia* des Lucas Lossius herausgekommen,[100] mit einem Vorwort Melanchthons vom 1. Januar 1550.[101] Das Werk erlebte

---

98 SACRORVM HYMNO= || RVM LIBER PRIMVS. || Centum & triginta quatuor HYMNOS continens, ex optimis || quibus [que] Authoribus musicis collectus, Inter quos primi artifices || in hac aeditione sunt, Thomas Stoltzer. Henricus Finck. || Arnoldus de Bruck. Et alij quidam. || [...] || VITEBERGAE APVD GEORGIVM RHAV ANNO M.D.XLII.||, Wittenberg: Georg Rhau 1542 (VD16 S 1237). Digital: Jena, ThULB, 4° Mus. 7c (Stimmbücher: Tenor, Discantus, Altus, Bassus). Ausgaben: GEORG RHAU, Sacrorum Hymnorum Liber Primus, Erster Teil. Proprium de Tempore (Das Erbe deutscher Musik. Erste Reihe 21), hg. v. R. GERBER, 1942 [Nachdruck 1961] und GEORG RHAU, Sacrorum Hymnorum Liber Primus, Zweiter Teil. Proprium et Commune Sanctorum (Das Erbe deutscher Musik. Erste Reihe 21), hg. v. R. GERBER, 1943 [Nachdruck 1974].
99 Ein Vergleich der beiden Ausgaben wird hier nicht vorgenommen; er würde die großen Übereinstimmungen bestätigen, die es in all diesen Hymnen- und Sequenzensammlungen seit Jahrhunderten gab.
100 PSALMODIA,|| hoc est,|| CANTICA || SACRA VETERIS || ECCLESIAE || SELECTA.|| Quo ordine, & Melodijs per totius anni curriculum cantari || vsitatè solent [...] || Iam primum [...] || collecta, & [...] Scholijs illustrata, per || Lucam Lossium Luneburgensem.|| Cum Praefatione Philippi Melanthonis.|| Noribergae apud Gabrielem Hayn,|| Iohan. Petrei Generum.|| M.D.LIII.||, Nürnberg: Gabriel Hain 1553. (VD16 L 2828 [online]). Eine Wittenberger Ausgabe von 1552 (VD16 L 2827) hat es wohl nicht gegeben.
101 MBW 5710. Text: MBW.T 20, 2019.

bis 1595 sechs Auflagen; die vierte (1579)[102] wurde gegenüber den vorausgehenden erweitert.

Die Sammlungen von Hymnenkompositionen setzten sich im evangelischen Raum fort: 1587 erschien in Erfurt *Hymni Sacri* von Leonhart Schröter,[103] acht Jahre später, 1595 in Frankfurt an der Oder *Hymni quinque Vocum de praecipuis festis anniversariis* von Bartholomäus Gesius,[104] und 1611 kam in Wolfenbüttel des dortigen Hofkapellmeisters Michael Praetorius' *Hymnodia sionia*[105] heraus, die in gewisser Hinsicht als das Schlusswerk dieser Gattung gelten kann.[106]

VIII

Bonnus' Büchlein enthält insgesamt 91 Texte mit Noten, wie das Titelblatt ausweist, sowohl für die Festtage des Kirchenjahres (Bl. A 2–C 4) als auch für die Wochen- und die Heiligentage. Die Hymnen waren für die Vespergottesdienste bestimmt.[107] Bei den meisten Texten handelt es sich um die »Klassiker« der Hymnendichtung, die seit ihrer Entstehung bzw. seit ihrer

---

102 VD16 L 2831. Vgl. dazu W. MERTENS, Die »Psalmodia« des Lucas Lossius (JLH 19, 1975, 1–18; 20, 1976, 63–90; 21, 1977, 39–67); DERS., Art. Lossius (MGG² Personenteil 11, 2004, 491f).

103 HYMNI SACRI, QVORVM IN ECCLESIA PER FESTA MAXIME SOLENNIA VSVS est, ad Harmoniam Musicam applicati. Vorhanden: München BSB (4° Mus. pr. 94#Beibd. 3).

104 Hymni quinque Vocum DE PRAECIPVIS FESTIS AN-|| NIVERSARIIS [...] Imprimebatur sumptibus Iohannis & Friderici patris & filii Hartmannorum Bibliopolarum Francof. [orti] in Marchi:[one] Brandeb: Anno 1595. Titelaufnahme nach S. GISSEL, Untersuchungen zu mehrstimmigen protestantischen Hymnenkompositionen um 1600, 1983, 77. Das dort genannte Exemplar in der Warschauer Universitätsbibliothek konnte ich am 8.6.2022 im Opac der Bibliothek nicht ausfindig machen. Zu Gesius: A. WACZKAT, Art. Gesius (MGG² Personenteil 7, 2002, 831–833).

105 MICHAEL PRAETORIUS, Hymnodia sionia (1611) (Gesamtausgabe der musikalischen Werke von Michael Praetorius 12), bearb. v. R. GERBER, 1935 (Nachdruck ca. 1970).

106 R. GERBER, Art. Hymnus. (MGG 6, 1957, 987–1030); DERS., Zur Geschichte des mehrstimmigen Hymnus. Ges. Aufsätze (Musikwissenschaftliche Arbeiten 21), hg. v. G. Croll, 1965.

107 Eine Übersicht über die Vespergottesdienste bietet JANNASCH, Geschichte (s. Anm. 24), 28f.

Aufnahme in den Mess- oder Stundengottesdienst im europäischen Mittel-alter verbreitet waren.[108]

Entsprechend ist der erste Text der verbreitete Adventshymnus »Con-ditor alme siderum« (1), ein auf die Spätantike zurückgehender, hier seiner Ehrwürdigkeit wegen fälschlich dem Ambrosius von Mailand zugeschrie-bener Text.[109] Thomas Müntzer hatte 1523 aus ihm das Lied »Gott, heilger Schöpfer aller Stern« gebildet, das sich seit 1993 im Evangelischen Gesang-buch findet (EG 5).[110] Es folgt der Hymnus »Veni redemptor gentium« (2), der tatsächlich von Ambrosius stammt und Martin Luther als Vorlage für sein Lied »Nun komm, der Heiden Heiland«[111] diente, und die für die ge-samte Adventszeit bestimmte Sequenz »Mittit ad virginem« (3) – auch sie ein Langläufer in evangelischen Gottesdiensten, wie etwa die Aufnahme in das *Officium Sacrum* der Sebalduskirche in Nürnberg zeigt.[112]

108 Die Texte sind gesammelt in den *Analecta Hymnica*. Einen Auszug bietet die Samm-lung Ein Jahrtausend lateinischer Hymnendichtung (s. Anm. 36). Zahlreiche bekannte Texte und Erläuterungen finden sich in: Lateinische Hymnen, hg. v. A. STOCK, ²2013 (2012) und in Hora est, psallite! Proben liturgischer Dichtung von Ambrosius bis Melan-chthon. Lateinisch/Deutsch (Mittellateinische Bibliothek), ausgewählt, übersetzt und kommentiert von P. STOTZ, 2020. Vgl. meine Besprechung in ZKG 131 (2020), 257–259. J. SZÖVERFFY, Die Annalen der lateinischen Hymnendichtung. 2 Bde., 1964–1965. Nicht enthalten ist das Symbolum Athanasianum »Quicunque vult salvus esse«; vgl. dazu E. KOCH, »Wer da will selig werden …«. Eine (fast) vergessene Quelle zur frühen Liturgie-geschichte der Wittenberger Reformation (JLH 59, 2020, 28–44).

109 Ein Jahrtausend lateinischer Hymnendichtung (s. Anm. 36), II, 3.

110 TH. MÜNTZER, Schriften, Manuskripte und Notizen (Thomas-Müntzer-Ausgabe. Kriti-sche Gesamtausgabe 1), 2017, 34 f; Vgl. dazu S. BRÄUER, Gott, heilger Schöpfer aller Stern (Liederkunde zum Evangelischen Gesangbuch 5, 2002, 5–8).

111 WA 35; (149 f) 430,1–431,16. LUTHER, Lieder (s. Anm. 23), 58–60.167 f, Nr. 14; Martin Luther, Geistliche Lieder. Nach dem Babstschen Gesangbuch von 1545 (Große Texte der Christenheit 11), hg. v. J. SCHILLING 2019.

112 OFFICIUM SACRUM, quod in Aede D. Sebaldi Norimbergensium primaria, singulis anni diebus exhiberi solet: cum Introitibus, Tractibus, Responsoriis et Antiphonis. Ac-cessit ORDO OFFICII SACRI S. Aedi Laurentianae consuetus; cum HYMNIS ECCLE-SIASTICIS [...] Nürnberg 1664, 291–293 (VD17 1:083171E). Die Hymnen dort 246–310. Vorhanden: Berlin SBPK, (Dr 13490 [online]); Nürnberg, Landeskirchliches Archiv, Bib-liothek (B2/BKG 12 1946 und S2 / Scheurl 145 [lt. freundlicher Auskunft von Thilo Liebe vom 15.6.2022]).

Die Stücke zu Weihnachten werden eröffnet durch den Hymnus des Sedulius »A solis ortus cardine« (4), es folgt dessen »Corde natus ex parentis« (5), sodann eine Gregor dem Großen zugeschriebene Sequenz »Grates nunc omnes« (6) sowie »Eia recolamus laudibus« (7), schließlich, ebenfalls Gregor zugeschrieben, »Natus ante saecula« (8). Als »Benedicamus in die nativitatis Christi« enthält das Büchlein »Puer natus in Bethlehem« (9), das ebenfalls zu den verbreitetsten Dichtungen des Mittelalters zählt und unter dem Titel »Ein kind geporn zu Bethlehem« auch in Rhaus Sammlung von 1542 zu finden ist.

Zu Epiphanias bietet das Büchlein den traditionellen Hymnus »Hostis Herodes impie« (10) – Thomas Müntzer hatte von diesem Hymnus schon 1523 eine Übersetzung in sein *Deutzsch kirchen ampt* aufgenommen,[113] und Luther bearbeitete ihn gegen Ende seines Lebens in seinem Lied »Was fürchtst du dich Herodes sehr«[114] – sowie (11) die Sequenz »Festa Christi omnis Christianitas celebret«.[115] Die Bekehrung des Paulus (*conversio Pauli*) wurde am 25. Januar gefeiert. Zu ihr gehörte traditionell die Sequenz Gottschalks von Limburg († 1098) »Dixit Dominus: Ex Basan convertam, convertam in profundum maris« (12),[116] die sich erwartungsgemäß auch in Bonnus' Sammlung findet. Das Fest »Mariae Reinigung« (*purificatio Mariae*) konnte man auch unter evangelischen Vorzeichen beibehalten, weil es nunmehr als Christusfest, nämlich als das Fest der Darstellung im Tempel gefeiert werden konnte. Als Hymnus für diesen Festtag war der altkirchliche *Abecedarius* des Sedulius »A solis ortus cardine«,[117] dessen Text nicht noch einmal abgedruckt wurde, unverfänglich; er konnte, trotz seines breiten Rekurses auf Maria, als Christushymnus gesungen werden. Mit diesem Hymnus war bzw. ist der Advents- und Weihnachtsfestkreis abgeschlossen.

Es folgen nunmehr die Gesänge für Wochentage (*Hymni feriales*, Bl. Dʳ–D 3ʳ), für Buß- und Festtage und für die folgenden Zeiten des Kirchen-

---

113 LUTHER, Lieder (s. Anm. 23), 186.

114 WA 35; (267–270) 470,25–471,14. LUTHER, Lieder (s. Anm. 23), 130f.185f, Nr. 32.

115 Vgl. Initia carminum Latinorum saeculo undecimo antiquiorum. Bibliographisches Repertorium für die lateinische Dichtung der Antike und des früheren Mittelalters, bearb. v. D. SCHALLER / E. KÖNSGEN unter Mitwirkung v. J. TAGLIABUE, 1977, 231, Nr. 5069. – Supplementband [...] Fortgeführt von TH. KLEIN, 2005, 146, Nr. 5069.

116 Ein Jahrtausend lateinischer Hymnendichtung (s. Anm. 36) I, 191f.

117 AaO., 30f.

jahres, bis hin zu Trinitatis. Aber es handelt sich nicht nur um altkirchliche und mittelalterliche Gesänge: Neu unter den Dichtungen ist Philipp Melanchthons Hymnus »Aeterno gratias patri«, den der Reformator im klassischen Versmaß des iambischen Dimeters auf den Johannistag gedichtet hatte (Bl. L 2ᵛ–L 3ʳ).[118] Er erschien zuerst 1544 im Druck; Bonnus hatte ihn also noch zu Lebzeiten kennenlernen können, vielleicht auch aus einer Magdeburger Ausgabe von 1545. Der Hymnus wurde also rasch nach seiner Veröffentlichung rezipiert, aber, wie man sehen kann, nicht nur in seiner lateinischen Urfassung verbreitet; Nikolaus Hermann verfasste nach Melanchthons Vorlage ein deutschsprachiges Lied »Wir wollen sing'n ein Lobgesang«, das zuerst 1560 in seinen *Sonntagsevangelia über das ganze Jahr in Gesänge verfasset für die Kinder und christliche Hausväter*[119] erschien.[120] 1603 wurde das Lied von Bartholomäus Gesius vertont[121] und hielt auf diesem Wege Einzug in die Gesangbücher, bis in das gegenwärtige Evangelische Gesangbuch von 1993.[122]

Aeterno gratias patri	1 WJr wollen singn ein lobgesang
omnes canant ecclesiae	Christo dem HErrn zu preis und danck /
quod nuncium verbi sui	Der S. Johans vor ihm her sandt /
Iohannem nobis miserit.	Durch jn sein zukunfft macht bekant.

118 Erstdruck in: PSALTERIVM DAVIDIS [...], Wittenberg 1544 (VD16 B 3180). Vgl. dazu H. CLAUS, Melanchthon-Bibliographie 2, 2014, 1131, Nr. 1544.101; vgl. auch aaO., 2441 f. Eine weitere Ausgabe zu Bonnus' Lebzeiten: Magdeburg 1545 (VD16 ZV 1640). Text: CR 10, 587. Vgl. auch Text und Auslegung bei Hora est, psallite! (s. Anm. 108), 220f.310f., Nr. 60.

119 Die Sontags || Euangelia / vnd von den || fürnembstē Festen vber das gantze || Jar / Jn Gesenge gefasset für Christliche || Hausueter vnd jre Kinder / Mit fleis || corrigirt / gebessert vnnd || gemehret / || Durch || Nicolaum Herman im || Jochimsthal.|| Ein Bericht / auff was thon vnd || Melodey ein jedes mag gesun= ||gen werden. || Mit einer Vorrede D. Pauli || Eberi / Pfarherrs der Kirchen || zu Witteberg.|| [...] ||, Leipzig: Jakob Bärwald 1560 (VD16 ZV 7778 [online]).

120 AaO., Bl. Y ijʳ – Y iijʳ (danach die Edition).

121 Vgl. dazu W. BLANKENBURG, Wir wollen singen ein' Lobgesang (Evangelische Jahresbriefe 6, 1936/1937, 125–128).

122 EG 141. Vgl. dazu I. BALDERMANN / J. HEINRICH, 141 Wir wollen sing'n ein Lobgesang (Liederkunde zum Evangelischen Gesangbuch 4, 2002, 74–77).

Hic mores exui malos
Iussit metuque iudicis
Mox adfuturi terruit
Superbas mentes omnium.

Rursusque perculsos metu
In spem vitae certam vocat
Et monstrat agnum digito
Qui placat unicus deum.

Haec ille firmo pectore
Docet Christumque praedicat
Venire, ceu solem novum
Prodire aurora nuntiat.

Nec Pharisei spiritum
Fregerunt ingentem viri,
Elias alter hic fuit
Hypocritas tunc arguit.

2 Die Buss er predigt in der Wůst:
Ewer Leben ihr bessern můst /
Das Himelreich kompt jtzt her bey /
Thut rechte Buss ohn gleisnerey.

3 Viel Volcks in der Wůst zu jm lieff /
Mit lauter stim er schrie vnd rieff:
Bessert das leben es ist zeit /
Der rechte Richter ist nicht weit.

4 Die Axt hat er an Baum gelegt /
Welcher kein gute früchte tregt
Wird ins Fewer werffen hin /
Drumb seine weg bereitet jm.

5 Wie den Weitz wird er samlen ein /
Die auserwelten in sein scheun /
Die gottlosen wird er wie sprew
Verbrennen / vnd wie stro vnd hew.

6 Die Schrifftglerten schalt er gar ser /
Die Gleisner vnd Phariseer /
Ir rhůmbt euch kinder Abrahe /
Vnd seid nichts desto frőmere.

7 Man fragt jn ob er Christus wer /
Ich bins nicht / bald wird kommen er /
Der lang vor mir gewesen ist /
Der Welt Heyland der ware Christ.

168

8 Er zeigt jn mit dem finger sein /
Sprach: das ist Gottes Lemmelein /
Das tregt die sůnd der gantzen welt /
Sein opfer Gott allein gefelt.

9 Ich bin gar viel zu gring darzu /
Dass ich auflősen solt sein schuch /
Teuffen wird er mit fewer vnd Geist /
Warer Son Gotts er ist und heisst.

Gebet

Te summe rogamus pater,	Wir dancken dir HErr Jhesu Christ /
ut corda nostra suscites,	Des Fůrläufer Johannes ist /
ut vere possint credere	Hilff dass wir folgen seiner ler /
Iohannis testimonio.	So thun wir jm sein rechte ehr.

Hermann hat, das zeigt der Vergleich, sein *Sonntagsevangelium* deutlich stärker an den biblischen Vorlagen Joh 1,19–28 und Mt 3,1–12 ausgerichtet. Er ist erzählfreudig, während Melanchthons Hymnus in der Tradition der altkirchlichen Hymnen die Botschaft konzentriert darstellt und unter Verweis auf Elias gesamtbiblisch verortet. Beide enden mit einem Gebet, das bei Hermann ausdrücklich als solches bezeichnet ist und nicht unter die Strophen des Liedes gezählt wird, obwohl es ihm im Metrum den vorausgehenden Strophen entspricht. Bei Melanchthon ist es die Bitte an Gott den Vater, »unsere Herzen« zu erwecken, dem Zeugnis (*testimonium*) des Johannes Glauben zu schenken; bei Hermann richtet sich der Dank an Christus, mit der Bitte, der »lehr« des Johannes zu folgen und ihm (nämlich dem Johannes) damit Ehre zu erweisen. Nicht verwunderlich ist es deshalb, dass der Text in der Folgezeit geändert und – so noch im Evangelischen Gesangbuch – ganz auf Christus bezogen wurde: »so tun wir dir (nämlich Christus, nicht dem Johannes) die rechte Ehr« (EG 141,6).

Es folgen in Bonnus' Sammlung weitere Apostel- und Heiligentage. Neben den Texten der »großen« Reformatoren ist hier auch ein Hymnus Hieronymus Wellers (1499–1572) aufgenommen: »Deum precemur supplices«.[123] Diese Texte geben zu erkennen, dass diese Festtage im Bewusstsein des Kirchenvolkes blieben – Luther und Melanchthon etwa datierten ihre Briefe immer wieder nach diesen Heiligentagen – und in den jungen lutherischen Kirchen auch weiterhin begangen wurden[124] oder doch, wie auch die anderen Hymnensammlungen der Zeit beweisen, unter ein- oder mehrstimmiger musikalischer Begleitung hätten begangen werden können.[125] Vielleicht wurden die Hymnen aus Bonnus' Sammlung auch im Wechsel mit der Orgel oder mit ihrer Begleitung gesungen, wie ein Eintrag in einem (verschollenen) Exemplar nahelegt; handschriftliche Zusätze in deutscher Sprache im gedruckten Text bezeugen zudem das Mit- und Nebeneinander deutscher und lateinischer Strophen.[126]

---

123 Bl. O 3ᵛ. Vgl. WACKERNAGEL, Kirchenlied I (s. Anm. 91), 321, Nr. 570. – Ein weiterer Text Wellers oben Bl. L 4ᵛ: O Christe salus unica; WACKERNAGEL, aaO. 320f, Nr. 569. – Hieronymus Weller und seine Schriften verdienten einmal eine gründliche Aufarbeitung. Vgl. zuletzt K.-H. KANDLER, Hieronymus Weller – Luthers Famulus (Luther 92, 2021, 120–132).

124 Eine Aufstellung, welche Feste im Kirchenjahr in Lübeck begangen wurden, bietet JANNASCH, Geschichte (s. Anm. 24), 36–41.

125 Vgl. dazu R. LANSEMANN, Die Heiligentage, besonders die Marien-, Apostel- und Engeltage in der Reformationszeit, betrachtet im Zusammenhang der reformatorischen Anschauungen von den Zeremonien, von den Festen, von den Heiligen und von den Engeln (Beihefte zur Monatsschrift für Gottesdienst und kirchliche Kunst [Das Heilige und die Form] Sonderband 1), 1939. – Die materialreiche Arbeit – eine Münsteraner Dissertation – ist mit zahlreichen Anmerkungsziffern versehen, die auf einen »Ergänzungsband« verweisen. Dieser ist aber nie im Druck erschienen und lt. freundlicher Auskunft von Herrn Diplom-Archivar (FH) Robert Giesler vom 9.6.2022 auch nicht im Bestand des Universitätsarchivs Münster vorhanden. Lt. freundlicher Auskunft von Herrn PD Dr. Izaac de Hulster vom 13.6.2022 finden sich im Verlagsarchiv des Verlages Vandenhoeck & Ruprecht in Göttingen ebenfalls weder Manuskript noch ein gedrucktes Exemplar. – Vgl. außerdem J. MORITZEN, Die Heiligen in der nachreformatorischen Zeit (Schriften des Vereins für Schleswig-Holsteinische Kirchengeschichte. Sonderheft 7), o.O. [Flensburg] o.J. [1971].

126 JANNASCH, Geschichte (s. Anm. 24), 113.

IX

Insgesamt dreizehn Stücke[127] sind ausdrücklich mit einer Überschrift »Correcta a M. Hermanno Bonno« (so Bl. C 3[r]) oder einer ähnlichen Anmerkung versehen – aber auch andere Stücke weichen im Wortlaut von den gängigen Vorlagen ab.[128] Bonnus hat seine so bezeichneten Vorlagen also »gebessert«, wie das vor ihm auch die Reformatoren Martin Luther und Thomas Müntzer getan – und auch so bezeichnet – hatten. Um welche Art von Korrekturen handelt es sich dabei handelt, kann man im Einzelnen, da wir die Vorlage(n) für Bonnus' Texte (noch) nicht kennen und daher nicht wissen, wie der genaue Wortlaut der Bonnus vorliegenden lateinischen Texte war, nicht genau bestimmen. Für eine Charakterisierung des Gesamtbefundes ist das, anders als für die einzelnen Textvarianten, freilich nicht erheblich – diese viel abgeschriebenen, viel memorierten und vielgesungenen Hymnen und Sequenzen waren mit kleineren Varianten im Wortlaut der Texte seit Jahrhunderten, ja im Falle der Hymnen des Ambrosius, seit mehr als einem Jahrtausend überall in Europa verbreitet.[129]

Die Mariensequenz »Ave maris stella«[130] hat Bonnus gründlich umgeformt, die Prädikationen Marias eliminiert und Christus als *rex, coeli scala, sol iusticiae, salus mundi, agnus dei, redemptor et peccati condonator* angesprochen, und die marianische Antiphon »Regina coeli« hat Bonnus zu einer Christus-Antiphon umgeschrieben.[131]

---

127 Es handelt sich um: *Ad laudes salvatoris, *Ave praeclarum mundi, *Christe, sanctorum decus, *Christe, sanctorum praeceptor, *Conventu parili hic te, *Exultat vera ecclesia, *Iesu corona virginum, *Iste confessor domini, *Lauda Sion salvatorem, *O beata beatorum martyrum, *Rex Christe omnes, *Rex gloriose martyrum, *Summe rex Christe angelorum.

128 Da Bonnus' Vorlage (noch) nicht bekannt ist, wird hier kein Vergleich vorgenommen. Man sehe im Einzelnen, wo der Druck von den gängigen Fassungen abweicht.

129 Vgl. dazu K. SCHLAGER, Art. Hymnus. III. Mittelalter (MGG[2] Sachteil 4, 1996, 479–490; bes. 3. Repertoire-Bildung 481–483).

130 Vgl. W. LIPPHARDT, Art. »Ave maris stella« (deutsch) (Die deutsche Literatur des Mittelalters. Verfasserlexikon 1, [2]1978, 565–568).

131 BONNUS, Hymni (s. Anm. 95), Bl. H 2[v].

Auch über der Fronleichnamssequenz des Thomas von Aquin »Lauda Sion salvatorem«[132] »de sacramento altaris« steht der Vermerk »a M.[agistro] Hermanno Bonno correcta« – kein Wunder, hätte ein lutherischer Theologie doch schwerlich die poetische Fassung des neuen Dogmas der Transsubstantiation von 1215 stehen lassen können. Also ging es darum, diejenigen Stellen zu ändern, in denen die römische Lehre[133] ersetzt und die Wittenberger Abendmahlslehre zur Geltung kommen sollte.

Lauda Sion Salvatorem,	Lauda Sion saluatorem
Lauda ducem et pastorem	lauda ducem et pastorem
In hymnis et canticis.	In hymnis et canticis.
Quantum potes, tantum aude,	Quantum potes tantum aude,
Quia maior omni laude,	Quia maior omni laude
Nec laudare sufficis.	Nec laudare sufficis.
Laudis thema specialis	*Nam praecepit nobis Christus*
Panis vivus et vitalis	*ut edamus suum corpus*
Hodie proponitur.	*Et bibamus sanguinem.*
Quem in sacræ mensa cœnæ	*Sacramentum hoc* in coena
Turbæ fratrum duodenæ	turbae fratrum duodenae
Datum non ambigitur.	Datum non ambigitur.
Sit laus plena, sit sonora;	Sit laus plena, sit Sonora
Sit iucunda, sit decora	sit iucunda, sit decora
Mentis iubilatio,	mentis iubilatio.
Dies enim solemnis agitur	*Illa enim Testamenti*
In qua mensæ prima recolitur	*solennis institutio*
Huius institutio.	*Ad nos omnes pertinet.*

132 Der Text ist vielfach verbreitet; zuverlässige Ausgabe (zitiert): Ein Jahrtausend lateinischer Hymnendichtung (s. Anm. 36), I, 356f. (Nachdruck aus Analecta Hymnica 50, 584).
133 Vgl. Denzinger-Hünermann 800–802.

In hac mensa novi Regis
Novum Pascha novæ legis
Phase vetus terminat.

Vetustatem novitas,
Umbram fugat veritas,
Noctem lux eliminat.

Quod in cœna Christus gessit,
Faciendum hoc expressit
In sui memoriam:

Docti sacris institutis
Panem, vinum in salutis
Consecramus hostiam.

Dogma datur Christianis,
Quod in carnem transit panis
Et vinum in sanguinem.

Quod non capis, quod non vides,
Animosa firmat fides
Præter rerum ordinem.

Sub diversis speciebus,
Signis tantum et non rebus,
Latent res eximiæ:

Caro cibus, sanguis potus,
Manet tamen Christus totus
Sub utraque specie.

A sumente non concisus,
Non confractus, non divisus
Integer accipitur.

In hac mensa novi regis
nouum pascha novae legis
Phase vetus terminat.

Vetustatem novitas
umbram fugit veritas
Noctem lux eliminat.

Quod in coena Christus *fecit,*
faciendum hoc *praecepit*
in sui memoriam

Docti sacris institutis
panem vinum in *salute*
Acceptamus animae.

Dogma datur Christianis,
quod *sit Christi corpus* panis
Et sanguis in calice.

Quod non capis, quod non vides
animosa firmat fides
Praeter rerum ordinem.

sub diversis speciebus
signis tantum et non rebus
latent res eximiae.

Corpus cibus, sanguis potus
manet tamen Christus totus
Sub utraque specie.

a sumente non concisus
non confractus *nec* divisus
Integer accipitur.

Sumit unus, sumunt mille,
Quantum isti, tantum ille,
Nec sumptus consumitur.

Sumunt boni, sumunt mali,
Sorte tamen inæquali,
Vitae vel interitus.

Mors est malis, vita bonis,
Vide paris sumptionis
Quam sit dispar exitus

Fracto demum sacramento,
Ne vacilles, sed memento
Tantum esse sub fragmento,
Quantum toto tegitur.

Nulla rei fit scissura,
Signi tantum fit fractura,
Qua nec status nec statura
Signati minuitur

Ecce panis Angelorum
Factus cibus viatorum,
Vere panis filiorum,
Non mittendus canibus!

In figuris praesignatur,
Cum Isaac immolatur,
Agnus Paschæ deputatur,
Datur manna patribus.

Bone pastor, panis vere,
Jesu, nostri miserere,
Tu nos pasce, nos tuere,
Tu nos bona fac videre

sumit unus, sumunt mille,
quantum isti, tantum ille
Nec sumptus *minuitur.*

sumunt boni, sumunt mali,
sorte tamen inaequali
Vitae vel interitus

Mors est malis, vita bonis,
vide paris sumptionis
quam sit dispar exitus

fracto demum sacramento
ne vacilles, sed memento
tantum esse sub fragmento
Quantum toto tegitur.

Nulla rei fit scissura,
signi tantum fir fractura,
qua nec status nec statura
signati minuitur

Ecce *cibus salutaris*
quem donavit Christus suis
apostolis et omnibus
Ipsum metuentibus.

ut sint certi, quod in cruce
pro peccatis et delictis
fudit suum sanguinem.

bone pastor, panis vere,
Iesu nostri miserere
tu nos pasce, nos tuere,
tu nos bona fac videre

In terra viventium.	In terra viventium.
Tu qui cuncta scis et vales,	tu qui cuncta scis et vales
Qui nos pascis hic mortales,	qui nos pascis hic mortales
Tuos ibi commensales,	tuos ibi commensales
Cohæredes et sodales	cohaeredes et sodales
Fac sanctorum civium.	Fac sanctorum civium.

Wie man bemerkt, ist der überwiegende Teil des Wortlautes der Sequenz unverändert geblieben. Knaben, die etwa an die vorreformatorische Fassung des Textes gewöhnt gewesen waren und diese auswendig konnten, hatten sich bei der Einführung von Bonnus' Fassung gewiss eine Zeitlang umstellen müssen; aber wer das Buch nach 1559 benutzte, hatte wohl kaum mehr eine Ahnung von der ursprünglichen Fassung und der römischen Lehre.

X

Aber nicht nur von dem großen Wittenberger Reformator Philipp Melanchthon gibt es einen lateinischen Hymnus in dieser Sammlung. Als letztes Stück findet sich ein gegenüber den vorausgehenden anders überschriebenes Stück, auf das die Bemerkung auf dem Titelblatt »sicut olim sunt cantata in ecclesia Die« jedenfalls nicht zutrifft. Überschrieben ist der Gesang als »Spiritualis cantilena, canenda et oranda adversus infestissimos hostes Iesu Christi et sacrosanctae eius ecclesiae«. Bei dieser »spiritualis cantilena« – eine Übersetzung von »geistliches Lied«[134] – handelt um eine lateinische Übersetzung von Luthers Lied »Erhalt uns, Herr, bei deinem Wort«, und zwar nicht in dem zuerst 1542 nachweisbaren dreistrophigen Original Luthers, sondern in einer fünfstrophigen, 1545 durch Strophen von Justus Jonas ergänzten Fassung, die Bonnus vor seinem Lebensende ebenfalls noch hatte wahrnehmen können. Am Ende ist, als letzte Strophe des Büchleins überhaupt, eine Übersetzung von Luthers Friedenslied »Verleih uns Frieden

---

134 Den Begriff *spiritualis cantilena* für deutschsprachige Gesänge braucht Luther in der *Formula missae et communionis* (WA 12; 218,21f, unter Verweis auf Kol 3,16, doch ist dort der Wortlaut anders) und in seinem Brief an Georg Spalatin WAB 3; 220f, Nr. 698, hier 220,2f.

gnädiglich«[135] angefügt. Dieses war seinerseits eine Übersetzung einer altkirchlichen, aus dem 6./7. Jahrhundert stammenden Antiphon »Da pacem
domine in diebus nostris«;[136] es trägt daher im *Klugschen Gesangbuch* von
1543/44 auch die Überschrift »Da pacem domine / Deudsch«.[137]

Serua Deus Verbum tuum,	Erhalt vns Herr bei deinem wort /
Et frange vires hostium,	Vnd stewr des Bapsts vnd Türcken mord /
Qui Filium tuum suo,	Die Jesum Christum deinen Son /
Turbare conantur throno.	Stürtzen wollen von deinem Thron.
Ostende nunc potentiam,	Beweis dein macht HErr Jhesu Christ
O Christe Rex Regum tuam,	Der du HErr aller Herren bist /
Defende paruulum gregem,	Beschirm dein arme Christenheit
Qui te fatetur Principem.	Das sie dich lob in ewigkeit.
Viuificator Spiritus,	Gott heilger Geist du Trôster werd
Concordiam da cordibus,	Gib deim Volck einerley syn auff Erd /
Adsis periclitantibus,	Steh bey vns in der letzten Not
Cum morte conflictantibus.	Gleit vns ins Leben aus dem Tod.
Tu dissipa vafros dolos,	Ir anschleg HERR zu nichten mach
Et verte in illos O Deus,	Las sie treffen bôse Sach /
Fac in foramen incidant,	Vnd stürtz sie in die gruben ein
Ecclesiae quod comparant.	Die sie machen den Christen dein.
Sic fiet, ut et sentiant,	So werden sie erkennen doch
Deum verum, quem pernegant,	Das du vnser Gott lebest noch /
Qui fortiter nos adiuuas,	Vnd hilffst gewaltig deiner Schar
Regni superni Conuenas.	Die sich auff dich verlesset gar.

135 Luther, Lieder (s. Anm. 23), 102 f. 181, Nr. 26.
136 Da pacem domine in diebus nostris, quia non est alius, qui pugnet pro nobis nisi tu, deus
   noster.
137 Die lateinische Version wird nach der Ausgabe von Bonnus, die deutsche nach einem
   Wittenberger Druck Veit Creutzers (VD16 C 4933), Verleih uns Frieden gnädiglich nach
   dem Klugschen Gesangbuch 1543/44 (Abbildung in: Luther, Lieder [s. Anm. 23], 102)
   wiedergegeben.

176

Pacem tuam te poscimus,	Verleih vns frieden gnediglich
Concede nobis coelitus,	HErr Gott zu vnsern zeiten /
Nam nemo praeter te O Pater,	Es ist doch ja kein ander nicht /
vindex tuisque est arbiter	der fůr vns kůnde streiten /
Victoriae et belli potens.	denn du vnser Got alleine.

Der Druck der lateinischen Übersetzung ist nicht das früheste Zeugnis für diese Version des Liedes; sie stammt, wie auch in den Wittenberger *Psalmi seu cantica*, in denen der Text ebenfalls als letzter steht, von Johannes Stigel.[138] Welche Wege diese Übersetzung in den kommenden Jahrzehnten genommen hat, wäre zu untersuchen. Sie kommt jedenfalls auch in der württembergischen *Psalmodia* von 1658 vor[139]; die Strophen bilden zudem den Schlusspunkt in dem Nürnberger *Officium Sacrum* von 1664[140], und im *Neu Leipziger Gesangbuch* von Gottfried Vopelius[141] aus dem Jahr 1682

---

138 S. Anm. 143, dort Bl. 101ᵛ: »Hymnus Iohannis Stigelii« in der dreistrophigen Fassung mit der Abweichung in Strophe 1,3: »Qui IESVM filium suo«. – Der Text findet sich mit dem Titulus »Precatio pro conservatione verbi divini« in Stigels gesammelten Gedichten: Poematum Iohannis Stigelii Liber II. Continens sacra. Jena 1566, Bl. G 7ᵛ, online: http://www.uni-mannheim.de/mateo/camena/stigel1/teo1.html (Stand: 8.7.2022). – Eine vierstimmige Vertonung von SETH CALVISIUS in: HYMNI SACRI ‖ LATINI ET ‖ GERMANICI, QVORVM ‖ in illustri ludo, qui est Portae ad ‖ Salam, in precibus matutinis & vesperti= ‖ nis, Item[que] post cibum sumtum, ‖ usus est, ‖ Quatuor vocum Harmoniâ à ‖ SETHO CALVISIO, ejusdem ‖ ludi Musico nuper, vel novè exornati, vel si ‖ id ab alijs factum erat, emendati [...] ‖ Accesserunt Harmoniae, generibus Car= ‖ minum apud Horatium, et Buchananum usur= ‖ patis, accomodatae.‖ M.D.XCIIII.‖ ERPHORDIAE. ‖ Excusi typis ‖ Georgij Bau= ‖manni S. ‖. Erfurt: Georg Baumann d. Ä. 1594 (VD16 K 61; RISM A/I: C 257), Bl. K 8ʳ–Lᵛ, Nr. XLVIII: »Hymnus pro Ecclesiae liberatione«, dreistrophig mit einer doxologischen Zusatzstrophe. Vorhanden: Gotha, Forschungsbibliothek (Druck 8° 01229 [02], online). Eine Abschrift des Drucks: München, BSB (Mus. ms. 1202).
139 ODENTHAL, Stundenliturgie (s. Anm. 31), 102, Nr. 9.
140 OFFICIUM SACRUM (s. Anm. 112), 309f. Überschrift: »Hymnus, qui post Litaniam decantari solet; Germ. versus à B. Luthero: Erhalt vns / Herr / bey deinem wort / etc.«
141 Neu Leipziger Gesangbuch Von den schönsten und besten Liedern verfasset, Jn welchem Nicht allein des sel. Herrn D. Lutheri [...] Gesänge, Lateinische Hymni und Psalmen, Sondern auch die Passion nach den heiligen Evangelisten Matthaeo und Johanne, die Auferstehung, die Missa, Praefationes, Responsoria und Collecten, [...] das Magnificat

steht das Lied in der Abteilung »Gesänge für die Gregorian-Schüler am Schul-Fest-Tage Gregorii«[142] ebenfalls als letztes Stück.

XI

Spätestens beim Druck des Büchleins im Jahre 1559, aber gewiss schon zu Bonnus' Lebzeiten, war der Schülergesang über den Bestand der alten Hymnen und Sequenzen hinausgewachsen. Und auch die Zeiten waren ja anders geworden; der Bestand der lutherischen Lehre und Kirche war nach dem Tod des Reformators in Gefahr geraten. Ob die Schüler nun »Serva deus verbum tuum« oder nicht doch »Erhalt uns, Herr, bei deinem Wort« sangen, stehe dahin, nicht aber die Bitte um den Erhalt eben dieses Wortes.

Sechs Jahre nach Bonnus' Sammlung erschien in Wittenberg ein lateinisches Psalterium Davidis, mit einem Anhang »Psalmi seu cantica ex sacris literis, IN ECCLESIA CANTARI SOLITA, CVM HYMNIS ET COLLECTIS ... in vsum Ecclesiarum & iuuentutis Scholasticae«.[143] In seiner Vorrede betont der Herausgeber Paul Eber Absicht, Sinn und Notwendigkeit,

---

nach den 8. Tonis, Te Deum laudamus, Symbolum Nicaenum, &c. Choraliter, [...] zu finden [...] Leipzig 1682 (VD17 12:120222E). Vorhanden: München BSB (Litur. 1322i).

142 AaO., 1037–1072, hier 1071f.

143 Psalteriũ || DAVIDIS || IVXTA TRANSLATIONEM VETEREM, || ALICVBI TAMEN EMENDATAM ET DECLARA= || tam, & accuratius distinctam iuxta Ebraicã Veritatem, || additis [...] breuibus Argumentis.|||v. (Paulus Eberus Kitthingensis,|| Pastor Ecclesiae Vuitebergensis.|| Psalmi || seu cantica || ex sacris literis, || IN ECCLESIA CANTARI SOLITA, CVM || HYMNIS ET COLLECTIS [...] || in vsum Ecclesiarum & iuuen= || tutis Scholasticae:||. 1565. || VVITEBERGAE EXCUSA JN OFFICINA LAV= || RENTII SCHWENCK EISFELDENSIS, || ANNO || 1564.||. Wittenberg: Lorenz Schwenck 1565/ (1564) (VD16 ZV 1700). – Das Gothaer Exemplar online: https://nbn-resolving.org/ urn:nbn:de:urmel-ef05b45d-19b1-435c-b9d2-3ca9b56b16269 (Stand: 7.7.2022). – Eine weitere Ausgabe Magdeburg 1597: Psa[lterium] || DA[vidis] || IVXTA [tran-] || SLATIO-N[em vete-] || rem, vnà cum [canticis hym-] || nis & orati[onibus ec-] || clesi[asticis] || MAGDEBVRGI, || Impensis Ambrosij Kirchneri. || M. D. XCVII. ||. Magdeburg: Ambrosius Kirchner d. J. 1597 (VD16 ZV 1731). – Vgl. dazu S. MICHEL, Das gesungene Wort Gottes. Paul Ebers Gebrauch Geistlicher Lieder in Haus, Schule und Kirche (in: Paul Eber [1511–1569]. Humanist und Theologe der zweiten Generation der Wittenberger Reformation [Leucorea-Studien zur Geschichte der Reformation und der Lutherischen Orthodoxie 16], hg. v. D. GEHRT / V. LEPPIN, 2014, 424–443).

die lateinischen Hymnen und Psalmen auch weiterhin zu pflegen – auch zwar sowohl aus theologischen wie auch aus religiösen und pädagogischen Gründen.[144]

Die aber sollten sie noch über mehr als ein Jahrhundert weiter pflegen – die Verbindung von Schule und Kirche, von Lateinunterricht und Gottesdienst dauerte auch im 17. Jahrhundert noch an. 1594 erschienen die Vertonungen des Seth Calvisius für die Fürstenschule in Pforta,[145] und 1615 kam in Nürnberg ein *Enchiridion ecclesiasticum*[146] heraus, das die 150 Psalmen, Cantica, Hymnen und Versikel sowie Collecten in lateinischer Sprache enthält. Drei Jahre später wurden in Stuttgart *Cantica sacra choralia*[147] für das Herzogtum Württemberg gedruckt, und 1658 in Tübingen eine *Psalmodia*,[148] die 1686 eine neue Auflage erfuhr. Aber nicht nur für den Gesang, sondern auch für theologische Debatten wurde das Lateinische in diesen Jahren noch als unerlässlich betrachtet: So ermahnte Philipp Jakob Spener seinen Sohn Johann Jakob, das Lateinische zu pflegen, um sich bei passender Gelegenheit in theologischen Fragen angemessen ausdrücken zu können.[149]

---

144 Es gibt etliche Übereinstimmungen zwischen Bonnus' *Hymni et Sequentiae* und Ebers *Psalmi seu cantica*, die im Einzelnen festzustellen wären.

145 S. Anm. 138.

146 Enchiridion Ecclesiasticum, In quo Psalterium Davidis Prophetae et Regis sanctissimi, una cum aliis orthodoxam veteris Ecclesiae spirantibus. Piis & devotis Christianorum Mentibus quae precibus matutinis, diurnis et vespertinis, Noribergae et alibi consuetis interesse gaudent [...]. Nürnberg: Georg Leopold Fuhrmann 1615, 16°, 554 S. (VD17 75:682818R). Vorhanden: Nürnberg, Stadtbibliothek (Solg. Ms. 38.4° Will. II. 443. 12°). – Erwähnt von M. HEROLD, Alt-Nürnberg in seinen Gottesdiensten. Ein Beitrag zur Geschichte der Sitte und des Kultus, 1890, 114. – Für den Hinweis auf dieses Buch danke ich Herrn Prof. Dr. Rudolf Keller. Vgl. auch die Rezension des Werkes von H.[EINRICH] A.[DOLF] KÖSTLIN, ThLZ 16, 1891, 446f; ODENTHAL, Stundenliturgie (s. Anm. 31), 188.

147 VD 17 21:730379N. Vgl. dazu ODENTHAL, Stundenliturgie (s. Anm. 31), bes. 86ff.

148 AaO., 98–110.

149 Philipp Jakob Spener an Johann Jakob Spener in Leipzig. Dresden, 22. August 1688 (in: P. J. SPENER, Briefe aus der Dresdner Zeit. Bd. 2: 1688, hg. v. J. WALLMANN, 2009), 360f, 15–20, Nr. 86: »imprimis cum tantum adhuc Tibi desit in Latinae linguae et styli studio, quod contemni nolo certumque Te esse iubeo, si aspernari pergas, aliquando seram poenitudinem subituram. Sane multis, quibus scientia non defuit, cum deesset scite et apposite verbisque satis commodis ac ita stylo non nimis abiecto, quae vellent, exprimendi facultas, tantos illi suae doctrinae fructus capere vel aliis communicare, quam

XII

Das *Officium Sacrum* aus der Sebalduskirche und der Lorenzkirche in Nürnberg ist nur ein, freilich sehr bemerkenswertes Beispiel für eine reiche und dauerhafte Pflege derjenigen alten Gesänge, »sicut olim sunt cantata in ecclesia Dei«. Auch und gerade durch sie blieb die evangelische Kirche, in den Gottesdiensten wie in ihrer lateinischen Kirchenmusik, in der Kontinuität der einen, heiligen, allgemeinen und apostolischen Kirche, an deren Bestand und Bestehen nicht nur den Reformatoren gelegen gewesen war. Das »Praeloquium« zu dem Nürnberger Officium gibt nicht nur eine knappe Einführung in die Hymnologie und die Geschichte der kirchlichen Gesänge, sondern es kommt am Ende auch auf die Bedeutung dieses überlieferten Gutes für die protestantische Kirche zu sprechen:

Haec vero primitivae Graecorum et Latinorum Ecclesiae laudatissima legens vestigia, Ecclesia Germanorum, quam vocant Protestantium, in vernaculam transpositis Psalmis Davidicis et Hymnis quibusdam Latinis, alia quoque patrio sermone sacra Carmina divinis laudibus consecravit: ut Lingua etiam Teutonica laudaret Dominum.

Circa tempus istud, quo vera et sincera Christianorum Religio, tot seculis sepulta quasi reviviscebat, ac, affulgente pura et primaeva Verbi divini luce, ad normam Evangelicam et Apostolicam postliminio sibi restituebatur: MAGNIFICUS ET NOBILISSIMUS NORIMBERGENSIUM SENATUS, ad exemplum aliorum, et saniorum Theologorum consilio, resectis traditionum humanarum laciniis, et retentis quae genuinam antiquitatem sapiebant, (nam Latinorum in Papatu cantuum abusus, pium eorundem usum non tollit) sacra publica ad Verbi divini regulam, eo quo nunc gaudet ordine, reformandum statuit: idque mense Iunio, anno XXIV seculi superioris, feliciter peregit.

Hunc igitur Sacri Officii Ordinem, omnium hic oculis subjicimus: tum ut cognoscat pius Lector, publicum ejusmodi DEI cultum nostrum, a fermento Neo-Pharisaico plane repurgatum esse; tum, ut devotus auditor, choro verba praeeunte, ipse quoque DEUM collaudare possit.

Etenim non cantoribus tantum, sed omnibus Christi fidelibus, dictum est a gentium doctore: Implemini Spiritu Sancto, loquentes vobismetipsis in Psalmis, hymnis et canticis, cantantes et psallentes DEO in cordibus vestris. Eph. 5, 18 et seq.

voluissent, non potuere.« – Es scheint diese Bemerkung in den *Consilia Theologica* zu sein, auf die HEROLD, Alt-Nürnberg (s. Anm. 146), 113 rekurriert. Für den Hinweis auf diesen Brief und seine Quelle danke ich Herrn Prof. Dr. Markus Matthias, Amsterdam.

Si in cordibus: ergo sola voce non recte Deo praestatur hic cultus. Hinc Regula, a Synodo IV Carthaginensi praescripta: Vide, ut, quod ore cantas, corde credas: et quod corde credis, opere comprobes. Addit huic praecepto glossa dist. 92 cap. cantantes, hoc distichon:

Non vox, sed votum; non chordula
    musica, sed cor;
non clamans, sed amans: cantat
    in aure DEI.

Et sane accenditur devotio mentis, voce cantantis: qui quasi sui ipsius auditor, via aurium cor excitat ad DEI cultum, et in corde fiduciam in DEUM. Os enim canendo mentem erudit: Chrys. in serm. de David. Cantic. ut alias chordis corda, fidibusque fides ac vita, excitantur. Quibus pium Lectorem bene valere, et hisce pagellis, in majorem DEI gloriam, piaeque devotionis suae augmentum, uti fruique jubemus.[150]

Die Nebengottesdienste wurden aber auch in Nürnberg noch lange aufrechterhalten;[151] und noch 1724 wurde für St. Aegidien – erkennbar in Erinnerung an die Einführung evangelischer Gottesdienste in Nürnberg im Jahr 1524[152] – ein kostbares Antiphonale hergestellt, das die altkirchlichen Antiphonen sowie Hymnen und weitere Stücke in lateinischer Sprache für den einstimmigen Gesang enthält.[153] Erst mit einem Mandat vom 1. April 1805 bestimmte der Nürnberger Rat, »›eine überflüssige Menge von Fest- und Feiertagen, äußerlichen Cerimonien, Worten und Zeichen‹, besonders

---

150 OFFICIUM SACRUM (s. Anm. 112), o.P.
151 Vgl. dazu HEROLD, Alt-Nürnberg (s. Anm. 146), 311 ff.
152 Gedacht ist dabei vermutlich an: Form vnd ordnung || eyner Christlichen Meß / || so zu Nürmberg im || Newen Spital || im brauch || ist. ||. – Getrůckt zů Nůrmberg / durch Hanß Hergot / || im jar M.D.XXV.||. Nürnberg: Hans Hergot 1525 (VD16 M 4897). Vorhanden: München BSB (Res. 4° Liturg. 695[28]).
153 ANTI-|| PHONALE || SELECTUM || in usum || CHORI || Ecclesiastici || ad D[ivi] || AEGIDII. [Nürnberg] 1724. 181 ungezählte Blätter. Vorhanden: Nürnberg, Landeskirchliches Archiv der Evangelisch-lutherischen Kirche in Bayern (LAELKB) (G2 / NbgStEgi 34. Mediennummer TEMP29356). Katalogbeschreibung: »einstimmig Handschrift / Papier / Schrift auch rot. Mit prächtigen kolorierten Initialen, gezeichneten kolorierten Titeleinfassungen und ein gezeichnetes koloriertes Bildnis des St. Aegidius mit der St. Egidienkirche im Hintergrund. Beschläge – Ganzledereinband mit Beschlägen und Schließen.« Online: bavarikon Identifikator: BV047037499. Erwähnt von HEROLD, Alt-Nürnberg (s. Anm. 146), 27 f und 113. – Für freundliche Auskunft danke ich Frau Dr. Christine Sauer, Stadtbibliothek Nürnberg, und Herrn Diplom-Bibliothekar Thilo Liebe, Landeskirchliches Archiv Nürnberg, Bibliothek.

auch ›die vielen (noch übrigen) Wochengottesdienste‹, alle Marien- und Aposteltage, Gründonnerstag, Epiphanias abzuschaffen, gebe es doch ›kein so großes Bedürfnis mehr in unseren Tagen, wo selbst gemeine Christen so manche andre Gelegenheit haben, ihre Religionskenntnisse zu vermehren‹«.[154] Der Zusammenhang von *pietas* und *eruditio*, den die Reformatoren, insbesondere Philipp Melanchthon, gelehrt und gelebt hatten, hatte schon seit längerem begonnen, sich aufzulösen – nunmehr wurde sein Ende durch ein politisches Mandat offiziell dekretiert.

Seither hat es immer wieder und bis in die Gegenwart Initiativen zur Belebung der Stundengottesdienste gegeben; eine Geschichte dieser Wiederbelebungen ist ein eigenes Thema. Das Evangelische Tagzeitenbuch der Michaelisbruderschaft[155] und die monatlichen Hefte von TE DEUM[156] aber bieten allen, die Freude an Gottes Wort und den Überlieferungen der Kirche haben, Gelegenheit, das Morgen- und das Abendlob »in maiorem dei gloriam piaeque devotionis suae augmentum« zu feiern.

---

154 HEROLD, Alt-Nürnberg (s. Anm. 146), 322.
155 Evangelisches Tagzeitenbuch, hg. v. d. Evangelischen Michaelsbruderschaft, Red. F. HERRMANN, 6., überarb. Aufl. 2020.
156 TE DEUM. Das Stundengebet im Alltag, hg. v. d. Benediktinerabtei Maria Laach und Verlag Katholisches Bibelwerk Stuttgart in Verbindung mit der evangelischen Communität Casteller Ring (Schwanberg). Erscheint monatlich. ISSN 1614-4910.

Anhang: Inhaltsübersicht über die *Hymni et Sequentiae*

Die folgende Inhaltsübersicht verzeichnet nicht nur die Textanfänge der einzelnen Hymnen, Sequenzen und übrigen liturgischen Stücke, sondern auch die Anweisungen, zu welchen Kirchenjahreszeiten bzw. Festen sie zu singen waren. Aufgenommen sind alle Angaben mit Ausnahme der Bezeichnungen der Metren. Die Blattzahlen geben an, wo das jeweilige Stück beginnt (Titulus). Abbreviaturen sind aufgelöst. Bei Verweisen an andere Stellen innerhalb des Buches sind diese hier in eckigen Klammern ergänzt.

184

186

Alphabetisches Verzeichnis der Textanfänge
(* laut Anmerkung im Druck von Bonnus bearbeitet)

Der moderne Luther

Betrachtungen zur historischen Anschlussfähigkeit lutherischer
Theologie in der Neuzeit – Verbindungslinien zu Max Weber,
Rudolf Otto und Ernst Troeltsch

von Roland M. Lehmann

I Einleitung[1]

»München wird modern«. Mit diesem Slogan warb die bayerische Hauptstadt kurz vor den 22. Olympischen Spielen im Jahre 1972.[2] Damit wollten
die Stadthäupter ihre verärgerten Bürger über die Baustellen hinwegtrösten.
Doch die Stadtplaner bedachten nicht die Doppeldeutigkeit dieser selbstbewussten Fortschrittsparole. Der Philosoph Wolfgang Welsch berichtet, ein
Passant habe eine ganz andere Bedeutung herausgelesen. Da stand auf einmal nicht mehr die Fortschrittsparole »München wird modern«, sondern
aufgrund einer wenig anderen Akzentuierung konnte man dort eine Fäulnisprophetie lesen: »München wird mōdern«, also in Moder übergehen.[3]

Mit einem solch doppeldeutigen Slogan kann man auch die Tendenzen
der Lutherforschung in den zurückliegenden Jahren charakterisieren: »Luther wird modern«. Auf der einen Seite bemühte man sich, die Neuzeitre-

1 Die folgenden Gedanken basieren auf der öffentlichen Antrittsvorlesung, die ich im
   Rahmen meines Habilitationsverfahrens am 30. Oktober 2018 in der Aula der Friedrich-
   Schiller-Universität Jena gehalten habe.
2 Vgl. A. v. KITTLITZ, Wo die schönen Dinge wohnen (Die Zeit 9, 20.02.2014, 29–41), 31;
   vgl. ferner B. STREICH, Subversive Stadtplanung, 2014, 30 u. 178, Anm. 47.
3 »Eines Morgens [...] las ein Passant an demselben Ort einen ganz anderen Satz. Gewiss,
   die Tafeln und die Lettern waren noch die gleichen wie vorher. Aber der Satz bedeutete
   etwas Anderes, da stand nicht mehr die Fortschrittsparole ›wird modern‹, sondern es war
   plötzlich eine Fäulnisprophetie zu lesen: ›wird mōdern‹ (in Moder übergehen). Durch
   eine etwas andere Akzentuierung war ein Menetekel mit folgender Bedeutung hervorge-
   treten: wird sich – dereinst, in absehbarer Zeit, bald, es hat schon begonnen – in Fäulnis
   und Verwesung auflösen« (W. WELSCH, Ästhetisches Denken, ³1993, 51).

levanz des Wittenbergers herauszustellen. Dabei hob man insbesondere die allgemeinen Kulturleistungen hervor, die mit dem Reformator verbunden sind: Luther als Sprachschöpfer,[4] Luther als ein Impulsgeber für Bildungsteilhabe und Bildungsgerechtigkeit,[5] Luther als weltweit bekannt gewordener Lieddichter.[6] Auch Luthers Theologie diskutierte man kritisch hinsichtlich der Frage nach ihrer aktuellen Bedeutung.[7] Albrecht Beutel wies auf das emanzipatorische Potential von Luther Religionsauffassung gegenüber der Autorität menschlicher Deutungsansprüche und institutioneller Herrschaftsansprüche hin.[8] Thomas Kaufmann weitete den Diskurs, indem er die Reformation in ihren europäischen und globalen Dimensionen nachzeichnete.[9] Dabei legte der Göttinger Theologe den Schwerpunkt auf die 1520er Schriften, in denen Luther Kaufmann zufolge eine »grundlegende

---

4 Vgl. exemplarisch N. R. WOLF, Martin Luther und die deutsche Sprache – damals und heute, 2017.

5 Vgl. F. SCHWEITZER, Die Reformation als Bildungsbewegung – nicht nur im schulischen Bereich. Ausgangspunkte, Wirkungsgeschichte, Zukunftsbedeutung (in: Luther heute. Ausstrahlungen der Wittenberger Reformation [UTB 4792], hg. v. U. HECKEL u.a., 2017, 275–293); CH. SCHLAG / W.-F. SCHÄUFELE / CH. OTTERBECK (Hg.), Bildungsereignis Reformation. Ideen Krisen, Wirkungen, 2017; R. KOERRENZ, Schule als strukturelles Arrangement. Eine gegenwartsorientierte Lektüre von Luthers Schulschriften (in: Lehre und Lernen im Zeitalter der Reformation. Methoden und Funktionen [SMHR 68], hg. v. G. HUBER-REBENICH, 2012, 1–19).

6 Vgl. J. HEIDRICH / J. SCHILLING (Hg.), Martin Luther: Die Lieder, 2017; J. SCHILLING, Luther, die Musik und der Gottesdienst (in: Luther heute [s. Anm. 5], 194–210).

7 Vgl. exemplarisch die Beiträge des Sammelbandes von U. HECKEL u.a. (Hg.), Luther heute [s. Anm. 5]. Vgl. ferner die Sammelbände zu den fünf internationalen Konferenzen »Reformation heute«: CH. SPEHR (Hg.), Bd. 1: Protestantische Bildungsakzente, 2014; V. LEPPIN / W. ZAGER (Hg.), Bd. 2: Zum modernen Staatsverständnis, 2016; A. CHRISTOPHERSEN / M. SCHRÖTER / CH. SENKEL (Hg.), Bd. 3: Protestantische Individualitätskulturen, 2018; J.A. STEIGER (Hg.), Bd. 4: Reformation und Medien zu den intermedialen Wirkungen der Reformation, 2018; B. OBERDORFER / E. MATTHES (Hg.), Bd. 5: Menschenbilder und Lebenswirklichkeit, 2019. Vgl. ebenso N. SLENCZKA / C. CORDEMANN / G. RAATZ (Hg.), Verstandenes verstehen: Luther- und Reformationsdeutungen in Vergangenheit und Gegenwart, 2018.

8 Vgl. A. BEUTEL, Unser Luther? Bedeutung und Bild des Reformators im säkularen Geschichtsbewusstsein (Luther 88, 2017, 12–30).

9 Vgl. aus der Vielzahl seiner Schriften TH. KAUFMANN, Erlöste und Verdammte. Eine Geschichte der Reformation, 2016, 10.

Neudeutung der kirchlichen Sakramente«[10] vornahm, eine »theologische Neubegründung des christlichen Ethos«[11] formulierte, die »Umrisse eines kirchlichen Neubaus«[12] skizzierte und »die paradoxe Existenz des Christen als freie, geistliche Herrschaft und als dienstbare Knechtschaft«[13] entfaltete. Außerdem hat Christopher Spehr die Wirkung und Rezeption Luthers im Zeitalter der lutherischen Bekenntnisbildung, in der Orthodoxie und im 19. Jahrhundert in den Blick genommen.[14]

Auf der anderen Seite konnte man in der Forschung der letzten Jahre auch die andere Akzentuierung des Slogans beobachten: »Luther wird mōdern«. Die Forschung stand ganz im Zeichen einer konsequent kritischen Aufarbeitung der Person Luthers und seines im Mittelalter haftenden Denkens.[15] Wie niemals zuvor trat Luther im komplexen Netz der spätmittelalterlichen Zeitbezüge hervor, womit zu Recht das Ablassen von aller Heroisierung, Monumentalisierung und Idealisierung einherging. So hat Thomas Kaufmann das sensible Thema »Luther und die Juden« historisch aufgearbeitet.[16] Volker Leppin hat Luther in das spätmittelalterliche Denken mit besonderem Blick auf die Mystik eingezeichnet.[17] Dabei hat er

---

10 AaO., 123.

11 AaO., 124.

12 Ebd.

13 AaO., 127.

14 Vgl. Ch. Spehr, Wirkung und Rezeption im Zeitalter der lutherischen Bekenntnisbildung und Orthodoxie (in: Luther Handbuch, hg. v. A. Beutel, ³2017, 510–520); Ders., Wirkung und Rezeption im 19. Jahrhundert (in: aaO., 534–544). Vgl. ferner den Sammelband zur Jenaer Ringvorlesung 2017 von Ch. Spehr (Hg.), Luther denken. Die Reformation im Werk Jenaer Gelehrter (Schriften zur Geschichte der Theologischen Fakultät Jena 2), 2019.

15 Vgl. V. Leppin, Tendenzen der Lutherforschung im Schatten des Reformationsjubiläums (in: Theologie zwischen Tradition und Innovation. Interdisziplinäre Gespräche [PTD 50], hg. v. F.-X. Amherdt / S. Loiero, 2019, 23–37).

16 Vgl. Th. Kaufmann, Luthers Juden, 2014; Ders., Luthers »Judenschriften«. Ein Beitrag zu ihrer historischen Kontextualisierung, 2011.

17 Vgl. V. Leppin, Die fremde Reformation. Luthers mystische Wurzeln, ²2017; Ders., Transformationen. Studien zu den Wandlungsprozessen in Theologie und Frömmigkeit zwischen Spätmittelalter und Reformation (SMHR 86), 2015; Ders., Reformatorische Gestaltungen. Theologie und Kirchenpolitik in Spätmittelalter und Früher Neuzeit (AKThG 43), 2016.

auch in methodischer Hinsicht den besonderen Akzent gesetzt, die frühe Phase in Luthers Leben konsequent unabhängig von seiner späteren, rückblickenden Selbstdeutung zu interpretieren.[18]

Dies bestätigt die Erkenntnis, die bereits Ernst Troeltsch programmatisch formuliert hat. In seinem Aufsatz *Protestantisches Christentum und Kirche in der Neuzeit* konstatierte er: Die reformatorische Epoche im Ganzen trägt »das Doppelgesicht der Herkunft vom Mittelalter und des Hinweises auf eine neue Geisteswelt und vereinigt noch beides in dem lebendigen Schaffen der großen Meister, vor allem in der Persönlichkeit Luthers, der am reichsten ist an Ideen und am ärmsten an Organisation«[19]. Luther ist – methodisch gesehen – nur in kritischer Ambivalenz bzw. in einem »gebrochenen Verhältnis«[20] zu interpretieren. Denn sein Denken und Handeln sind geprägt vom Charakter der Janusköpfigkeit. Luther schaut sowohl in Richtung Mittelalter als auch in Richtung Neuzeit.[21]

Bereits Adolf von Harnack mahnte, es könne nicht darum gehen, den ganzen Luther zu repristinieren.[22] Jedoch ist es eine Aufgabe der historischen Wissenschaft, auch die Stärken eines jeden Denkers hervorzuheben. Die kirchenhistorische Forschung steht somit immer zwischen Kritik und Plausibilisierung des theologischen Geltungsinteresses. Die Kirchengeschichte hat insofern zwischen historischer und gegenwärtiger Relevanz zu vermitteln. Damit soll keine erneute Monumentalisierung oder Heroisierung befürwortet werden. Doch wenn das Experiment – aus guten Gründen – vollzogen wird, Luther wie irgend möglich so lange zu lesen, »als wüsste man nicht, dass sich mit ihm ein Neuaufbruch in Kirche und Gesellschaft [...] verbindet«;[23] wenn also programmatisch versucht wird, ihn

---

18 Vgl. V. Leppin, Martin Luther, ³2017, 12.

19 Vgl. E. Troeltsch, Protestantisches Christentum und Kirche in der Neuzeit 1909/22 (in: Ders., Kritische Gesamtausgabe, Bd. 7: Protestantisches Christentum und Kirche in der Neuzeit [1906/1909/1922], hg. v. F. W. Graf u.a., 2004, 81–539), 133; vgl. auch aaO., 83.

20 Vgl. U. Barth, Das gebrochene Verhältnis zur Reformation. Bemerkungen zur Luther-Deutung Albrecht Ritschls (in: Ders., Aufgeklärter Protestantismus, 2004, 125–146).

21 Vgl. F. Barniske, Zur Einleitung. Luther im Kaleidoskop (in: Luther verstehen. Person – Werk – Wirkung, hg. v. M. Buntfuss / F. Barniske, 2016, 9–17), 9.

22 Vgl. A. v. Harnack, Lehrbuch der Dogmengeschichte, Bd. 3: Die Entwicklung des kirchlichen Dogmas II/III, ⁴1909 [Nachdruck 1990], 817.

23 Vgl. Leppin, Martin Luther (s. Anm. 18), 12.

»als Mensch des späten Mittelalters« zu verstehen, dann darf es umgekehrt ebenfalls erlaubt sein, vom mittelalterlichen Luther einmal abzusehen und ihn konsequent aus der Perspektive der Neuzeit zu lesen. Dadurch können die Höhepunkte seines theologischen Denkens besser hervorgehoben und die historische Anschlussfähigkeit seiner Theologie für die Neuzeit deutlicher aufgezeigt werden.[24]

Im Folgenden sollen nicht allein einige Rezeptions- und Wirkungslinien veranschaulicht werden. Vielmehr gilt es, Strukturanalogien im Denken zwischen Luther und Geistesgrößen der Moderne zu beleuchten. Dabei werden Gedanken erwogen, ohne die m.E. eine Theologie der Neuzeit gar nicht mehr auskommen könnte. Mit Strukturanalogie ist methodisch das gemeint, was Ernst Troeltsch vor Augen hatte. Als Hauptkennzeichen der historischen Methode sieht er die drei Verfahren »Kritik«, »Analogie« und »Korrelation«.[25] Während die Kritik mit dem Bewusstsein von Wahrscheinlichkeitsurteilen operiert und die Korrelation die Einbeziehung von Wechselwirkungen meint, dient das Verfahren der Analogie dem Aufzeigen von Gleichartigkeiten zur präziseren Erfassung der jeweiligen Eigentümlichkeit. Solche Analogien sollen in drei Betrachtungen aufgezeigt werden, in denen Theorien Luthers und Theorien neuzeitlicher Denker nebeneinandergestellt und aufeinander bezogen werden.

II Die Polarität ethischer Reflexion

Am 28. Januar 1919 hielt Max Weber, der wohl einflussreichste Denker des 20. Jahrhunderts und Mitbegründer der deutschen Soziologie, vor dem »Freistudentischen Bund« in München die Rede *Politik als Beruf*.[26] Dieser von Weber noch im selben Jahr zur Drucklegung überarbeitete Vortrag zählt zu den Gründungsdokumenten demokratischen Denkens in Deutsch-

---

24 Ebd.
25 Vgl. E. Troeltsch, Ueber historische und dogmatische Methode der Theologie (1900) (in: Ders., Lesebuch [UTB 2452], hg. v. F. Voigt, 2003, 2–25), 3–7.
26 Vgl. M. Weber, Politik als Beruf 1919 (in: Studienausgabe der Max Weber Gesamtausgabe, Bd. I/17, hg. v. W. Mommsen / W. Schluchter, 1994). Vgl. ferner K. Palonen, Eine Lobrede für Politiker. Ein Kommentar zu Max Webers »Politik als Beruf« (Studien zur politischen Gesellschaft 4), 2002.

land.[27] Darin beschreibt Weber die Aufgabe eines Berufspolitikers und unterscheidet zwischen Gesinnungs- und Verantwortungsethik.

Der Gesinnungsethiker blickt Weber zufolge allein auf die Werte, denen sich der Politiker seinem Gewissen nach verpflichtet weiß. Seine Handlungsweise ist kategorisch, d.h. es kommt allein auf die edlen Absichten unter Absehung von auch pejorativen voraussehbaren Auswirkungen an. Dem Gesinnungsethiker geht es darum, dass die »Flamme der reinen Gesinnung, die Flamme z.B. des Protestes gegen die Ungerechtigkeit der sozialen Ordnung, nicht erlischt«.[28] Seine Taten haben »exemplarischen Wert« und können »ganz irrational« sein – entscheidend sei deren Erfolg.[29] Als Beispiel einer reinen Gesinnungsethik sieht er die Kernaussagen der Bergpredigt an. Weber bezeichnet die Bergpredigt als »absolute Ethik des Evangeliums« und als »akosmistische Liebesethik«,[30] womit gemeint ist, dass die Realität des Lebens außer Acht gelassen wird. Deshalb aber sind die Forderungen der Bergpredigt keineswegs wirkungslos. Vielmehr entfachten sie immer wieder eine »revolutionäre Gewalt und traten in fast allen Zeiten sozialer Erschütterung auf den Plan«.[31] Der reine Gesinnungsethiker handle nach der Maxime: »›der Christ tut recht und stellt den Erfolg Gott anheim‹«.[32] Dieses Handeln kann jedoch problematisch werden, wenn Schaden entsteht, »weil die Verantwortung für die Folgen fehlt«.[33]

27 Der Stenograph Immanuel Birnbaum bezeichnete die Rede mit Bezug auf den Ausgang des Ersten Weltkrieges als »Dokument des Standes demokratischen Denkens in jenem kritischen Augenblick deutscher Geschichte«. Vgl. I. BIRNBAUM, Erinnerungen an Max Weber (Winter-Semester 1918/19) (in: Max Weber zum Gedächtnis. Materialien und Dokumente zur Bewertung von Werk und Persönlichkeit, hg. v. R. KÖNIG / J. WINCKEL-MANN, 1963, 19–21), 21. Vgl. ferner W. SCHLUCHTER, Die Entzauberung der Welt. Sechs Studien zu Max Weber, 2009, 89; D. KAESLER, »Führerdemokratie mit ›Maschine‹ oder führerlose Demokratie«? Ein Gründungsdokument demokratischen Denkens in Deutschland. Zum »Stichwortmanuskript« der Rede Max Webers über »Politik als Beruf« (in: DERS., Leidenschaft und Augenmaß. Max Webers Stichwortmanuskript zu »Politik als Beruf« [Illuminationen, Studien und Monographien, Katalog 13, 2008], 7–19).
28 Vgl. WEBER, Politik (s. Anm. 26), 80.
29 Ebd.
30 AaO., 78.
31 AaO., 83.
32 AaO., 86.
33 Ebd.

Der Verantwortungsethiker hingegen sieht sich in der Pflicht, dass er »für die (voraussehbaren) Folgen seines Handelns aufzukommen hat«.[34] Er handelt nach der Maxime: »diese Folgen werden meinem Tun zugerechnet«.[35] Nötig hierzu ist »die geschulte Rücksichtslosigkeit des Blickes in die Realitäten des Lebens, und die Fähigkeit, sie zu ertragen und ihnen innerlich gewachsen zu sein«.[36] Dabei steht der Verantwortungsethiker ständig in der Gefahr, »sein Heil der Seele«[37] zu gefährden.

Um das Verhältnis beider Ethiktypen zu klären, bedarf es nun des hermeneutischen Schlüssels, dessen Grundidee darin besteht, streng zwischen idealtypischen und realtypischen Aussagen bei Weber zu unterscheiden. Ein Idealtypus wir durch die einseitige Steigerung eines oder mehrerer Gesichtspunkte zur Gewinnung trennscharfer Begriffe konstruiert.[38] Diese Begriffe sollen aus der Empirie abstrahierte Modelle und gleichsam ideale Grenzbegriffe sein, um die Wirklichkeit analytisch besser erfassen zu können. In diesem Sinn schließen sich beide Ethiktypen aus und unterstehen »zwei voneinander grundverschiedenen, unaustragbar gegensätzlichen Maximen«.[39] Denn der Mensch, der rein nach seiner Gesinnung handelt, kann, um ein Bild von Max Weber zu gebrauchen, nicht aus seinem Fiaker nach Befinden ein- und aussteigen.[40] Vielmehr gelte die Devise »ganz oder gar nicht«.[41]

Gleichwohl finden sich auch realtypische Aussagen bei Weber zum Verhältnis beider Ethiktypen. Der Realtypus hebt die Abstraktion wieder auf und spiegelt die weitaus komplexere empirische Realität in ihren Mischformen und Kompromissen wider. In diesem Sinn betont Weber: »Nicht daß Gesinnungsethik mit Verantwortungslosigkeit und Verantwortungsethik mit Gesinnungslosigkeit identisch wäre«.[42] In diesem realtypischen

34 AaO., 79.
35 AaO., 80.
36 AaO., 86.
37 AaO., 85.
38 M. WEBER, Gesammelte Aufsätze zur Wissenschaftslehre, hg. v. J. WINCKELMANN, ³1968, 191.
39 Vgl. WEBER, Politik (s. Anm. 26), 79.
40 AaO., 78.
41 Ebd.
42 AaO., 79.

Sinn beschreibt Weber die Aufgabe des Politikers. Sie besteht darin, ständig zwischen beiden Ethiktypen zu vermitteln:

> Wahrlich: Politik wird zwar mit dem Kopf, aber ganz gewiß nicht nur mit dem Kopf gemacht. Darin haben die Gesinnungsethiker durchaus recht. Ob man aber als Gesinnungsethiker oder als Verantwortungsethiker handeln soll, und wann das eine oder das andere, darüber kann man niemandem Vorschriften machen.[43]

Beide Ethiktypen stehen also in einem Spannungsverhältnis zueinander und können sich sogar widersprechen oder wechselseitig ausschließen, sind aber dennoch notwendigerweise aufeinander bezogen. Weber spricht in diesem Sinn von »ethischen Paradoxien«:[44] Insofern sind realtypisch gesehen »Gesinnungsethik und Verantwortungsethik nicht absolute Gegensätze, sondern Ergänzungen, die zusammen erst den echten Menschen ausmachen«.[45] Die eine Ethik kann niemals ohne die andere bestehen. Wer allein seiner Gesinnung folgt, stehe nicht für die Probleme der Welt ein. Wer jedoch lediglich die Folgen seiner Handlungen kalkuliere, verliere die übergeordneten Werte aus dem Blick und ende – um mit den Worten von Max Horkheimer zu sprechen – bei einer bloß instrumentellen Vernunft.[46] Im Sinne von Max Weber könnte man somit sagen: Ohne Gesinnung ist die Verantwortung blind. Ohne Verantwortung hingegen ist die Gesinnung bloße Träumerei. Der Mensch steht immer in der Spannung zwischen beiden Ethiken und muss sich bei jeder Entscheidung aufs Neue zwischen diesen Polen positionieren. Genau dieses meint der berühmte Schlusssatz von Webers Ausführungen: »Die Politik bedeutet ein starkes langsames Bohren von harten Brettern mit Leidenschaft [= Gesinnungsethik] und Augenmaß [= Verantwortungsethik] zugleich.«[47]

Interessant ist, dass Weber für beide Typen Luther als Gewährsmann heranzieht. Bezogen auf die Verantwortungsethik macht er deutlich:

---

43 AaO., 86.
44 AaO., 85.
45 AaO., 87.
46 Vgl. M. HORKHEIMER, Zur Kritik der instrumentellen Vernunft. Aus den aus den Vorträgen und Aufzeichnungen seit Kriegsende (Fischer-Taschenbücher 7355), hg. v. A. SCHMIDT, 1992.
47 WEBER, Politik (s. Anm. 26), 88.

Der normale Protestantismus [...] legitimierte den Staat, also: das Mittel der Gewaltsamkeit; als göttliche Einrichtung absolut und den legitimen Obrigkeitsstaat insbesondere. Die ethische Verantwortung für den Krieg nahm Luther dem einzelnen ab und wälzte sie auf die Obrigkeit.[48]

Und zum anderen zollt er dem reifen und erfahrenen Verantwortungsethiker Respekt, wenn er nach langem Erwägen zu dem Punkt kommt, in diesem konkreten Fall rein gesinnungsethisch zu handeln. Nach Weber handelt er dann in Anspielung auf Luthers Wort zu Worms in dem Sinn: »[I]ch kann nicht anders, hier stehe ich«.[49]

Um nun von Max Weber den Bogen zu Luther zu schlagen: Wenn man sich fragt, wo in der abendländischen Kulturgeschichte erstmalig die Idee formuliert wurde, dass der Mensch nicht nur nach einer Ethik zu leben habe, sondern in der Spannung zweier Ethiktypen stehe, zwischen denen er in einem ständigen Prozess vermitteln muss, so gelangt man zu Luthers Gedanken von den zwei Regimenten. Bei Luther ist diese Polarität ethischer Reflexion im Sinne der Weber'schen Bestimmung von Gesinnungs- und Verantwortungsethik präfiguriert. Als Referenztext dient in diesem Kontext Luther Schrift *Von der weltlichen Obrigkeit* aus dem Jahr 1523.[50]

Die Schrift besteht aus drei Teilen. Während Luther im zweiten Teil die Grenzen der weltlichen Obrigkeit auslotet[51] und er im dritten Teil – dem sogenannten *Fürstenspiegel* – der weltlichen Obrigkeit praktische Ratschläge erteilt,[52] entfaltet er im ersten Teil die Begründung der weltlichen Obrigkeit.[53] In sechs durchnummerierten Abschnitten führt er den Gedankengang aus. Der hermeneutische Schlüssel zum Verstehen seiner Argumentation liegt wie bei Weber in der Unterscheidung von ideal- und real-

---

48 AaO., 85.
49 AaO., 86.
50 Zugrunde gelegt wird der Text der Weimarer Ausgabe (WA 11; 245–281). Außerdem angegeben wird die Übertragung der deutsch-deutschen Studienausgabe (DDStA 3; 220–289).
51 Vgl. WA 11; 261,25–271,26; DDStA 3; 253,17–273,5. Zur Entstehung der *Obrigkeitsschrift* und das Verhältnis zur Bornaer Predigt vom 4. Mai 1522, zur Wittenberger Pfingstpredigt vom 10. Juni 1522 und zu den Weimarer Obrigkeitspredigten 24. und 25. Oktober 1522 vgl. R. M. LEHMANN, Reformation auf der Kanzel (BHTh 199), 2021, 146–152.238–261.505.
52 Vgl. WA 11; 271,27–280,19; DDStA 3; 273,6–289,25.
53 Vgl. WA 11; 246,17–261,24; DDStA 3; 223,6–253,16.

typischer Betrachtungsweise. Mit anderen Worten: Zuerst erfolgt in idealer Weise eine personale Aufteilung beider Regimente, die dann jedoch in eine funktionale Zuordnung, bezogen auf ein und dieselbe Person, mündet.

Im ersten Abschnitt entfaltet Luther mittels Schriftbeweisen die Einsetzung der Obrigkeit durch Gott.[54] Er bedient sich hierbei den Bibelstellen Röm 13,1, nach der jede Seele der Gewalt und Obrigkeit untertan sein solle,[55] und 1Petr 2, in der dazu aufgefordert wird, dass man aller menschlichen Ordnung untertan zu sein habe.[56] Luther zufolge herrsche die Macht des Schwertes seit Beginn der Welt.[57]

Der zweite Abschnitt kontrastiert diese Auffassung und benennt Gegenargumente, die scheinbar einer solchen Einsetzung der weltlichen Obrigkeit durch Gott widersprechen.[58] Hier führt er Gedanken aus der Bergpredigt an, nach der man Böses nicht mit Bösem vergelten solle.[59] Zwei Ethiktypen werden insofern zueinander in Widerspruch gesetzt. Dabei lehnt Luther die Auflösung dieses Widerspruchs durch eine Zwei-Klassen-Ethik radikal ab, nach der die Bergpredigt für die vollkommeneren Christen gelten solle und die unvollkommeneren Christen sich lediglich an den Dekalog zu halten haben.[60]

Ohne diesen Widerspruch aufgelöst zu haben, erfolgt im dritten Abschnitt eine eher personale Ausdifferenzierung anhand der Zugehörigkeit zu den zwei Reichen.[61] Während die Ungläubigen dem Reich der Welt angehören, sind die wahrhaft Gläubigen Teil des Reich Gottes und unterstehen allein der Herrschaft Christi als König und Herr dieses Reiches.[62] Diese

---

54 Vgl. WA 11; 247,21–248,31; DDStA 3; 225,8–227,14.

55 Vgl. WA 11; 247,23f; DDStA 3; 225,11.

56 Vgl. WA 11; 247,27–30; DDStA 3; 225,15–18.

57 Vgl. WA 11; 247,31; DDStA 3; 225,19.

58 Vgl. WA 11; 248,32–249,23; DDStA 3; 227,15–229,5.

59 Den Gegensatz zu den Ausführungen des ersten Punktes markiert Luther mit den Worten: »Da widder laut nu mechtiglich« (WA 11; 248,32; DDStA 3; 227,15).

60 Vgl. WA 11; 249,17–22; DDStA 3; 39–229,4.

61 Vgl. WA 11; 249,24–250,34; DDStA 3; 231,21–237,2.

62 WA 11; 249,24f; DDStA 3; 229,6–8: »Hie muessen wyr Adams kinder und alle menschen teylen ynn zwey teyll: die ersten zum reych Gottis, die andern zum reych der welt«. Vgl. auch im vierten Abschnitt: »Zum reych der wellt oder unter das gesetz gehören alle, die nicht Christen sind.« (WA 11; 251,1f; DDStA 3; 231,21f); »Darumb hatt Gott die zwey regiment verordnet, das geystliche, wilchs Christen unnd frum leutt macht durch den

Menschen benötigen idealtypisch gesehen gar kein weltliches Schwert. Luther erwägt, dass, wenn die ganze Welt rein hypothetisch aus echten Christen bestünde, man gar keiner weltlichen Obrigkeit bedürfe. Denn der Gerechte würde immer von selbst mehr tun, als es das Recht von ihm fordere.[63] Luther formuliert hier insofern eine Utopie.

Im vierten Abschnitt fragt Luther danach, was geschähe, wenn im Reich der Welt die weltliche Obrigkeit auf das Schwert verzichten würde, um die Menschen allein mit dem Evangelium zu lenken.[64] Hier zeichnet Luther eine finstere Dystopie. Ohne weltliches Schwert würden gleichsam die bösen wilden Tiere von der Kette gelassen und alle anderen zahmen Tiere zerreißen.[65] Auch hier befindet sich Luther noch in einer idealtypischen Betrachtungsweise des Verhältnisses beider Regierweisen.

Erst im fünften Abschnitt verändert Luther die Perspektive und wechselt zu einer realtypischen Beschreibung.[66] Die personale Zuordnung geht in eine funktionale Ausdifferenzierung über. Hierzu greift er wieder auf Röm 13 zurück. Er erinnert daran, dass dort explizit gefordert wird, alle Menschen – auch die wahren Christen – sollen der Obrigkeit untertan sein. Er betont erneut, dass ein wahrer Christ jedoch allein von Christus regiert würde und keines weltlichen Schwertes bedürfe.[67] Vor dem Hintergrund von Max Weber kann hier von einem gesinnungsethischen Typus gesprochen werden. Doch warum solle auch der Christ der weltlichen Obrigkeit gehorchen, wenn er diese gar nicht braucht? Luther wendet ein, dass die Christen nicht nur unter sich, sondern auch für ihre Nächsten leben. In

heyligen geyst unter Christo, unnd das welltliche, wilchs den unchristen und boeßen weret, daß sie eußerlich muessen frid hallten und still seyn on yhren danck.« (WA 11; 251,15–18; DDStA 3; 231,37–41).

63 WA 11; 249,36–250,1; DDStA 3; 229,20–22: »Und wenn alle welt rechte Christen, das ist, recht glewbigen weren, so were keyn furst, koenig, herr, schwerd noch recht nott odder nuetze.«

64 Vgl. WA 11; 250,1–253,16; DDStA 3; 231,21–237,2.

65 WA 11; 251,12f; DDStA 3; 231,34–36: »Denn wo das [weltliche Regiment, d. Vf.] nicht were, Syntemal alle wellt boese und unter tausent kaum eyn recht Christ ist, wuerde eyns das ander fressen«.

66 Vgl. WA 11; 253,17–254,25; DDStA 3; 237,3–239,12.

67 WA 11; 253,21f; DDStA 3; 237,7–9: »[...] itzt hab ichs gesagt, das die Christen unternander und bey sich und fur sich selbs keyns rechten noch schwerds duerffen«.

Bezug auf den Nächsten gilt es aber zu fragen, was für ihn nützlich sei.[68] Diese Erwägung der Nützlichkeit für den anderen kann als verantwortungsethischer Typus bezeichnet werden.

So gelangt Luther im sechsten Abschnitt zu der Behauptung, dass ein Christ zur Durchsetzung von Recht und Ordnung auch den Beruf des Henkers ausüben dürfe.[69] Das Kriterium für das Handeln des Christen liegt hierbei immer in der Frage, ob es dem anderen nützt oder nicht. Der Gedankengang gipfelt bei Luther darin, dass der Christ in der Spannung zwischen den zwei Ethiktypen steht. Er schaut sowohl auf sich als auch auf den Nächsten. Ginge es nur um ihn, so könne er auch auf das Schwert verzichten und getrost Unrecht erleiden. Doch gäbe es auch Fälle, in denen der Christ gerade aus Liebe zum Nächsten Recht durchzusetzen habe. Seit Beginn der Welt haben auch Christen das Schwert angewandt.[70] Am deutlichsten wird diese ethische Vermittlungsleistung in folgendem Zitat:

> Die Liebe geht durch alles hindurch und über alles und achtet nur darauf, was für seinen Nächsten nützlich ist [...]. Deshalb verpflichten auch die Beispiele für das Schwert nicht: du kannst ihnen folgen oder nicht.[71]

Luther beschwört hier also mitnichten einen blinden Obrigkeitsgehorsam, sondern formuliert vielmehr ein Konzept ethischer Mündigkeit aus christlicher Perspektive.

III Die Antinomie des Göttlichen

Um die Theologie Luthers zu veranschaulichen, wird im evangelischen Religionsunterricht gern auf ein Bildmotiv zurückgegriffen. Von Luthers Freund und Begleiter Lukas Cranach d. Ä. (1472–1553), dem berühmtesten

---

68 WA 11; 253,23–26; DDStA 3; 237,10–13: »Aber weyl eyn rechter Christen auff erden nicht yhm selbs sondern seynem nehisten lebt unnd dienet, ßo thutt er von art seyns geystes auch das, des er nichts bedarff, sondern das seynem nehisten nutz und nott ist.«
69 Vgl. WA 11; 254,27–261,24; DDStA 3; 239,13–253,16.
70 Vgl. WA 11; 255,22f; DDStA 3; 241,9f.
71 DDStA 3; 243,5–9; WA 11; 256,18–23: »Denn die liebe gehet durch alles und uber alles und sihet nur dahyn, was andern nutz und nott ist [...], On wu du sihest, das deyn nehister bedarff, da dringet dich die liebe, das zů thun noettlich, das dyr sonst frey und unnoetig ist, zů thun unnd zů lassen.«

Maler zur Zeit der Reformation, stammt die Bildkomposition *Gesetz und Gnade* bzw. *Gesetz und Evangelium*.[72] Wohl mit Luther zusammen hat er 1529 dieses Motiv entwickelt und dann zwei Jahrzehnte lang unermüdlich abgewandelt.[73] Die Typologie gehört zu den wichtigsten Bildmotiven der Reformation, mit der Titelblätter verziert und Altäre geschmückt wurden, wie beispielsweise das Altarbild in der Weimarer Stadtkirche. Die folgenden Ausführungen beziehen sich exemplarisch auf das Gemälde aus dem Jahr 1529, welches sich im Besitz des Germanischen Nationalmuseums in Nürnberg befindet.[74]

In der Kunstgeschichte lassen sich vier Dimensionen ästhetischer Betrachtung unterscheiden: die Werkästhetik, die Produktionsästhetik, die Rezeptionsästhetik und die Wirkungsästhetik.[75] Zieht man diverse Interpretationen des Cranach'schen Bildes heran, so wird das Bild zumeist aus werkästhetischer Perspektive betrachtet. Das Augenmerk wird auf die einzelnen biblischen Anspielungen des Gemäldes gelegt.[76]

---

72 Vgl. K. AMON, Die Komposition »Gesetz und Gnade« von Lucas Cranach d. Ä. (in: Kirche in bewegter Zeit. Festschrift für Maximilian Liebmann zum 60. Geburtstag, hg. v. R. ZINNHOBLER, 1994, 45–62); E. BADSTÜBNER, Gericht und Gnade in der Ikonographie protestantischer Bilder (in: Gesetz und Gnade. Cranach, Luther und die Bilder, hg. v. G. SCHUCHARDT, 1994, 33–40); S. FISCHER, Gesetz und Gnade. Wolfgang Krodel d. Ä., Lucas Cranach d. Ä. und die Erlösung des Menschen im Bild der Reformation, 2017.

73 Vgl. F. OHLY, Gesetz und Evangelium. Zur Typologie bei Luther und Lucas Cranach – Zum Blutstrahl der Gnade in der Kunst, 1985, 15.

74 Vgl. L. CRANACH D. Ä., Allegorie auf Gesetz und Gnade (Wittenberg nach 1529), http:// objektkatalog.gnm.de/objekt/Gm221 (Stand: 4.7.2022.)

75 Vgl. hierzu U. BARTH, Religion und ästhetische Erfahrung. Interdependenzen symbolischer Erlebniskultur (in: DERS., Religion in der Moderne, 2003, 235–262).

76 Betrachtet man das Gemälde, so sind im Hintergrund verschiedene biblische Szenen zu sehen. Links ist der Sündenfall abgebildet: Mitten im Paradiesgarten übergibt Eva Adam den Apfel von jenem Baum, um dessen Stamm sich die Schlange windet (Gen 3,1–24). Weiter rechts wird auf die eherne Schlange angespielt (Num 21,6–9): Das Volk Israel kann der Strafe Gottes entkommen, indem eine eherne Schlange an einer Stange errichtet wird und dadurch die Menschen geheilt werden, was in der christlichen Tradition als Vorweis auf das Kreuz Christi gedeutet wurde. Auch Advents- bzw. Weihnachtsszenen lassen sich identifizieren: zum einen Marias Empfängnis (Lk 1,26–28) und zum anderen die Engel, die den Hirten die frohe Botschaft über die Geburt des Messias verkündigen (Lk 2,1–14). Außerdem ist am oberen linken Bildrand das Jüngste Gericht (Mt 25,31) und am rechten Bildrand die Himmelfahrt Jesu zu ent-

Mit dieser werkästhetischen Betrachtung ist jedoch die eigentliche Pointe des Bildes noch gar nicht erfasst. Die Genialität des Gemäldes erschließt sich erst im Lichte der Rezeptionsästhetik. Durch die klare Zweiteilung kommt es zu einer emotionsfokussierten Betrachtung. Der Blick wandert von der einen zur anderen Bildhälfte. In prozessualer Weise werden beide Bildhälften verglichen, abgewogen und bewertet. Aufgrund der Leserichtung wandert das Auge zunächst zur linken Bildhälfte, um gleich danach zur rechten zu wechseln. Dort aber verbleibt man nicht, sondern kehrt wieder zurück zur linken Hälfte, um sich des Unterschiedes beider zu vergewissern. Das Auge kommt somit nicht zur Ruhe. Mit dem Erfassen der Eigentümlichkeit beider Seiten werden Emotionen angeregt. Die linke Bildhälfte bewirkt ein tiefes Erschrecken, existentielle Abneigung und innere Ablehnung. Die rechte Bildhälfte führt zur Erleichterung, Faszination und Freude. Beide Bildhälften erzeugen somit eine Spannung. Die Frage stellt sich, welcher Seite man selbst zugehört, verbunden mit der Hoffnung, dass es die rechte Seite sein könne. Genau diese emotionale Situation bildet das Wesen des Rechtfertigungsgeschehens ab. Rechtfertigung ist ein prozessuales Geschehen. Auch wenn sich Gewissheiten in diesem Prozess aufbauen, so ist das Rechtfertigungserlebnis selbst eine dynamische Größe, bei der man freilich zwischen einer ingressiven und resultativen Lesart unterscheiden kann. Mit anderen Worten: Nicht die rechte Bildhälfte unter vollständiger Ausblendung der linken Hälfte markiert das Rechtfertigungsgeschehen. Vielmehr ist es ein dynamischer Prozess, der durch die Gegenüberstellung beider Bildhälften erzeugt wird, wobei die linke Bildhälfte durch die rechte relativiert wird. Theologisch gesprochen wird die Antinomie von Gesetz und Evangelium im Rechtfertigungsgeschehen nicht aufgehoben. Sie verbleibt, jedoch erhält die Seite des Gerichts den Status, nicht das letztgültige Urteil zu sein. Logisch ge-

decken (Mk 16,19, Lk 24,51, Apg 1,1–11). Im Vordergrund erkennt man rechts Adam als Urtypus des Menschen, wie er vom Teufel und vom Tod in das Fegefeuer getrieben wird. Daneben befindet sich eine Menschengruppe in unterschiedlicher Kleidung, sie symbolisieren Luthers Gedanken vom zweifachen Gebrauch des Gesetzes. Daneben steht wiederum Adam mit Johannes dem Täufer, der auf das Kreuz und auf das Lamm zeigt. Und schließlich wird der auferstandene Christus dargestellt, wie er mit einem Spieß Tod und Teufel niedersticht.

sprochen: Die Antinomie wird nicht aufgehoben, sondern eine von beiden Aussagen wird zu einer Position mit leerer Prätention.[77]

Was Cranach in bildlicher Weise veranschaulicht hat, ist auch in den Texten Luthers zu finden. Am deutlichsten hat Luther dies in der Auseinandersetzung mit Erasmus von Rotterdam vollzogen. In *De servo arbitrio*[78] aus dem Jahr 1525 entfaltet Luther vor dem Hintergrund von Ez 18,23 ein Schema. Die Herausforderung in der Rekonstruktion dieser Passage besteht darin, dass der Ausdruck »verborgener Gott« (*deus absconditus*) doppeldeutig verwendet wird. Mit Bezug auf die Schrift von Erasmus formuliert er den Vorwurf:

> Die »Diatribe« täuscht sich aber in ihrer Unwissenheit, wenn sie überhaupt nicht unterscheidet zwischen dem gepredigten und dem verborgenen Gott, das heißt zwischen Wort Gottes und Gott selbst.[79]

An dem Zitat wird deutlich: Der Ausdruck »verborgener Gott« wird durch den Begriff »Gott selbst« (*deus ipse*) präzisiert. Mit Gott als *deus ipse* meint Luther Gottes unerforschlichen Willen. Er fragt in rhetorischer Weise:

---

77 Diese Konzeption verfolgt auch Emanuel Hirsch in seiner Christologie. In der Christlichen Rechenschaft formuliert er dies mit folgenden Worten: »Die feste Bestimmung als Gesetzesoffenbarung entsteht erst mit der im Glauben verstandenen Evangeliumsoffenbarung. Sie bringt gewissermaßen dies menschliche Gottesverhältnis zum Stehen, indem sie eine es in seinem Sinn begrenzende letzte Deutung ausspricht« (E. Hirsch, Christliche Rechenschaft. Bd. 2, bearb. v. H. Gerdes, Neuausgabe besorgt v. H. Hirsch, 1989, § 74, 17). Vgl. hierzu U. Barth: »Die Evangeliumsoffenbarung ist nur dann ein Sich-Erschließen von Wahrheit, wenn sie zugleich die Aufdeckung der Unwahrheit und die Anerkennung der Wahrheit der Gesetzesoffenbarung impliziert. Die Doppelfunktion der Evangeliumsoffenbarung als eines Prinzips und Moments, genauer gesagt: als eines strikten Prinzips und eines zum Moment herabgesetzten Prinzips, ermöglicht die dialektische Einheit von Gesetz und Evangelium, nämlich die Vermittlung zwischen der vorläufigen und der endgültigen Entschlossenheit der unbedingten Wahrheit Gottes. Damit hat sich aber die zwischen der Gesetzes- und der Evangeliumsoffenbarung bestehende Aufhebungsstruktur in Wahrheit als Vermittlungsstruktur herausgestellt« (Ders., Die Christologie Emanuel Hirschs, 1992, 624).

78 Vgl. WA 18; 600–787. Die Übersetzungen folgen der Lateinisch-deutschen Studienausgabe (LDStA 1; 219–661).

79 WA 18; 685,25–27; LDStA 1; 407,3–6: »Illudit autem sese Diatribe ignorantia sua, dum nihil distinguit inter Deum praedicatum et absconditum, hoc est, inter verbum Dei et Deum ipsum.«

[W]er könnte sich nach jenem gänzlich unerforschlichen und erkennbaren Willen richten? Es ist genug, nur zu wissen, dass es in Gott einen gewissen unerforschlichen Willen gibt. Was aber, warum und inwiefern er will – danach zu fragen, das zu wünschen, sich darum zu sorgen oder daran zu rühren, ist überhaupt nicht erlaubt, sondern nur zu fürchten und anzubeten.[80]

Die menschliche Erkenntnis kann diese Seite Gottes niemals ergründen. Der *deus ipse* ist insofern der blinde Fleck des Gottesbegriffs.

Neben der gänzlich unbekannten Seite Gottes gibt es aber auch eine Seite, die dem Menschen zugewandt ist. Luther bezeichnet dies als den gepredigten Gott oder als das Wort Gottes. Es ist Gott, »der uns gepredigt, offenbart, dargeboten und von uns verehrt wird«.[81] Doch diese Offenbarung vollzieht sich in zweifacher Weise:

> »Worte Gottes« aber nenne ich das Gesetz so gut wie das Evangelium. Im Gesetz werden Werke gefordert, im Evangelium der Glaube.[82]

Mit Blick auf das Gesetz unterscheidet Luther wiederum zwei Gebräuche. Der erste Gebrauch, den Luther an anderen Stellen auch als *usus politicus* oder *usus civilis* bezeichnet, dient »zur Belehrung und zur Erleuchtung [...], um uns zu lehren, was wir sollen«.[83] Das Gesetz dient in dieser Funktion somit der allgemeinen Regelung des menschlichen Zusammenlebens, indem es festlegt, was gut und was böse ist. Doch kein Mensch kann das Gesetz in vollkommener Weise erfüllen. Deshalb übernimmt es eine zweite Funktion, den überführenden Gebrauch, den Luther als *usus elenchticus* bzw. als *usus theologicus* bezeichnet. Durch den überführenden Charakter des Gesetzes vollzieht sich im Menschen »die Erkenntnis der Sünde [...]

---

80 WA 18; 685,32–686,3; LDStA 1; 404,12–17: »[...] queat ad voluntatem prorsus imperscrutabilem et incognoscibilem? Satis est, nosse tantum, quod sit quaedam in Deo voluntas imperscrutabilis. Quid vero, Cur et quatenus illa velit, hoc prorsus non licet quaerere, optare, curare aut tangere, sed tantum timere et adorare.«

81 WA 18; 685,3–7; LDStA 1; 405,17–22.

82 WA 18; 663,13–15; LDStA 1; 349,37–39: »Verba et opera Dei, quae offeruntur voluntati humanae, ut eisdem sese applicet vel avertat. Verba autem Dei dico tam legem quam Euangelion. Lege exiguntur opera, Euangelio fides.«

83 WA 18; 695,6f; LDStA 1; 429,13f: »Proinde, sicut verba legis sunt vice instructionis et illuminationis ad docendum«.

und die Erinnerung, an unsere Unfähigkeit«.[84] Zwischen Gesetz und Evangelium herrscht insofern ein dialektisches Verhältnis, welches Luther in *De servo arbitrio* wie folgt ausdrückt:

> Solange er [der Mensch, d. Vf.] sich nun einredet, dass er auch nur ein klein wenig zu seinem Heil beitragen kann, bleibt er im Vertrauen auf sich selbst und verzweifelt nicht vollständig an sich, demütigt sich nicht vor Gott [...]. Wer aber in keiner Weise daran zweifelt, er hänge ganz vom Willen Gottes ab, der verzweifelt gänzlich an sich selbst, der wählt nicht, sondern erwartet den wirkenden Gott. Der ist der Gnade am nächsten, dass er heil wird.[85]

So gelangt der Mensch schließlich zum Glauben, der sich auch auf das Verborgene in der Offenbarung Gottes bezieht. »Es gibt aber«, so Luther, »nichts tiefer verborgen, als wenn es dem, wie es uns erscheint, wie wir es fühlen und erfahren haben, gerade entgegengesetzt ist«.[86] Für Luther besteht die tiefste Glaubenserfahrung darin, dass Gott auch in seinem Gegenteil erfahren werden kann: »Wenn er lebendig macht, tut er dies, indem er tötet; wenn er rechtfertigt, tut er dies, indem er schuldig spricht, wenn er in den Himmel führt, tut er dies, indem er in die Hölle hinabführt«.[87] Luther hat hier den verborgenen Gott (*deus absconditus*) vor Augen, der nicht wie der *deus ipse* gänzlich unerforschlich ist, sondern der sich selbst verhüllt, indem er sich in konträrer Gestalt offenbart.[88] Demnach kann Gottes eigentliche Offenbarung auch durch ein ihm Entgegengesetztes geschehen.

Damit ist das Herz der Theologie Luthers beschrieben. Vor dem Hintergrund dieser grundlegenden Unterscheidungen (*deus ipse* und *deus revela-*

---

84 WA 18; 695,2f; LDStA 1; 429,7f: »Nam ut per legem fit cognitio peccati et admonitio impotentiae nostrae«.

85 WA 18; 632,33–633,1; LDStA 1, 285,30–38: »Siquidem, quam diu persuasus fuerit, sese vel tantulum posse pro salute sua, manet in fiducia sui, nec de se penitus desperat, ideo non humiliatur coram Deo [...]. Qui vero nihil dubitat, totum in voluntate Dei pendere, is prorsus de se desperat, nihil eligit, sed expectat operantem Deum, is proximus est gratiae, ut salvus fiat.«

86 WA 18; 633,8f; LDStA 1; 287,8-10: »Non autem remotius absconduntur, quam sub contrario obiectu, sensu, experiential.«

87 WA 18; 633,9-11; LDStA 1; 287,11-13: »Sic Deus dum vivificat, facit illud occidendo; dum iustificat, facit illud reos faciendo; dum in coelum vehit, facit id ad infernum ducendo«.

88 Vgl. U. BARTH, Die Dialektik des Offenbarungsgedankens. Luthers Theologia crucis (in: DERS., Protestantismus [s. Anm. 20], 97–123), hier 115f.

tus, Gesetz und Evangelium, *usus politicus* und *usus elenchticus* der Geset-zesoffenbarung) lassen sich Luthers Gottes- und Offenbarungsbegriff sowie seine Schrifthermeneutik, Christologie und Rechtfertigungslehre ableiten. Die Rechtfertigungsgewissheit baut sich hierbei in der Spannungseinheit zwischen Gesetz und Evangelium auf. Wie im Bild von Lucas Cranach wird dabei die Antinomie nicht aufgehoben, sondern bleibt bestehen, wenngleich das Gesetz im Glauben zum nicht letztgültigen Urteil relativiert wird.

Diese Unterscheidungen hat wohl auch Rudolf Otto vor Augen gehabt, wenn er in seinem Buch *Das Heilige* aus dem Jahr 1917 schreibt:

> Ja, an Luthers »De servo arbitrio« hat sich mir das Verständnis des Numinosen und sei-nes Unterschiedes gegen das Rationale gebildet, lange bevor ich es im Qādosch des Alten Testaments und in den Momenten der »religiösen Scheu« in der Religionsgeschichte überhaupt wiedergefunden habe.[89]

Otto räumt hier ein, dass die Lektüre Luthers den Entdeckungszusammen-hang für die Ausarbeitung seiner eigenen Religionspsychologie bildet.[90] Die Bedeutung des Reformators für Otto lässt sich nicht nur daran erkennen, dass Otto dem Reformator ein eigenes Kapitel in seiner Schrift *Das Heilige* widmet,[91] sondern auch daran, dass Luthers Einfluss auf dessen allgemeine Ausführungen zum Numinosen kaum unterschätzt werden kann.[92]

Der Ausgangspunkt für Ottos Religionspsychologie ist das Erlebnis des Heiligen, welches er als Kreaturgefühl beschreibt. Dieses religiöse Grund-gefühl ist ihm zufolge »das Gefühl der Kreatur, die in ihrem eigenen Nichts versinkt und vergeht gegenüber dem was über aller Kreatur ist«.[93] In diesem Gefühl ist also etwas Anderes impliziert, welches größer ist als man selbst, was Otto als das »Numinose«, als das »mysterium« oder als das »Unge-heure« bezeichnet. Vom Kreaturgefühl ausgehend lassen sich abdrängende

89 R. Отто, Das Heilige. Über das Irrationale in der Idee des Göttlichen und sein Verhältnis zum Rationalen, mit einer Einführung von J. Lauster und P. Schütz und einem Nach-wort v. H. Joas, 2014, 123.
90 Vgl. U. Barth, Psychologie der Religion. Zugänge zu Rudolf Ottos klassischem Entwurf (in: Ders., Kritischer Religionsdiskurs, 2014, 352–374), 356f.
91 Vgl. Отто, Das Heilige (s. Anm. 89), 116–133.
92 Vgl. R. Barth, Das Psychologische in Rudolf Ottos Religionstheorie (in: Protestantis-mus zwischen Aufklärung und Moderne. Festschrift für Ulrich Barth [BRTh 16], hg. v. Dems. / C.-D. Osthövener / A. v. Scheliha, 2005, 371–388).
93 Отто, Das Heilige (s. Anm. 89), 10.

und anziehende Momente des Numinosen aufspüren. Das Tremendum veranschaulicht Otto durch das Schauervolle, das Majestätische und das Energische, das Fascinans durch die Beseligung sowie das Feierliche und das Überschwängliche. Dabei treten die gewaltige und die faszinierende Seite des Numinosen immer in einer »Kontrastharmonie«[94] auf. Otto verweist bei der Einführung dieser Verhältnisbestimmung explizit auf Luther, der im *Sermon von den guten Werken* schreibt: »So wie wir etwas Heiliges mit Furcht verehren und doch nicht davor fliehen wie vor einer Strafe, sondern vielmehr hinzudrängen«.[95] Darin sieht Otto den Doppelcharakter des Numinosen, von der die gesamte Religionsgeschichte zeugt.

Im Rückblick auf Cranachs Bild und Luthers *De servo arbitrio* tritt die Strukturanalogie zu Ottos Religionspsychologie deutlich hervor. Kaum treffender als mit dem Begriff »Kontrastharmonie« könnte man Luthers Bestimmung von Gesetz und Evangelium beschreiben. Insofern kann Ottos Beschreibung des Heiligen als religionspsychologische Transformation von Luthers Theologie verstanden werden.

IV Die Theorie des Christentums

Einer der wichtigsten Theologen, der eine eigene neuzeitliche Christentumstheorie entwickelt und konsequent auf die Geschichte der christlichen Religion angewandt hat, ist Ernst Troeltsch. Trutz Rendtorff urteilt über dessen Hauptwerk *Die Soziallehren der christlichen Kirchen und Gruppen* von 1911:

> Die theologische wie soziologische Gesamtkonzeption der Soziallehren ist eine originäre Schöpfung von Ernst Troeltsch, die weder in der Theologie noch in den historischen Kulturwissenschaften von einem kongenialen Entwurf überboten worden ist.[96]

Troeltschs Christentumstheorie basiert insbesondere auf der typologischen Unterscheidung von Kirche, Sekte und Mystik.[97] Das Verhältnis der drei

94 AaO., 42.
95 Ebd. Vgl. WA 6; 251,7–9; DDStA 1; 203,19–21.
96 T. Rendtorff, Art. Troeltsch, Ernst (1865–1923) (TRE 34, 2002, 130–143), 135.
97 Vgl. hierzu das Schlusskapitel von E. Troeltsch, Die Soziallehren der christlichen Kirchen und Gruppen (1912) (in: Ders., Kritische Gesamtausgabe Bd. 9.3, hg. v. F. W. Graf, 2021), 1845–1872.

Sozialformen ist komplex.[98] Die Kirche ist als Heilsanstalt organisiert, die Massen aufnehmen kann und in die man hineingeboren wird.[99] Die Beteiligung erfolgt durch die Übernahme traditioneller Formen, die von einer hierokratischen Leitungsstruktur durch Zwangsmittel durchgesetzt wird.[100] Die von Christus gestiftete Heilsanstalt wird als Verwaltungsinstanz zur Verteilung der göttlichen Gnade verstanden.[101] In ihr wird eine Ethik des Kompromisses, verbunden mit einer konservativen Einstellung, gelebt.[102] Während der Nachteil darin besteht, dass die Kirche dazu neigt, eine Zwangsherrschaft zu etablieren, liegt der Vorteil in ihrer umfassenden kulturprägenden Kraft und in ihrer Stabilität als generationenübergreifender Tradierungsgarant. Sie besitzt die »stärkste Fortpflanzungs-, Ausbreitungs- und Organisationskraft«.[103]

Die Sekte ist hingegen eine Sozialform im Sinne eines Vereins.[104] Ihr tritt man freiwillig aufgrund einer persönlichen Entscheidung bei. Die Be-

98 Vgl. zu den folgenden Ausführungen K. Fechtner, Volkskirche im neuzeitlichen Christentum. Die Bedeutung Ernst Troeltschs für eine künftige praktisch-theologische Theorie der Kirche (Troeltsch-Studien 8), 1995, 79–113; Ders., Religiöser Individualismus und Kirche. Praktisch-ekklesiologische Perspektiven im Anschluss an Ernst Troeltsch (in: Religion in der Lebenswelt der Moderne, hg. v. Dems. / M. Haspel, 1998, 208–226).

99 Troeltsch, Soziallehren (s. Anm. 97), 1848f: »Die Kirche ist die [...] Heils- und Gnadenanstalt, die Massen aufnehmen und der Welt sich anpassen kann.«

100 AaO., 1854f: »So wird sie [die Kirche, d. Vf.] [...] selbst gegen Geistliche und Lehrer, aber auch gegen Gläubige und Laien die[] unwandelbare Wahrheit mit Zwang aufrecht zu erhalten berechtigt und verpflichtet sein. Jeder idealistische Versuch, diese Durchsetzung der Wahrheit der inneren Wunderkraft der Kirche selbst ohne Zwang zuzuschreiben, scheitert an der praktischen Undurchführbarkeit und hat die Rückkehr zum Zwang zur Folge.«

101 AaO., 1854: »Die Kirche will Massen- und Volkskirche sein und verlegt daher die Göttlichkeit und Heiligkeit aus den Subjekten in die objektive Heilsanstalt und ihre göttliche Gnaden- und Wahrheitsausstattung.«

102 AaO., 1857: »Als Volks- und Massenanstalt ist nun aber vor allem die Kirche zum Kompromiß genötigt.«

103 E. Troeltsch, Das stoisch-christliche Naturrecht und das moderne profane Naturrecht (in: Ders., Kritische Gesamtausgabe 6.1, hg. v. T. Rendtorff, 2014, 711–808), 731.

104 Troeltsch, Soziallehren (s. Anm. 97), 1849: »Die Sekte ist die freie Vereinigung strenger und bewußter Christen, die als wahrhaft Wiedergeborene zusammentreten, von der Welt sich scheiden, auf kleine Kreise beschränkt bleiben, statt der Gnade das Gesetz betonen und in ihrem Kreise mit größerem oder geringerem Radikalismus die christli-

teiligungsform ist geprägt von individueller Mittätigkeit, bei der die Leitung vertragsrechtlich geregelt ist und auf einer gegenseitigen Verpflichtung basiert. In ihr wird Christus als moralisches Vorbild und Gesetzgeber verehrt.[105] Der Sektentypus als freie Assoziation beruht auf dem Communio-Gedanken im Sinne einer herausgehobenen Gemeinschaft der Heiligen.[106] Die Ethik ist kompromisslos und revolutionär, wodurch ein erhöhter Sozialdruck besteht.[107] Sekten haben den Hang, sich gegenüber der Gesellschaft abzuschotten. Jedoch sind sie aufgrund ihrer Reformorientiertheit der eigentliche Motor zur Veränderung der Christentumsgeschichte. Aus ihnen sind zumeist die bedeutendsten und welterneuernden Veränderungen und Umbildungen des Christentums hervorgegangen.[108]

Bei der Mystik hat Ernst Troeltsch die religiösen Individualisten vor Augen.[109] Trotz ihres Individualismus kommt es zu losen Sozialisierungen im Sinne von Gesinnungsgemeinschaften mit wechselseitiger Anerkennung der jeweils eigenen Religiosität. Wenn man überhaupt von einer Leitungsstruktur sprechen kann, so ist sie autonom geprägt und es herrscht in der Teilnahme Freiwilligkeit.[110] Christus wird primär als Geistspender

---

che Lebensordnung der Liebe aufrichten, alles zur Anbahnung und in der Erwartung des kommenden Gottesreiches.«

105 AaO., 1852: »Der Christus der Sekte ist der Herr, das Vorbild und der Gesetzgeber von göttlicher Würde und Autorität, der seine Gemeinde in der irdischen Pilgerschaft durch Schmach und Elend gehen läßt, aber die eigentliche Erlösung bei seiner Wiederkunft und der Aufrichtung des Gottesreiches vollziehen wird.«

106 AaO., 1855: »Ganz anders aber denken hier die Sekten. Sie wollen nicht Massenkirchen, sondern Bekenntnisgemeinden heiliger Christen sein.«

107 AaO., 903: »Die Sekte ist das Prinzip der subjektiv-persönlichen Wahrheit und Verbundenheit und der kompromißlosen evangelischen Maßstäbe.«

108 AaO., 1857: »Als aggressive und welterneuernde Sekte hat sie, wenn ihr das klar bevorstehende Weltende das Recht zum Gebrauch der Gewalt zu geben schien, die christliche Lebensordnung mit Gewalt durchzusetzen gesucht, selbstverständlich nie mit dauerndem Erfolg und immer unter Preisgabe ihrer eigentlichen Christlichkeit.«

109 AaO., 1849: »Die Mystik ist die Verinnerlichung und Unmittelbarmachung der in Kult und Lehre verfestigten Ideenwelt zu einem rein persönlich-innerlichen Gemütsbesitz, wobei nur fließende und ganz persönlich bedingte Gruppenbildungen sich sammeln können, im übrigen Kultus, Dogma und Geschichtsbeziehung zur Verflüssigung neigen.«

110 Ebd.: »Die Mystik hat Wahlverwandtschaft zur Autonomie der Wissenschaft und bildet das Asyl für die Religiosität wissenschaftlich gebildeter Schichten.«

angesehen.[111] Das ekklesiologische Leitbild ist die Idee der unsichtbaren Kirche. In der Mystik wird eine Ethik religiöser Toleranz ausgebildet. Obwohl es sich bei den Vertretern der Mystik um die Gebildeten in der Religion handelt, bleiben sie als Sozialform unbestimmt, unbeständig und fluide. Gleichwohl können sie als Einzelne wirkungsvolle Impulse zur Individualisierung des Christlichen geben.[112]

In diese Typologie hat Troeltsch auch Luthers Ekklesiologie eingespannt. Er lässt keinen Zweifel daran, dass der ältere Luther in seiner Denkweise »wesentlich dem Kirchentypus angehört«.[113] Er grenzt sich damit von Luther und dem nachfolgenden Luthertum deutlich ab, das dem Anstaltsdenken Vorschub geleistet hat. Troeltschs Urteil über Luthers Gedanken zur »unsichtbaren Kirche« ist auf den ersten Blick hart, doch wird es im Nachsatz auch wieder relativiert und ins Positive gewendet:

> Nicht die »unsichtbare Kirche« ist das richtige Kennwort für Luthers Kirchenbegriff, obwohl er selbst gelegentlich diesen verwirrenden Ausdruck gebraucht hat, sondern die an Wort und Sakrament sichtbare Kirche, in ihren rein geistigen Wirkungen dagegen unsichtbare und unmeßbare Kirche, oder etwas anders ausgedrückt: die rein geistliche, in ihrer Wiedergeburtswirkung äußerlich nicht feststellbare, aber überall zugleich mit Wort und Sakrament vorhandene und mit der Möglichkeit universaler Wirkung vom Staat und Gesellschaft auszustattende Wortkirche, die eben darum eine äußerliche christliche Ordnung des Staates und eine ihr Herankommen an alle ermöglichende, im Übrigen mehr freie Organisation verlangt.[114]

Der Gedanke der unsichtbaren Kirche wird insofern keineswegs verneint, die soziale Ausgestaltung dieses Gedankens sieht Troeltsch aber nicht im Luthertum verwirklicht, sondern eher sowohl im Calvinismus, der dem

111 AaO., 1852: »Der Christus der Mystik ist ein innerlich geistiges, in jeder Erregung frommen Gefühls, jeder Wirkung des Samens und Funkens gegenwärtiges Prinzip, das in dem geschichtlichen Christus göttlich verkörpert war, aber nur in innerer Geisteswirkung erkannt und bejaht werden kann und das daher mit dem göttlichen verborgenen Lebensgrunde des Menschen überhaupt zusammenfällt.«

112 AaO., 1851: »Die Mystiker vollends sind Stille im Bund oder eindrucksvolle Individuen, deren persönlicher Einfluß unmeßbar ist, die eine starke litterarische Wirkung und Tradition besitzen, die aber überhaupt keine zusammenhaltende Kraft besitzen, weil sie schließlich alle sinnlichen Mittel verachten, um die doch allein eine Organisation das religiöse Leben gruppiren kann.«

113 AaO., 933.

114 AaO., 937.

Sektentypus mit Nähe zur Mystik folgt, als auch in den protestantischen Sondergemeinschaften, die dem Typus der Mystik mit Nähe zum Sektentypus folgen. Das Luthertum, der Calvinismus und die protestantischen Sondergemeinschaft basieren Troeltsch zufolge hierbei auf Luthers neuer religiöser Idee, dass die Gnade nicht mehr

> eine sakramental einzugießende mystische Wundersubstanz, sondern eine von Glaube, Ueberzeugung, Gesinnung, Erkenntnis, und Vertrauen anzueignende Gottesgesinnung, der im Evangelium und in Christi Liebe und Gesinnung zu den Menschen erkennbare sündenvergebende Liebeswille Gottes ist.[115]

Aus dieser Idee lassen sich Troeltsch zufolge fünf Gedankengänge ableiten: Erstens die Reduktion auf den Glauben,[116] zweitens ein neuer religiöser Individualismus,[117] drittens das Prinzip einer reinen Gesinnungsethik,[118] viertens die Neugestaltung des Berufsgedankens[119] und schließlich fünftens die Ermöglichung neuer Fassungen religiöser Grundbegriffe wie Gott, Welt und Mensch.[120] Obwohl Troeltsch Luthers spätere Ekklesiologie kritisiert, sieht er darin dennoch einen wesentlichen Impuls zur Ausdifferenzierung des Alt- und auch des Neuprotestantismus' in der Folgezeit. Seinem Urteil nach hat Luther insofern das Potential der eigenen Ekklesiologie für die Ausformulierung einer Christentumstheorie nicht hinreichend ausgeschöpft.

Festzuhalten ist, dass Troeltsch mit seiner Trias von Kirche, Sekte und Mystik die Ekklesiologie im Rahmen einer Christentumstheorie entfaltet hat. Das Christentum, so die These, geht nicht auf in seiner kirchlichen Gestalt, sondern existiert zugleich in einer Vielzahl individueller Haltungen und gesellschaftlichen Kommunikationsprozessen. Christentum ist immer mehr als Kirche bzw. es existieren auch vielfältige Formen eines »Christentums außerhalb der Kirche«.[121] Ein solcher Perspektivwechsel be-

---

115 AaO., 921.
116 Vgl. aaO., 924.
117 Vgl. aaO., 925.
118 Vgl. ebd.
119 Vgl. aaO., 926.
120 Vgl. aaO., 630.
121 Zu dieser Formel vgl. R. M. LEHMANN, Religionssoziologische und christentumstheoretische Perspektiven der Aufklärungstheologie. Der Kirchenbegriff bei Semler, Teller und Kant (in: Erleben und Deuten. Dogmatische Reflexionen im Anschluss an Ulrich

darf allerdings der Neufassung einer theologischen Kulturhermeneutik.[122] Im Folgenden soll gezeigt werden, dass auch Luthers Ekklesiologie in eine Christentumstheorie mündet. Einschlägig ist hierfür Luthers Verständnis des Verhältnisses von sichtbarer und unsichtbarer Kirche.[123]

Am eindrücklichsten hat Luther seinen Kirchenbegriff in der Schrift *Vom Papsttum zu Rom* aus dem Juni 1520 dargelegt.[124] Luther unterscheidet drei Redeweisen des Kollektivbegriffs »Christenheit«.[125] Von der ersten spreche allein die Schrift. Darüber hinaus hätten sich zwei weitere Redeweisen eingebürgert. Luther hebt somit den eigentlichen Gebrauch von zwei uneigentlichen Verwendungen des Kirchenbegriffs ab. Die Uneigentlichkeit bestehe in dem zunehmenden Grad an Verleiblichung. Tendenziell gehen die drei Redeweisen von einem rein inneren zu einem immer stärker veräußerlichten Gebrauch über. So bezieht sich die dritte Redeweise von »Christenheit« totum pro parte lediglich auf die steinernen Kirchengebäude.[126]

Barth. Festschrift zum 70. Geburtstag, hg. v. R. BARTH / A. KUBIK / A. V. SCHELIHA, 2015, 273–304), 274.

122 Vgl. hierzu A. KUBIK, Theologische Kulturhermeneutik impliziter Religion. Ein praktisch-theologisches Paradigma der Spätmoderne (PThW 23), 2018, 31.343–378.

123 Die Ausdrücke »sichtbare« und »unsichtbare Kirche« werden in diesem Kontext als methodisch-hermeneutische Fachbegriffe verwendet. Sie repräsentieren ein ganzes Feld äquivalenter Termini wie »inwendig« und »äußerlich«, »seelisch« und »leiblich«, »sichtlich« und »unsichtlich« sowie »geoffenbart« und »verborgen«. Vgl. hierzu U. BARTH, Sichtbare und unsichtbare Kirche. Die Tragweite von Luthers ekklesiologischem Ansatz (in: DERS., Religionsdiskurs [s. Anm. 90, 1–51], 9–11). Vgl. ebenso DERS., Symbole des Christentums, hg. v. F. STECK, 2021, 430–432.

124 Vgl. WA 6; 285–324; DDStA 2; 72–151. Vgl. ausführlicher hierzu meine Rekonstruktion der Ekklesiologie Luthers: R. M. LEHMANN, Kirche glauben! Luthers Ekklesiologie nach seiner Schrift »Vom Papsttum zu Rom« (1520) (LuJ 87, 2020, 87–124).

125 WA 6; 292,35 f; DDStA 2; 87 27f: »Die schrifft redet vonn der Christenheyt gar einfeldiglich, und nur auff eine weysz, ubir wilche sie haben zwo andere in denn prauch bracht.«

126 WA 6; 297,22–27; DDStA 2; 97,24–30: »Der dritte weysze zu reden, heysset man auch kirchen nit die Christenheit, sondern die heuser zu gottis dienst erbawen, und weytter streckt man das wortlein ›geystlich‹ in die zeitlichen gutter, nit der, die worhafftig geistlich sein durch den glauben, sondern die in der andern leyplichen Christenheit sein, und heyssen der selben guter geystlich odder der kirchen: widderumb der leyen gutter heyssen sie weltlich«.

Untersucht man den Argumentationsverlauf der Schrift, so kann man in einem ersten Zugriff durchaus davon sprechen, dass Luther in der ersten Redeweise den Begriff der unsichtbaren Kirche entfaltet, während er in der zweiten Redeweise den Begriff der sichtbaren Kirche erörtert. Bei genauerer Betrachtung ist jedoch Vorsicht geboten: Denn bereits während der Darlegung der ersten Redeweise macht Luther wesentliche Aussagen zur sichtbaren Kirche, wie auch bei der zweiten Redeweise wichtige Gedanken zur unsichtbaren Kirche entfaltet dargelegt werden. Der alles entscheidende hermeneutische Schlüssel, mit dem allein der Gedankengang Luthers erschlossen werden kann, ist folgende Annahme: Luthers Verständnis der sichtbaren Kirche im Kontext der ersten Redeweise ist nicht immer deckungsgleich mit dem Verständnis der sichtbaren Kirche in der zweiten Redeweise. Dieser Spur gilt es zu folgen.

Von der Christenheit redet die Heilige Schrift Luther zufolge allein in einem geistlichen, innerlichen oder seelischen Sinn. Sie entspreche im Glaubensbekenntnis dem Ausdruck »Gemeinschaft der Heiligen« (*communio sanctorum*).[127] Dabei gilt es zu bedenken, dass Luther auch von »Gemeyne«, »sammlung« oder »vorsammlung« (*congregatio*) spricht – jedoch immer nur im übertragenen Sinn.[128] Während damit eher eine konkrete Versammlung von Personen zu einer bestimmten Zeit und an einem bestimmten Ort gemeint ist, denkt Luther im übertragenen Sinn an eine »Versammlung der Herzen« oder eine »Versammlung im Geist«, auch wenn die gläubigen Menschen leiblich voneinander tausende von Meilen entfernt sind.[129] Zwar verwendet Luther hier wie an anderer Stelle den Begriff *cong-*

---

127 WA 6; 293,37–294,1; DDStA 2; 87,29–32: »Die erste weysze noch der schrifft ist, das die Christenheit heysset eyn vorsamlunge aller Christgleubigen auff erden, wie wir ym glauben betten ›Ich gleub in den heyligenn geyst, ein gemeynschafft der heyligenn‹.«

128 Vgl. E. Wolf, Sanctorum Communio. Erwägungen zum Problem der Romantisierung des Kirchenbegriffs (in: Ders., Peregrinatio, Bd. 1: Studien zur reformatorischen Theologie und zum Kirchenproblem, [1954] ²1962, 279–301); P. Althaus, Communio sanctorum. Die Gemeinde im lutherischen Kirchengedanken, 1929, 37f.

129 WA 6; 293,1–6; DDStA 2; 87,31–38: »›Ich gleub in den heyligenn geyst, ein gemeynschafft der heyligenn‹. Diesz gemeyne odder samlung heysset aller der, die in rechtem glauben, hoffnung und lieb leben, also das der Christenheyt wesen, leben und natur sey nit leyplich vorsamlung, sondern ein vorsamlung der hertzen in einem glauben, wie Paulus sagt Eph. iiij. Ein tauff, ein glaub, ein her. Alszo ob sie schon sein leyplich von-

regatio bzw. dessen deutsche Derivate, jedoch ist in Bezug auf die unsichtbare Kirche immer der metaphorische Gebrauch zu berücksichtigen. Der Begriff *communio* beschreibt daher die unsichtbare Kirche im Sinne Luthers am präzisesten. Die unsichtbare Kirche kann insofern definiert werden als das Einvernehmen aller gläubigen Menschen im Namen Jesu. Es handelt sich um einen durch den Glauben wahrzunehmenden Konsens aller Christen hinsichtlich der inneren Grundüberzeugungen, der ein kollektives Einheitsbewusstsein in jedem Menschen individuell stiftet. Sie ist zunächst einmal nichts anderes als das ernsthaft empfundene und immer wieder kritisch zu hinterfragende Identifikationsbewusstsein, zum Christentum zu gehören und aus dieser Grundüberzeugung heraus »in rechtem Glauben, rechter Hoffnung und Liebe«[130] zu leben. Kein Mensch kann dabei über einen anderen urteilen, ob und wie stark dieses Zugehörigkeitsbewusstsein ausgeprägt ist. Denn »niemand sieht, wer heilig oder gläubig ist«.[131]

Explizit wendet Luther hier den Wahrheitsbegriff auf die unsichtbare Kirche an. Die *communio sanctorum* im Sinne des Apostolikums ist die »rechte Christenheit, die allein die Menschen zu wahren Christen« macht.[132] Sie ist die »Christenheit, die allein die wahrhaftige Kirche ist«.[133] Er bezeichnet sie auch als diejenige, die »natürlich, gegründet, wesenhaft

einander teylet tausent meyl, heyssen sie doch ein vorsamlung ym geist«. Vgl. auch den bildlichen Ausdruck »ein geistlich vorsamlung der seelenn in einem glaubenn« (WA 6; 296,5f; DDStA 2; 95,1f).

130 Ebd.

131 WA 6; 301,2; DDStA 2; 105,14. Vgl. auch die rhetorisch gemeinte Frage: »wer kan aber wissen, wilcher warhafftig gleubt odder nit?« (WA 6; 298,2f; DDStA 2; 99,6f) sowie: »Item, in weltlicher vorsamlung kann ich sehenn, ob er zu Leyptzck odder Wittenberg, hie odder da mit andern vorsamlet ist, aber gar nicht, ob er gleub odder nit.« (WA 6; 296,2–4; DDStA 2; 93,39–42).

132 »[...] nit sein in der geystlichen eynickeit, das ist in der rechten Christenheit« (WA 6; 294,10f; DDStA 2; 91,5); »Dan wo das ware Christen machte, das man in der eusserlichen Romischen eynickeit ist, szo were kein sunder unter yhn« (WA 6; 294,11–13; DDStA 2; 91,6f). »Dan ob wol disse [der zweiten Redeweise nach, d. Vf.] gemeyne nit macht einen waren Christen« (WA 6; 297, 13f; DDStA 2; 97,14f), was im Umkehrschluss bedeutet, dass allein die Christenheit der ersten Redeweise nach den Menschen zu einem wahren Christen macht.

133 WA 6; 297,37f; DDStA 2; 99,1f: »Ausz dem allen folget, das die erste Christenheit, die allein ist die warhafftige kirch«.

und wahrhaftig ist«.[134] So könne auch die äußere römische Kirche nicht die rechte Kirche sein, die geglaubt wird.[135] Wahr ist somit allein die unsichtbare Kirche.[136]

Luther grenzt alle sichtbaren Stiftungen scharf von der unsichtbaren »geystlichen Einickeit«[137] im Glauben ab, bei der die leibliche Versammlung lediglich als herausgehobener Sonderfall zu interpretieren ist. Denn der Wittenberger betont, dass solche sichtbaren Formen der Vereinigung von Christenheit verschiedene Dimensionen aufweisen können, wie z.B. die »der Stätte, der Zeit, der Person, des Werkes, oder was es immer sein mag«.[138] Mit dem Prozess einer solchen »Verleiblichung« hat er somit alle denkbaren Formen der Verwirklichung von Christentum vor Augen, seien es Rechtsordnungen, Organisationsformen, kulturelle Einrichtungen, aber auch alle Repräsentanten, Amts- und Würdenträger sowie alle kultischen, rituellen und ethischen Vollzugsformen, wie auch die Vielfalt an Wissensmedien – insofern alles, was mit dem Anspruch auftritt, christlich zu sein. Mit diesem Gedanken bettet Luther seine Ekklesiologie in eine Christentumstheorie ein. Luther zufolge geht das Christentum nicht auf in seinen institutionellen Bezügen. Auch für ihn ist Christentum mehr als die Kirche – sie ist tief in die Sphären der Kultur eingesenkt.

---

134 WA 6; 296,39–297,1; DDStA 2; 95,41–97,1: »Die erste, die naturlich, grundtlich, wesentlich unnd warhafftig ist, wollen wir heyssen ein geystliche, ynnerliche Christenheit« Vgl. auch »die naturlich, eygentlich, rechte, wesentliche Christenheit« (WA 6; 296,7f; DDStA 2; 95,3f).

135 WA 6; 300,38–301,1; DDStA 2; 105,11f: »[...] die euszerlich Romische kirche sehen wir alle, drum mag sie nit sein die rechte kirche, die gegleubt wirt«.

136 Zur Verwendung des Ausdrucks »wahre Kirche« vgl. R. M. LEHMANN, Die Transformation des Kirchenbegriffs in der Frühaufklärung (JusEcc 106), 2013, 291–294.

137 WA 6; 293,39–294,3: »[...] wie ists muglich, wilchs vornunfft mags begreffen, das geystliche eynickeit unnd leypliche eynickeit ein ding sey? Vil sein unter den Christen in der leyplichen vorsamlung unnd eynickeit, die doch mit sunden sich ausz der ynnerlichen, geystlichen eynickeyt schliessen.«

138 In diesem Sinn ist der Satz zu interpretieren: »Das heist nu eigentlich ein geistliche einickeit, vonn wilcher die menschen heissen ein gemeine der heiligen, wilche einickeit alleine gnug ist, zumachen eine Christenheit, on wilche kein [leibliche, d. Vf.] einickeit, es sey der stad, zeit, personn, werck odder was es sein mag, ein Christenheit [also bezogen auf die sichtbare Kirche und nicht in Abgrenzung von allen, auch weltlichen, Organisationsformen, d. Vf.] machet.« (WA 6; 293,9–12; DDStA 2; 87,41–89,1).

Keine dieser kulturellen Äußerungsformen kann jedoch eindeutig für sich reklamieren, eine Darstellung der unsichtbaren Kirche zu sein. Solch ein Anspruch sei, so Luther, ein »grauenhafter Irrtum«.[139] Damit würde der geistlichen Kirche »Gewalt« angetan.[140] Derartige vermeintliche »Bindungen« wären schlichtweg »erstunken und erlogen«.[141] Somit verbleibt für Luther jegliche Versinnlichung des Christentums immer in einer Zweideutigkeit.

Im Zuge der zweiten Redeweise von Christenheit verengt sich der Begriff der sichtbaren Kirche im Sinne der Kultgemeinschaft. Demzufolge kann im uneigentlichen Sinn die Christenheit auch als die konkrete »Versammlung in einem Haus« bezeichnet werden.[142] Hier werden äußerliche Gebärden wie Singen, Lesen und das Tragen von Messgewändern vollzogen. Die äußerlichen Zeichen der Kultgemeinschaft, anhand derer man »merken kann«, dass sich in irgendeiner Weise auch Heilige darunter befinden könnten, sind Taufe, Abendmahl und das Hören des Evangeliums in der Predigt. Gleichwohl unterliegen sie weiterhin den Bedingungen der Zweideutigkeit. Das Hören einer Predigt und die Teilnahme an Sakramenten bleiben weiterhin leibliche Handlungen.[143] Insofern sind Sakramentsvollzug und Predigt lediglich Hinweise bzw. Merkzeichen, die den Gläubigen zur ersten Orientierung angesichts der Vielzahl an christlichen Organisationen dienen können.

139 WA 6; 293, 35–39; DDStA 2; 89,29–34: »Solt nu das nit ein grawsamer yrthum sein, das die eynickeit der christenlichen gemeyne, von Christo selbs ausz allen leyplichen, euszerlichen stetten und ortern getzogen und in die geystliche ort gelegt, wirt von dissen trawmpredigern unter die leypliche gemeyne, wilch von not musz an stet und ort gepunden sein, ertzelet?«

140 WA 6; 294,4f; DDStA 2; 89,39f: »Drumb wer do sagt, das ein eusserliche vorsamlung odder eynickeyt mache ein Christenheit, der redt das seine mit gewalt«.

141 WA 6; 293,24–26; DDStA 2; 89,17–19: »Alszo das es erlogen und erstuncken ist, und Christo als einem lugener widderstrebt, wer do sagt, das die Christenheit zu Rom odder an Rom gepundenn sey«.

142 WA 6; 296,16–18; DDStA 2; 95,12–15: »Ubir die selben ist nu ein ander weyse vonn der Christenheit zureden. Nach der heisset man die Christenheit einn vorsamlung in ein hausz, odder pfar, bisthum, ertzbistumb, bapstum«.

143 Vgl. J. HECKEL, »Die zwo Kirchen«. Eine juristische Betrachtung über Luthers Schrift »Von dem Papsttum zu Rome« (in: DERS., Das blinde, undeutliche Wort »Kirche«. Gesammelte Aufsätze, hg. v. S. GRUNDMANN, 1964, 111–131), 122f.

Eher beiläufig entfaltet Luther hier bereits eine Frühfassung seiner Unterscheidung der Reiche. Zur Verteidigung der These, die Bibel habe mit »Christenheit« allein die geistliche, innere Kirche vor Augen, zieht Luther Joh 18,36 (»Mein Reich ist nicht von dieser Welt«) und Lk 17,20 heran (»Das Reich Gottes ist inwendig in euch«).[144] Das Reich Christi identifiziert Luther insofern als unsichtbare Kirche.[145] Beiden gemeinsam ist die Wesenseigenschaft, verborgen bzw. heimlich in der Welt zu sein. Das Reich der Welt hingegen ist durchzogen von einer Vielzahl an »weltlichen gemeynen«[146] bzw. an irdischen Organisationsformen. Darunter fallen Städte, Fürstentümer und Königreiche.[147] Im Reich der Welt erfolge die Ordnung der menschlichen Lebensverhältnisse. Daneben existiere auch das Reich des Teufels, der auf Erden seine Herrschaft aufgerichtet hat.[148] Dieses Reich kann sich nicht allein auf nichtkirchliche Organisationsformen, sondern auch auf die sichtbare Kirche erstrecken. So ist Luther zufolge der größte Teil der römischen Kirche, der sich an der Herrschaft des Papstes orientiert, mit ganzer Macht von der Hölle besessen und voller Sünde und Bosheit.[149] Die Grenzen des Teufelsreichs verlaufen jedoch diesseits der unsichtbaren

144 WA 6; 293,13–21; DDStA 2; 89,4–14: »Hie bey mussen wir nu Christus wort horen, der, fur Pilato von seinem kunigreich gefragt, antworttet alszo: Mein reich ist nit von diszer welt. Das ist yhe ein klarer spruch, damit die Christenheit wirt auszgetzogen von allen weltlichen gemeynen, das sie nit leiplich sey, unnd diesser blind Romanist macht einn leipliche gleich den andern gemeyne drausz. Er sagt noch klerer Luce xvij. das reich gottis kumpt nit mit einer euszerlichen weysze, und wirt niemandt sagen ›sih da, odder hie ist es‹, dan nempt war, das reich gottis ist in euch inwendig. Mich wundert, das solch starck, klare spruch Christi szo gar fur fastnachts larven gehalten werden von diessen Romanisten«.
145 WA 6; 293,22; DDStA 2; 89,14f: »[...] das reich gottis (szo nennet er [Christus, d. Vf.] seine Christenheit)«.
146 WA 6; 293,16; DDStA 2; 89,7.
147 WA 6; 295,4; DDStA 2; 91,40f: »[...] wie wir sagen ›die stadt ist Kurfurstisch, disze ist Hertzogisch, die ist Franckisch‹«.
148 WA 6; 315,7f; DDStA 2; 133,34f: »[...] szo besteht des teuffels reich mit grosserm hauffenn, dan gottis reich.«
149 WA 6; 314,22–24; DDStA 2; 133,11–13: »[...] dann das mehrer teil der, die do hart haltenn auff des Bapsts ubirkeit unnd drauff sich bawenn, seinn besessen mit aller gewalt der helle, voller sund unnd boszheit«.

Kirche. Dort habe der Teufel keinerlei Macht.[150] Der feste, wahre Glaube widerstehe den Pforten der Hölle, auch wenn der Gläubige stets vom Teufel angefochten wird.

V Resümee

Die zurückliegenden Betrachtungen wollen kein »Lutherbild auf einem Goldgrund«[151] malen. Es sei jedoch angemerkt, dass auf eine Grundierung nicht gänzlich verzichtet werden kann, wenn man ein aussagekräftiges Bild zeichnen möchte. Die hier gewählte »Grundierung«, vor dem die Theologie Luthers konturiert wurde, war bewusst neuzeitlich gefärbt. Liest man Luther vom Mittelalter her, so ergeben sich wohl andere Analogien, die eventuell ebenso eine neuzeitliche Relevanz aufweisen könnten. Die hier bemühten Erwägungen sollten folgende theologische Einsichten aufzeigen, die m. E. für den zukünftigen Protestantismus unhintergehbar sind.

Die erste Einsicht besteht darin, dass eine auf einem einzigen Prinzip beruhende Ethik nicht genügt, um die Realität ethischer Entscheidungen in der Alltagswelt angemessen beschreiben zu können. Hierzu bedarf es einer Pluralisierung von Ethiktypen. Max Weber hat diese für die Neuzeit anhand der Unterscheidung von Gesinnungs- und Verantwortungsethik formuliert. Die Grundkonzeption einer solchen dualen Ethik geht jedoch auf Luthers Auffassungen von den zwei Regimenten zurück.

Die zweite Einsicht betrifft den antinomischen Charakter des Gottesbegriffs. Kein noch so ausgefeiltes Letztbegründungsdenken kann ohne die Einbeziehung der spannungsvollen Widersprüche im Gottesgedanken auskommen. Der antinomische Charakter Gottes bildet den herben Realitätsernst der christlichen Religion, der die Entfaltung des befreienden Evangeliums Jesu Christi bedingt. Luthers Theologie hat hierbei Rudolf Otto maßgeblich beeinflusst. Insofern stellt Ottos Theorie eine Ausformu-

---

150 WA 6; 315,8–12; DDStA 2; 133,35–41: »Das heysset aber bestahn widder die hellischen pforten [...] in einem festen, rechten glauben, auff Christo, dem fels, erbawet, das den selben nit muge untertrucken yrgent ein gewalt des teuffels«.

151 Vgl. G. Seebass, Ein Luther ohne Goldgrund – Stand und Aufgaben der Lutherforschung am Ende eines Jubiläumsjahres (in: Lehren aus dem Lutherjahr. Sein Ertrag für die Ökumene, hg. v. O. H. Pesch, 1984, 49–85).

lierung von Luthers Auffassung von Gesetz und Evangelium aus religions-
psychologischer Perspektive dar.

Die dritte Einsicht betrifft schließlich die Einbettung der Ekklesiologie in den Rahmen einer Christentumstheorie. Auch Troeltsch erkennt
an, dass in Luthers Ekklesiologie ein solches Potential vorhanden ist. Das
Christentum geht nicht auf in seiner kirchlichen Gestalt. Vielmehr existieren eine Vielzahl an christlichen Sozialformen innerhalb und außerhalb der
institutionell verfassten Kirche. Der Gedanke der unsichtbaren Kirche bildet dabei den unverzichtbaren Ausgangspunkt einer kulturhermeneutisch
fundierten Theorie des Christentums aus protestantischer Perspektive.

Wehrlos im Zauberwald

Die Luther-Feier der Wartburgstadt Eisenach am 4. und 5. Mai 1921

Von Sebastian Kranich

Als wäre in Deutschland nach dem Jubeljahr 1917, nach der Begehung der Flammen am Elstertor, endlich nach dem gemeinsamen Wormser Gedächtnis noch nicht genug der Feier gewesen, sollte auch noch die vierhundertjährige Wiederkehr des Einzugs Luthers in die Wartburg mit größtmöglichem Aufwande von Festlichkeiten begangen werden.[1]

Was dem katholischen Lutherbiographen und Jesuiten Hartmann Grisar zu viel erschien, war aus protestantischer Sicht nur folgerichtig. Denn auf das kriegsbedingt geminderte Reformationsjubiläum von 1917 hatte – nach dem erhofften Sieg – die große Feier 1921 in Worms folgen sollen. Bloß konnte unter den Bedingungen der französischen Besatzung Luthers verweigerter Widerruf wiederum nur eingeschränkt gewürdigt werden.[2] So avancierte schließlich Eisenach zum »Ausklang und [...] Höhepunkt unserer Feier«, wie es in der Hauptfestrede hieß.[3]

---

1 H. Grisar, Luther zu Worms und die drei jüngsten Jahrhundertfeste der Reformation (Luther-Studien I), 1921, 56.

2 Fast alles fand in kirchlichen Räumen statt – abgesehen von Kundgebungen am Luther-denkmal und einem Konzert in der städtischen Festhalle. Schmuck im öffentlichen Raum gab es nicht. Vertreter ausländischer Kirchen waren vor Ort, aber inoffiziell. Rederecht hatten sie nicht. Vgl. D. Wendebourg, Das Reformationsjubiläum von 1921 (ZThK 110, 2013, 316–361), 325–327.

3 O. Scheel, Die nationale und übernationale Bedeutung Dr. Martin Luthers, 1922, 3. Diese Einschätzung teilt auch Wendebourg. Sie nennt die Feier in Eisenach »eine Heerschau des evangelischen Deutschlands« (aaO., 319).

Dennoch trug auch die Luther-Feier in der Wartburgstadt am 4. und 5. Mai deutlich die Signatur der Nachkriegszeit.[4] Im März hatte eine Arbeiterrevolte Mitteldeutschland erschüttert. Und in den Tagen der Feier drohte die Besetzung des Ruhrgebiets, sollte Deutschland nicht dem Zahlungsplan der Alliierten für die Kriegsreparationen in Höhe von 132 Milliarden Goldmark zustimmen. Beides, die Märzkämpfe wie das Londoner Ultimatum, fanden ihren Niederschlag in der Feier, deren Grundton ganz auf die Verarbeitung der Kriegsniederlage gestimmt war.

Kurz: Eisenach war nicht besetzt. Aber die regionale, nationale und internationale Situation blieb fragil und angespannt. In dieser Lage sollte Luthers Ankunft auf der Wartburg gedacht werden.

I Charakter und Umstände der Feier

Veranstalterin der Feier war die Stadt in Kooperation mit der Kirchengemeinde. Wie in Wittenberg und Worms war die junge Luthergesellschaft beteiligt. Der Deutsche Evangelische Kirchenausschuss (DEKA) schickte zur 400-Jahrfeier der Verbrennung von Bannandrohungsbulle und Kanonischem Recht am 10. und 11. Dezember 1920 in Wittenberg, zur Wormser Feier der 400-jährigen Wiederkehr von Luthers Auftritt vor dem Reichstag vom 17. bis 19. April 1921 und nach Eisenach lediglich Vertreter.[5] Erst im Septem-

---

4 Vgl. dazu und zum Folgenden insgesamt die diesem Aufsatz zugrundeliegenden schriftlichen Quellen und Archivalien. *Quellen*: Die Luther-Feier der Wartburgstadt Eisenach am 4. und 5. Mai 1921. Nach den Berichten der »Eisenacher Zeitung«, 1921; Grisar, Luther (s. Anm. 1); Kontinentale Missionskonferenz und Luther-Gesellschaft bei der Luther-Gedenkfeier in Eisenach am 4. Mai 1921, hg. v. Luther-Gesellschaft, 1921; H. Lietzmann, Luther auf der Wartburg (LuJ 4, 1922, 30–43); [Programm der] Luther-Feier der Wartburgstadt Eisenach am 4. und 5. Mai 1921, 1921; Reden und Vorträge gehalten bei der 27. Generalversammlung des Evangelischen Bundes (4. und 5. Mai 1921) in Eisenach, 1921; G. Roethe, Luther in Worms und auf der Wartburg (LuJ 4, 1922, 3–29); Scheel, Bedeutung (s. Anm. 3); Zur Eisenacher Lutherfeier. Sonderbeilage der »Eisenacher Tagespost«, 4.–5. Mai 1921. *Archivalien*: Akten im StadtA Eisenach: Briefmarken für die Lutherfeier 1921; Notgeldscheine für die Lutherfeier 1921; Porzellangeld für die Lutherfeier 1921; Wartburg-Stiftung, Archiv (im Folgenden WSTA), Akte: 400 Jahre Luther auf der Wartburg, 4.5.1921 (ohne durchlaufende Nummerierung der Einzelstücke).

5 Zur anderthalbjährigen Debatte um eine gesamtprotestantische Feier unter der Ägide des DEKA in Worms vgl. Wendebourg, Reformationsjubiläum (s. Anm. 2), 320–323.

ber veranstaltete der DEKA – an den Kirchentag anschließend – in Stuttgart eine Erinnerungsfeier, die gemäß Kirchentagspräsident Wilhelm Freiherr von Pechmann dem »Anspruch« nach eine »Gesamtfeier des evangelischen Deutschlands«[6] sein sollte, aber eher ein »Festakt«[7] war. Prägend für die *Luther-Feier der Wartburgstadt Eisenach* – so der offizielle Titel – waren die Beteiligung der protestantischen Massenorganisation Evangelischer Bund, der seine erste Nachkriegsversammlung abhielt[8] sowie von ausländischen Teilnehmern der Kontinentalen Missionskonferenz, die zuvor in Bremen

Oberburghauptmann Hans Lukas von Cranach hatte gleiches für Eisenach und die Wartburg angeregt, erhielt aber abschließend zur Antwort, der DEKA »glaube«, sich »dieser Veranstaltung enthalten und sie den örtlich Beteiligten überlassen zu müssen.« Vgl. Schreiben von DEKA-Präsident Reinhard Moeller an von Cranach vom 14. September und 16. November 1920 (Zit.) (WSTA, Akte: 400 Jahre).

6 Zit. n. WENDEBOURG, Reformationsjubiläum (s. Anm. 2), 339.

7 Ebd.

8 Die Initiative hierfür ging von Hans Lukas von Cranach aus. Mit Datum vom 8. September 1920 erhielt er vom geschäftsführenden Vorsitzenden des Evangelischen Bundes, Otto Everling, darauf brieflich zur Antwort, das Präsidium sei »geneigt, auf Ihre Anregung einzugehen. Das würde wohl am besten so geschehen, dass wir nicht in Worms, wie zuerst geplant war, sondern im Mai in Eisenach unsere Gesamtvorstandssitzung haben. Dadurch würden schon rund 100 führende Bundesmitglieder dort sein.« Einen Beschluss dazu könne es am 8. Oktober 1920 in der Gesamtvorstandssitzung geben. (WSTA, Akte: 400 Jahre). Der Vorsitzende des Festausschusses und Eisenacher Dezernent für Kunstwesen und Fremdenverkehr, Freiherr Bernhard von der Heyden-Rynsch, schrieb dem Wittenberger Oberbürgermeister Arnold Wurm dann am 4. Januar 1921, der Evangelische Bund habe sich entschieden, »seine erste Generalversammlung nach dem Kriege nach Eisenach zu verlegen und den Tag der Lutherfeier hierfür zu wählen«. Und bemerkte weiter: »Es fällt mir auf, daß in dem Wittenberger Fest-Programm der Evangelische Bund in keiner Weise vertreten gewesen ist. Hoffentlich ist das nicht auf Meinungsverschiedenheiten oder sonstige Schwierigkeiten zurückzuführen.« (StadtA Eisenach, Akte: Notgeldscheine, Bl. 13). Oberbürgermeister Wurm entgegnete darauf: »Der Evangelische Bund ist von uns zu den Vorarbeiten und zu den Sitzungen regelmässig eingeladen worden, doch waren die Vertreter desselben zumeist an der Teilnahme behindert. Auf die offizielle Einladung zur Luther-Gedenkfeier am 10. Dezember 1920 hat das Präsidium des Bundes bedauert, nicht in der Lage zu sein, einen Vertreter zur Beteiligung an der Feier entsenden zu können. Meinungsverschiedenheiten haben dabei nicht vorgelegen«. (StadtA Eisenach, Akte: Notgeldscheine, Bl. 16). Der Evangelische Bund verabschiedete mit dem *Wartburgprogramm* in Eisenach ein neues, völkisch orientiertes Arbeitsprogramm.

getag hatte.[9] Vertreter der Lutherstädte und fast aller deutscher Universitäten waren ebenso zugegen wie der Vorsitzende der Thüringer Landesregierung und Staatsminister für Volksbildung und Justiz Arnold Paulssen.[10] Landesoberpfarrer Wilhelm Reichardt konnte zudem für den Thüringer Landeskirchenrat seine Freude darüber zum Ausdruck bringen, dass jener – so der Bericht der Eisenacher Zeitung – »gerade in Eisenach im Angesicht der herrlichen Wartburg eine gastliche Aufnahme gefunden habe.«[11] Die Dramatik dieser Tage zeigt die Absage der Feier-Teilnahme am Nachmittag des 3. Mai durch Reichsinnenminister Erich Koch per Telegramm. »Die bevorstehenden aussenpolitischen Entscheidungen« hinderten ihn »Berlin zu verlassen«, so Koch.[12] Am 4. Mai war er nicht mehr Minister. Denn das Kabinett Fehrenbach trat zurück, da es die Zahlung der Reparationen von 132 Milliarden Goldmark nicht verantworten wollte.

Das Gepräge der Feier erinnert noch sehr stark an die Reformationsfeiern des 19. Jahrhunderts: Die Stadt fungierte als Veranstalterin,[13] das

---

9 Schon 1913 hatte es einen Briefwechsel zwischen dem Direktor der Deutschen Evangelischen Missionshilfe und Sekretär der Kontinentalen Missionskonferenz August Wilhelm Schreiber und Hans Lukas von Cranach zur Möglichkeit einer Feier auf der Wartburg für die ausländischen Teilnehmer der Konferenz gegeben. Daran anknüpfend schrieb Schreiber dem Oberburghauptmann mit Datum vom 17. Januar 1921, die Konferenz beabsichtige im Anschluss an ihre erste Tagung seit dem Krieg, »in Eisenach den Tag, an dem Luther auf der Rückkehr aus Worms auf die Wartburg kam, durch eine Erinnerungsfeier festlich zu begehen. Ich bin überzeugt, dass die ausserdeutschen Missionsmänner an dieser Feier gerne teilnehmen werden.« Gefragt nach den Planungen in Eisenach verwies von Cranach in einem Antwortentwurf vom 22. Januar 1921 auf die Stadt als organisatorischen Ansprechpartner. (WSTA, Akte: 400 Jahre).

10 Vgl. Die Luther-Feier der Wartburgstadt (s. Anm. 4), 13 f.

11 Vgl. aaO., 21. Der Landeskirchenrat der 1920 gegründeten Thüringer Evangelischen Kirche hatte am 1. April 1921 die Villa auf dem Pflugensberg bezogen.

12 Der Wortlaut des am 3. Mai 1921 um 14.46 Uhr aus Berlin aufgenommenen Telegramms an Oberbürgermeister Fritz Janson lautet: »zu meinem lebhaften bedauern verhindern mich die bevorstehenden aussenpolitischen entscheidungen, berlin zu verlassen. die hohe bedeutung, die ich ihrem feste beimesse, machen mir alle notwendigkeit meines fernbleibens besonders schmerzlich. ich bin mit meinen gedanken bei ihrer lutherfeier und wünsche ihr den besten verlauf[.] reichsminister koch«. (WSTA, Akte: 400 Jahre).

13 Die Stadt behielt sich »die Initiative und volle Selbstständigkeit bei allem Maßnahmen« vor, so Dezernent Heyden-Rynsch an den Wittenberger Oberbürgermeister Arnold Wurm (Schreiben vom 4. Januar 1921, StadtA Eisenach, Akte: Notgeldscheine, Bl. 13).

städtische Bürgertum bildete die Träger- und Vorbereitungsgruppe, in der wichtige Akteure für Inhalte, Organisation und Öffentlichkeitsarbeit versammelt waren.[14] Glockenläuten, die Ausschmückung des Stadtraumes, Festversammlungen in geschlossenen Räumen, Kirchenkonzert, Festgottesdienste, Versammlungen unter freiem Himmel – vor dem Lutherdenkmal und auf der Wartburg, ein Festzug im Schnee dorthin sowie die Aufführung des Stücks »Luther auf der Wartburg« von Friedrich Lienhard im Stadttheater unter schauspielerischer Beteiligung von Bürgerinnen und Bürgern Eisenachs: Ganz ähnlich liefen etwa auch die Feiern zu Luthers 400. Geburtstag 1883 schon ab. Auch Jubiläumsmünzen gab es im 19. Jahrhundert schon lange.

Doch in manchen Festelementen zeigt sich zugleich der Zeitenwechsel. Die Eisenacher Jubiläumsmünze war aus braunem Meißner Porzellan gefertigt. Unter Berücksichtigung der »außerordentlich hohen Kosten der Anfertigung von Gedenkmünzen« sollte »städtisches Notgeld aus Porzellan« ausgegeben werden, so der Vorsitzende des Festausschusses und Eisenacher Dezernent für Kunstwesen und Fremdenverkehr Freiherr Bernhard

Die Eisenacher Tagespost hatte am 18. Oktober 1920 in Anbetracht der verpassten Chancen auf Eisenacher Jubiläumsfeiern in den letzten Jahren und mit Verweis auf die Bewilligung von 30.000 Mark durch die Stadt Wittenberg für die dortige Luther-Feier am 10. Dezember 1920 geschrieben: »Es wird jetzt an der Zeit, daß die Lutherstadt Eisenach sich entschließt, ob und in welcher Form und mit welchen Mitteln sie den bedeutungsvollen Junker-Jörg-Tag zu feiern gedenkt.« (WSTA, Akte: 400 Jahre, Zeitungsausschnitt).
14 Vorsitzender des Festausschusses war Stadtrat Freiherr Bernhard von der Heyden-Rynsch, Oberbürgermeister Fritz Janson fungierte als Ehrenvorsitzender. Mitglieder waren: Kirchenrat Oberpfarrer Karl Arper, Spediteur Kurt Burgemeister, Augenarzt Otto Büsing, Oberburghauptmann Hans Lukas von Cranach, Stadtrat und Stadtkämmerer Karl Eckel, Oberlehrer Fleischer, Journalist Günther, Kunsthistoriker Dr. Conrad Höfer, Hofdruckereibesitzer Paul Kahle, Journalist Hermann Nebe, Oberstudienrat Prof. Dr. Wilhelm Nicolai, Schauspieler Franz Peschel, Kurator Wilhelm Stelljes. Unter den Mitgliedern spielte Hans Lukas von Cranach als Oberburghauptmann der Wartburg eine besondere Rolle. Dessen war er sich bewusst. In einem wenig freundlichen Entwurf eines Schreibens an den Deutschen Evangelischen Kirchen-Ausschuß vom 25. Januar 1921 heißt es, die Feier fände »hier und in Eisenach« statt. »Dabei hauptsächlich betheiligt sind der Gemeinde-Vorstand Eisenach, der Evangelische Bund und ich selbst. Eine Einladung zur Theilnahme wird Ihnen zugehen, hoffentlich senden Sie einen Vertreter«. (Antwortentwurf, WSTA, Akte: 400 Jahre).

von der Heyden-Rynsch.[15] Wie die Münze sollte auch das Papiernotgeld, auf dessen Gestaltung noch zurückzukommen sein wird, nicht in den Zahlungsverkehr gebracht, sondern gesammelt werden.[16] In der Funktion von der Heyden-Rynschs als Fremdenverkehrs-Dezernent wird zugleich das touristische Element des Ereignisses ansichtig.[17] Die sonst üblichen Schulfeiern fanden offenbar nicht statt, was an der politisch forcierten Trennung von Staat und Kirche gelegen haben mag. Allerdings bildeten die Schulen den Schluss des Festzuges zur Wartburg. Der Festzug selbst wurde von der Reichswehrkapelle angeführt, auch eine Abteilung Reichswehr sowie Abordnungen von Krieger- und Militärvereinen marschierten mit. Der herge-

15 Schreiben von Dezernent Heyden-Rynsch an den Magistrat Dresden vom 8. Januar 1921 (StadtA Eisenach, Akte: Porzellangeld, Bl. 2). Der erwünschte Gewinn für die Stadt fiel zunächst geringer aus als erwartet, da die Staatliche Porzellanmanufaktur Meissen zur Feier am 4. und 5. Mai nur einen geringen Teil der vereinbarten Münzen lieferte. Die Lieferschwierigkeiten bestanden in den Folgemonaten fort, da die Manufaktur der Herstellung des sächsischen Porzellangelds den Vorrang gab. Die Stadt Eisenach bestellte aufgrund der großen Nachfrage jedoch immer größere Mengen. Noch bis 1923 wurden Münzen nachgeliefert. Auf der Vorderseite der Münze ist ein Luther-Kopf abgebildet. Die Rückseite trägt mit den Jahreszahlen 1521 und 1921 und dem Schriftzug Eisenach über der Lutherrose das Gepräge des Jubiläums. Das Eisenacher Stadtwappen fand aus Platzmangel für die Gestaltung keine Verwendung. (Vgl. StadtA Eisenach, Akte: Porzellangeld).

16 Dezernent Heyden-Rynsch erkundigte sich am 4. Januar 1921 bei Oberbürgermeister Wurm in Wittenberg, »welchen Erfolg Sie mit der Ausgabe der Erinnerungs-Notgeldscheine [anlässlich der Feier am 10. Dezember 1921] erzielt haben, ob sich tatsächlich ein bedeutender Überschuß für die Stadt dabei ergeben hat.« Wurm antwortete am 8. Januar 1921: »Es ist kein einziger Schein zur Einlösung gekommen. Die wenigen Notgeldscheine, welche zurückgegeben worden sind, wurden von Sammlern sofort wieder angefordert.« (StadtA Eisenach, Akte: Notgeldscheine, Bl. 13.15) Auch die Stadt Eisenach erzielte mit den Notgeldscheinen einen erheblichen Gewinn. Die Nachfrage war bis in den August 1921 sehr groß.

17 Der Beginn der 1920er Jahre markiert den Anfang des modernen städtischen Fremdenverkehrs. Auskünfte zu Hotels, Privatquartieren, Verpflegung und Teilnehmerkarten sollten die Geschäftsstelle der Lutherfeier im Rathaus und das Fremdenverkehrsbüro am Hauptbahnhof erteilen. Die Ausgabe der Karten für alle Veranstaltungen – außer der Theateraufführung – sollte im Verkehrsbüro erfolgen. (Vgl. undatierter Programmentwurf, unterzeichnet von von der Heyden-Rynsch, WSTA, Akte: 400 Jahre). Auch die Ausgabe und der Versand von Fest-Postkarten mit Sonderstempel gehörte zu den touristischen Angeboten.

bracht bürgerliche Festzug erhielt so ein stärker militärisches Gepräge.[18] Die Teilnehmerzahl wurde auf ca. 12.000 geschätzt.[19]

Anders als im besetzten Worms durfte der Stadtraum mit Fahnen und Wimpeln geschmückt werden, waren öffentliche und private Gebäude mit Tannengrün bekränzt. Am Gasthof Rautenkranz wehte – gegenüber von Rathaus und Georgenkirche – neben der schwarz-rot-goldenen Flagge die gelb-blaue Schwedens.[20] Sichtbar wurde so die besondere Beziehung zu Schweden signalisiert, die in der Feier vielfach Ausdruck finden sollte. Hartmann Grisar konstatierte konfessionspolemisch aber nicht unzutreffend: »Am nächsten stehen dem deutschen Protestantismus noch die Schweden.« Ansonsten sei »Deutschland samt seinem Luther [...] im Auslande ein Gegenstand der Abneigung.«[21]

II Im »Zauberwald deutscher Romantik«

Auch mental wirkte das 19. Jahrhundert in die Feier hinein. Der Jenaer Kirchenhistoriker Hans Lietzmann konstatierte am Beginn seines theologisch anspruchsvollen Vortrags[22] auf der Festsitzung der Luthergesellschaft:

> [Der] Aufenthalt auf der Wartburg hat sich tief [...] in die Seele des deutschen Volkes hineingeschrieben. Luther ist damit eingegangen in den Zauberwald deutscher Romantik, der auf Thüringens Boden vor allem um die Wartburg sich aus grauer Vorzeit rankt und Helden und Heilige [...] in wundersamen Bildern vereinigt. Dieser Zauber umspielt auch die Gestalt des ritterlichen Augustinermönchs.[23]

---

18 Vgl. Die Luther-Feier der Wartburgstadt (s. Anm. 4), 24. Zum Start des Zugs ebd.: »Kurz nach 3 Uhr kommt Bewegung in die Massen, auf einen munteren Trommelwirbel erklingen die schmetternden Klänge eines deutschen Marsches, gespielt von der den Festzug eröffnenden Reichswehrkapelle.«

19 So die Schlesische Zeitung Breslau vom 10. Mai 1921. (Vgl. Ausschnitt, WSTA, Akte: 400 Jahre). Diese Angabe ist singulär in den durchgesehenen Quellen.

20 Vgl. Die Luther-Feier der Wartburgstadt (s. Anm. 4), 7.

21 GRISAR, Luther (s. Anm. 1), 55. Anlässlich des Wormser Jubiläums hatte die schwedische Bischofskonferenz den 18. April zu einem »der größten Tage in den Jahrbüchern der gesamten Menschheit« (aaO., 56) erklärt.

22 Die Eisenacher Zeitung spricht von einer »den Gelehrten verratende[n] Rede« (Die Luther-Feier der Wartburgstadt (s. Anm. 4), 10).

23 LIETZMANN, Luther (s. Anm. 4), 30. Dazu beigetragen haben u.a. die in mehreren Auflagen erschienen Sagenbücher von L. BECHSTEIN, Die Sagen von Eisenach und der Wart-

In dieser Tradition kommt Luther besonders in populären Medien zu stehen. Eine Notgeldserie von 1922 zeigt ihn zum Abschluss oder Höhepunkt einer mittelalterlich-höfischen Reihe, die mit dem *Schutzpatron der Stadt, St. Georg* (Abb. 1), eröffnet wird. Nach *Wolfram von Eschenbach* (Abb. 2), dem *Tannhäuser* (Abb. 3), der *heiligen Elisabeth* (Abb. 4) und *Walter von der Vogelweide* (Abb. 5) folgt *Junker Jörg* (Abb. 6) mit Bibel in der rechten und einem beachtlichen Schwert in der linken Hand.[24] Ähnlich bilderbuchhaft ist auch die Rückseite einer weiteren Notgeldscheinreihe von 1921 (Abb. 7) gestaltet. Auf ihr steht der Spruch: »Von Eisenach an der Wartburg Fuß / dem sagen- u. waldumwebten / / Dien' Euch der Männer Bild als Gruß / Die hier einst wirkten und lebten«. Die Vorderseite des Luther-Scheins (Abb. 8) trägt den Spruch: »Ein feste Burg – ein ganzer Mann – sein Wort sie sollen lassen stahn«[25]. Dieser Dreiklang tönt schon deutlicher in die damalige Gegenwart. Das gilt insbesondere für den *ganzen Mann*, wie noch zu zeigen ist.

Ebenfalls im romantischen Grundton gehalten, doch mit deutsch-nationalen bis völkischen Obertönen versehen ist eine Passage im Fest-Bericht der Eisenacher Zeitung. Hier ist die Wartburg ein Ort mit »Türmen, Erkern und Toren«, mit »trauten Winkeln und Lauben, wo still und verborgen unterm alten Gemäuer der Rosenstrauch grünt«; ein Ort, »wo holde Frauen und edles Rittertum urdeutscher Art und Wesens pflegten.« Sie ist der Ort, wo Luther im »kleine[n] stimmungsvolle[n] Gemach [...] das Herrlichste schuf, was er seinem Volke schaffen konnte: Den Wohlklang deutscher Laute und die nationale Religion.«[26]

---

burg, 1835; DERS., Thüringer Sagenbuch, 2 Bde., 1858. In beiden Büchern wird die Geschichte des *Junker Görg* bzw. des *Junker Jörg* auf unterschiedliche Weise erzählt. H. MÜNKLER konstatiert: »Die Wartburg ist ein Mythensammler per excellence« (DERS., Die Deutschen und ihre Mythen, 2010, 301).

24 Sechsteilige Notgeldscheinreihe, Gestaltung: Heinz Schiestl, Druck: J. A. Schwarz, Lindenberg, Allgäu, Eisenach 1922.

25 Achtteilige Notgeldscheinreihe, Verlag Robert Dahms Eisenach, Büttenpapier, Herbst 1921.

26 Die Luther-Feier der Wartburgstadt, (s. Anm. 4), 25. Auch Otto Everling beginnt seine Rede auf der Wartburg romantisierend mit: »Wundersame Klänge und Gestalten grüßen den Wanderer vom alten Gestein dieser Weihestätte im Herzen Deutschlands!« (Reden und Vorträge, [s. Anm. 4], 20). Konservativ-kulturkritisch kontrastiert Hermann Scholz

III Der »Mönch im Rittergewand«

Und nähert man sich schließlich der Gestalt jenes *ritterlichen Augusti-nermönchs*, der Gestalt des Junker Jörg, so hat man es wiederum mit dem 19. Jahrhundert zu tun. Wann dessen Name und Bild im 16. Jahrhundert entstanden sind, kann hier offenbleiben.[27] An dieser Stelle sind zwei Dinge wichtig. Erstens: Name und Bild transportieren, so Thomas Kaufmann, eine »heroisierende Tendenz«[28]. Kaufmann weiter:

> Diese bemerkenswerte Darstellung Luthers, dessen schwertführende Rechte die Waffe berührt, dürfte Wehrhaftigkeit, Virilität, Vitalität und den finalen Bruch mit einem prie-sterlichen Habitus – auch in Gestalt der Rasur – zum Ausdruck bringen und einen ideal-typischen ›evangelischen‹ *miles christianus* darstellen.[29]

Zweitens ist wichtig, noch einmal Kaufmann, »dass die ›Konjunktur‹ des ›Junkers Jörg‹ vornehmlich als ein Moment des nationalprotestantischen Lutherkultes nach 1817 anzusprechen ist.«[30]

Das nationalprotestantische Element setzt sich fort in eben der Doppel-gestalt vom »Mönch im Rittergewand«, der als »Junker Jörg [...] seine apos-tolische Sendung [...] fest mit seinem deutschen Beruf verknüpfen konn-te«[31]: So formulierte es der Kirchenhistoriker Otto Scheel am Festabend im

auf der Sitzung des Zentralvorstands des Evangelischen Bundes in der Lutherstube jene Romantik mit der Gegenwart: »Hier wogte einst der Sängerkrieg mit Walter von der Vogelweide, ein edler Wettbewerb der besten deutschen Kräfte um das Lob der Ritter-lichkeit, der süßen Minne, der holden Natur. Und heute ein anderer Sängerkrieg, die Konkurrenz jener rohen Triebe, die auf dem Markt der Literatur, der freien Künste, des Theaters, das Schlichte, Herzliche, Reine, Große entstellen und verderben.« (AaO., 10).

27 Auf 1537 datiert Thomas Kaufmann die erste Verwendung des Holzschnitts mit ei-nem bärtigen Luther. Erst nach seinem Tod sei das Bild in den Zusammenhang mit *Junker Jörg* gebracht worden. Vgl. Th. KAUFMANN, Neues von »Junker Jörg«. Lukas Cranachs frühreformatorische Druckgraphik. Beobachtungen, Anfragen, Thesen und Korrekturen (Konstellationen. Herzogin Anna Amalia Bibliothek 2), 2020, online ab-rufbar unter: https://publikationen.klassik-stiftung.de/servlets/MCRFileNodeServlet/ ksw_derivate_00000189/Konstellationen_2_JunkerJoerg_ThomasKaufmann.pdf (Stand: 10.6.2022).

28 AaO., 44.

29 AaO., 42.

30 AaO., 46.

31 SCHEEL, Bedeutung (s. Anm. 3), 6.12.

seinerzeit größten Veranstaltungssaal in Thüringen: im Kurhotel Fürstenhof.[32] Das Soldatische wiederum wird in Krieg und Nachkriegszeit oft noch gesteigert. Der Philologe Robert Roethe etwa hatte zum Reformationsjubiläum 1917 an die zeitgenössische Darstellung Luthers als keulenschwingender *Hercules Germanicus* erinnert[33] und die »stählerne Kampfeslust«[34] des Reformators beschworen. Auch 1921 war Roethe noch nicht aus dem Schützengraben heraus. Bei seiner Rede vor der Luther-Gesellschaft anlässlich des Wormser Jubiläums ist Luther der »starke harte Kämpfer«, ist er »ein voller kräftiger Deutscher«, dem »der Krieg das Herz und die Adern schwellte und die Seele erhob.«[35] Eigenartig ist, wie Roethe in dieser Rede das Verhältnis des Reformators zum Rittertum fasst: In Luther lebe »der freudige Kampfesmut des christlichen Ritters«, wogegen Adel und Ritter seiner Zeit mit ihren Söldner- und Landknechtsgewohnheiten ideell unzuverlässig gewesen seien.[36] Auch die Hasenjagd im Wartburgwald zum Zeitvertreib sei für Luthers »Kämpfernatur« nichts gewesen. Dieser habe lieber gegen Bischöfe und Kardinäle kämpfen wollen.[37] Die Eisenacher Zeitung wiederum lässt den Dreiklang »des Riesen von Worms, des Ritters von der Wartburg, des Siegers von Wittenberg«[38] ertönen.

32 Der Festsaal bot seinerzeit an die 2.000 Personen Platz. Die Eisenacher Zeitung berichtet von »Tausenden« Besuchern bei »einer machtvollen Kundgebung des lutherischen Protestantismus« an diesem Abend. (Die Luther-Feier der Wartburgstadt [s. Anm. 4], 13).

33 Vgl. G. ROETHE, D. Martin Luthers Bedeutung für die deutsche Literatur. Ein Vortrag zum Reformationsjubiläum, 1918, 47 f.

34 AaO., 4.

35 ROETHE, Worms (s. Anm. 4], 28 f. Roethe nutzt hier und im vorgenannten Vortrag, ob gezielt oder unbewusst, wiederholt eine auffällig phallische Sprache. So wird die Männlichkeit Luthers betont.

36 AaO., 9 f. Damit spielt er auf das einstige konfessionelle Lavieren von Adel und Rittern an und kritisiert im Subtext zugleich die eigenen Zeitgenossen. In der Rede zum Jubiläum 1917 stilisiert Roethe Luther zum Vorbild, der entgegen »faulem Frieden, matter Schlaffheit [...] ausgeharrt hat bis zum Ende.« (ROETHE, Bedeutung [s. Anm. 33], 4). 1921 konstatiert er: »Wir Deutschen sind nicht getreu gewesen bis in den Tod, und das verdiente Schicksal hat und getroffen.« (ROETHE, Worms [s. Anm. 4], 29).

37 AaO., 15.

38 Die Luther-Feier der Wartburgstadt (s. Anm. 4], 27.

IV Ein völkisch-männlicher »Führer«

Für heutige Rezipienten fast schon penetrant wird Luther als *der Mann* vorgeführt, der steht, wenn es darauf ankommt. Wogegen heute, so Roethe, »anscheinend nur Männer« gefragt seien, »die auch ›anders können‹«[39]. Gemeint ist hier also keineswegs der beschauliche Hausvater des 19. Jahrhunderts.[40] Vielmehr wird ein Luther mit völkischen Zügen konstruiert.[41] Der Volksgedanke war am Beginn der Weimarer Republik in Politik wie Kirche lagerübergreifend zentral. Im Eisenacher Jubiläum trat allerdings die Idee einer demokratisch strukturierten Volkssouveränität gegenüber einem völkisch interpretierten Machtwillen in der Zuordnung von Volk und Führer deutlich zurück.

Hervorzuheben ist in diesem Zusammenhang der kurze Bericht über die Rede der Gründerin des Neulandbundes Guida Diehl.[42] Diehl durfte als einzige Frau auf dem großen Festabend im Fürstensaal – und offenbar bei der gesamten Feier überhaupt – öffentlich reden. Sie hatte 1920 das Hotel *Junker Jörg* in Eisenach gekauft und – ein Jahr vor dem Jubiläum – als *Neulandhaus* eingeweiht.[43] Diehl, die 1921 eine Abspaltung von Mitgliedern ihrer Neulandbewegung hinnehmen musste, die kein Treuegelübde auf sie »als der von Gott und der Geschichte uns gegebenen, nicht

---

39 ROETHE, Worms (s. Anm. 4), 27.

40 Dieser wurde auch von religiös-sozialistischer Seite abgewiesen. Vgl. G. WÜNSCH, Der Zusammenbruch des Luthertums als Sozialgestaltung, 1921, 7: »Man führte ihn dem Volke vor als gemütlichen Hausvater in Schlafrock und Pantoffeln, der gelegentlich auch poltern kann.« Luther, seine Ehe, seine Familie als Ur- und Vorbild für das *deutsche Haus* konnte aber dennoch gegenwartskritisch in Anschlag gebracht werden. Vgl. ROETHE, Worms (s. Anm. 4), 26 f.

41 Roethe bemerkt etwa, »Friedrich Ludwig Jahn« habe den Reformator »als den ›Erzvater eines künftigen deutschen Großvolkes‹ bezeichnet« (aaO., 27). Ein Großreich mit einem Führer an der Spitze ist ein Hauptziel der völkischen Bewegung.

42 Der Neulandbund war nationalkonservativ und völkisch ausgerichtet und später nationalsozialistisch orientiert. Vgl. S. LANGE, Protestantische Frauen auf dem Weg in den Nationalsozialismus. Guida Diehls Neulandbewegung 1916–1935, 1998.

43 Vgl. Festschrift zur Erinnerung an die Einweihung des Neulandhauses, 1921. Seit 2016 trägt das Haus – in Anlehnung an die frühere Benennung – den Namen *Jugendbildungsstätte Junker Jörg*.

wählbaren Führerin«[44] ablegen wollten, führte laut Eisenacher Zeitung
u. a. aus:

> Deutschlands Frauen verehren in Luther vor allem den deutschen Mann. Diese Männ-
> lichkeit […], das ist es, was die deutsche Weiblichkeit in so hingebender Verehrung zu
> dem kühnen Neuerer aufblicken lässt. […] Die Frau erblickt in Luther auch den Hüter
> deutscher Familie, deutscher Mütterlichkeit; Mutter sein ihrem Volke, das ist die höch-
> ste Aufgabe für eine deutsche Frau. […] Seinen männlichen Feuergeist, seine machtvolle
> Führerhand ersehnen die Frauen auch jetzt wieder; […] sie stehen fest mit dem, der ein
> Mann ist.[45]

Was die Festversammlung mit »[b]rausende[m] Beifall«[46] quittierte, ist die
Verknüpfung eines Männlichkeits- und Weiblichkeitsideals, wie es nach
der gefühlten »Kastration des Kriegs« entstand, verbunden mit einer Führersehnsucht, die in die Vorgeschichte des Nationalsozialismus gehört.

Allerdings wird die Führersehnsucht redaktionell noch zugespitzt. Die
Eisenacher Zeitung lässt Scheels Rede mit der Anrufung Luthers enden als
»unser Vermächtnis und unser Führer!«[47] In der Druckfassung heißt es dagegen: »Er geleite uns auf unserem Wege und bleibe das Vermächtnis aller
unserer Tage.«[48] Zudem charakterisiert das Blatt alle weiteren Ansprachen
jenes Abends als Verbindung von Reformationsgeschichte »mit dem Seh-
nen unserer Tage […], daß auch uns einmal wieder ein wahrhaft großer Führer beschieden sein möge.«[49] Entsprach dieser Ton der Stimmungslage der
Eisenacher Leserschaft? Der Vorsitzende des Evangelischen Bundes Otto
Everling jedenfalls verkündete zum Abschluss des großen Festzuges auf die
Wartburg, am Ende seiner Rede vor Tausenden im Wartburghof auf ein bekanntes Bismarckwort hinzielend: »Wird unser deutsches Volk so getrost
und getreu in seinem Gott wie Luther, können wieder einmal deutsche
Führer sprechen: ›Wir Deutsche fürchten Gott, sonst nichts in der Welt‹«[50].

---

44 A. VOLLMER, Die Neuwerkbewegung. Zwischen Jugendbewegung und Religiösem Sozialismus, 2016, 74.
45 Die Luther-Feier der Wartburgstadt (s. Anm. 4), 16.
46 Ebd.
47 Ebd.
48 SCHEEL, Bedeutung (s. Anm. 3), 27.
49 Die Luther-Feier der Wartburgstadt (s. Anm. 4), 16.
50 Reden und Vorträge (s. Anm. 4), 23.

Die Führer-Semantik war offensichtlich derartig stark, dass selbst Hans Lietzmann, der Luthers Ringen auf der Wartburg theologisch als ein innerliches Erleben und einen Gewissenskampf schilderte, nicht ohne sie auskam. Zum Eingang seines Vortrags vor der Luthergesellschaft rechnet er den Reformator unter die »großen, genialen Führerpersönlichkeiten«: genial, weil im Kontakt mit dem Ewigen, groß, weil im Kontakt mit dem Volk. Lietzmann spannt Luther rhetorisch aus als »Mann, dessen Haupt die Stimme der Gottheit hört, und dessen Füße fest auf heimatlichem Boden stehen.«[51] Diese Spannung bearbeitet auch Otto Scheel, indem er Luther im Blick auf den Glauben als *übernational* und im Blick auf die Nation als *national* schildert.[52] Dabei sieht er sich genötigt, ersteres zu verteidigen. Es könne die Befürchtung geben, »daß das Evangelium das völkische und nationale Leben gefährde«, so Scheel. Luther habe durchaus gewusst, »daß er nicht berufen sei, ein nationaler Führer [...] zu sein«. Doch solle keiner »behaupten [...], daß der unmännlich wird, dem die Zeitlichkeit vergangen.« Luthers Kraftquell sei vielmehr die Ewigkeit. Er sei »wie ein zweiter Simson, der nie zum Knecht geboren war, und in den eigenen Untergang das Geschmeiß derer zog, die nur durch Tücke und Verrat ihm Fesseln hatten anlegen können«. Scheel fantasiert hier im Rückgriff auf Äußerungen von 1530 einen übersteigerten Simson-Luther herbei. Denn solch einen bräuchte man gegen die Alliierten. Doch: »Wir dürfen es nicht wagen, dem Simson des Jahres 1530 zu folgen.«[53] Bloß: War dieser Luther schon immer so?

Nein, eher nicht. Die Übersteigerung abgerechnet wird die Wartburgzeit bei der Eisenacher Lutherfeier zur entscheidenden Schaltstelle im Entwicklungs- und Reifeprozess des Reformators: Folgt man Scheel, so wird Luther ab 1520 »der Mann [...], an dem sich die Geister scheiden.« Von

---

51 LIETZMANN, Luther (s. Anm. 4), 31. Am Ende seines Vortrags wünschte Lietzmann, das Ringen zwischen Glauben als innerem Erleben und Schrift als formalem Prinzip des Protestantismus möge »im Geiste Luthers getragen sein von dem Gebet: Ich lasse dich nicht, du segnest mich denn!« (aaO., 43) Die Eisenacher Zeitung machte – in Unkenntnis der Erzählung von Jakobs Kampf am Jabbok, Gen 32 – aus dem Wort Jakobs ein »Lutherwort« (Die Luther-Feier der Wartburgstadt [s. Anm. 4], 10).
52 Vgl. SCHEEL, Bedeutung (s. Anm. 3).
53 AaO., 24.17.26.27.

der Wartburg aus »greift« er dann »ins äußere Leben ein, wenn's denn sein muß.«[54]

Die Eisenacher Zeitung gibt in einer Passage Oberbürgermeister Janson in seiner Eröffnungsrede zum Festabend im Hotel Fürstenhof so wieder: Luthers Jugendzeit in Eisenach habe dessen »weiches und reiches Gemüt« sehr beeinflusst. Doch als dieser »in der Nacht vom 4. zum 5. Mai – also heute vor 400 Jahren als Junker Jörg in die Wartburg einzog, – da erwachte in ihm zum erstenmal innerlich ganz frei der Luther [...], wie er die Geschichte gestaltet hat.«[55] Und das Ergebnis von Lietzmanns Schilderungen des Gewissenskampfes Luthers fasst das Blatt schließlich verknappt zusammen mit: »So verläßt er die Wartburg als fertiger Mann.«[56] Schon vor dem Fest hatte man geschrieben, dass es den Reformator »nach einem kurzen Jahr reifenden Werdens [...] hinabtrieb in die Gefahren und Kämpfe des Lebens und Siegens«[57].

Mag Luther zuvor auch weich gewesen sein, in Worms und auf der Wartburg wird er zum wehrhaften christlichen Ritter oder Soldaten. Aus dem Mönch wird ein Mann: so die vorherrschende Tendenz zusammengefasst.

Die Wartburg selbst wird im Modus der Erinnerung dabei zum kultischen Ort. Sie wird zum »deutschen Nationalheiligtum«[58], von dem erneut »Wartburggeist, Lutherkraft«[59] ausgehen soll, so die Eisenacher Zeitung. Luther wird heroisiert, die Burg wird sakralisiert. Ihr Zentrum ist die Lutherstube. Im Bericht über den Wartburgbesuch von Luthergesellschaft und Kontinentaler Missionskonferenz fährt man zunächst im »Autoomnibus in schneller Fahrt durch das frische Buchengrün zur Wartburghöhe hinan.« Dann besucht man den »geweihten Raum« der Wartburgkapelle, um schließlich hinaufzusteigen »zu dem Allerheiligsten der Wartburg, der Lutherstube.«[60] Und der Eisenacher Oberpfarrer und Superintendent Karl Gotthilf Arper sieht tagtäglich die »Wartburgpilger« den »Pfarrberg vorüberwallen«. Beim Eintritt in die Lutherstube seien sie »bewegt« und »er-

---

54 AaO., 7.13.
55 Die Luther-Feier der Wartburgstadt (s. Anm. 4), 13.
56 AaO., 10.
57 AaO., 6.
58 AaO., 24f.
59 AaO., 6.
60 Kontinentale Missionskonferenz (s. Anm. 4), 6.8.

griffen von dem Gedanken: Hier hat der Glaubensrecke gelebt und gewirkt dem gegenüber wir alle arme Zwerge sind«.[61]

Da der Recke, hier die armen Zwerge: In diesem Bild wird nach der Kriegsniederlage eine großartige Vergangenheit gegen eine bedrückende und verwirrende Gegenwart gestellt. Die Geschichte wird als Gegenbild zum tatsächlichen oder drohenden Verlust der protestantischen Hegemonie in Deutschland beschworen. Tonangebend ist hier der *Evangelische Bund zur Wahrung der deutsch-protestantischen Interessen*, so dessen Name in Gänze.

Im Erleben der Geschichte und in der Sehnsucht[62] nach dem Mann, dem Führer, dem Heros Luther stecken zugleich die Differenz zum Jetzt wie eine spannungsvolle Erwartung, die sich religiös wie politisch formulieren lässt. Karl Arper etwa hofft in seiner Festansprache: »Daß der Junker Jörg nicht von ferne an uns vorüberginge, daß wir berührt und gesegnet würden von seinem Geiste«[63]. Auch wenn Luther, so der Vorsitzende der Luthergesellschaft Wilhelm von Hegel, »leider [...] nie mehr zu uns zurückkehren werde«, so sei man doch feiernd verpflichtet, seine »machtvolle Gestalt [...] zu vergegenwärtigen« als Quelle »neuer vaterländischer Kraft und Zuversicht.«[64]

V Notgeld-Botschaften

Mehrfach angeklungen ist bereits, wie die eigene Gegenwart in die Geschichte vor 400 Jahren hineingelesen und hineingezeichnet wird. Besonders anschaulich und breitenwirksam war hier die bereits erwähnte sechsteilige Notgeldserie zur Eisenacher Lutherfeier. Mehr als 100.000 Serien konnten offenbar kurzfristig an die Frau oder den Mann gebracht werden. An Einwohner Eisenachs wurden die Scheine im Juni 1921 rationiert ausgegeben. Ein Haushalt bis zu fünf Personen erhielt eine, ein Haushalt über fünf Personen zwei Serien. Amtlich bekanntgegeben wurde: »Um eine

---

61 Die Luther-Feier der Wartburgstadt (s. Anm. 4), 14.
62 Vgl. dazu auch die entsprechende Beobachtung von WENDEBOURG, Reformationsjubiläum (s. Anm. 2), 360.
63 Die Luther-Feier der Wartburgstadt (s. Anm. 4), 15.
64 AaO., 9.

gleichmäßige Ausgabe zu überwachen, ist Brot-Kartenausweis vorzule-gen.«[65] Darüber hinaus kamen weitere zehntausende Serien für Sammler in den Notgeldhandel.[66]

Für Motive und Aufschriften waren die »Wünsche und Anregungen [...] aus der Mitte des Festausschusses« maßgebend.[67] Nach diesen richtete sich der Würzburger Grafiker Heinz Schiestl bis in die Details der Gestal-tung,[68] obgleich ihm uneingeschränkte künstlerische Freiheit zugesichert worden war.[69]

Anfang und Ende der Serie bilden eine *alte Stadtansicht Eisenachs* (Schein 1; Abb. 9) sowie *Vorhof und Torfahrt der Wartburg* (Schein 6; Abb. 10). Gerahmt davon zeichnete Schiestl vier Szenen nach unterschiedlichen Vor-lagen. In der Endfassung tragen diese die Untertitel: *Martin Luther singt als Currendeschüler bei Frau Cotta* (Schein 2; Abb. 11), *Luthers Gefangen-nahme* (Schein 3; Abb. 12), *Luthers Ankunft auf der Wartburg* (Schein 4; Abb. 13), *Junker Jörg übersetzt das neue Testament* (Schein 5; Abb. 14). Diese sachlichen Angaben werden ergänzt durch Überschriften, die offen-bar sämtlich von Mitgliedern des Festausschusses vorgeschlagen worden waren.[70] In der Kombination von Lutherworten mit Lutherszenen steckt die Botschaft für die Gegenwart.

Über Luther als singendem Kurrendeschüler (Abb. 11) ist zu lesen: »Fall hin und her verzweifele nur nicht und steh' wieder auf.« Dieses Wort war seinerzeit als Kernspruch Martin Luthers im Umlauf. Der direkte Bezug zu den aufrechten Sängern ergibt sich kaum. Außer man denkt daran, dass

---

65 StadtA Eisenach, Akte: Notgeldscheine, Bl. 113.

66 Vgl. StadtA Eisenach, Akte: Notgeldscheine. Der Geschäftsverkehr dazu ist hier um-fänglich dokumentiert.

67 AaO., Bl. 55.

68 Das ging bis hin zu den Mützen der Kurrendesänger und einem Blitzableiter bzw. einem Kreuz auf den Türmen der Wartburg auf der Vorderseite der Scheine.

69 Vgl. StadtA Eisenach, Akte: Notgeldscheine, Bl. 45. Für den Numismatiker Ferdinand Friedensburg war der »Eindruck dieser sechs Scheine [...] in jeder Beziehung ein höchst erfreulicher«. Im »Notgeld« sei »Martin Luther bisher noch nicht vertreten« gewesen, »wo doch so viele geringere Berühmtheiten und Erzeugnisse vom Rattenfänger zu Ha-meln bis zu den Jauerschen Würstchen ihre Verewigung gefunden haben.« (F. FRIEDENS-BURG, Martin Luther im Notgeld, in: Schlesische Zeitung Breslau vom 15. Mai 1921, Zeitungsausschnitt, WSTA, Akte: 400 Jahre).

70 Vgl. StadtA Eisenach, Akte: Notgeldscheine, Bl. 45.

Kinder häufig hinfallen und dann wieder aufstehen müssen. Gemeint mit diesem Wort sind offenbar das polarisierte Nachkriegsdeutschland und die hin- und hergerissenen Nachkriegsdeutschen. Otto Everling konstatiert in seiner Volksrede im Wartburghof etwa kulturkritisch: »Das unglückliche deutsche Volk schwankt trotzig und verzagt zwischen dumpfer Ermattung und genußsüchtiger Erregung.« Selbstkritisch benennt er die eigene, »unsere Verzagtheit, Schlaffheit, Zerissenheit« und erwartet schließlich den »Tag, da, von Acht und Bann befreit, die trauernde Gemeinde ihr Haupt emporhebt.«[71] Denn Deutschland liege gegenwärtig am Boden. Noch drastischer hieß es bei der Sitzung des Zentralvorstandes des Evangelischen Bundes auf der Lutherstube der Wartburg bzw. in der Predigt in der Nikolaikirche: Man sei »in tiefste Niederungen geworfen«[72] bzw. »in eine Folterkammer hinabgestoßen«.[73] Gustav Roethe wiederum hatte schon am Tag des Wormser Jubiläums deutlich gemacht, dass man als Protestant nicht auf Nothelfer warten dürfe. Bei Luther hieße es »erbarmunglos: ›Hilf dir selbst, dann hilft dir Gott.‹«[74]

Das Bild von *Luthers Gefangennahme* (Abb. 12) trägt die Unterschrift: »Mit unserer Macht ist nichts getan.« Wie die zwei folgenden Motive ist es dem Lied *Ein feste Burg ist unser Gott* entnommen. Anders als bei den anderen Motiven ging die Festlegung dieser Unterschrift dem Entwurf des Bildes durch Schiestl voraus.[75] Schiestl orientierte sich gestalterisch auch hier an traditionellen Vorlagen. Die Kombination von Überschrift, Bild und Unterschrift zeigt dennoch ein Moment, das bei anderen Reformations-Jubiläen so nicht zu finden ist: Nicht der starke, heroische, auch nicht der zweifelnde, denkende, glaubende Luther wird hier gezeigt. Dargestellt ist vielmehr der Moment des Machtverlustes, der Ohnmacht.

Historisch war den Zeitgenossen völlig klar, dass Luthers Gefangennahme zum Schein erfolgte und die anschließende Zeit auf der Wartburg keine wirkliche Gefangenschaft war. Die Eisenacher Zeitung erinnert unmittelbar vor der Luther-Feier daran, dass der Reformator »zum Schein auf

71 Reden und Vorträge (s. Anm. 4), 22 f.
72 AaO., 10.
73 Die Luther-Feier der Wartburgstadt (s. Anm. 4), 22.
74 ROETHE, Worms (s. Anm. 4), 28.
75 Vgl. StadtA Eisenach, Akte: Notgeldscheine, Bl. 55.

das gewaltsamste überfallen und [...] in die sichere Hut der Bergfeste [...] gebracht werden sollte.«[76] Doch ließ sich die eigene Gegenwart überaus gut über diese Geschichte legen. Und diese Gegenwart hatte sich durch den Krieg folgenschwer verändert. Zu Kriegsbeginn 1914 hatte ein Eisenbahnwaggon eines deutschen Truppentransportzuges noch die Aufschrift getragen: »Des Deutschen Gebet: Ein' feste Burg ist unser Gott. Des Franzosen Gebet: Mit unsrer Macht ist nichts getan.«[77] Nun bezog man letzteres auf sich selbst.

Ein wehrloser Luther im Mönchsgewand wird von bewaffneten Rittern umringt. Das Schwert wird gegen ihn erhoben, sein linker Arm wird festgehalten. Fragend schaut er in offener Körperhaltung zur Seite. Das Bild erinnert an das entsprechende Relief am Lutherdenkmal in Möhra. Es erinnert aber auch an die Bildfindung von Jesu Gefangennahme durch Julius Schnorr von Carolsfeld. Diese Bilder mögen bei der Interpretation durch die Zeitgenossen mitgeschwungen haben.

Das Zeitgefühl drückt sich in den Worten der Eisenacher Zeitung so aus: Man lebe in einer »Zeit deutscher Trauer und Unfreiheit«, in »Tagen der Trauer und der Ohnmacht«.[78] Erzählt wird in diesem Blatt die Geschichte eines Luther, der Drohungen nicht nachgegeben habe und dem in Worms eine Frist zur freien Abreise gesetzt worden war[79] – ganz ähnlich dem Ultimatum an Deutschland für die Anerkennung des Zahlungsplans der Alliierten für die Kriegsreparationen. Otto Scheel beginnt seine Rede im Fürstenhof mit der Zeitansage, dass in diesen »Wochen [...] verruchte Tücke den Versuch macht, ein wehrloses Volk [...] Todesqualen entgegenzuführen«. Nicht nur das Gedenken in Worms sei »in Fesseln geschlagen« worden. Nein mehr noch:

> Weil Deutschland gepeinigt wird, wie noch nie ein arbeitsfreudiges und hohe Werte aller Art schaffendes Volk gepeinigt worden ist, darum müssen auch Luthertum und Wittenberger Reformation den Weg des Martyriums betreten.

---

76 Die Luther-Feier der Wartburgstadt (s. Anm. 4), 5.
77 Zit. n. M. Fischer, Religion, Nation, Krieg. Der Lutherchoral »Ein feste Burg ist unser Gott« zwischen Befreiungskriegen und Erstem Weltkrieg (Populäre Kultur und Musik 11), 2014, 297.
78 Die Luther-Feier der Wartburgstadt (s. Anm. 4), 6.
79 AaO., 5.

Abschließend setzt er Luthers Ergehen mit dem eigenen gleich:

> Er geächtet, er gebannt, auf ihm die Schande und der Fluch der Zeitgenossen. Auch unser Volk geächtet und gebannt, nach dem Willen einer gewissenlosen Übermacht in Schande und Schmach, in die Erniedrigung auch der eigenen Ehre hineingestoßen.[80]

Wie stark das Gefühl von Ohnmacht, das Erleben von Machtlosigkeit gewesen sein muss, zeigt sich auch an zwei weiteren Äußerungen: Roethe meint retrospektiv, zur Zeit der Reformation sei »der Deutsche [...] vor allem stolz auf seine Waffen und seine Wissenschaft«[81] gewesen. Doch nun stehe er ohne Waffen da. Ein Luther-Nachfahre verweist bei seiner Rede am Eisenacher Lutherdenkmal auf die Gestalt der trauernden Magdeburg am Reformationsdenkmal in Worms: »Sie trauert um die verlorene Heimat. Sie trauert um ihre Toten. Sie trauert um das zerbrochene Schwert in ihrem Schoß.«[82]

Wehrlos steht Luther auch zwischen zwei Rittern auf dem Bild, das seine *Ankunft auf der Wartburg* (Abb. 13) zeigt. Das Motiv erinnert an Paul Thumanns gleichnamiges Gemälde. Im Kontext der Bildfolge der Notgeldscheine wirkt es ambivalent: Wird Luther hier willkommen geheißen durch die Person links, die wohl den Schlosshauptmann Hans von Berlepsch darstellen soll? Oder handelt es sich um die Übergabe eines Gefangenen, um Luthers Inhaftierung? Schon in der neutralen und detaillierten Schilderung der Eisenacher Tagespost des Geschehens vom 4. Mai 1521 heißt es: »Jetzt konnte [...] der Gefangene« in »Gewahrsam gebracht werden.«[83] Auch Otto Scheel spricht im Fürstenhof historisch vom »Gefangene[n] auf der Wartburg« und zeigt abschließend diese Parallele auf: »Wer möchte nicht angesichts des vom Tode Bedrohten oder des auf der Wartburg Gefangenen dessen gedenken, was über unserem Haupte schwebt?«[84] Natürlich finden sich auch genügend Beispiele der gängigen positiven Beschreibungen der

---

80 SCHEEL, Bedeutung (s. Anm. 3), 1–3.27. Man sei »in Acht und Bann der Machthaber einer verlogenen Welt, und – wir spürens erschütternd in diesen Tagen – wehrlos der Willkür preisgegeben« sagte auch Otto Everling in seiner Rede im Wartburghof. (Reden und Vorträge [s. Anm. 4], 21).

81 ROETHE, Worms (s. Anm. 4), 13.

82 Die Luther-Feier der Wartburgstadt (s. Anm. 4), 23.

83 H. NEBE, Luthers Weg zur Wartburg, in: Zur Eisenacher Lutherfeier (s. Anm. 4), o.P.

84 SCHEEL, Bedeutung (s. Anm. 3), 12.27.

Wartburg als Ort für den Reformator und die Reformation. Auffällig ist aber deren zeitgebundene Gebrochenheit. Otto Everling etwa sagt im Innenhof der Wartburg: »Luther fand hier die rettende Burg. Für ein ganzes armes geschlagenes Volk gibt es keine Burg, die es vor Gewaltstreichen schützt.«[85]

Zugleich zeigt die Überschrift eine andere Haltung und Perspektive als die des wehrlosen Opfers auf. Diese ist bereits in der Verwendung von Zeilen des Lutherliedes durchgehend präsent. In der Eisenacher Tagespost heißt es zeittypisch: »Es ist das Schutz- und Trutzlied der Deutschen«[86]. Nach Hellmut Thomke ist »Das Wort sie sollen lassen stahn« als »trotzige Aufforderung« zu verstehen. Es lässt sich »auch einfach mit ›müssen‹ übersetzen« und ist ein »Ausdruck der sicheren Erwartung«[87]. Die doppelte, religiös-theologische wie politische Rezeption dieses vielzitierten Wortes[88] spiegelt sich im Bericht der Eisenacher Zeitung. Von der Aufführung von Johann Sebastian Bachs Kantate *Ein feste Burg ist unser Gott* im Rahmen der »Weihefeier in der St. Georgenkirche« zur Eröffnung des Festes weiß das Blatt zu berichten, dass »die Riesengemeinde« sich »beim letzten Chor [...] erhob und mit einstimmte: ›Das Wort sie sollen lassen stahn, das Reich muss uns doch bleiben‹.«[89] Der Bericht der Zeitung vom Fest schließt mit der Angabe dessen, »was das Fest bezweckte: Durch Gottesglauben zu nationaler Wiedergeburt.«[90]

Auf dem Bild des nächsten Scheins sitzt endlich dem Äußeren nach kein Mönch mehr sondern ein bärtiger Mann. *Junker Jörg übersetzt das neue Testament* (Abb. 14), so lautet die Unterschrift. Dieser Junker hat die Schreibfeder in der Hand. An der Wand hängen sein Hut und sein Schwert. Die Bedeutung dieser Übersetzung für protestantische Frömmigkeit und Glauben, für die deutsche Sprache, für »Deutschlands Geistesentwick-

---

85 Die Luther-Feier der Wartburgstadt (s. Anm. 4), 25.

86 O. Schmiedel, Das Lutherlied (in: Zur Eisenacher Lutherfeier [s. Anm. 4], o.P.)

87 H. Thomke, Das Wort sie sollen lassen stahn! Überlegungen zur Sprache und zur poetischen Form von Luthers Liedern am Beispiel des Reformationsliedes »Ein feste Burg ist unser Gott« (JLH 29, 1985, 79–89), 79.

88 In der Erklärung der schwedischen Bischofskonferenz zum Wormser Jubiläum 1921 findet sich dieses Wort ebenfalls. Darauf verweist Grisar, Luther (s. Anm. 1), 55 f.

89 Die Luther-Feier der Wartburgstadt (s. Anm. 4), 12.

90 AaO., 28.

lung der Neuzeit«[91] wird herkömmlich beschrieben. Auffällig ist aber, dass die Funktion der Sprache für den Zusammenhalt besonders herausgestellt wird. Sie sei, so die Eisenacher Zeitung, trotz »manch unlutherischer Fremdwörterei […] das einzig feste Gut in dieser Zeit deutscher Trauer und Unfreiheit […], die uns kein Feind rauben kann.«[92] Auch Otto Scheel hat die Gegenwart mit im Blick, wenn er sagt, diese Übersetzung löse sich von »knechtischer Abhängigkeit«. Sie sei kein »unter fremdem Zwange stehendes verunstaltetes und verzerrtes Gebilde«, sondern folge »dem Geist der deutschen Sprache.«[93]

Die Überschrift *Ein feste Burg ist unser Gott* war wohl alternativlos, wenn man bedenkt, wie wichtig und aufgeladen diese Metapher seinerzeit war und wenn man bedenkt, wie sinnfällig hier der Bezug zur Wartburg mitschwingt. In einem Vortrag zum Reformationsjubiläum von 1917 heißt es, die deutschen Soldaten hätten zu tausenden spontan dieses Lied angestimmt, immer wenn sie an der Wartburg vorbei an die Westfront fuhren. Hartmann Grisar tut das als protestantische »Fabel« ab.[94] Aber nicht nur Mythen, auch Fabeln, so diese Schilderung nicht stimmt, sind wirkmächtig. Zum Gesang dieses Liedes 1921 in Eisenach resümiert die Eisenacher Zeitung jedenfalls: »Aus tausend Kehlen klang immer wieder: ›Ein' feste Burg ist unser Gott!‹ als gewaltiger Gesang der deutschen Protestanten, und der Geist dieses Liedes hielt die Gemüter gefangen. Seine Kraft und unvergängliche Stärke ist es, die heute ganz Deutschland so dringend nötig hat.«[95]

VI Internationaler Kontakt – Schweden und die protestantische Ökumene

In erster Linie ging es in Eisenach wie bei den anderen Lutherfeiern um Deutschland. Wichtigster Gast aber war Schweden. Schon bei den Feierlichkeiten in Wittenberg waren im Dezember 1920 ein schwedischer Bi-

---

91 AaO., 6.
92 Ebd.
93 SCHEEL, Bedeutung (s. Anm. 3), 9.
94 Vgl. S. KRANICH, Mit Gott in den Krieg – mit Luther zum Sieg (HerChr. 36/37, 2012/2013, 159–179), 177.
95 Die Luther-Feier der Wartburgstadt (s. Anm. 4), 28.

schof, der schwedische Botschafter und viele schwedische Pressevertreter anwesend. Später im September 1921 nahm an der Stuttgarter Feier eine große schwedische Delegation teil.[96] Und auch im Mai 1921 in Eisenach, wo die gelb-blaue Fahne am Gasthof Rautenkranz wehte, spielte Schweden politisch wie konfessionell eine Sonderrolle. »Schwedens treue Freundschaft«, so lautet eine Unterüberschrift im Bericht der Eisenacher Zeitung von der Versammlung im Fürstenhof. Diesbezüglich wird der schwedische Kirchenhistoriker Hjalmar Holmquist als »Vertreter des schwedischen Königs, der schwedischen Kirche, des schwedischen Volkes« vorgestellt. Dieses Volk habe »stets, ganz besonders treu aber seit den Tagen schwerer Kriegsnot und noch schwereren Zusammenbruchs zu uns gehalten.« Holmquist wurde nach dem Bericht des Blattes mit »stürmische[r] Begeisterung« begrüßt. Am Ende seiner Rede standen: »Brausender Beifall« sowie »Stürmische Zurufe«.[97]

Diese Ausnahmestellung Schwedens verdankte sich der aktuellen außenpolitischen wie hergebrachten konfessionskulturellen Nähe. Die schwedische Bischofskonferenz und der schwedische Erzbischof Nathan Söderblom, der bei der Stuttgarter Feier zugegen sein und einen Vortrag halten sollte, gaben wiederholt freundliche Erklärungen in Richtung der deutschen Protestanten ab.[98] In Eisenach verlas Holmquist ein Grußtelegramm Söderbloms und beschwor anschließend laut Zeitungsbericht »Glaubensgemeinschaft und Völkerverwandtschaft«.[99] Dabei erscheint Deutschland in schwedischer Perspektive reformationsgeschichtlich als der überlegene Part, als »Mutter« der schwedischen »geistlichen Kultur«,[100] so etwa Hauptpastor Anders Hagardt vor der Luthergesellschaft. Die deutsche Erinnerung wiederum bemühte Gustav Adolf von Schweden. Otto Scheel dankte Holmquist und sagte eigedenk der schwedischen Zuhörer:

96 Vgl. WENDEBOURG, Reformationsjubiläum (s. Anm. 2), 318.339.
97 Die Luther-Feier der Wartburgstadt (s. Anm. 4), 17. Holmquist verfasste für das Sydsvenska Dagbladet Snällposten Nr. 144 vom 3. Mai 1921 und Nr. 155 vom 7. Juni 1921 einen längeren, zweiteiligen Festbericht, Überschrift: »En varens Lutherfest i snö« [Ein Frühlings-Lutherfest im Schnee], Zeitungsausschnitte, WSTA, Akte: 400 Jahre.
98 Vgl. WENDEBOURG, Reformationsjubiläum (s. Anm. 2), 318; GRISAR, Luther (s. Anm. 1), 55f.
99 Die Luther-Feier der Wartburgstadt (s. Anm. 4), 17.
100 Kontinentale Missionskonferenz (s. Anm. 4), 5.

Vor Zeiten, im 17. Jahrhundert, erschien in der Stunde schwerster Gefahr der Leu aus Mitternacht und stattete nun der deutschen Reformation durch die Tat den Dank ab für die Segnungen, die ungefähr 100 Jahre zuvor dem jungen schwedischen Reich durch Wittenberg zuteil geworden waren.[101]

Im Blick auf die Gegenwart war diese Erinnerung allerdings ambivalent. Gustav Adolf vermochte nach dem Weltkrieg nicht mehr der ungebrochene Held zu sein, zu dem er im 19. Jahrhundert geworden war. Auch als Hoffnungsträger taugte er politisch nur bedingt. Scheel strich zwar die schwedische verbale wie mentale Unterstützung heraus und nannte Gustav Adolf retrospektiv »eine[n] unserer Führer«. Doch dürfe man heute keinen neuen »Retter aus dem Norden« erwarten. Solche Hoffnungen wären »furchtbare Illusionen [...], keines Menschen Arm« werde »sich für uns erheben«.[102]

Zugleich hebt der Bericht über den Wartburgbesuch von Luthergesellschaft und Kontinentaler Missionskonferenz hervor:

> Wir standen zunächst in der Wartburgkapelle, in der Gustav Adolfs Schwert und Herzog Bernhards von Weimar Degen an die Waffenbrüderschaft der Protestanten Deutschlands mit den schwedischen Glaubensbrüdern [...] erinnern.[103]

Dazu kamen kämpferisch-kriegerische Töne auf beiden Seiten. Hauptpastor Anders Hagardt erklärte die Bereitschaft Schwedens, das Erbe der Reformation »mit Blut und Leben [zu] verteidigen.«[104] Und in der Eisenacher Tagespost wurden die »Fanfaren Gustav Adolfs und die Kanonen von Lützen« gehört – im »Schutz- und Trutzlied der Deutschen«.[105]

Doch war die beschworene Waffen- und Glaubensbrüderschaft nur die eine Seite der Hervorhebung Schwedens. In der Person des Erzbischofs Nathan Söderblom wird das deutlich. Seine Herkunft aus dem Land von Gustav Adolf, des »Märtyrer[s] [...] für unseren gemeinsamen Glauben«,[106] wie es in Stuttgart hieß, wurde ebenso gewürdigt wie seine herausragende Rolle in der ökumenischen Bewegung. Letztere spielte in den Jubiläumsfeiern 1920–1922 konfessionell wie politisch eine erhebliche Rolle. Konfessionell

---

101 SCHEEL, Bedeutung (s. Anm. 3), 5.
102 Ebd.
103 Kontinentale Missionskonferenz (s. Anm. 4), 6 f.
104 AaO., 5.
105 SCHMIEDEL, Lutherlied (s. Anm. 86), o.P.
106 WENDEBOURG, Reformationsjubiläum (s. Anm. 2), 342.

war es eine Ökumene der Protestanten mit Dominanz der Lutheraner, politisch eine der neutralen Staaten.

Das Eisenacher Jubiläum konnte durch die Teilnahme von Vertretern der kontinentalen Missionskonferenz so auch als »Wahrzeichen der ökumenischen Bedeutung Luthers« beschrieben und erlebt werden. Gegenüber den »[e]vangelischen Glaubensbrüder[n] aus dem neutralen Auslande« hieß es in der Wartburgkapelle: »Zum ersten Male wieder seit dem Kriege, seit [der ersten Weltmissionskonferenz 1910 in] Edinburgh, erfüllt Ihre Anwesenheit die Herzen mit einem Gefühl der Ökumenizität.« Es folgte der gemeinsame Gesang von *Ein feste Burg*, wobei jeder in seiner Landessprache sang.[107]

Zugleich wurde diese Ökumene für Deutschland funktionalisiert. Otto Scheel, der in Stuttgart eine programmatische Rede zur ökumenischen Bewegung aus deutscher Sicht halten sollte,[108] dankte in Eisenach unter Bravorufen den skandinavischen »lutherischen Schwesterkirchen, die [...] in diesen Tagen in voller Öffentlichkeit die Verbindung mit dem deutschen Protestantismus aufgenommen haben.«[109] Sein Plädoyer gegen Chauvinismus zielte auf die Alliierten, insbesondere auf Frankreich. Was Scheel in Stuttgart als Kriterium für die Ökumenizität ausgeben sollte – die Stellung zur Kriegsschuldfrage – wurde in einer Rede vor dem Eisenacher Lutherdenkmal so beantwortet: »[D]er Mann, der hier oben steht, er hätte sich, wenn er heute lebte, [...] bekannt [...] zu seinem Volk, zu dessen Recht, zu seiner Nichtschuld.«[110]

Im Kontrast zur politischen und wirtschaftlichen Situation des Landes wird wiederholt der religiös-kulturelle Vorrang der deutschen Lutheraner betont. Der Rest der Welt wird bei- und zugeordnet. In Eisenach werde, so Scheel, ein »Gedenktag nicht nur deutscher oder germanischer lutherischer Kirchen«, sondern auch »protestantischer Christen in der alten und neuen

---

107 Vgl. Kontinentale Missionskonferenz (s. Anm. 4), 3.7f.

108 Vgl. dazu: WENDEBOURG, Reformationsjubiläum (s. Anm. 2), 344–346.

109 SCHEEL, Bedeutung (s. Anm. 3), 3.

110 Die Luther-Feier der Wartburgstadt (s. Anm. 4), 24. Im Anschluss an K. NOWAK, Evangelische Kirche und Weimarer Republik. Zum politischen Weg des deutschen Protestantismus zwischen 1918 und 1932, ²1988, 118 ist in diesem Kontext festzuhalten, dass den deutschen evangelischen Kirchen »die Klärung der Kriegsschuldfrage [...] als das Maß [erschien], an dem der Wille zur [...] Ökumenizität der Kirchen gemessen werden sollte.«

Welt« gefeiert. Womöglich spürten aber »die von auswärts gekommen sind, nicht so lebhaft wie wir«, dass »Luthertum und Wittenberger Reformation schlechthin eine Schicksalsgemeinschaft mit dem deutschen Volk haben eingehen müssen.«[111]

Ausgehend von jener Prämisse existiert gleichwohl eine gewisse Pluralität. Unter der Zwischenüberschrift »erdumfassendes Bekenntnis zum Luthertum«[112] gibt die Eisenacher Zeitung die Reden der ausländischen Teilnehmer beim Festabend im Fürstenhof wieder.[113] Die größte Zustimmung erhielt hiernach der Vertreter Österreichs, der klar für den Anschluss Tirols an Deutschland votierte. Das stärkste Mitgefühl galt offenbar dem lutherischen Bischof Sándor Raffay für die Lage seines Landes Ungarn und seiner Kirche.[114] Auch die Grüße der deutschen Lutheraner in Nordamerika, denen im Krieg Spionage und Parteinahme für Deutschland vorgeworfen worden sei, wurden sehr beifällig aufgenommen. Zudem wird der finnische Dank für die deutsche Intervention 1918 notiert. Die Beiträge aus den neutralen Ländern Norwegen, Dänemark, Schweiz und Holland fanden dagegen offenbar etwas weniger Beifall. Die letzteren wurden zugleich als Stimmen aus vorwiegend reformierten Ländern wahrgenommen. Am stärksten klingt eine politisch neutrale Positionierung im Bericht über die Rede des holländischen Vertreters an. Sein Land habe »sich ein möglichst sachliches Urteil [...] gebildet« und erkenne, »daß die ganze Welt leidet«:[115] So gibt das Blatt Jan Willem Gunning aus Utrecht wieder.

111 SCHEEL, Bedeutung (s. Anm. 3), 3 f.
112 Die Luther-Feier der Wartburgstadt (s. Anm. 4), 16.
113 Vgl. aaO., 16–18.
114 In einem Dankesbrief vom 15. Juni 1921 an Oberbürgermeister Janson notierte Sándor Raffay: »In frischer Erinnerung leben noch vor mir die Festlichkeiten in Eisenach und werden lange noch, nicht nur für meine Person wertvoll bleiben, auch die Evangelische Kirche von Ungarn hat dort in diesen schweren Zeiten der Prüfungen Herzen gefunden, die unter gemeinsamen [sic!] Schicksale leidend mit uns für die gemeinsame Auferstehung hoffen und arbeiten.« (WSTA, Akte: 400 Jahre).
115 Die Luther-Feier der Wartburgstadt (s. Anm. 4), 17.

VII Die linke Herausforderung – Reaktionen

Ausländische Vertreter der protestantischen Ökumene fanden immerhin Gehör. Das entsprach ganz dem Kurs der deutschen evangelischen Kirchen, über ökumenische Kontakte die protestantische Weltöffentlichkeit diskursiv zu erreichen. Im Ansatz konnte die internationale Lage bei der Eisenacher Feier so reflektiert und bearbeitet werden. Hingegen gab es kaum tragfähige Ideen, was die innenpolitische und religiöse Herausforderung von links anging. Teils wurden schlicht alte Muster der national-protestantischen Selbstbehauptung bedient. Otto Scheel behauptete zum Eingang seiner Rede im Fürstenhof im Blick auf die mitteldeutsche Arbeiterrevolte: »Der Osteraufruhr, der Thüringens Fluren heimsuchte, hat ihn [Luther] nicht zur Seite drängen können.«[116] Die meiste Zustimmung erhielt der Kirchenhistoriker für seine Attacke gegen einen

> Internationalismus [...], der die Ehrfurcht vor dem eigenen Volk und der eigenen Geschichte mit Füßen tritt (Sehr richtig!), um einem Wahngebilde nachzujagen, das nicht einmal in den Wolken zu finden ist (Sehr richtig! Lebhafter Beifall!).[117]

Dagegen gestand der DVP-Reichstagsabgeordnete Otto Everling bei seiner Rede im Innenhof der Wartburg immerhin zu, es mangele an »Kraft und Klarheit«, jene »Fragen zu lösen«, die »hier im Thüringer Land in der Osterzeit sogar mit Kugeln und Handgranaten ausgetragen«[118] worden seien. Wie zum Beleg mangelnder Klarheit äußerte Heinrich Runkel, ebenfalls DVP-Reichstagsabgeordneter, auf dem Festabend des Evangelischen Bundes im Tivoli, eine ökonomische Lösung der sozialen Frage sei nicht möglich. Denn: »Wirtschaftlich bleibt sie eine Machtfrage, die nur im Klassenkampfe entschieden werden kann. Werden muß sie eine Frage der Liebe.«[119]

Mehr Wunsch denn Wirklichkeit waren die vom provinzsächsischen Generalsuperintendenten Justus Jacobi wahrgenommenen »Anzeichen einer religiösen Aufwärtsbewegung in Luthers Geburtslande, die eine schö-

---

116 Scheel, Bedeutung (s. Anm. 3), 1.
117 AaO., 23. Die Eisenacher Zeitung vermerkt hier: »Stürmische Zustimmung« (Die Luther-Feier der Wartburgstadt [s. Anm. 4], 16).
118 AaO., 26.
119 Reden und Vorträge (s. Anm. 4), 19.

nere Zukunft hoffen läßt.«[120] Die Positionierung des Evangelischen Bundes in Eisenach zur Kirchenaustrittbewegung ab 1919 und in den weltanschaulichen Auseinandersetzungen der Zeit war dagegen vergleichsweise realistisch und klar.[121]

Die gesamte Auseinandersetzung krankte daran, dass sie in einem Reden *über*, nicht in einem Reden *mit* bestand. Arbeiterschaft und Sozialdemokratie standen in der Eisenacher Lutherfeier ganz am Rand. Einzig der religiöse Sozialist Emil Fuchs, seit 1918 Pfarrer in der Eisenacher Westvorstadt, einer Arbeitergemeinde, kam am 5. Mai im Gottesdienst in der Kreuzkirche zu Wort. Fuchs hatte hier 1919 die erste Volkhochschule in Thüringen gegründet und trat 1921 der SPD bei. Dass seine Predigt vom Mainstream der Feier abwich, lässt der Kurzbericht in der Eisenacher Zeitung zumindest erahnen.

[Fuchs] sprach [...] über das Wort: »So euch nun der Sohn frei macht, so seid ihr recht frei!« Ausgehend von Luthers Wort »Denn wer kann Gottes Majestät ertragen« zeigte er, wie Luther bebend vor der Majestät des Guten stand, das Gott vom Menschen fordert, und wie aus diesem tiefen Ernst die Freiheit wuchs und frohe, starke schaffende Kraft. Aus diesem Ernste allein werden auch wir lernen, frei zu sein und in froher Freiheit gerechte Menschengemeinschaft zu schaffen.[122]

Verständnis für linke Bestrebungen zeigte immerhin noch der Jenaer Reformpädagoge Wilhelm Rein. Wie Fuchs war er einst im Evangelisch-Sozialen Kongress und im Nationalsozialen Verein Friedrich Naumanns aktiv gewesen, wie Fuchs engagierte er sich für die Volkhochschule. Anders als dieser war er aber zwischenzeitlich Mitglied der rechtsnationalen Deutschen Vaterlandspartei (DLVP). Mit Anspielung auf die Gegenwart schrieb Rein in der Sonderbeilage der Eisenacher Tagespost zur Eisenacher Lutherfeier:

120 Kontinentale Missionskonferenz (s. Anm. 4), 8. Jacobis Wahrnehmung hatte diesen Hintergrund: »Soeben komme ich aus dem Gebiet, wo in unseligem Aufruhr die Brüder eines Stammes gegeneinander wüteten. Und doch traten der Landrat und die Notablen des Kreises an mich heran mit der Bitte, Apologeten und Volksmissionare zu senden. Denn die Arbeiter in den Stollen und Schächten hungern nach Gott. Die religiöse Frage sei fast die einzige, die sie zur Zeit bewege.« (AaO., 7).

121 Vgl. dazu u.a.: Reden und Vorträge (s. Anm. 4), 5 f; Die Luther-Feier der Wartburgstadt (s. Anm. 4), 8.

122 Die Luther-Feier der Wartburgstadt (s. Anm. 4), 22.

Daß die »Bauernräte« der lutherischen Zeit damit [mit Luthers Kampf für die Gewissensfreiheit] eine soziale revolutionäre Bewegung verbanden, war ihr gutes Recht. Eine religiöse und eine soziale Umwälzung konnte das deutsche Volk zugleich nicht durchführen. Die soziale wurde mit Gewalt zu Boden geschlagen. Ein trauriges Kapitel aus der Leidensgeschichte unseres Volkes.[123]

Doch auf der gleichen Seite wurde darunter im Feuilleton die konservativ-nationalprotestantische Welt wieder geradegerückt, zumindest im Theater. Abgedruckt war eine Szene aus einem Lutherdrama von Ewald Doch, das am Reformationstag 1921 im Stadttheater Eisenach zur Aufführung gelangen sollte. Folgendes spielt sich darin ab: Im Innenhof der Wartburg treffen drei Bauern auf den Burgkaplan. Dieser gibt die wahre Identität des Junker Jörg preis – »der große mit den breiten Schultern«,[124] so die Bauern –, verbunden mit der klaren Aufforderung, ihn zu töten, wenn sie ihn im Wald treffen. Die Bauern aber wollen Luther zu ihrem Anführer machen: »Wider Pfaffen und Fürsten. Wider Aussauger und Bedrücker.« Luther weist »Aufruhr und Empörung« zurück und verweist auf das Recht der Obrigkeit. Ein Bauer darauf: »Wir wählen selber unsre Obrigkeit, der wollen treu wir und gehorsam sein.« Aber auch eine solche demokratische Wahl kommt für Luther nicht infrage. Die Bauern schmähen ihn zunächst dafür. Doch dann kann Luther alles erklären, anhand des Christenmenschen, der zugleich ein freier Herr aller Dinge und jedermann untertan ist. Zu letzterem führt er aus:

Doch unser Leibliches, das muss sich fügen / In irdische Satzung, die der Mensch gemacht / Und sind Gesetze unrecht, falsch und schädlich / Und drücken sie der armen Knechte Leib / So mag man bessern sie und neu gestalten / Jedoch was fragt die Seele nach dem Hungern / Und Dürsten, Leiden unseres Erdenleibs, / Wenn sie in Gottes Glauben frei und heilig?

Regieanweisung: »Bauern (blicken mit offenen Augen auf Luther).« Die Bauern knicken am Ende der Szene komplett ein und bitten Luther um Vergebung. Darauf sagt Luther: »Nun sind wir eins. Ihr habet wohl begriffen.« Ohne eingehende Analyse dieses Szenarios ist klar: Was auf der Bühne schon wenig glaubwürdig war, weil historisch schlicht falsch: Diese

---

123 W. REIN, Luther als Erzieher (in: Zur Eisenacher Lutherfeier [s. Anm. 4]), o.P.
124 Feuilleton. Junker Jörg (in: aaO.), o.P. Die folgenden wörtlichen Zitate sind dieser Angabe entnommen.

Art von Einssein konnte in der Nachkriegswirklichkeit der jungen Weimarer Republik nicht funktionieren. Die herbeifantasierte Unterwerfung der revolutionären Bauern und Arbeiter musste ein reaktionäres Märchen bleiben.

Als vom 4.–6. März 1922 bei einer *Invokavit-Feier* in Wittenberg der Rückkehr Luthers von Wartburg gedacht wurde, bot die Reformationsgeschichte erneut das Gewand für die Auseinandersetzung mit Linken und Liberalen. Wie in Eisenach war jene Feier eine der lutherischen Ökumene.[125] Zugleich ließen sich Luthers Invokavit-Predigten national auslegen. Die auf Invokavit 1922 datierte Festpostkarte fokussiert prägnant: *Luther predigt wieder die Bilderstürmer, 1522* (Abb. 15). Der deutschnationale Kirchentagspräsident Wilhelm Freiherr von Pechmann fragte in einer Rede, was zu tun sein »um die Schwarmgeister unserer Tage zu überwinden« und empfahl ein »Zurück zu den Feldzeichen« unter denen Luther vor 400 Jahren zu Invokavit »gekämpft und gesiegt«[126] habe.

Theologisch wirkmächtiger war der Vortrag über »Luther und die Schwärmer«,[127] den Karl Holl auf der Festsitzung der Luthergesellschaft am dritten Tag der Feier hielt.[128] Dieser Vortrag richtete sich politisch wie theologisch gegen die liberale und die dialektische Theologie.[129] Darin be-

---

125 Vgl. Th. Knolle, Die Invokavit-Feier in Wittenberg (Luther 4, 1922, 65–86).

126 AaO., 73f.

127 K. Holl, Luther und die Schwärmer (in: Ders., Gesammelte Aufsätze zur Kirchengeschichte, Bd. I: Luther, ⁶1932, 420–467).

128 Vgl. J. M. Stayer, »Luther und die Schwärmer«. Karl Holl und das abenteuerliche Leben eines Textes (in: Außenseiter zwischen Mittelalter und Neuzeit. Festschrift für Hans-Jürgen Goertz zum 60. Geburtstag [SMRT 61], hg. von N. Fischer / M. Kobelt-Groch, 1997, 269–288).

129 Hauptantipoden sind »Ernst Troeltsch und die frühe Dialektische Theologie um Karl Barth. Diese teils als prowestlich-demokratisch, teils als proöstlich-sozialistisch eingestuften Gegner werden insgesamt als Schwärmer tituliert und typisiert.« (H. Assel, Der andere Aufbruch. Die Lutherrenaissance – Ursprünge, Aporien und Wege: Karl Holl, Emanuel Hirsch, Rudolf Hermann (1910–1935), 1994, 126. Holl zielt über drei Jahre nach der Novemberrevolution 1918 weniger auf die Religiösen Sozialisten denn auf die Dialektische Theologie. Er schreibt: »Hinter denen, die in der Zeit der Revolution mit religiösen Gründen für eine stürmische Sozialisierung eintraten, melden sich bereits die Enttäuschten, die erklären, daß die Religion mit Politik und Sozialismus schlechterdings nichts zu tun habe«. (Holl, Schwärmer [s. Anm. 127], 461f).

gegnen etliche aus Eisenach bekannte Erzählmomente. Holl lässt Luther etwa gleich zu Beginn »wieder die Führung in Wittenberg [...] übernehmen«,[130] nachdem »eine gewalttätige Minderheit die Mehrheit überrannt hatte.«[131] Der Reformator ist für Holl der Führer, der Ordnung ins Chaos bringt. Er habe vermocht »die Stürmer beiseite zu schieben«.[132] Doch »mit diesem raschen Sieg war weder für ihn selbst die Sache erledigt, noch auch ist sie für uns heute erledigt.«[133] Vielmehr gab und gibt es eine »Bewegung«, die für »die Befreiung des einzelnen von aller äußeren Bindung« und »die Umgestaltung des Gesellschaftslebens«[134] kämpfe. Ja, »die Besiegten von gestern« seien »die Sieger von heute geworden.«[135] Der linke Flügel der Reformation ist für Holl mithin der Quellgrund der demokratisch-republikanischen Umgestaltung Deutschlands. Den aufständischen Bauern aus dem Lutherdrama hatte der renommierte Kirchenhistoriker nichts anderes zu sagen als Ewald Dochs Junker Jörg: »[A]llen Gleichheitsgelüsten zum Trotz« gelte es, »die aus dem natürlichen Kräfteverhältnis erwachsende Überordnung eines andern sich gefallen zu lassen.«[136]

VIII Schlussbemerkung

Die Eisenacher Feier am 4. und 5. Mai 1921 aus Anlass der Ankunft Martin Luthers auf der Wartburg 1521 war singulär. Sie hatte kein Vorbild und diente nicht als Blaupause. Denn im langen 19. Jahrhundert wurde jenes Jubiläum in dieser Weise nie begangen. Und im Corona-Jahr 2021 war an eine Feier mit so vielen Gästen nicht zu denken, ganz abgesehen vom Wandel der Fest- und Jubiläumskultur. Lokal war 1920 in der Eisenacher Tagespost eine Junker-Jörg-Jubiläumsfeier eingefordert worden in Anbetracht eines gescheiterten 700-Jahrfests der heiligen Elisabeth 1907, der geminderten

130 AaO., 420.
131 AaO., 421.
132 AaO., 422.
133 Ebd.
134 AaO., 423.
135 AaO., 424.
136 AaO., 465. Holl schließt seine Rede mit: »Deshalb stehen wir zu Luther und grüßen wir den, der am heutigen Tage von der Wartburg herbeieilte, um sein Werk an Stelle des im schwärmerischen Geist Begonnenen aufzurichten.« (AaO., 467).

Reformationsfeier 1917 und eines nicht stattgehabten 850-jährigen Stadt-
jubiläums anlässlich des unsicheren Gründungsjahrs 1070.[137]

Zugleich reihte sich die Eisenacher Feier ein in eine Reihe größerer
Lutherfeiern: beginnend mit der 400-Jahrfeier der Verbrennung der Bannandrohungsbulle am 10. und 11. Dezember 1920 in Wittenberg, der Wormser
Feier der 400-jährigen Wiederkehr von Luthers Auftritt vor dem Reichstag
vom 17. bis 19. April 1921 und endend mit der Invokavit-Feier vom 4. bis
6. März 1922 in Wittenberg zu Luthers Rückkehr von der Wartburg.

Wie diese Feiern ist das Eisenacher Jubiläum von der innen- wie außenpolitischen Nachkriegssituation der jungen Weimarer Republik geprägt
gewesen. Die Suche nach Orientierung nach dem Zusammenbruch des
Kaiserreichs, die kirchen- wie außenpolitische Bewegung einer protestantischen Ökumene sowie der theologische Aufbruch der Lutherrenaissance
prägten jene Jubiläumsfeiern. Dabei spielten die junge Luthergesellschaft
theologisch und der Evangelische Bund, der in Eisenach seine erste Nachkriegsversammlung abhielt, konfessionspolitisch eine nicht zu unterschät-
zende Rolle. Letzterer zeigte mit seinem in Eisenach verabschiedeten völkischen Arbeitsprogramm eine Entwicklung an, die dominant werden sollte.
Bemerkenswert in dieser Hinsicht ist, dass Guida Diehl, die selbsternannte
Führerin der national-völkischen Neulandbewegung, als einzige Frau bei
der Eisenacher Feier öffentlich sprechen durfte. Bemerkenswert ist ebenso,
wie stark eine Führer- und Männlichkeitssemantik in die Sprache des Jubiläums einzog.

In der Verunsicherung der Zeit verbanden sich romantisierende Rück-
griffe auf die Reformationszeit mit militärischen Denkmustern und religiöser Sehnsucht. In Eisenach wurden die Kriegsniederlage und deren Folgen
am Schicksal des Junker Jörg durchbuchstabiert: Die eigene Ohnmacht, das
eigene Ausgeliefertsein konnten in dessen Gefangennahme und Gefangenschaft hineingelesen werden – unter Dehnung der historischen Wirklichkeit.

Die sozialdemokratische Arbeiterschaft blieb weithin außen vor. Der
religiöse Sozialist Emil Fuchs predigte in der proletarisch geprägten Eisenacher Westvorstadt. Als eigene Gruppe traten Arbeiter beim Fest der

137 Vgl. Eisenacher Tagespost vom 18. Oktober 1920 (WSTA, Akte: 400 Jahre, Zeitungsaus-
    schnitt), o.P.

Wartburgstadt nirgends in Erscheinung – wie auch nicht in Wittenberg, wo Karl Holl 1922 mit dem linken Flügel der Reformation abrechnete. Dagegen hatte es etwa beim Lutherjubiläum 1883 immerhin einen eigenen Festzug der nichtsozialdemokratischen Arbeiter in Eisleben gegeben oder es waren 3.000 Fabrikarbeiter, wie in Dresden, Teil des bürgerlichen Festzugs gewesen.[138] Die Distanz zum Proletarischen und die Nähe zum National-Völkischen sollten den Weg des Mehrheitsprotestantismus auch in der Folgezeit kennzeichnen.

Für Eisenach war die Feier ein Ereignis der Stadtgesellschaft, organisiert und geprägt von Honoratioren wie dem Oberburghauptmann der Wartburg Hans Lucas von Cranach, Oberbürgermeister Fritz Janson und dem Vorsitzenden des Festausschusses Freiherr Bernhard von der Heyden-Rynsch. Letzterer war als Fremdenverkehrs-Dezernent auch für die touristische Komponente zuständig, die ein wesentliches Element der Feiern darstellte.

Wohin die Reise im 20. Jahrhundert nicht nur in Eisenach gehen sollte, lässt sich an drei Personen ablesen. Neu in der Stadt waren: Emil Fuchs, seit 1918 Pfarrer in der Westvorstadt, wo er 1919 die erste Volkshochschule in Thüringen gründete, ab 1921 Mitglied der SPD. Guida Diehl, Gründerin des national-völkischen Neulandbundes, seit 1920 in Eisenach ansässig, wo sie 1921 das *Hotel Junker Jörg* am Fuße der Wartburg als *Neulandhaus* umwidmete und einweihte. Landesoberpfarrer Wilhelm Reichhardt, ab dem 1. April 1921 mit Dienstsitz in der Villa auf dem Pflugensberg gegenüber der Wartburg – Sitz der Thüringer Landesbischöfe bis 2008. Reichhardt führte die 1920 gegründete Thüringer evangelische Landeskirche als *freie Volkskirche* – eine Linie, die Moritz Mitzenheim, der Guida Diehl lange unterstützte, ab 1945 als Landesbischof unter DDR-Bedingungen fortführen sollte. Sein Bischofskreuz zeigte die Lutherrose in der Mitte des Kreuzes, hängend an einem Bild der Wartburg. Doch das wäre eine weitere Geschichte.

---

138 Vgl. S. Kranich, Das Dresdner Lutherjubiläum 1883 (in: Spurenlese. Reformationsvergegenwärtigung als Standortbestimmung (1717–1983) [LStRLO 17], hg. v. K. Tanner / J. Ulrich, 2012, 101–143), 128f.

Abb. 1: Heinz Schiestl, St. Georg [Schutzpatron der Stadt Eisenach] (Notgeldschein Vorderseite, Druck: J. A. Schwarz, Lindenberg, Allgäu, Eisenach 1922)

Abb. 2: Heinz Schiestl, Herr Wolfram von Eschenbach (Notgeldschein Vorderseite, Druck: J. A. Schwarz, Lindenberg, Allgäu, Eisenach 1922)

Abb. 3: Heinz Schiestl, Der Tannhäuser (Notgeldschein Vorderseite, Druck: J. A. Schwarz,
Lindenberg, Allgäu, Eisenach 1922)

Abb. 4: Heinz Schiestl, Heilige Elisabeth (Notgeldschein Vorderseite, Druck: J. A. Schwarz,
Lindenberg, Allgäu, Eisenach 1922)

Abb. 5: Heinz Schiestl, Herr Walther von der Vogelweide (Notgeldschein Vorderseite, Druck: J. A. Schwarz, Lindenberg, Allgäu, Eisenach 1922)

Abb. 6: Heinz Schiestl, Junker Jörg (Notgeldschein Vorderseite, Druck: J. A. Schwarz, Lindenberg, Allgäu, Eisenach 1922)

254

Abb. 7: Peter Paul Draewing, Pilzsuche und Mädchen mit Kiepe im Wald (Notgeldschein Rückseite, Druck: Gebr. Gotthelf, Cassel, Buch- und Steindruckerei, Verlag Robert Dahms, Eisenach 1921)

Abb. 8: Peter Paul Draewing, Lutherhaus, Martin Luther und Lutherstube auf der Wartburg (Notgeldschein Vorderseite, Druck: Gebr. Gotthelf, Cassel, Buch- und Steindruckerei, Verlag Robert Dahms, Eisenach 1921)

Abb. 9: Heinz Schiestl, Eisenach die Stadt wie Sie vor Alters gestanden hatt (Notgeldschein Vorderseite, Druck: J. A. Schwarz, Lindenberg, Allgäu, Eisenach 1921)

Abb. 10: Heinz Schiestl, Vorhof und Torfahrt auf der Wartburg (Notgeldschein Vorderseite, Druck: J. A. Schwarz, Lindenberg, Allgäu, Eisenach 1921)

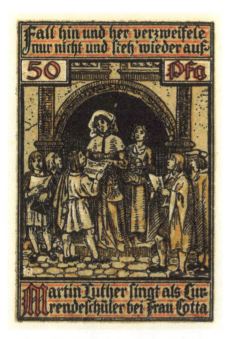

Abb. 11: Heinz Schiestl, Martin Luther singt als Currendeschüler bei Frau Cotta (Notgeldschein Vorderseite, Druck: J. A. Schwarz, Lindenberg, Allgäu, Eisenach 1921)

Abb. 12: Heinz Schiestl, Luthers Gefangennahme (Notgeldschein Vorderseite, Druck: J. A. Schwarz, Lindenberg, Allgäu, Eisenach 1921)

Abb. 13: Heinz Schiestl, Luthers Ankunft auf der Wartburg (Notgeldschein Vorderseite, Druck: J. A. Schwarz, Lindenberg, Allgäu, Eisenach 1921)

Abb. 14: Heinz Schiestl, Junker Jörg übersetzt das neue Testament (Notgeldschein Vorderseite, Druck: J. A. Schwarz, Lindenberg, Allgäu, Eisenach 1921)

258

Luther predigt wider die Bilderstürmer, 1522

Abb. 15: Alfred Wessner-Collenbey, Luther predigt wider die Bilderstürmer, 1522 (Festpost-karte zur Luther-Feier Invokavit 1922 in Wittenberg)

Buchbesprechungen

KRITISCHE GESAMTAUSGABE DER SCHRIFTEN UND BRIEFE ANDREAS BODENSTEINS VON KARLSTADT, Bd. II: Briefe und Schriften 1519, hg. v. Thomas Kaufmann, bearb. v. Harald Bollbuck, Ulrich Bubenheimer, Timo Janssen, Stefania Salvadori u. Alejandro Zorzin unter Mitarbeit v. Jennifer Bunselmeier, Alyssa Evans, Dario Kampkaspar u. Antje Marx. Gütersloh: Gütersloher Verlagshaus, 2019, 646 S. (Quellen und Forschungen zur Reformationsgeschichte; 93)

KRITISCHE GESAMTAUSGABE DER SCHRIFTEN UND BRIEFE ANDREAS BODENSTEINS VON KARLSTADT, Bd. III: Briefe und Schriften 1520, hg. v. Thomas Kaufmann, bearb. v. Harald Bollbuck, Ulrich Bubenheimer, Stefania Salvadori u. Alejandro Zorzin unter Mitarbeit v. Jennifer Bunselmeier, Niklas Henning, Timo Janssen, Dario Kampkaspar, Alyssa Lehr Evans u. Antje Marx. Gütersloh: Gütersloher Verlagshaus, 2020, 602 S. (Quellen und Forschungen zur Reformationsgeschichte; 95)

Auf den 2017 erschienenen 1. Band der in Göttingen bearbeiteten Karlstadt-Edition (KGK, siehe LuJ 85, 2018, 405–407) folgten in kurzem zeitlichem Abstand zwei weitere Bände, die die Jahre 1519 und 1520 abdecken. In diesen Bänden II und III werden Karlstadts Bedeutung als wichtigster Mitstreiter Luthers in der Frühphase der Wittenberger Reformation einerseits, die Herausbildung seines individuellen, von Luthers Auffassungen wegführenden theologischen Profils andererseits eindrucksvoll dokumentiert.

Band II enthält 44 Texte (darunter 10 Deperdita) aus dem Jahr 1519, als Karlstadt durch seine Teilnahme an der Leipziger Disputation erstmals in den Mittelpunkt der öffentlichen Auseinandersetzungen trat. Schriften und Briefe, die das Zustandekommen, die Durchführung und die unmittelbare Wirkung der Leipziger Disputation betreffen, bilden den inhaltlichen Kern des 2. Bandes. Zwar waren diese Texte auch vorher schon in Editionen greifbar, aber eine bequem zugängliche Zusammenstellung aller die Karlstadt-Seite betreffender Materialien ist dennoch hoch willkommen, werden veraltete Abdrucke doch nunmehr durch textgenaue, ausführlich eingeleitete und umfänglich kommentierte Ausgaben ersetzt. Karlstadts mehrfach überlieferte Thesen etwa, die er in Leipzig gegen Johannes Eck verteidigen wollte (*Conclusiones contra Eccum Lipsiae tuende*; KGK 117) und die bisher noch nach Löschers Reformations-Acta zu zitieren waren, können jetzt textkritisch gesichert benutzt werden. Die editorische

Entscheidung, die Interpunktion lateinischer Texte nicht dem heutigen Gebrauch anzupassen (vgl. xviii), ist dem Leseverständnis allerdings nicht immer zuträglich, insbesondere in Fällen, in denen Satzzusammenhänge durch Punkte oder Doppelpunkte unterbrochen werden. In Zeiten schwindender Lateinkenntnisse hätte man modernen Nutzern an dieser Stelle weiter entgegenkommen können. Die Akten der Disputation zwischen Karlstadt und Eck (KGK 131) treten nunmehr an die Seite der Ausgabe von Otto Seitz aus dem Jahr 1903, in der aber auch schon der Erfurter Druck und das für die Textrekonstruktion wichtige Freiberger Manuskript benutzt worden waren. Da KGK den Erfurter Druck als Leittext nimmt, während Seitz dem Freiberger Manuskript gefolgt war, ergeben sich zahlreiche textliche Abweichungen, wobei Seitz eine benutzerfreundlichere Interpunktion verwendet, aber auf Sachkommentare fast vollständig verzichtet hatte. Die im Nachgang der Disputation zwischen Karlstadt, Eck und Luther gewechselten polemisch-apologetischen Rückblicke werden in KGK noch einmal vollständig wiedergegeben, auch wenn der Anteil Karlstadts an den Texten zum Teil eher gering war und die Stücke im Briefwechsel der Weimarer Lutherausgabe bereits brauchbar ediert sind (vgl. KGK 132, 134, 135). An dieser wie an anderen Stellen (vgl. etwa KGK 138, Luthers Widmung des Galaterbriefkommentars an Petrus Lupinus und Karlstadt, die mit Karlstadt nur im weitesten Sinne etwas zu tun hat) hätte man sich auch eine platzsparende Regesten-Lösung vorstellen können.

Neben den unmittelbar zur Leipziger Disputation gehörenden Dokumenten lässt sich in Band II eine weitere Gruppe von Texten ausmachen, die man als theologische Schriften bzw. Streitschriften bezeichnen könnte. Hierzu zählt die Epitome de impii

iustificatione (KGK 103), in der Karlstadt hinsichtlich der Kreuzesnachfolge und Heilserfahrung des Menschen, der Bedeutung des Leidens und der Analogie des gerechtfertigten Sünders mit Christus durchaus eigenwillige Akzente setzte. Hierzu zählen insbesondere auch die lateinisch und deutsch erschienenen, vom älteren Cranach illustrierten Blätter Currus ad Christum (KGK 110) bzw. Wagen zu Christus (KGK 120) und die zum deutschen Bildblatt gehörende Auslegung (KGK 124). Die beiden Bildblätter sind dem Band als Faksimiledrucke beigegeben. Diesem »ersten illustrierten Flugblatt der Reformation« (xii), das in der Forschung intensiver beachtet wurde als andere Werke Karlstadts, kommt als Versuch der Popularisierung seiner Gnaden- und Bußtheologie besondere Bedeutung zu. Andere Texte bewegen sich noch ganz auf dem Feld der gelehrten lateinischen Auseinandersetzung mit altgläubiger Lehre, so Karlstadts 13 Thesen zur Inkarnation und Prädestination (KGK 137) oder seine erste größere Schrift nach der Leipziger Disputation (Epistola ... adversus ineptam et ridiculam inventionem Ioannis Eckii; KGK 140), die Ecks Aussage, dass dem Menschen die Gnade Gottes ganz, aber nicht gänzlich (totum sed non totaliter) verliehen werde, zurückwies. Nach Karlstadts Auffassung war die in Leipzig ausgetragene Kontroverse über den freien Willen, die göttliche Gnade und die Mitwirkung des Menschen am Heil noch nicht zu Ende geführt. Außerdem nutzte er die Gelegenheit, um die in Leipzig demonstrierte unzulängliche Disputationsmethode seines Ingolstädter Disputationsgegners öffentlich anzuprangern.

In der nicht allzu umfangreichen Korrespondenz Karlstadts aus dem Jahr 1519 nehmen die Briefe an Georg Spalatin den breitesten Raum ein. Die 14 erhaltenen, von Karlstadt an Spalatin gerichteten Schreiben (sämtliche Briefe Spalatins an Karlstadt sind verloren) kreisen hauptsächlich um universitäre Angelegenheiten, unter denen die Wiederbesetzung der Wittenberger Hebräischprofessur die auffälligste ist (vgl. KGK 100, 102, 112). Aber auch theologische Fragen werden gelegentlich angesprochen, wobei Karlstadt mehrfach auf entsprechende Anfragen Spalatins reagierte (vgl. KGK 109, 115, 116). Auch diese Karlstadt-Briefe an Spalatin waren bisher schon bekannt und bei Olearius (1671 und 1698) in einer allerdings unzulänglichen Edition greifbar. Der bei Olearius unter dem 5. Januar 1519 abgedruckte Brief wird mit guten Gründen auf das Jahr 1520 umdatiert (vgl. KGK 144) und als Begleitschreiben interpretiert, mit dem Karlstadt ein Exemplar von KGK 140 (*Epistola* gegen Eck) an Spalatin übersandte. Diese Neudatierung ist nicht unwichtig, da Karlstadt in diesem Brief die Frage einfließen ließ, ob Spalatin ein Veto gegen den Druck von Karlstadt-Schriften eingelegt habe – ein möglicher Hinweis auf eine beginnende Distanzierung von Karlstadt in seinem Wittenberger Umfeld.

Band III der Karlstadt-Edition bietet 29 Texte (darunter 6 Deperdita) aus dem Jahr 1520, wobei der Anteil der noch nie modern edierten Texte gegenüber Band II wieder deutlich zunimmt. Themen und Auseinandersetzungen des Jahres 1519 werden teilweise fortgesetzt, insbesondere der in der Leipziger Disputation wurzelnde Konflikt mit Johannes Eck, den Karlstadt noch bis in den März 1520 öffentlich weiterführte. Anfang Februar publizierte er die polemische Schrift *Verba Dei* (KGK 146), in der es erneut um eine Behauptung Ecks aus Leipzig ging, nämlich dass es legitim sei, Gottes Wort vor der Gemeinde anders auszulegen als vor Gelehrten. Karlstadt wies diese Auffassung zurück, indem er die übergeordnete Autorität der Heiligen Schrift über Kirchen-

väter und menschliche Traditionen sowie die Notwendigkeit einer Vermittlung von Bibelkenntnissen an die Laien hervorhob. Wo Eck die klerikale Auslegungskompetenz betont hatte, unterwarf Karlstadt die Beurteilung der Prediger und der Predigten den Laien, und zwar mit ziemlich radikalen Folgen bis hin zur Bestrafung von Geistlichen im Falle einer nicht bibelkonformen Verkündigung. Dies kulminierte im Aufruf zur Bibelübersetzung und Bibelverbreitung, um die Laien theologisch urteilsfähig zu machen. Erscheint dies auf den ersten Blick als Analogie zu Luthers »allgemeinem Priestertum«, wich Karlstadt in seiner von Johannes Tauler übernommenen mystischen Begründung (innerliche Erneuerung des Menschen) von Luthers tauftheologischer Argumentation deutlich ab. Auf eine derb-polemische Schrift Ecks antwortete Karlstadt, die Nachgefechte der Leipziger Disputation abschließend, bereits im März 1520 mit einer *Confutatio* (KGK 150), die ihrerseits so polemisch und beleidigend ausfiel, dass Luther auf Spalatin und dieser auf Karlstadt einwirkte, um ihn zur Mäßigung zu ermahnen (vgl. KGK 147 und 149). Karlstadts Schrift bot inhaltlich wenig Neues, unterstrich aber seine mangelnde Selbstbeherrschung, für die er sich im Nachhinein schämte (vgl. KGK 153).

Auch die weiteren Schriften Karlstadts aus dem Jahr 1520 sparten nicht mit Polemik. Im August/September 1520 erschien die deutschsprachige Streitschrift *Von Vermögen des Ablass* (KGK 161) gegen den Annaberger Franziskaner Franziskus Seyler, mit der sich Karlstadt in die »breitere Wittenberger Publikationsfront gegen die Barfüßermönche« einreihte (216). Dann setzte er die Kontroverse mit den Franziskanern in der Schrift *Von geweihtem Wasser und Salz* (KGK 162) fort. Die Bibel allegorisierend auslegend, unterschied er zwischen

Sache und Zeichen und polemisierte gegen das Haften am bloß äußerlichen Zeichen des Weihwassers und des geweihten Salzes, wodurch der Zugang zur dahinterstehenden Sache, der Quelle wahrer Buße und Sündenvergebung, verstellt werde. Schon in diesen Streitschriften spielten Fragen der Schriftautorität und der Schrifthermeneutik eine Rolle. Eine systematische Reflexion schloss Karlstadt im September 1520 in *De canonicis scripturis libellus* (KGK 163) an. Hier entfaltete er sein Verständnis der Superiorität der Bibel über alle bloß menschlichen Traditionen und Wahrheiten, auch über Konzile und Päpste. Interessant ist diese Schrift insbesondere für Karlstadts Ausführungen zum biblischen Kanon, zu Apokryphen, zu authentischer Autorschaft und zur dreifachen Abstufung der Autorität biblischer Bücher. Der Jakobusbrief spielte dabei eine besondere Rolle – ähnlich wie bei Luther, mit dessen Auffassung sich jedoch Spannungen ergaben (vgl. 267). Knapper und auf die Frage des biblischen Kanons sowie die jeweils dreifache Hierarchie der Schriften des Alten und des Neuen Testaments konzentriert, popularisierte Karlstadt seine Überlegungen im Herbst 1520 in der Schrift *Welche Bücher biblisch sind* (KGK 171). Solche deutschsprachigen Veröffentlichungen traten immer öfter an die Stelle der gelehrten lateinischen Abhandlungen und unterstreichen Karlstadts Bemühen, ein theologisch mündiges Laienpublikum zu erreichen, das sich mit Bibellektüre selbst ein Urteil bilden sollte.

Der Herbst 1520 war ein Einschnitt für Karlstadt insofern, als er mit dem Bekanntwerden der Bannandrohungsbulle *Exsurge Domine*, in die Johannes Eck auch seinen Namen gesetzt hatte, nun unmittelbar vom Kirchenbann bedroht war. Karlstadts Reaktion lässt sich in vier Schriften fassen, von denen zwei auf der juristischen, zwei auf

der theologischen Ebene antworteten. In der Ende September/Anfang Oktober erschienenen *Bedingung* (KGK 165) bezichtigte er seinerseits den Papst und die Bischöfe wegen Schriftunkundigkeit der Ketzerei und forderte ihre Bestrafung. Gegen den angedrohten Bann erhob er Einspruch und nannte Bedingungen, unter denen er bereit war, seine Lehre zu verteidigen. Die Beurteilung durch schriftkundige Laien ist dabei die auffälligste. Dass sich ein Gericht (welches?) mit diesem Einspruch hätte auseinandersetzen müssen (vgl. 375), leuchtet allerdings nicht ein. Auf römischer Seite kam niemand auf die Idee, eine Verbindlichkeit derartiger Rechtsvorbehalte anzuerkennen. Nicht zwingend erscheint auch die Annahme, Karlstadts deutschsprachige Appellation an ein allgemeines Konzil, die am 19. Oktober 1520 erfolgte (KGK 168), müsse die Übersetzung eines lateinischen Originals gewesen sein (vgl. 490). Näher liegt doch die Vermutung, dass Karlstadt mit seinen »Bedingungen« und seiner »Appellation« gar nicht die Gegenseite beeindrucken, sondern die reformationsfreundliche Öffentlichkeit hinter sich versammeln wollte.

Auch Karlstadts theologische Reaktionen auf die Bannandrohungsbulle erfolgten in der Volkssprache. Mitte Oktober erschien die *Missive von der allerhöchsten Tugend Gelassenheit* (KGK 166), in der er seiner Familie darlegte, dass er dem Papst nicht weichen werde, auch wenn dies für ihn Leiden bedeute. Die Begründung lieferte er in Form einer von Tauler inspirierten Theologie der Gelassenheit. Leiden, Anfechtung, Trübsal (*tribulatio*), in die er sich durch die Bulle gestürzt sah, waren »konstitutiv für seine Kreuzestheologie« (387). Bis zum Eintreffen der Bannandrohungsbulle hatte sich Karlstadt direkter Angriffe auf das Papsttum enthalten. Nun aber vollzog er den Bruch vor allem in der Schrift *Von päpstlicher Heiligkeit* (KGK 167). War seine *Missive* noch von einer persönlichen Betroffenheit gefärbt, handelte es sich bei dem Pamphlet gegen das Papsttum um eine grundsätzliche Abrechnung mit der Institution des Papsttums, dem die Heiligkeit abgesprochen wurde. Karlstadt vollzog damit die Papstkritik nach, die Luther schon früher und in der Adelsschrift mit aller Wucht vorgetragen hatte. Ziel von Karlstadts Schrift war »die Destruktion von Konzepten, die Päpsten Heiligkeit zuschreiben, und von kirchlichen Traditionen mit der Schlussfolgerung, dass der Papst als zu Unrecht Exkommunizierender selbst ein Exkommunizierter, mithin Ketzer und somit abzusetzen sei« (416). Die Parallelen zu Luthers Adelsschrift fallen sofort ins Auge, doch war Karlstadts Schrift zu erratisch und zu schwerfällig, um eine ähnliche Wirkung zu entfalten.

Die Bände II und III der Karlstadt-Ausgabe bieten der reformationsgeschichtlichen Forschung ein beeindruckendes Portfolio an teilweise wenig beachteten Texten aus der Formierungsphase der Wittenberger Theologie. Bereits in dieser frühen Zeit fallen bei allen Gemeinsamkeiten auch die Unterschiede zu Luther in Karlstadts Rechtfertigungs-, seiner mystischen Leidens- und seiner eigenwilligen Laientheologie ins Auge. Die Drohung mit dem Kirchenbann führte zu einer fieberhaften deutschsprachigen Publikationsoffensive. Dabei blieb Karlstadt aber immer auch der Universitätsgelehrte, der seine Auffassungen in lateinischen Thesenreihen (KGK 164, 169, 170, 172) disputieren ließ. Glücklicherweise stehen diese zum Teil schwierigen, umfangreichen, mit Marginalien und zwei aufwendigen Apparaten versehenen Texte jetzt nicht nur in einer gedruckten, sondern auch in einer Online-Ausgabe zur Verfügung (Karlstadt-Edition:

Akademie der Wissenschaften zu Göttingen (AdW) (adw-goe.de): https://adw-goe.de/forschung/weitere-forschungsprojekte/karlstadt-edition/), auf die hier nicht näher eingegangen werden konnte.

Leipzig   Armin Kohnle

ANDREAS LINDNER: Der Erfurter Stadtreformator Johannes Lang (1486/87–1548). Eine Biographie in Fragmenten. Erfurt: Ulenspiegel-Verlag, 2021, 233 S., 28 farbige Abb. (Schriften der Bibliothek des evangelischen Ministeriums Erfurt; 6)

Wer sich mit dem »Erfurter Humanismus«, der Reformation in der florierenden kurzmainzischen Metropole in Thüringen oder mit den Reformen der Artistenfakultät an der Hierana im frühen 16. Jahrhundert beschäftigt hat, kennt Johannes Lang als entscheidenden Akteur dieser unzertrennlich miteinander verbundenen Bewegungen. Es fehlte jedoch bislang eine leicht zugängliche und umfassende Biographie. Derartige Pläne, welche die Erfurter Pfarrer Georg Oergel und Max Paul Bertram bereits um die Wende zum 20. Jahrhundert gefasst hatten, blieben unvollendet. Die kurze Dissertation über Lang, die Martin Burgdorf 1911 an der Universität Rostock einreichte, wurde nicht durch einen Verlag gedruckt. Erst gut ein Jahrhundert später hat Andreas Lindner dieses Desiderat erfüllt.

Johannes Lang wird durch die Immatrikulation zum Wintersemester 1500/01 an der Universität Erfurt aktenkundig. Nach dem Studium trat er 1506 in das Augustinereremitenkloster ein, dessen neue Bibliothek zum »Kristallisationspunkt des Humanismus« (28) in Erfurt wurde. Hier entstanden Langs enge Verbindungen mit seinem Ordensbruder Martin Luther. 1511 wurden beide nach Wittenberg versetzt.

Dort erlangte Lang 1512 den Magistergrad und 1515 den Grad eines Baccalaureus biblicus. Er hielt Vorlesungen in Griechisch, Ethik und Theologie. Lang war ein hochangesehener Gräzist. Im Laufe seines Lebens baute er eine beachtliche Privatbibliothek mit schätzungsweise 500 bis 600 Titeln auf, darunter seltene Werke in Altgriechisch. 1516 wurde er als Prior des Erfurter Augustinereremitenklosters eingesetzt und erlangte den theologischen Grad eines Baccalaureus sententiarius. 1518 wurde er als Nachfolger Luthers zum Provinzialvikar der sächsisch-thüringischen Provinz berufen und lehrte Theologie an der Universität Erfurt. Aufgrund seiner Parteinahme für Luther in der intern zerrissenen Stadt wurde er jedoch aus der Universität ausgeschlossen. Er legte sein Amt als Provinzialvikar nieder und trat aus dem Kloster aus. Somit stellte das Jahr 1521 eine tiefe Zäsur in seiner Biographie dar. Bis zu seinem Lebensende am 2. April 1548 wirkte Lang weiterhin federführend unter der evangelischen Geistlichkeit der Stadt.

Lindner versteht Lang vorrangig als Akteur von lokaler Bedeutung und charakterisiert ihn bereits im Titel als »Stadtreformator«. Dabei ordnet er die Biographie tiefsinnig in die zeitgenössischen humanistischen und reformatorischen Bewegungen sowie in das komplexe lokale Umfeld ein. Der Untertitel »Eine Biographie in Fragmenten« weist auf die vielen Überlieferunglücken hin. Gleichwohl lassen sich heute mehr als 300 Briefe aus Langs Korrespondenz – großenteils in der Forschungsbibliothek Gotha und der Bayerischen Staatsbibliothek München überliefert – identifizieren. Es wäre eine verdienstvolle Leistung für künftige Forschungen gewesen, ein Verzeichnis dieser Briefe mit zu veröffentlichen.

Sein Buch gliedert Linder in 14 Kapitel. Er befasst sich zunächst mit Langs Randstellung in der Erinnerungskultur und dessen frühen Jahren. Die nächsten beiden Kapitel, die auf Langs Bedeutung für den Humanismus, die entsprechenden Reformen an der Universität und die frühe Reformation in Erfurt fokussieren, bilden einen Hauptteil des Werks. Kapitel 5 bis 9 widmen sich den turbulenten Zeiten zwischen der Leipziger Disputation 1519 und dem Bauernkrieg 1525. Die Disputation wurde zu einer Wasserscheide der Reformbewegungen. Indem Luther das Primat des Papstes und die Unfehlbarkeit der Konzilien in Frage stellte, wurde deutlich, dass sein Reformprogramm auf einen radikalen Bruch mit der römischen Kirche hinauslief. Infolgedessen verlor er viele seiner bisherigen Sympathisanten. Mehrere Erfurter Humanisten, einschließlich des Dichters Eobanus Hessus, distanzierten sich nunmehr von Luther, während Lang sich energisch für dessen Sache und die Einführung einer evangelischen Liturgie einsetzte. Zugleich stand Lang auch publizistisch in theologischer Auseinandersetzung mit der altgläubigen Geistlichkeit, allen voran Bartholomäus von Usingen.

Langs schwere Lage ist teilweise auf die komplexen politischen Verhältnisse der Stadt Erfurt zurückzuführen; diesen ist das zehnte Kapitel gewidmet. Nicht nur die Professoren und Geistlichen, sondern auch die Ratsherren waren bezüglich der religiösen Neuerungen gespalten. Aufgrund der Autonomiebestrebungen der Stadt waren auch die evangelisch gesinnten Ratsherren nicht bereit, neue Kirchenstrukturen aufzubauen, die ihren Landesherrn, den Kurfürsten und Erzbischof von Mainz, hätten provozieren können. Auch die direkte Unterstützung Kursachsens war unerwünscht. Darin lag nämlich die Gefahr, dass der Kurfürst, der die Schutzherrschaft über die Stadt innehatte, seinen Einfluss erweitern würde. Diese prekären Verhältnisse trugen auch dazu bei, dass die Verbindungen zwischen Lang und den Wittenbergern nach 1525 deutlich zurückgingen. Das elfte Kapitel, das verschiedene Aspekte von Langs Wirken nach dieser Zäsur beleuchtet, ist bezeichnenderweise »Fragmente« benannt. Es folgen Kapitel über Langs Privatleben und enge Freundschaften, seine letzten Lebensjahre und ein abschließendes Fazit.

Der Band ist mit drei Anhängen versehen. Der erste, eine Tabelle, bietet einen synoptischen Überblick über die zwischen 1521 und 1531 erschienenen Kontroversschriften, die Fragen nach der wahren Kirche und nach Inhalt und Organisation von Bildung (Humanismus) in Erfurt betreffen. Eine zweite Tabelle stellt die Gemeindestrukturen und Versorgungsanteile an den neu zugeschnittenen Pfarrstellen in der Stadt Erfurt dar. Schließlich skizziert Lindner kurz die Biographie von Ägidius Mechler. Neben Lang war der einstige Franziskaner bis Mitte des 16. Jahrhunderts der wichtigste Vertreter der reformatorischen Bewegung in Erfurt.

Lindner hat auch eine chronologisch angelegte Bibliographie der 19 von Lang verfassten bzw. herausgegebenen Schriften erstellt. Allein 15 stammen aus dem Zeitraum zwischen 1513 und 1525. Die übrigen vier veröffentlichte er in seinen späten Lebensjahren von 1543 bis 1546. Anschließend führt Lindner vier bekannten Handschriftenbände von Langs Hand an, darunter Mitschriften von Wittenberger Vorlesungen über den Titus- und den Römerbrief aus dem Jahr 1516. Die überschaubare Publikationsliste spiegelt das Jahr 1525 als Zäsur in Langs Leben und Wirken wider und zeigt, dass sich der Erfurter Reformator von da an weitgehend aus der Kontroverspublizistik heraushielt.

Insgesamt legt Lindner eine umfassende, bestens fundierte und wissenschaftlich solide Biographie vor, die Johannes Lang plastischer und schärfer als je zuvor in Erscheinung treten lässt. Durch seinen angenehmen Schreibstil erreicht er das intendierte Zielpublikum, das sowohl Wissenschaftler*innen als auch allgemein historisch interessierte Leser*innen erfasst. Lindner lässt die Zeitgenossen häufig selbst zur Sprache kommen, wobei er lateinische Zitate stets in deutscher Übersetzung anführt. Die 28 farbigen Abbildungen tragen zum ästhetischen Eindruck des Bandes bei. Die Orientierung im Buch wird leider bisweilen dadurch erschwert, dass zum einen der Text auf einigen Seiten vor ganzseitigen Abbildungen durch größere Leerflächen unterbrochen wird und zum anderen die Kapitel nicht jeweils auf einer neuen Seite beginnen und schließlich lebende Kolumnentitel fehlen.

Lindners Lang-Biographie ist reich an neuen Einzelerkenntnissen. Mehrere Ergebnisse würden sich gut als Ausgangspunkt für vergleichende Studien eignen. Dazu zählt beispielsweise der Abschnitt über das schwer fassbare »Collegium Ministrorum«, in dem sich die evangelischen Prediger in Erfurt selbstständig organisierten (167–170). An dessen Spitze stand Lang, der deshalb an seinem 2013 wiederentdeckten Grabstein als »Superattendent« bezeichnet wird. Ähnliche, von der Obrigkeit geduldete, aber nicht rechtlich verankerte kirchliche Organisationsformen entstanden auch in vielen Reichsstädten und anderen bikonfessionellen Städten mit großem Landgebiet. Sie werden aber in der Forschung selten so genau und differenziert gedeutet wie bei Lindner. Abschließend ist festzustellen, dass dieses Werk für alle künftigen wissenschaftlichen Studien zu Johannes Lang, zum Erfurter Humanismus und zur Reformation der Großstadt an der Gera unverzichtbar sein wird.

Gotha   Daniel Gehrt

MARTIN LUTHER AUF DEM REICHSTAG ZU WORMS. Ereignis und Rezeption, hg. v. Markus Wriedt u. Werner Zager. Leipzig: Evangelische Verlagsanstalt, 2022. 296 S. mit Abb.

Luthers Auftritt vor dem Wormser Reichstag 1521 zählt zu den Höhepunkten der Reformationsgeschichte. Anders als die Wittenberger »Hammerschläge« 1517 avancierte Luther in Worms bereits unter Zeitgenossen zur ikonischen Szene und sorgte mit rund 120 Druckschriften für das erste große Medienereignis der Frühen Neuzeit. Die Verweigerung des Widerrufs vor Kaiser und Reich erlangte in den folgenden Jahrzehnten ihren festen Ort in der protestantischen Memorialkultur und wurde zu einem der zentralen Bezugspunkte protestantischer Identität. Insofern waren und sind das Ereignis an sich und seine Rezeption für evangelische Theologie und Kirche von grundlegender Bedeutung.

Dem Ereignis an sich und seiner Rezeption spürt der vom Frankfurter Kirchenhistoriker *Markus Wriedt* und dem Leiter der Evangelischen Erwachsenenbildung Worms-Wonnegau *Werner Zager* herausgegebene Tagungsband nach, welcher neun Aufsätze versammelt. Im Kern gehen diese auf die vom 29. bis 31. Oktober 2021 im Wormser Kultur- und Tagungszentrum durchgeführte Veranstaltung »500 Jahre Reichstag zu Worms 1521–2021« zurück und wurden für die Drucklegung um drei Beiträge erweitert. Auch wenn die in diesem Band traktierten Themen von der Luther- und Reformationsforschung bereits größtenteils erkundet und tiefenscharf durchleuchtet sind, bieten die hier versammelten Beiträge gleichwohl neue Facetten über das Ereignis an sich als auch über seine Deutung und Rezeption.

In seinem voluminösen Eröffnungsaufsatz »Luthers Auftritt beim Reichstag zu Worms« spannt *Markus Wriedt* einen weiten Bogen von den Voraussetzungen der Reformation bis hin zum Augsburger Reichstag 1555. Durch die akzentreiche und breite Kontextualisierung von Luther in Worms entsteht eine kleine Reformationsgeschichte, die viel Bekanntes in Erinnerung ruft. Hingegen hätten die eigentlichen Ereignisse in Worms vom Autor etwas ausführlicher zur Darstellung gebracht werden dürfen. Dass Luther unter dem Namen »Junker Jörg« (49) auf der Wartburg verkehrte, ist zeitgenössisch nicht belegt, sondern begegnet erst bei den Luther-Biographen Matthäus Ratzeberger und Johann Mathesius in der Form »Junker Georgen« oder »Junker Georg«. Historisch ebenfalls nicht überliefert ist die Behauptung, dass »bald zahlreiche Menschen vom Aufenthalt Luthers« (ebd.) wussten – vielmehr galt während der gesamten Wartburg-Zeit höchste Geheimhaltung in Bezug auf Luthers Versteck. Die Übersetzungsarbeit zum Neuen Testament begann der Theologieprofessor erst Mitte Dezember 1521 – nach seinem spontanen Inkognito-Aufenthalt in Wittenberg.

An die berühmte Wormser Schlussrede Luthers erinnert *Albrecht Beutel* in seinem luziden Aufsatz »Luthers Bekenntnis vor Kaiser und Reich«. Von der abschließenden Aufforderung »Depone conscientiam, Martine« (59) des Trierer Offizials Johann von der Ecken am 18. April 1521 ausgehend, entfaltet der Münsteraner Kirchenhistoriker Luthers Gewissensbegriff, Gewissenskonzept und Gewissensgebrauch anhand zentraler Schriften und biografischer Ereignisse. *Armin Kohnle* lenkt unter dem Titel »Nach dem Verhör« die Aufmerksamkeit auf die von der Forschung häufig vernachlässigten Wormser Verhandlungen mit Luther am 24. und 25. April 1521. Hierbei zeichnet er Luthers Auftritt vor dem interkurialen Ständeausschuss, in den privaten

Nachverhandlungen und vor dem verkleinerten Ständeausschuss nach, in denen versucht wurde, Luther auf freundliche Weise zum Widerruf zu bewegen. Die Gespräche interpretiert der Leipziger Kirchenhistoriker als das »erste Reichstags-Religionsgespräch der Reformationszeit« (109f). Ein von Kohnle ins Deutsche übersetzter Brief des badischen Kanzlers Hieronymus Vehus an Herzog Georg von Sachsen vom 28. März 1522 (110–124) liefert wertvolle Einblicke in die Wormser Nachverhandlungen.

Die folgenden Beiträge befassen sich mit der Rezeption von Luthers Auftritt in Worms. Kenntnisreich und gut illustriert präsentiert *Hellmut Zschoch* »›Luther in Worms‹ im Spiegel der zeitgenössischen Publizistik«. Im Blick auf die umfangreiche Reformationspropaganda urteilt er zurecht, dass Luther in Worms »gerade im Lichte der Publizistik für den Sieg der Öffentlichkeit über die kirchlichen und politischen Rechtsgewalten« stehe und somit »in die Moderne« weise (148). Mit der Ikonographie des »Hier stehe ich ...« setzt sich *Albrecht Geck* auseinander, indem er »500 Jahre Verweigerung des Widerrufs« anhand von Bildern skizziert und dabei zum Teil zu überraschenden Ergebnissen kommt. Wie der Reichstag zu Worms »in Lutherfestspielen des 19. Jahrhunderts« dargestellt wurde, beschreibt *Gabriele Stüber*. Die Archivdirektorin des Zentralarchivs der Evangelischen Kirche der Pfalz vergleicht die Worms-Szenen aus den Lutherspielen von Zacharias Werner (1806), Ernst August Friedrich Klingemann (1806), August Trümpelmann (1869/1888), Wilhelm Henzen (1883), Otto Devrient (1883) und Hans Herrig (1883) und arbeitet deren zeitgenössische Spezifik – durchaus unterhaltsam – heraus.

Mit »Luther als Herold der Freiheit« befasst sich *Wolf-Friedrich Schäufele*. Hierfür beleuchtet der Marburger Kirchenhis-

toriker überblicksartig und pointiert das für die protestantische Identität zentrale Freiheitsnarrativ in seiner Entstehung und seinen unterschiedlichen Ausgestaltungen bis ins 21. Jahrhundert hinein. Die erst 1574 von Nikolaus Selnecker in seine *Historia Lutheri* berichtete Erzählung vom Besuch zweier Juden bei Luther während des Wormser Aufenthalts nimmt *Ulrich Oelschläger* zum Anlass, um über »Die Juden und Luther« zu referieren. Ob die Episode, nach der die Luther ehrerbietig begegnenden Juden mit ihm über Jes 7,14 disputierten, historisch ist, bleibt umstritten. Erhellend ist der von Oelschläger vorgenommene Perspektivwechsel, wenn er die vielfach positiven Aussagen über Luther aus der Sicht jüdischer Gelehrter vornehmlich des 19. und frühen 20. Jahrhunderts präsentiert, die Luthers Auftritt in Worms als wichtigen Schritt auf dem Weg zur »Religion der Vernunft« (242) würdigten. Nicht vergessen wird dabei auch die 1911 vom jüdischen Gelehrten Reinhold Lewin verfasste Monographie *Luthers Stellung zu den Juden*, in der sich der im KZ ermordete jüdische Gelehrte kritisch zu Luthers Haltung und dessen Langzeitwirkung äußerte. Abschließend geht *Werner Zager* ausführlich auf die »Gedenkfeiern der Reichstagsjubiläen in Worms« ein. Wie 1821, 1921 und 1971 in Worms gefeiert wurde, wird anschaulich präsentiert und vergleichend analysiert. Sieht man einmal von der Erwähnung der Landesausstellung in Worms »Hier stehe ich. Gewissen und Protest – 1521 bis 2021« ab, hätte über das Jubiläumsprogramm von 2021 in ähnlich ausführlicher Weise berichtet werden dürfen.

Ein detailliertes Personenregister rundet einen Band ab, der leider nicht immer die jüngsten Forschungserkenntnisse zu Luthers Wormer Aufenthalt berücksichtigt, kleine Unschärfen enthält (z.B. weite Luther am 3. Mai 1521 nicht in Erfurt, sondern in Eisenach [132]) und einen Beitrag aus allgemeinhistorischer Sicht verdient hätte. Trotz dieser kleinen Monita liegt ein profunder Band mit theologisch gehaltvollen Aufsätzen besonders zu Luthers Freiheitsverständnis und Gewissensbindung vor, der sich zu lesen lohnt.

Jena   Christopher Spehr

ROLAND M. LEHMANN: Reformation auf der Kanzel. Luther als Reiseprediger. Tübingen: Mohr Siebeck, 2021. XVI, 615 S. (Beiträge zur Historischen Theologie; 199)

Die Wittenberger Reformation war in ihren Ursprüngen ein Phänomen akademischer Universitätstheologie. Doch Luther war nicht nur Hochschullehrer, sondern ganz wesentlich auch Prediger, und als solcher trug er die Reformation auf die Kanzel. Rund dreitausend Predigten hat er während seines Lebens in seinem Kloster und in der Wittenberger Stadtkirche, aber auch in der Schlosskirche und seinem Haus gehalten. Doch auch außerhalb von Wittenberg hat Luther gepredigt. 141 solche Predigten sind bezeugt (vgl. die chronologische und geographische Auflistung im Anhang), 99 von ihnen sind textlich überliefert. In seiner Jenaer Habilitationsschrift von 2018 hat sich Roland M. Lehmann dieser Quellengruppe gewidmet, die er als »Reisepredigten« bezeichnet. Ausschlaggebend für diese Abgrenzung des Quellenkorpus war die These, dass die Vielseitigkeit und Eigentümlichkeit Luthers als Prediger in den »Reisepredigten« deutlicher zutage trete als in seinen Wittenberger Predigten, da die Einmaligkeit der Kanzelrede vor einer fremden Gemeinde, zumal in besonderen biographischen Situationen Luthers, besondere Anforderungen gestellt und zu stärkerer Verdichtung der Kernbot-

schaften geführt habe (2). Das mag in einigen Fällen zutreffen, wird sich so pauschal aber kaum nachweisen lassen. Vor allem suggeriert L. mit seiner Auswahl die Existenz einer besonderen Gattung der »Reisepredigt«, die es so bei Luther nicht gegeben hat. Allenfalls die Kanzelreden seiner Predigtkampagne des Jahres 1522 können einem besonderen Typus zugeordnet werden, den L. dann als Reisepredigten im engeren Sinn bezeichnet und von den übrigen Predigten außerhalb Wittenbergs absetzt (167).

Tatsächlich finden sich bei L. unter dem Etikett »Reisepredigt« (im weiteren Sinn) sehr disparate Texte, die außer der Tatsache, dass sie nicht in Wittenberg zum Vortrag kamen, nur wenig gemeinsam haben. Im Gegenzug führt die Beschränkung auf die Reisepredigten dazu, dass bestehende Gesamtzusammenhänge in Luthers Predigtwerk nicht ausreichend gewürdigt werden können. Das betrifft namentlich das sechste Kapitel zu Luther als Kasualprediger, das Tauf- und Hochzeitspredigten, die Predigt zur Einführung Nikolaus von Amsdorfs als Bischof von Naumburg 1542 und die Predigt zur Einweihung der Torgauer Schlosskirche 1544 behandelt und erhellende Einblicke in die nur wenig erforschte Kasualpraxis Luthers bietet; hier würden durch die Einbeziehung der Wittenberger Stücke (vor allem der Bestattungspredigten) weitere Erkenntnisse möglich. Ähnlich verhält es sich mit den Beobachtungen zur Entwicklung bestimmter theologischer Themen, etwa der Obrigkeitslehre (die L. von der Bornaer Obrigkeitspredigt vom 4.5.1522 über die beiden Weimarer Obrigkeitspredigten vom 24./25.10.1522 bis zur Obrigkeitsschrift von 1523 verfolgt) oder der Ekklesiologie. Doch auch wenn Gattung und Konzept der »Reisepredigt« problematisch sind, hat dieser besondere Zugriff L. dazu geführt, fünf einzelne homogene, abgeschlossene Cluster von zeitlich oder sachlich zusammengehörigen Predigten zu identifizieren und – oft erstmals überhaupt – jeweils im Zusammenhang zu analysieren. Der vorliegende Band kann insofern als Sammlung von Studien zu Luthers Predigttätigkeit gelesen werden – und es ist eine lohnende Lektüre, die in sorgfältigen Rekonstruktionen und Analysen anschauliche Exempel für Bekanntes ebenso wie neue Einsichten und überlieferungsgeschichtliche Neuentdeckungen bietet.

Insgesamt hat L. 45 ausgewählte Reisepredigten Luthers näher untersucht. Dabei leitet ihn ein doppeltes Interesse: Zum einen unternimmt er umfangreiche historische, überlieferungsgeschichtliche, agendarische und theologische Kontextualisierungen der untersuchten Predigten. Ein besonderes Augenmerk gilt dabei der Überlieferungsgeschichte der Texte. L. entwickelt hierfür ein idealtypisches Acht-Schritte-Modell von den lateinischen Konzeptzetteln Luthers bis hin zum Druck oder zur Aufnahme in Postillen (14–17). Für die Coburger Predigt vom 16.4.1530 kann L. eine Übersetzung von Luthers Konzept mit der Ausarbeitung durch Veit Dietrich und für die Kemberger Predigt vom 19.8.1531 Rörers Stenogramm mit dem von Andreas Poach ausgearbeiteten, viermal so langen Druck vergleichen, der trotz Anwendung von verschiedenen »Redunanztechniken« eine »Quasiauthentizität« bewahrt habe. Einige Predigten hat L. neu datiert, zwei vermeintliche Kemberger Predigten nach Wittenberg lokalisiert. Überzeugend kann er zeigen, dass die Eisleber »Vermahnung wider die Juden« vom Februar 1546 nicht Luthers letztes Wort auf der Kanzel, sondern bereits am 7. Februar – und nicht zwangsläufig auf der Kanzel – vorgetragen worden war.

Das zweite Interesse L.s gilt der inhaltlichen Erschließung der Predigten. Dabei

zeigt sich, dass sich Luther weitgehend an den vorgeschriebenen Perikopen orientierte, bei Nachmittagspredigten aber auch oft davon abwich. Im Regelfall bereitete er jede Predigt neu vor, auch wenn sich für die einzelnen Perikopen ein gewisser Kernbestand von Gedanken nachweisen lässt. Meistens ging Luther auf die konkrete Situation am Ort ein, wusste dies aber geschickt mit dem Bibeltext zu verbinden. Luthers eigentümlicher Predigtstil verband apologetische Kritik an seinen Gegnern mit affektreicher Bildsprache, einem virtuellen Dialog mit seiner Gemeinde und einer »schriftauslegenden Erfahrungstheologie« (510). Besonders weist L. auf die Vielfalt der Rollen hin, in denen Luther in den untersuchten Predigten auftritt.

L. gliedert seine Untersuchungen in sieben Kapitel und eine »Hinführung«. Diese (35–91) fällt insofern aus dem selbstgesteckten Rahmen, als sie für die Rekonstruktion der Entwicklung Luthers zum reformatorischen Prediger auch zwei Erfurter und zwei Wittenberger »Ortspredigten« einbezieht. Dabei zeigt sich – auf Grund der Quellenlage notwendig rhapsodisch – der Weg vom gelehrten monastischen Moralprediger über den Ablasskritiker des Jahres 1517 bis zum Prediger des Jahres 1518, der mit der Rechtfertigung aus Glauben sein reformatorisch-homiletisches Kern- und Lebensthema gefunden (und später thematisch fortlaufend erweitert und weiterentwickelt) hat.

Das erste Kapitel (93–121) ist Luthers Predigt am Rande der Leipziger Disputation 1519 gewidmet, die er selbst als deren »Summa« bezeichnete und in der er seine Positionen – den Ausschluss des freien Willens beim Gnadenempfang und die Irrelevanz der Schlüsselverheißung an Petrus für die päpstliche Vormachtstellung – in Abgrenzung von Eck in deutscher Sprache vor dem Volk markierte. Einem eigenen

Typus der Reisepredigt am nächsten kommen, wie gesagt, die im zweiten Kapitel (123–167) behandelten Ansprachen, die Luther als »Missionar« im Rahmen seiner Frühjahrsreise 1522 in Borna, Altenburg und Zwickau hielt. In Reaktion auf die Wittenberger Bewegung hatte er sich für eine systematische Predigtkampagne im ernestinischen Sachsen entschieden, bei der er einem wiederkehrenden Redemuster folgte, aber auch auf aktuelle Themen zu sprechen kam. Nach der Monographie von Susanne bei der Wieden (*Luthers Predigten des Jahres 1522*, 1999) bietet L. hier aus seiner Perspektive zusätzliche Einsichten. Exemplarisch für Luthers häufige Predigtauftritte in den Dörfern und Städten in der unmittelbaren Umgebung Wittenbergs untersucht L. im dritten Kapitel (169–228) elf Predigten, die Luther zwischen 1519 und 1537 in Kemberg gehalten hat; dabei zeigt sich, dass Luther hier keineswegs etwa seine Wittenberger Predigten wiederholte. Das vierte Kapitel (229–294) zeigt Luther als »Hofprediger« anlässlich von Einladungen an Fürstenhöfe. Hier werden die beiden Weimarer Obrigkeitspredigten vom Herbst 1522, die Predigt vor den anhaltinischen Fürsten in Wörlitz 1532 und die Predigt zur Einführung der Reformation in Leipzig am Pfingstfest 1539 analysiert, wobei nicht zuletzt die Vielfalt der von Luther eingenommenen Rollen, aber auch sein Freimut vor den Fürsten und die Entwicklung seines Obrigkeitsverständnisses zutage treten. Unmittelbar vor und nach dem Augsburger Reichstag von 1530 hat Luther in Coburg vor der kurfürstlichen Reisegesellschaft gepredigt (Kap. 5, 295–345) und dabei auch subtil politischen Einfluss auszuüben gesucht. Bemerkenswert, wenngleich durch die Konzentration auf Reisepredigten in seiner Aussagekraft eingeschränkt, ist das bereits erwähnte sechste Kapitel (347–450)

über Luther als Kasualprediger, das Einblicke in sein Verständnis wie in seine Praxis der verschiedenen Amtshandlungen und deren reformatorische Neuausrichtung gibt. Das letzte Kapitel (Kap. 7, 451–490) behandelt die vier letzten Predigten Luthers in Eisleben im Januar und Februar 1546, die L. als »Abschiedspredigten« charakterisiert, die vom Rückblick auf das eigene Leben und der Erwartung des nahen Todes geprägt sind. Luthers letzte Worte auf der Kanzel lauteten: »Aber ich bin zu schwach. Wir wollen es hierbei bleiben lassen.« Mit seiner gründlichen, detailreichen und anregenden Studie hat Roland Lehmann der Reformation auf der Kanzel ein lebendiges Denkmal gesetzt.

Marburg   Wolf-Friedrich Schäufele

Thomas Kaufmann: Die Druckmacher. Wie die Generation Luther die erste Medienrevolution entfesselte. München: C. H. Beck, 2022. 350 S. 61 Abb. 1 Karte

Die Intentionen des neuen Buchs des Göttinger Kirchenhistorikers Thomas Kaufmann geht aus dem Vorwort deutlich hervor: »Eröffnen sich dadurch, dass wir durch die Erfahrungen des Medienwandels unserer Tage sensibilisiert sind, umfassendere und profundere Perspektiven auf die kultur- und gesellschaftspolitischen Folgen des Buchdrucks? Und umgekehrt: Erwachsen aus der Einsicht in die zunächst sukzessiv einsetzenden, dann umfassenden Veränderungen infolge der Verbreitung der Schwarzen Kunst Erkenntnisse, die Orientierungshilfen in unserer Gegenwart bieten könnten?« (9)

Die Antworten auf diese Fragen entfaltet K. in vier chronologisch-thematisch geordneten Kapiteln. Deren Erstes unter dem Titel »Die erste Medienrevolution« bietet

erwartungsgemäß eine Schilderung der Erfindung des Buchdrucks und der dazu gehörigen Werkzeuge. Es finden sich Angaben
zu den dabei auflaufenden Kosten – Papier
verursachte 50 Prozent (20). Thematisiert
werden die Formen des Drucks und die Ex-
pansion des Gewerbes. Insgesamt entstanden in der zweiten Hälfte des 15. Jahrhunderts ca. 28.000 Titel, der größte Teil nach
1490, wobei zwei Drittel der Drucke hälftig
aus Deutschland und Italien kamen (32).
Nach Klärung der Grundlage wendet sich
K. den begeisterten wie skeptischen Reaktionen auf die neue Technik zu. Ein wenig
überraschend endet das Kapitel mit einem
Blick auf die »protestantische Erinnerungskultur« (42). Ausgehend von Luthers apo-
kalyptisch tingierten Begeisterung für den
Buchdruck kann K. zeigen, dass bis in das
19. Jahrhundert der Buchdruck als »protestantische Angelegenheit« (46) galt. Jedenfalls unter Protestanten.

Das zweite Kapitel widmet K. unter
dem Titel »Männer des Buches« mit Anfüh-
rungszeichen im Original (49) vor allem
Johannes Reuchlin und seinen Schwierigkeiten, sein wohl wichtigstes Werk die
Grundlagen der hebräischen Lexik und
Grammatik betreffend zum Druck zu bringen. Einleitend betont K., dass Frauen beim
Thema Buch »nur am Rande eine Rolle«
spielten (49). Die Tatsache, dass Reuchlin
1.500 Exemplare beim Drucker Thomas
Anshelm in Pforzheim vorfinanzierte, deutet einerseits auf die wirtschaftliche Potenz
des Autors, andererseits auf eine völlige Ver-
kennung der Lage, wie die langen und mü-
hevollen Versuche, den Absatz des Buches
zu beschleunigen, zeigen (58). Als zweiten
Zeugen führt K. Erasmus von Rotterdam
und dessen *Novum instrumentum* von
1516 ein. Anders als Reuchlins hebräische
Grammatik war die Sammlung des Erasmus, die aus dem griechischen Text des

Neuen Testaments, einer lateinischen Version des Autors und ausführlichen Anmerkungen zur Übersetzung bestand, ein Erfolg,
der sich in raschem Verkauf der Erstauflage
von 1.200 Exemplaren, Nachauflagen und
Nachdrucken manifestierte. Die Sammlung entwickelte sich zu einem »verwege-
nen, fundamental autoritätskritischen und
insofern spektakulären Buch« (59). Man
vermisst allerdings hier den Hinweis auf
berechtigte Kritik, da Erasmus, dem in seiner handschriftlichen Vorlage die letzten
Verse der Apokalypse fehlten, diese kurzer-
hand selbst aus dem Lateinischen zurück-
übersetzt hatte. Nach Ausführungen über
das Sammeln und den Erwerb von Büchern
bildet die ausführliche Wiedergabe des sogenannten »Judenbücherstreit« mit den da-
zugehörigen »Dunkelmännerbriefen« den
Abschluss des zweiten Kapitels.

Das dritte Kapitel stellt schon vom
Umfang her – es ist doppelt so lang wie die
anderen – das Herzstück des Bandes dar.
Unter dem Titel »Publizistische Explosio-
nen« bietet K. eine knappe Geschichte der
Reformation aus publizistischer Sicht. Dass
Luther dabei im Vordergrund steht, ergibt
sich für K. zwangläufig, da er die Reformation für einen einheitlichen Prozess hält, an
deren Anfang Luther steht (101).

Mit Blick auf die Anfänge betont K. zu
Recht, dass es vor allem der Baseler Nachdruck der 95 Thesen gewesen sein dürfte,
der Luther im oberdeutschen Humanismus bekannt machte. Ob aus der Anzahl
der überlieferten Exemplare wirklich auf
die Höhe der Auflagen geschlossen werden
kann, bleibt dahingestellt. Populär wurde
der Wittenberger Professor, das ist unstrittig, mit seinem *Sermon von Ablass und
Gnade* vom März 1518 mit seinen vielen
Nachdrucken. Ebenso unstrittig ist Luthers
publizistische Strategie der folgenden Jahre
mit Frömmigkeitsliteratur auf Deutsch und

Kontroversen – oft, aber nicht immer lateinisch – mit Gegnern (111). Ausführlich werden die Schriften des Jahres 1520 referiert. Es erschienen 28 Titel in 262 Einzeldrucken, das ergibt für den Produzenten rund drei Seiten Druckmanuskript pro Tag, und zwar jeden Tag. K. urteilt, Luther habe »um sein Leben« geschrieben. (125). Besondere Würdigung findet Luthers Fähigkeit, Ereignisse zu inszenieren und publizistisch auszuwerten. Als Beispiele gelten die Verbrennung der Bannandrohungsbulle in Wittenberg und der Auftritt vor Kaiser und Reich in Worms.

Neben Luther wird Andreas Bodenstein aus Karlstadt als Autor gewürdigt (151–161). Gleichzeitig verdeutlicht K., dass der Zugang zu Druckerpressen für abweichende Autoren immer schwieriger wurde. Eher marginal werden weitere Publizisten der Epoche behandelt wie Zwingli und Ökolampad, Müntzer und Hätzer. Großes Gewicht erhalten die verschiedenen Ausgaben der Zwölf Artikel der Bauern aus Memmingen. Sie konstituieren den Bauernkrieg als Einheit. Den Abschluss bildet die Darstellung von »Luthers Multimediale[m] Sterben«.

»Ohne den Buchdruck wäre Luther, der Printing Native schlechthin, im Leben, im Sterben und in seinem vielfältigen Nachleben bedeutungslos, undenkbar, nicht er selbst, nicht ›Luther‹ gewesen. Luther war eine durch und durch typographische Existenz.« (213)

Das letzte Kapitel zieht eine Art thematisches Fazit. »Eine veränderte Welt« entsteht durch die reformatorische Publizistik. Wiederum wird vor allem Luther behandelt, seine Bibelübersetzung (232), seine Kirchenlieder (237) und die Katechismen (241), wobei hier die Unterschiede zwischen protestantischen und katholischen Regionen besonders ins Auge fallen (243).

Der überraschend knappe Epilog erklärt den auf den ersten Blick ungewöhnlichen Titel. Denn die Druckmacher sind nicht nur Autoren und Verleger, sondern sie erzeugen selbst Druck, ebenso wie sie unter Druck stehen, unter Erwartungsdruck, unter Zeitdruck, auch unter finanziellem Druck (258f). Positiv beantwortet wird die in der Einleitung gestellte Frage. Es gibt Parallelen zwischen typographischer und digitaler Medienrevolution: »Partizipation und Transparenz als Verheißung, Invektivität, Brutalisierung, Fake News, politische Destabilisierung als Bedrohung […].« (259). Mit Verweis auf die Ablösung der Handschriftenkultur in der ersten Medienrevolution, die nicht zum völligen Verschwinden der Manuskripte führte, sieht K. auch in der zweiten zukünftig Chancen für das gedruckte Buch und den handgeschriebenen Brief (259).

Der umfangreiche »Anhang« lässt keine Wünsche offen. Er enthält eine Liste zu »Zitierweise und Abkürzungen«, die Anmerkungen, ein Verzeichnis der Quellen und Literatur, ein Personen- und ein Ortsregister.

Der Band ist nobel aufgemacht, selbst ein Lesebändchen fehlt nicht. Die Illustrationen sind gut erkennbar. Ob allerdings der Verlag mit seinem Umschlagmotiv, das an einen Neuruppiner Bilderbogen des 19. Jahrhunderts erinnert, sich und seinem Autor einen Gefallen erwiesen hat, sei dahingestellt.

Die Lektüre des Bandes empfiehlt sich in erster Linie den Digital Natives. Das heißt aber nicht, dass nicht auch alle anderen von ihr profitieren können.

Husum   Martin Treu

WITTENBERGER BIBELDRUCK DER REFORMA-
TIONSZEIT, hg. v. Stefan Oehmig u. Stefan
Rhein. Leipzig: Evangelische Verlagsan-
stalt, 2022. 552 S. mit zahlreichen Abb.
(Schriften der Stiftung Luthergedenkstätten
in Sachsen-Anhalt; 24)

Im September 1522 erschien in Wittenberg
beim Drucker Melchior Lotter d. J. *Das
Newe Testament Deutzsch.* Auch wenn der
Übersetzer nicht genannt wurde, war den
Zeitgenossen klar, dass es sich bei der Angabe »Wittenberg« auf dem Titelblatt um
ein Produkt aus der Feder Martin Luthers
handeln müsste. Nachdem das sogenannte
»Septembertestament« vergriffen war,
folgte bereits im Dezember als erster, ver-
besserter Nachdruck das »Dezembertestament«. Der Übersetzungsprozess – Luther
spricht von »dolmetschen« – mündete in der
1534 vorgelegten »Vollbibel«, die jetzt bei
Hans Lufft in Wittenberg gedruckt wurde.
Dass Luther die Überarbeitung seiner Bibelübersetzung zusammen mit seinen Kollegen bis zum Lebensende fortsetzte, dürfte
in der Forschung mittlerweile bekannt sein.
    Insofern ist es folgerichtig, dass sich
das von Stefan Oehmig und Stefan Rhein
vorgelegte Buch nicht Luthers Übersetz-
ungs- und Überarbeitungspraxis, sondern
vornehmlich den in Wittenberg hergestell-
ten Bibeldrucken aus material-, akteurs-
und kunstgeschichtlicher Perspektive widmet. Die in diesem ästhetisch gestalteten,
voluminösen Band versammelten Aufsätze
gehen allesamt auf eine Tagung der Stiftung
Luthergedenkstätten in Sachsen-Anhalt zurück, die im September 2020 in Wittenberg
stattfand und das 500-jährige Publikations-
jubiläum von Luthers Neuem Testament
wissenschaftlich vorzubereiten half.
    Stephan Füssel führt in seinem Eröff-
nungsbeitrag allgemein in »Luthers weg-
weisende Bibelübersetzung und -gestal-

tung« (11–35) ein, indem er einerseits an die
deutschsprachigen, vorreformatorischen
Bibelübersetzungen erinnert, andererseits
Luthers Bibelübersetzungen und deren Il-
lustrierung bis 1546 rekonstruiert. Zusammenfassend stellt er fest, zwischen 1522
und 1546 seien 430 Teil- und Gesamtausga-
ben nachweisbar, so dass »mit einer halben
Million Luther-Bibeln bis zur Jahrhundert-
mitte gerechnet werden« könne (33). Den
Revisionen von Luthers Bibelübersetzung
bis 1546 widmet sich kenntnisreich *Stefan
Michel* (37–50). *Ulrike Ludwig* analysiert in
ihrem Beitrag den Wittenberger Bibeldruck
im Horizont der kursächsischen Kirchenpolitik (51–67) und hebt hierbei besonders das
kursächsische Druckprivileg vom 6. August
1534 für die Wittenberger Buchhändler Moritz Goltze, Bartholomäus Vogel und Christoph Schramm hervor, welches der Gesamt-
bibel Luthers und den folgenden Ausgaben
bis 1547 vorangestellt war. Über die Reaktion Herzog Georgs von Sachsen auf Luthers
Bibelübersetzung berichtet *Thomas Fuchs*
in dem aufschlussreichen Aufsatz »Verbot
und Angebot« (69–98). In seinem Religions-
mandat vom 10. Februar 1522 untersagte
der albertinische Herzog Herstellung, Vertrieb und Besitz lutherischer Schriften in
seinem Territorium. Zudem marginalisierte
er durch seine antireformatorische Politik
zunehmend das einst blühende Leipziger
Druckgewerbe. Die Strategie des Herzogs,
der populären Bibelübersetzung Luthers
ein eigenes, vom Dresdener Hoftheologen
Hieronymus Emser erarbeitetes und 1527
publiziertes Neues Testament entgegenzu-
setzen, scheiterte nicht nur aufgrund der
»diskursive[n] und rhetorische[n] Schwäche
des katholischen Neuen Testaments«, sondern auch aufgrund dessen »ökonomischer
Schwäche« (89).
    Stefan Oehmig untersucht in seinem
höchst instruktiven Forschungsbeitrag de-

tailreich Hans Lufft als Wittenberger Buchdrucker, Bürger, Ratsherr, Bürgermeister, Ehemann und Familienvater (99–161). Von Wittenberg nach Lübeck lenkt *Tim Lorentzen* den Blick mit seinem Aufsatz über »die erste lutherische Vollbibel auf der ersten lutherischen Kanzel« (163–189), die als Niederdeutsche Bibel auf den 1. April 1534 datiert noch vor der Wittenberger Gesamtausgabe erschien. Dass in Wittenberg neben den Bibeln in deutscher Sprache auch weiterhin Bibeldrucke in lateinischer Sprache entstanden, veranschaulicht *Stefan Rhein* in seinem luziden, über Luther hinausgehenden Beitrag (191–214).

Einen eigenen Schwerpunkt des Bandes bilden die Aufsätze zur künstlerischen Ausgestaltung der Wittenberger Bibeln. So vergleicht *Esther R. Wipfler* (215–240) die Illustrationen verschiedener Lutherbibelausgaben im Zeitalter der Reformation miteinander und veranschaulicht, dass die Lebenswelt der Auftraggeber und potentiellen Käufer, die aus dem gehobenen Bürgertum stammten, sich in den Illustrationen abbildete (215f). Für die »reformatorische Kunst Wittenberger Prägung« blieb die von Luther betonte enge Bindung des Bildes an den Text ein zentrales, konstitutives Element (219). *Susanne Wegmann* erkundet die von der Forschung bisher wenig beachteten Illustrationen Nikolaus Glockendons (241–262), die in dem von Johann Friedrich in Nürnberg in Auftrag gegebenen Pergamenthandschrift des Septembertestaments enthalten sind. Ergänzt wird dieser lesenswerte Aufsatz durch neue Quellenfunde zur »Glockendonbibel« im Ernestinischen Gesamtarchiv des Landesarchivs Thüringen – Hauptstaatsarchiv Weimar, welche von *Saskia Jähnigen* und *Stefan Michel* präsentiert werden (263–266). Die Holzschnitte zur Johannesoffenbarung in Luthers Septembertestament macht *Ricarda Höffler* zum

Thema (267–298), indem sie beispielsweise Cranachs antipäpstliche und antirömische Holzschnitte mit Albrecht Dürers Apokalypse-Illustrationen vergleicht. *Heike Stöcklein* handelt schließlich in ihrem sachkundigen Artikel über »Teufel und Dämonen im Bibeldruck« (299–326), welche in den reformatorischen Bibeldrucken vornehmlich in den Illustrationen der Johannesoffenbarung vorkommen. Dass einzelne Abbildungen wie z.B. der Holzschnitt aus dem Septembertestament der »Drache und die beiden Zeugen« zu Apk 11 (272.308) oder das Deckblatt des Septembertestaments (25.296) in verschiedenen Beiträgen abgedruckt sind, schadet dem Gehalt der Aufsätze keineswegs. Allerdings dürfte die Schriftgröße der Fußnoten im gesamten Band etwas größer und damit lesefreundlicher gesetzt werden.

Mit der Schriftgießerei und dem Schriftenhandel im Wittenberg des 16. Jahrhunderts befasst sich *Nikolaus Weichselbaumer* (327–341) und liefert hierdurch wertvolle Details und Hintergründe zur Buchherstellung. Die »Paratexten« in Luthers »Biblia deutsch und Vulgata-Rezeption« in Wittenberg analysiert und interpretiert *Ulrich Bubenheimer* (343–366) überaus erhellend und regt hierdurch neue Untersuchungen zu diesem vernachlässigten Forschungsfeld an.

Einen weiteren Schwerpunkt des Bandes bilden Beiträge zur Rezeption der Bibelausgaben und deren Gebrauch und Lektüre durch Bürgertum und Niederadel – vornehmlich im mitteldeutschen Raum. So begibt sich *Thomas Lang* in seinem informativen und quellengestützten Aufsatz auf »Spurensuche nach den Lesern der Lutherbibel im mitteldeutschen Bürgermilieu des 16. Jahrhunderts« (367–433). Und *Matthias Meinhardt* untersucht pointiert den Bibelgebrauch bei Hofe »zwischen fürstlicher Repräsentation, Kirchenpolitik und per-

sönlicher Frömmigkeit« (435–453). Dem-
gegenüber widmen sich die zwei den Band
beschließenden Aufsätze einzelnen Bibeln
im Besitz von Handwerkern. *Hans-Peter
Hasse* stellt die »Reformatorenbibel« des
Wittenberger Erzschmieds Hans Reich-
knecht vor (454–477), die in der Literatur
aufgrund ihres Aufbewahrungsort (Staats-
und Universitätsbibliothek Dresden) als
»Dresdner Reformatorenbibel« bekannt
ist, nach ihrer Provenienz aber eine »Wittenberger Reformatorenbibel« darstellt
(477). *Harmut Kühne* und *Ruth Slenczka*
präsentieren den Hallenser Seidensticker
Hans Plock als Bibelleser (479–530), indem sie dessen Glossen und Einträge in
seiner Lutherbibel von 1541, der Median-
bibel, analysieren und ihn als »ernsthaf-
te[n] Laientheologe[n], gelehrige[n] Schüler
Martin Luthers und ausdauernde[n] Leser«
skizzieren (530). Es wäre für die Erforschung der Bibelausgaben und deren Rezeption lohnenswert auf diesen, die Leser
mittels Provenienzforschung perspektivie-
renden Linien weiterzuarbeiten.

Ein Abkürzungs-, Personen- und Ortsregister runden den reich bebilderten Band
zu den Lutherbibeln der Reformationszeit
ab, der für die Luther- und Reformationsforschung eine wahre Fundgrube darstellt
und als gelungener »Prachtband« zahlreiche
Überraschungen und Entdeckungen bereit-
hält.

Jena   Christopher Spehr

MELANCHTHONS BRIEFWECHSEL Band 16.
Personen T–Z und Nachträge bearb. v. Heinz
Scheible. Stuttgart-Bad Cannstatt: from-
mann-holzboog, 2022. 417 S.

Finitum est – in den Worten des Bearbeiters:
»Nun ist endgültig Feierabend« (9). Hoffentlich wird er diesen Feierabend nach dem an
seinem 90. Geburtstag am 4. August 2021
unterzeichneten »Schlußwort« noch möglichst lange und in Freuden genießen können.

Heinz Scheible hat – mirabile dictu –
in seinem langen Arbeitsleben nicht nur
Melanchthons Briefwechsel auf den Weg
gebracht, die Regesten erarbeitet und wesentliche Anteile an der Edition der Texte,
dazu eine Fülle von Aufsätzen und Bespre-
chungen geliefert und überdies einen erheblichen Teil seiner Arbeitskraft durch
Auskünfte anderen zugutekommen lassen.
Er hat nun auch die Biogramme zu Melanchthons Briefwechsel vollenden können,
dank seines langen Lebens und mancher
Unterstützung, die ihm in späten Jahren
zuteil geworden ist. Mit den Personen-Bän-
den zu MBW haben wir *das* prosopographi-
sche Standardwerk für die erste Hälfte des
16. Jahrhunderts, und das aus intimster
Kennerschaft des Bearbeiters, der mit stau-
nenswerter und Hochachtung gebietender
Beharrlichkeit an seinem Vorhaben festgehalten hat – dass er es vollenden konnte,
stand freilich nicht in seinen Händen. Seine
Nachfolgerin in der Leitung der Melan-
chthon-Forschungsstelle und in der Her-
ausgeberschaft von MBW, *Christine Mundhenk*, hat ihm in einem schönen Vorwort
die gebührende Reverenz erwiesen.

Im Jahre 1941 war bei Hiersemann in
Leipzig eine »Namenliste zur deutschen
Geschichte des 16. Jahrhunderts. Als Stichwort-Verzeichnis für die Deutsche Biographie der Reformationszeit« erschienen,
herausgegeben von *Wilhelm Maurer* (1900–
1982). Über dieses Stichwort-Verzeichnis
ist das Vorhaben indes nicht hinausge-
kommen. Nun hat ein einziger Mann zwar
nicht »*die* Deutsche Biographie der Reformationszeit« verfasst, aber mit seinen Bio-
grammen das beste Hilfsmittel, das wir auf
diesem Gebiet haben und das, darauf kann

man Gift nehmen, noch lange Bestand haben wird. Im Vorwort zu MBW 11 (2003) hat Scheible das Nötige zu seinem Personenindex bemerkt.

Der letzte Band enthält Biogramme der in MBW erwähnten Personen von T bis Z. Dem Schlesier Martin Thabor gilt unter »Tabor« der erste, Zwinglis Sohn Ulrich d. J. der letzte Eintrag. Es ist schon festgestellt worden, dass ein ungeheurer Gewinn dieser sechs Bände (MBW 11–16) in den Auskünften über »Kleinpersonen« liegt, Leute aus der zweiten oder einer hinteren Reihe, über die man wenig oder nichts wusste und die durch Scheibles Recherchen jetzt mehr oder weniger Gestalt gewinnen. So ist es auch in diesem letzten Band. Er enthält aber natürlich auch zahlreiche Einträge von Großpersonen, solchen, für die M. eine besondere Rolle spielte oder die für ihn von herausragender oder doch von einiger Bedeutung waren. Unter ihnen erwähne ich besonders Eberhard von der Tann, verschiedene Mitglieder der Familie von Taubenheim, den unruhigen Konvertiten Theobald Thamer, Anna Truchseß von Grünsberg, die Ehefrau von Joachim Camerarius, Angehörige derer Ungnad von Weißenwolff, Joachim Vadian, Pietro Paolo Vergerio (d. J.) und Petrus Martyr Vermigli, Petrus Vincentius aus Breslau, David Voit, den Grafen Franz von Waldeck, Johannes Weinlaub, Hieronymus Weller aus Freiberg, der einmal eine monographische Behandlung verdiente, den Hamburger Joachim Westphal, den vielseitigen Johannes Wigand, den nicht ganz leicht zu handhabenden Georg Witzel und die Herzöge Christoph I. und Ulrich von Württemberg, schließlich Bernhard Ziegler, über den es in dem Artikel einen substantiellen Nachtrag aus den Quellen gibt. Sie alle standen mit M. in einem mehr oder weniger lebendigen Briefwechsel, machten ihm Freude, Sorgen oder Beschwer, spielten jedenfalls in seinem Leben und Wirken eine bemerkenswerte Rolle.

Die Aktualität der Einträge ist beeindruckend; zahlreiche Titel des Jahres 2021 sind noch verzeichnet. Besonders wertvoll ist die Einarbeitung der Ergebnisse aus der Dissertation von Christiane Domtera-Schleichardt, *Die Wittenberger »Scripta publice proposita«. Universitätsbekanntmachungen im Umfeld des späten Melanchthon* (Leipzig 2021). Freilich – fast jedes Buch ist bei seinem Erscheinen nicht mehr auf dem neuesten Stand. Einen einzigen Nachtrag erlaube ich mir, weil er gelesen werden sollte: E. BÜNZ, Sachsens berühmtester Mönch. Johann Tetzel aus Pirna. (in: *Neue Forschungen zu sächsischen Klöstern.* Ergebnisse und Perspektiven der Arbeit am Sächsischen Klosterbuch [Schriften zur sächsischen Geschichte und Volkskunde 62], hg. v. DEMS. / D. M. MÜTZE / S. ZINSMEYER, 2020, 41–81).

Die »Nachträge und Berichtigungen zu den Bänden 11 bis 15« (399–416) halten sich in Grenzen – wer für Tausende von Seiten nicht mehr nachzutragen und zu korrigieren hat, muss gut gearbeitet haben. Auf eine Preziose möchte ich hinweisen: auf den siebenbürgischen Lautenisten und Komponisten Valentin Bakfark (gest. 1576), einen der großen europäischen Virtuosen seiner Zeit. Für M. war er ein »vir honestus et dulcis musicus«, und als solchen empfahl er ihn auch nach Augsburg (MBW 6372).

Auf der allerletzten bedruckten Seite (417) des Bandes finden sich »Nachträge und Berichtigungen zu Band 10«. Da geht es in einer längeren Auslassung um einen Aufenthalt Melanchthons in Dessau. Die Sache wäre der Erwähnung nicht wert, stünde dort nicht ein Satz, der Scheibles Arbeit insgesamt kennzeichnet: »Da bietet der Chronist den Plan für die Wirklichkeit.« – Man hört den Bearbeiter förmlich reden; mündlicher Charakter der Sprache bestimmt diese Mitteilung. Als Bearbeiter und Editor den »Plan« nicht für »die Wirklichkeit« zu nehmen, sondern die Überlieferung kritisch zu prüfen und nichts, also wirklich nichts zu bieten, was nicht approbiert ist, das ist, so möchte man schließen, die Maxime von Heinz Scheibles Lebensarbeit gewesen. Wohl dem, der sich nur steif und fest auf solche Wissenschaft verlässt.

Michael von Albrecht, Professor für Klassische Philologie in Heidelberg und dem Bearbeiter als Generationsgenosse und überhaupt seit langem verbunden, hat ein lateinisches Gedicht »De magistro Philippo Melanthone nobis a Henrico Scheible reddito« gemacht, das mit dessen deutscher Übersetzung dem Band vorangestellt ist (10f). Schöner, angemessener, nobilius kann man des Meisters Werk nicht loben.

Kiel   Johannes Schilling

MELANCHTHONS BRIEFWECHSEL Band T 22. Texte 6292–6690 (1552) bearb. v. Matthias Dall'Asta, Heidi Hein u. Christine Mundhenk. Stuttgart-Bad Cannstatt: frommann-holzboog, 2021. 576 S.

Binnen Jahresfrist ist – wie gewohnt – ein weiterer Band von Melanchthons Briefwechsel erschienen, im Unterschied zu dem vorausgehenden freilich mit deutlich erweitertem Umfang – 576 sind gegenüber 484 Seiten keine Kleinigkeit; sie wollen erarbeitet sein. Auch deshalb muss man die Leistungsfähigkeit des Heidelberger Teams, dessen Editionsarbeiten seit langem durch *Tobias Gilcher* vorbereitet werden, neuerlich hervorheben.

Der Band enthält, wie die Herausgeberin in ihrem Vorwort vermerkt, 405 Stücke, unter ihnen 45 bisher nicht oder nicht vollständig edierte. Drei Nachträge hat es

gegeben, die Nummern 6545a, 6569 a und 6615a. Sie stellen erneut unter Beweis, wie sorgfältig die Recherchearbeiten für Regesten und Edition in den Anfängen gewesen sind. Die Stücke bieten keine ganz neuen Erkenntnisse, sind aber Zeugnisse für die lebendigen Kontakte M.s nach Transsilvanien. Schwerpunkte in Theologie und Kirche diesem Jahr 1552 bilden einerseits die Auseinandersetzung mit Andreas Osiander (6294), andererseits Fragen um das Trienter Konzil. Zu den prominentesten Briefpartner in diesem Jahr zählen Thomas Cranmer (6394) und Johannes Calvin (6655). Jener beschwört unter Verweis auf Apg 15 die Eintracht unter den Evangelischen, gerade auch in der Abendmahlsfrage; dieser beklagt gleichfalls die Uneinigkeit und wendet sich ausgesprochen scharf gegen Osiander.

Noch immer aber sind Hieronymus Baumgartner, Joachim Camerarius und Paul Eber die beständigsten Briefpartner, neben ihnen Georg von Anhalt und Caspar Peucer. Diesem Befund entspricht die Überlieferung: M.s Briefe an Baumgartner und Camerarius sind überwiegend in den Autographen erhalten, die anderen Briefe eher abschriftlich oder gedruckt. Manche Autographen sind im Zweiten Weltkrieg verloren gegangen (6416), andere sind verschollen (6433. 6453. 6683) oder »nicht auffindbar« (6569a. 6570). Ein Brief Caspar Peucers an M. (6328) ist zuletzt 1924 in einem Antiquariatskatalog nachgewiesen, ebenso ein Brief M.s an die Henneberger Grafen (6573) – vielleicht tauchen sie eines Tages wieder auf.

Einblicke in M.s häusliche – bedrängte – Verhältnisse bietet ein Brief an seine Hausgenossen (*convictores*) (6306. 13.1.1552); am gleichen Tag wendet er sich mit einer gedruckten öffentlichen Bekanntmachung an die Wittenberger Studenten und hält sie während seiner Abwesenheit zum Besuch der Lehrveranstaltungen der Kollegen an (6307). Sprechende Dokumente für das vertrauensvolle Verhältnis zu seinem Famulus Johannes Koch sind mehrere Briefe (6519. 6527. 6528. 6540. 6546) aus Torgau, in denen sich M. um dessen Wohl sorgt, aber auch erkennen lässt, dass er, weil die Drucker drängen, unbedingt nach Wittenberg zurückkommen muss und will. Derartige Stücke sind geeignet, den Lesern eine Vorstellung von den Alltagsnöten des großen Gelehrten zu verleihen.

Zu den umfangreichsten und inhaltlich gewichtigsten Texten aus diesem Jahr zählen M.s Vorreden: zum dritten Band der Ausgabe von Luthers Genesisvorlesung (6316), zu Johannes Regiomontanus, *Tabulae directionum* (6363), zur *Mecklenburgischen Kirchenordnung* (6460; VD 16 M 1829 und 1830), zum vierten Band der lateinischen Reihe von Luthers Werken (6575) und zu seinem *Liber de anima* (6627), letztere an Baumgartner.

Neben Briefen und Vorreden gibt es auch wieder etliche Zeugnisse und Empfehlungsschreiben für Studenten und andere Bittsteller. Einen guten Einblick in Bedingungen des Pfarramtes gewährt ein Dienstvertrag zwischen Andreas Wanckel (vgl. MBW 16) und der Stadt Schmiedeberg, in dem Einkommen und Pflichten des Pfarrers präzise festgehalten sind (6562). Man sollte nach vergleichbaren Verträgen Ausschau halten; sie sind hervorragende Quellen für eine Sozialgeschichte des Pfarrerstandes. Gelegentlich sind in die Briefe auch Verse eingestreut; eindrucksvoll sind »Versus in lecto facti inter cruciatus calculi et alios« (6370, 150f).

Ein schönes Zeichen für die europäische Vernetzung von Kulturschaffenden ist ein Brief M.s an Cyprian Leovitius in Augsburg, dem er den siebenbürgischen Laute-nisten Valentin Bakfark, »vir honestus et dulcis musicus« (151,3) empfiehlt, der nach Deutschland gekommen sei, um hier etwas über seine Kunst drucken zu lassen und die Musiker im Umkreis der Fugger zu hören (6372).

Das Zitat aus Ovid, Tristien 2, 531f: »Inuida me spaciis natura coercuit arctis, / ingenii vires exiguasque dedit«, von dem M. in einem Brief an Petrus Vincentius in Lübeck (6499) Gebrauch macht, hat er nicht nur ein paar Tage zuvor an Camerarius (6495) verwendet, sondern auch früher schon öfters, so etwa in der großen Selbstdarstellung seines Bildungsgangs zehn Jahre zuvor (2780) – vermutlich wird es auch künftig noch gelegentlich auftauchen.

Wie im Vorwort bemerkt, ist die »Verantwortung für die Gestaltung des Satzes« von *Michael Trauth* nunmehr auf *Heidi Hein* übergegangen. Wer diese bisher zu schätzen gelernt hat, wird dem scheidenden Gestalter Dank wissen – und die Nachfolgerin hat mit ihrem ersten Band ein überzeugendes Gesellenstück geliefert. Für das Erringen der Meisterschaft gibt es in kommenden Bänden noch hinreichend Gelegenheit.

Kiel   Johannes Schilling

Lucas Cranach der Ältere und Hans Kemmer. Meistermaler zwischen Renaissance und Reformation, hg. v. Dagmar Täube in Zusammenarbeit mit Miriam Mayer u. Julia Hartenstein. München: Hirmer, 2021. 304 S. mit Abb.

Reformationsmalerei ist nicht nur Cranach, wenn dieser auch die Bilderwelt der (Wittenberger) Reformation dominiert. Mit der Ausstellung »Cranach–Kemmer–Lübeck«, die vom 24. Oktober 2021 bis zum 6. Februar 2022 im St. Annen-Museum in Lübeck gezeigt wurde, präsentierten die Lübecker Museen das Werk eines bisher wenig wahrgenommenen Malers der Reformationszeit, dessen beachtliches Werk *nach* dieser Ausstellung und dem im Zusammenhang mit ihr entstandenen Katalog vermutlich und hoffentlich kräftiger wahrgenommen werden wird als bisher – zumal Kemmer einige vorzügliche Werke hinterlassen hat, die seine Nähe zu Cranach, aber auch seine Eigenständigkeit eindrucksvoll bezeugen. Die »erste große und umfassende Werkschau« (13) des »Cranach von Lübeck« (17) zeigt 22 von den erhaltenen 29 Werken des Malers; fünf von ihnen waren noch nie öffentlich zu sehen. Unter den Arbeiten Kemmers ragen m.E. vor allem ein Passionstryptichon (Kat. 28) und eine Ecce-Homo-Tafel (Kat. 29), Christus und die Ehebrecherin (Kat. 41) sowie die eigenständige Formulierung von Gesetz und Gnade (Kat. 50) heraus, daneben ein vorzügliches Liebespaar (Kat. 33).

Hans Kemmer wurde um 1495/1500 in Lübeck geboren. Wohl zwischen 1515 und 1520 wirkte er in der Cranach-Werkstatt in Wittenberg und kehrte danach in seine Heimatstadt zurück, wurde dort erfolgreich und kam zu Wohlstand. Am 2. August 1561 ist er in Lübeck gestorben.

Über Kemmer gab es bisher eine Monographie von *Christoph Emmendörfer* (*Hans Kemmer. Ein Lübecker Maler der Reformationszeit*, Leipzig 1997), der auch dem Wissenschaftlichen Beirat für die Ausstellung angehörte und einen Essay über »Hans Kemmer. Lübecks Maler in der Reformation« (125–133) beisteuerte. Seit dem Erscheinen dieses Buches hat das Lübecker Museum seinen Besitz an Kemmers Gemälden glückhaft vermehren können: 2018 konnte Kemmers »Liebesgabe« (Kat. 33) aus dem Londoner Kunsthandel für das Museum erworben werden, so dass dieses nunmehr sieben Werke des Meisters besitzt.

Das Katalogbuch ist zweigeteilt: Ein erster Teil enthält Aufsätze, ein zweiter den Katalog; das Literaturverzeichnis folgt der in vielen Ausstellungskatalogen geübten Praxis, einen Autornamen und eine Jahreszahl als Kurztitel zu notieren. Da stehen vielzitierte Werke neben solchen, die nur einmal erwähnt werden und deshalb (nur) in die Anmerkungen gehörten; immerhin sind Ausstellungs- und Bestandskataloge von der übrigen Literatur unterschieden.

Von den Aufsätzen sind für die Leserschaft dieses Jahrbuchs nicht alle gleichermaßen von Interesse, und der Rezensent ist in Fragen von Werkstatt, Wiederholungen in der Malerei, Vorzeichnungen und anderen künstlerischen Praktiken und Restaurierungsmethoden nicht kundig. Hier interessieren vor allem die kirchen- und frömmigkeitsgeschichtlichen Beiträge.

Dagmar Täube, die Direktorin des Hauses, schreibt einen flotten Einleitungsbeitrag, der aber in Hinblick auf die Themen, die in den Bildern behandelt werden, nicht recht befriedigen kann. Da werden nicht nur die Begriffe »humanistisch«, »evangelisch«, »protestantisch«, »reformatorisch« und »reformiert« promiscue gebraucht; aber was sie jeweils bedeuten oder auch was »reformatorische Bewegungen« (24) sein sollen, bleibt unklar. Unverständlich ist, wie man in einem wissenschaftlichen Beitrag von »frommen Bildern der neuen protestantischen Glaubensweisheiten« (23) reden kann, und ein flapsiger Satz wie »Luther verpönte Selbstgerechtigkeit« (27) gehört hier ebenfalls nicht hin. Schließlich ist eine Bemerkung über das Buch Judith mindestens missverständlich: »Luther hatte die Begebenheit zwar nicht in seine Bibelübersetzung aufgenommen, dies geschah erst mit dem Tridentinischen Konzil 1546« (26). Richtig ist, dass das Dekret über die Vulgata vom 8. April 1546

(Denzinger 1501–1508, hier 1502) das Buch Judith unter die Apokryphen des Alten Testamentes zählt; aber der Satz erweckt den Eindruck, Luther habe nach seinem Gusto biblische Bücher für seine Übersetzung ausgesucht – mit »Apokryphen« wäre die Sache zu klären (gewesen); »das« statt »der« Zölibat ist dann fast geschenkt. *Miriam Verena Fleck* behandelt unter dem Zitattitel »Wir seind allzumal sünder« »Glaubensallegorien im Kontext von Buße und Erlösung« (92–101). Die Autorin wurde in Berlin mit einer einschlägigen Arbeit promoviert (als Buch: *Ein tröstlich gemelde. Die Glaubensallegorie »Gesetz und Gnade« in Europa zwischen Spätmittelalter und früher Neuzeit*, Korb 2010). Man wundert sich allerdings über die theologisch gesehen laienhaften Ausführungen; die meisten Aussagen sind ausgesprochen schlicht (und die Transkription von Abb. 3 fehlerhaft), in Heimo Reinitzers großem Werk *Gesetz und Evangelium* liest man derlei viel präziser. Und was soll die als »Bibel 2016« abgekürzte Einheitsübersetzung bei lutherischen Bildern? Schade – warum kann man einen solchen zentralen Beitrag nicht an einen professionellen Autor vergeben? *Miriam Mayers* insgesamt umsichtiger Beitrag »Inschriften und Signaturen« (102–113) ist leider auch nicht ganz frei von Unstimmigkeiten, »Fromme Sprüche« (103) sind keine angemessene Bezeichnung, 104 lies: »PRIMVM«, die Übersetzung von Jesaja 53 (108) wäre besser nach der Lutherbibel gegeben, auch fehlt in der Übersetzung ein Pendant zu »S.« (= seligen), und das Epitaph für Bonnus gehört nicht in eine nicht gegebene »reformierte Tradition« (110f). *Arndt Reitemeier* skizziert unter dem Titel »Unruhe, Umbruch und Unsicherheit« konzentriert und souverän und unter Berücksichtigung der politischen und gesellschaftlichen Verhältnisse für die kirchlichen und religiösen

»Die Reformation in Lübeck« (114–123). *Ruth Slenczka* räumt in »Reformation und Bild« (134–143) noch einmal mit dem Missverständnis auf, die lutherische Reformation sei bilderfeindlich gewesen. Anders war es in der Tat bei den Reformierten. Wie sie zeigt, entstand im Bereich der lutherischen Reformation eine neue kirchliche Kunst, das Thema »Gesetz und Evangelium« wurde langsam entwickelt und erreichte 1539 mit Cranachs Altar in Schneeberg monumentale Größe.

Die Qualität der Abbildungen ist ausgezeichnet. Das gilt auch und gerade für diejenigen Werke, von denen Photographien der Zustände vor und nach den erfolgten Restaurierungen gezeigt werden und deren ursprüngliche Farbigkeit dadurch wieder zum Vorschein kam.

Dieser Qualität entsprechen die Katalogbeschreibungen nur in eingeschränktem Maße. Unklar bleibt für den Leser, in welchem Maße Forschungsdebatten, d.h. v.a. Zuweisungsfragen, in die Beschreibungen eingehen sollten. Für zünftige Kunsthistoriker sind diese Fragen von Bedeutung, für die Betrachter der Bilder nicht. Wo es über kunstgeschichtliche Fragen hinausgeht, bemerkt man bei den Autorinnen häufig mangelnde Kenntnis, die zu vermeidbaren Fehlern geführt hat. Sie werden im Folgenden benannt und wo möglich korrigiert.

In Kat. Nr. 3 ist die Trennung »Melanch-thon« (174, zweimal) falsch; die Differenzen zwischen Luther und Melanchthon betrafen nicht so sehr die Elevation der Hostie als vielmehr das Verständnis der Gegenwart Jesu Christi im Abendmahl. – Nr. 4: Bugenhagen »soll« sich nach der Lektüre von *De captivitate* […] nicht zu Luther »bekannt haben«; die Lektüre dieser Schrift war entscheidend für seine Wendung zu Reformation. Die »Grabrede« Bugenhagens war dessen Leichenpredigt. Schleswig war keine

Stadt, für die Bugenhagen eine Kirchenordnung verfasste; gemeint ist die Ordnung für Schleswig-Holstein von 1542. – Zu Kat. 5 (und 4) fehlt ein Hinweis auf die grundlegende Arbeit von *Petra Savvidis*, die aber im Literaturverzeichnis zu finden ist. – In dem Text zu Kat. 10 findet sich die alberne Bemerkung, Petrarca sei als »vermeintlicher Vater der Bergsteiger sowie Begründer des Alpinismus in die Geschichte« (182) eingegangen, statt dass dessen Besteigung des Mont Ventoux und seine Schilderung erwähnt worden wäre. – Sind die Kettenglieder im »Porträt einer Dame« (Kat. 11) wirklich »herzförmig«? Eine vermeintliche Verbindung zur Lutherrose halte ich für abwegig. Und das Andachtsbuch ist jedenfalls kein reformatorisches. – Eine abwegige Vermutung wie die, das Bild (Kat. 12) zeige Luther und Katharina von Bora, muss man nicht wiederholen (184). – Warum gibt es zu der großartig konzentrierten Darstellung Christi mit dem Stifter (Kat. 13) keine Bemerkung zu dem Rahmen des Bildes? Er trägt die Inschrift »FILIE IERVSALEM NOLITE FLERE SVPER ME« (Lk 23,28) – gehört er ursprünglich zu der Tafel? – Kat. 22 trenne: »Per-spektive« (200). – In den Beschreibungen von Nr. 24 und 25 fehlt der eigentliche Pfiff: Während in der Darstellung der Trinität von 1510 Gottvater eine Tiara trägt, ist diese um 1530 durch eine Krone des Himmelskönigs ersetzt – eine grundlegende Veränderung angesichts des neuen Verständnisses in der Kirche. Eine Darstellung Gottvaters mit einer Tiara war *nach* der Reformation und ihren Einsichten über die Gestalt der Kirche unmöglich geworden. Dass der Holzschnitt aus der Schrift Adams von Fulda (Kat. 26) die Vorlage für die Darstellung auf der Hochzeitsschüssel gewesen sein soll, ist denkbar, aber nicht zwingend. – In der Beschreibung von Kat. 28 hätte die Autorin besser Jes 53 bis zum Ende lesen sollen, statt von Auferstehung zu raunen, um die es gar nicht geht. – Zu dem Antependium Kat. 31 gibt es einander widersprechende Darstellungen im Katalog und in der Ausstellung. Während die Tafel dort Kemmer abgesprochen wird, wird sie im Katalog wie selbstverständlich als sein Werk behandelt (die salvatorische Klausel im Inhaltsverzeichnis [9] hilft da nicht weiter). – Judith um 1525 mit dem Schmalkaldischen Bund in Zusammenhang zu bringen (so Kat. 36), verfängt nicht, im Gegenteil, diese Deutung dürfte »weit hergeholt« (Kat. 37, 227) sein. Auch die vermeintlich »protestantische« Deutung der Selbsttötung der Lucretia (Kat. 38) vermag nicht zu überzeugen. – In Kat. 41 ist der niederdeutsche Text falsch aufgelöst (in Kat. 40 ist derselbe Text richtig) – das hätte eine Redaktion sehen können (und müssen). – An der Beschreibung des komplexen Gothaer Bildes (Kat. 45) kann man auch keine rechte Freude haben, und von Werkgerechtigkeit ist da nichts zu sehen. – Warum zu Kat. 46 ausgerechnet ein nicht authentisches Lutherwort zitiert wird, will nicht einleuchten – dass die eherne Schlange ein Typus des Kreuzes ist, wussten alle Gebildeten der Zeit. – Kat. 48 In der Umschrift der Gebote lies: furtum (nicht: »fur tum«). – Bei Kat. 50 ist das Zitat aus 1Kor 15,57 nicht erkannt und jedenfalls nicht als solches nachgewiesen. – In Kat. 51 »reformatorische Ideen« *ante litteram* zu suchen, ist abwegig. – So flott, wie *Christoph Emmendörffer* die konfessionelle Kontroverse um das Epitaph Wittinghoff (Kat. 52) beendet, kann man das nicht machen; das in der Forschung (bisher) letzte Wort muss nicht das richtige sein, zumal bei Beachtung der Konfessionszugehörigkeit der Autoren. – In Kat. 58 sind die Bibeltexte nicht identifiziert, ebenso wenig die Predigt Bernhards von Clairvaux über »Psalm 85«. Da reicht es nicht, auf einen

Brief von 1970 in den alten Korrespondenzen des Museums zu verweisen. Bei Bernhards Predigt handelt es sich um dessen »Sermo de Annuntiatione Beatae Mariae Virginis« (Opera V, 1968, 13–16; vgl. Waltraud Timmermann, ›Streit der vier Töchter Gottes‹ [in: *Die deutsche Literatur des Mittelalters. Verfasserlexikon* 9, ²1995, 396–402 u. 11, ²2004, 1461 (auch online)]. Und wer anders als Gott selbst sollte denn die Menschen richten (»Die Richter sind keine Geringeren als Gottvater, Christus und der Hl. Geist«, 272)? – Die Titelaufnahmen der Nummern 59–63 sind z. T. abenteuerlich; in Nr. 59 ist »Phillip« falsch geschrieben (so auch in der Erläuterung); »Sermo habitus« ist nicht der Titel der Schrift, die Titelaufnahme von Nr. 61 ist ebenso missraten, und zudem fehlen die VD16-Nummern. Schließlich: Der Text auf Flötners Einblattdruck (Kat. Nr. 64) ist keine »Inschrift« (278).

Insgesamt zeugen, das hat die Durchsicht ergeben, die Beschreibungen von einer gewissen Flüchtigkeit und fortschreitender Unkenntnis von Bibel und Christentum. Ein Theologe wird freilich auch im Wissenschaftlichen Beirat vermisst. Hinreichender theologischer Sachverstand ist noch immer zu haben, man müsste ihn nur in Anspruch nehmen. Es diente jedenfalls der Sache, ließe man solche Texte künftig von sachkundigen Nicht-Kunsthistorikern lesen; die hätten gewiss einiges zu tun.

Solche Feststellungen trüben den positiven Eindruck des schön anzuschauenden Katalogs – für ein Grundlagenwerk sind in den hier besprochenen Teilen der Fehler und Versehen indes zu viele. Wir hätten aber auch künftig kenntnisreiche und wissenschaftlich zuverlässige Informationen und nicht nur schöne Bilderbücher.

Mit der Ausstellung und dem Katalog wird Hans Kemmer nunmehr eine markante, ja, wohl unübersehbare Erscheinung der Kunst der Reformationszeit bleiben. Und das ist zweifellos ein Verdienst des Unternehmens.

Kiel   Johannes Schilling

283

Lutherbibliographie 2022

Bearbeitet von Michael Beyer

Ständige Mitarbeiter

Professor Dr. Knut Alfsvåg, Stavanger (Norwegen); Professor Dr. Matthieu Arnold, Strasbourg (Frankreich); Professor Dr. Lubomír Batka, Bratislava (Slowakei); Professor em. Dr. Christoph Burger, Amsterdam (Niederlande); Professor Dr. Zoltán Csepregi, Budapest (Ungarn); Professor Dr. Jin-Seop Eom, Kyunggi-do (Südkorea); Pfarrer Dr. Luka Ilić, Ravensburg (Deutschland); Professor Dr. Pilgrim Lo, Hong Kong (China); Bibliothekarin Kaisu Leinonen Th.M., Helsinki (Finnland); Professor Dr. Ricardo W. Rieth, São Leopoldo (Brasilien); Professor Dr. Maurice E. Schild, Adelaide (Australien); Librarian Rev. Robert E. Smith, Fort Wayne, IN (USA); Historiker Gabriel Tomàs B.A., Barcelona (Spanien); Studienlektor Lars Vangslev PhD, København (Dänemark), Prof. Dr. Martin Wernisch, Praha (Tschechien) sowie Dr. Eike H. Thomsen, Leipzig (Deutschland).

Herrn Dipl.-Theol. Steffen Hoffmann (Universitätsbibliothek Leipzig); sowie Herrn Dr. Matthias Meinhardt (Leiter der Reformationsgeschichtlichen Forschungsbibliothek Wittenberg) danke ich für ihre Unterstützung herzlich.

LuB online

Die »Lutherbibliographie« wird seit 2011 zusätzlich zu ihrer gedruckten Form durch das gemeinsame Projekt »LuB online« weiterentwickelt. Daran sind beteiligt: das Institut für Kirchengeschichte, Abt. Spätmittelalter und Reformation der Theologische Fakultät an der Universität Leipzig sowie in Lutherstadt Wittenberg die Luther-Gesellschaft e. V., die Stiftung Luthergedenkstätten in Sachsen-Anhalt und die Reformationsgeschichtliche Forschungsbibliothek. »LuB online« dient seit 10 Jahren dazu, die Titelaufnahme sowie die jährliche Erarbeitung der jeweils aktuellen Bibliographie für das Lutherjahrbuch sicherzustellen. Leider kann das bisher nur in internen Arbeitsabläufen geschehen, weil sich ein »Frontend«, d.h. eine Benutzeroberfläche, die einen weltweit-öffentlichen Zugang erlaubt, noch in der Entwicklungsphase befindet. Zukünftig wird »LuB-online« neben der aktuellen Titelrecherche und Druckvorbereitung nach und nach alle jemals in der »Lutherbibliographie« veröffentlichten Titel zugänglich machen und auch neu entdecktes älteres Material nachtragen.

Korrespondenzadresse

Pfarrer im Ehrenamt Dr. Michael Beyer, Schönbach, Kirchweg 14, D-04680 Colditz; Tel. 0049-(0)34381-53676; Mobile 0049-(0)1746112191; E-Mail: michaelbeyer@t-online.de – c/o Universität Leipzig, Theologische Fakultät, Institut für Kirchengeschichte, Abt. Spätmittelalter und Reformation, Beethovenstr. 25, D-04107 Leipzig; E-Mail: mbeyer@uni-leipzig.de.

ABKÜRZUNGSVERZEICHNIS

1 Verlage und Verlagsorte

ADVA	Akademische Druck- und Verlagsanstalt	MP	Minneapolis, MN
AnA	Ann Arbor, MI	MRES	A Magyarországi Református Egyház Zsinati Irodájának Sajtóosztálya
B	Berlin	MS	Münster
BL	Basel	MZ	Mainz
BP	Budapest	NK	Neukirchen-Vluyn
BR	Bratislava	NV	Neukirchener Verlag
BThZ	Berliner theol. Zeitschrift (Berlin)	NY	New York, NY
CV	Calwer Verlag	P	Paris
DA	Darmstadt	PB	Paderborn
dtv	Deutscher Taschenbuch Verlag	Phil	Philadelphia, PA
EPV	Evangelischer Presseverband	PO	Portland, OR
EVA	Evangelische Verlagsanstalt	PR	Praha
EVW	Evangelisches Verlagswerk	PUF	Presses Universitaires de France
F	Frankfurt, Main	PWN	Pánstwowe Wydawníctwo Naukowe
FR	Freiburg im Breisgau	Q&M	Quelle & Meyer
GÖ	Göttingen	S	Stuttgart
GÜ	Gütersloh	SAV	Slovenská Akadémia Vied
GVH	Gütersloher Verlagshaus	SH	Stockholm
HD	Heidelberg	StL	Saint Louis, MO
HH	Hamburg	TÜ	Tübingen
L	Leipzig	UMI	University Microfilm International
LO	London	V&R	Vandenhoeck & Ruprecht
LVH	Lutherisches Verlagshaus	W	Wien
M	München	WB	Wissenschaftliche Buchgesellschaft
MEES	A Magyarországi Evangélikus Egyház Sajtóosztálya	WZ	Warszawa
		ZH	Zürich

2 Zeitschriften, Jahrbücher, Reihen

AG	Amt und Gemeinde (Wien)	BlPfKG	Blätter für pfälzische Kirchengeschichte und religiöse Volkskunde (Otterbach)
AGB	Archiv für Geschichte des Buchwesens (Frankfurt, Main)		
AKThG	Arbeiten zur Kirchen- und Theologiegeschichte (Leipzig)	BlWKG	Blätter für württembergische Kirchengeschichte (Stuttgart)
AKultG	Archiv für Kulturgeschichte (Münster; Köln)	BPF	Bulletin de la Societé de l'Histoire du Protestantisme Fançais (Paris)
ALW	Archiv für Liturgiewissenschaft (Regensburg)	BRGTh	Beiträge zur Reformationsgeschichte in Thüringen (Jena)
ARG	Archiv für Reformationsgeschichte (Gütersloh)	BW	Die Bibel in der Welt (Stuttgart)
		Cath	Catholica (Münster)
BEDS	Beiträge zur Erforschung der deutschen Sprache (Leipzig)	ChH	Church history (Chicago, IL)
		CJ	Concordia journal (St. Louis, MO)
BGDS	Beiträge zur Geschichte der deutschen Sprache und Literatur (Tübingen)	CThQ	Concordia theological quarterly (Fort Wayne, IN)
BiKi	Bibel und Kirche: die Zeitschrift zur Bibel in Forschung und Praxis (Stuttgart)	CTM	Currents in theology and mission (Chicago, IL)
		DLZ	Deutsche Literaturzeitung (Berlin)

DPfBl	Deutsches Pfarrerblatt (Essen)
DTTK	Dansk tidsskrift for teologi og kirke (Århus)
EÉ	Evangélikus Élet (Budapest)
EHSch	Europäische Hochschulschriften: Reihe ...
EP	Evanjelickì Posol spod Tatier (Liptovsky Mikuláš)
EvD	Die Evangelische Diaspora (Leipzig)
EvTh	Evangelische Theologie (München)
GTB	Gütersloher Taschenbücher [Siebenstern]
GuJ	Gutenberg-Jahrbuch (Mainz)
GWU	Geschichte in Wissenschaft und Unterricht (Offenburg)
HCh	Herbergen der Christenheit (Leipzig)
HThR	The Harvard theological review (Cambridge, MA)
HZ	Historische Zeitschrift (München)
IL	Igreja Luterana (Porto Alegre)
ITK	Irodalomtörténeti Közlemények (Budapest)
JBKRG	Jahrbuch für badische Kirchen- und Religionsgeschichte (Stuttgart)
JBrKG	Jahrbuch für Berlin-Brandenburgische Kirchengeschichte (Berlin)
JEH	Journal of ecclesiastical history (London)
JEKGR	Jahrbuch für Evangelische Kirchengeschichte des Rheinlandes (Bonn)
JGPrÖ	Jahrbuch für Geschichte des Protestantismus in Österreich (Wien)
JHKV	Jahrbuch der Hessischen Kirchengeschichtlichen Vereinigung (Darmstadt)
JLH	Jahrbuch für Liturgik und Hymnologie (Kassel)
JNKG	Jahrbuch der Gesellschaft für Niedersächsische Kirchengeschichte (Blomberg/Lippe)
JWKG	Jahrbuch für Westfälische Kirchengeschichte (Lengerich/Westf.)
KÅ	Kyrkohistorisk Årsskrift (Uppsala)
KD	Kerygma und Dogma (Göttingen)
KI	Keresztýen igazsag (Budapest)
KR	Křestanská revue (Praha)
LF	Listy filologické (Praha)
LiKu	Liturgie und Kultur (Hannover)
LK	Luthersk kirketidende (Oslo)
LKWML	Lutherische Kirche in der Welt (Erlangen)
LP	Lelkipásztor (Budapest)
LQ	Lutheran quarterly N. S. (Milwaukee, WI)
LStRLO	Leucorea-Studien zur Geschichte der Reformation und der Lutherischen Orthodoxie (Leipzig)
LThJ	Lutheran theological journal (Adelaide, South Australia)
LThK	Lutherische Theologie und Kirche (Oberursel)
Lu	Luther: Zeitschrift der Luther-Gesellschaft (Göttingen)
LuB	Lutherbibliographie (in LuJ)
LuBu	Luther-Bulletin (Amsterdam)
LuJ	Lutherjahrbuch (Göttingen)
MD	Materialdienst des Konfessionskundlichen Institutes (Bensheim)
MDEZW	Materialdienst der Evangelischen Zentralstelle für Weltanschauungsfragen (Berlin)
NAKG	Nederlands archief voor kerkgeschiedenis (Leiden)
NTT	Norsk teologisk tidsskrift (Oslo)
NZSTh	Neue Zeitschrift für systematische Theologie und Religionsphilosophie (Berlin)
PBl	Pastoralblätter (Stuttgart)
PL	Positions luthériennes (Paris)
Pro	Protestantesimo (Roma)
PTh	Pastoraltheologie (Göttingen)
QFIAB	Quellen und Forschungen aus italienischen Archiven und Bibliotheken (Berlin)
QFRG	Quellen und Forschungen zur Reformationsgeschichte (Gütersloh)
QFSG	Quellen und Forschungen zur sächsischen Geschichte (Leipzig)
QFTZR	Quellen und Forschungen zu Thüringen im Zeitalter der Reformation (Köln)
RE	Református Egyház (Budapest)
RHE	Revue d'histoire ecclésiastique (Louvain)
RHEF	Revue d'histoire de l'Eglise de France (Tornhout)
RHPhR	Revue d'histoire et de philosophie religieuses (Strasbourg)
RNCRC	Reformation notes: news for Partners of the Richard C. Kessler Reformation Collection (Atlanta, GA)
RoJKG	Rottenburger Jahrbuch für Kirchengeschichte (Sigmaringen)
RSz	Református szemle (Kolozsvár, RO)
RuYu	Ru-tu yun-ku (Syngal bei Seoul)
RW	Rondom het woord (Hilversum)
SCJ	The sixteenth century journal (Kirksville, MO)

3 Umfang der Ausführungen über Luther

L"	Luther wird wiederholt gestreift.
L 2-7	Luther wird auf diesen Seiten ausführlich behandelt.
L 2-7+"	Luther wird auf diesen Seiten ausführlich behandelt und sonst wiederholt gestreift.
L*	Die Arbeit konnte nicht eingesehen werden.

SAMMELSCHRIFTEN

01 **Bild – Geschlecht – Rezeption:** Katharina von Bora und Martin Luther im Spiegel der Jahrhunderte/ hrsg. von Carlotta Schneider; Camilla Schneider. Druckausgabe und Internetressource. L: EVA, 2021. 281 S.: Ill. – Siehe Nr. 46. 48. 50. 95 f.

02 **Bücherwelten der Reformation:** die Bibliothek des Fürsten Georg III. von Anhalt; eine wissenschaftliche Konferenz; Tagungsband/ hrsg. vom Stadtarchiv Dessau-Roßlau; Redaktion: Frank Kreißler; Martine Kreißler. Dessau-Roßlau: Stadtarchiv, 2019. 218 S.: Ill., Faks. (Veröffentlichungen des Stadtarchivs Dessau-Roßlau; 25) (Mitteilungen des Vereins für Anhaltische Landeskunde: Sonderbd.) – Siehe Nr. 3. 10 f. 15 f. 204. 317. 324. 363. 537.

03 **Cajetan und Luther:** Rekonstruktion einer Begegnung/ hrsg. von Michael Basse; Marcel Nieden. Druckausgabe und Online-Ressource. TÜ: Mohr Siebeck, 2021. XIV,

336 S. (Spätmittelalter, Humanismus, Reformation; 124) – Siehe Nr. 74. 85 f. 89. 120. 138. 157. 165. 353. 355. 357. 361 f. 375.

04 **Christlicher Antisemitismus im 20. Jahrhundert:** der Tübinger Theologe und »Judenforscher« Gerhard Kittel/ hrsg. von Manfred Gailus; Clemens Vollnhals. Druckausgabe und Online-Ressource. GÖ: V&R unipress, 2020. 276 S. (Hannah-Arendt-Institut für Totalitarismusforschung: Berichte und Studien; 79) – Siehe Nr. 402. 598.

05 **Die »Confessio Augustana« im ökumenischen Gespräch/** hrsg. von Günter Frank; Volker Leppin; Tobias Licht. Druckausgabe und Internetressource (PDF, EPUB). B; Boston, MA: De Gruyter, 2022. XXXII, 452 S. – Siehe Nr. 112. 119. 126–128. 131–137. 161. 312. 352. 376. 398. 469. 480. 486. 570. 584. 589. 606. 615.

06 **Die Dorfkirche in Sachsen:** Geschichte und Gegenwart einer lebendigen Institution/

hrsg. im Auftrag der Heimvolkshochschule Kohren-Sahlis von Dirk Michael Mütze. L: Eudora, 2021. 141 S.: Ill., Kt. (Kohrener Schriften; 5) – Siehe Nr. 5. 123. 130.

07 **Erinnern und Vergessen – remembering and forgetting:** Essays über zwei theologische Grundvollzüge; Festschrift für Hans-Martin Kirn/ hrsg. von Markus Matthias, Riemer Roukema; Gert van Klinken. L: EVA, 2020. 215 S.: Ill. – Siehe Nr. 163. 225.

08 **Die Evangelische Kirche in Mitteldeutschland:** Schlaglichter der Kirchengeschichte vom frühen Mittelalter bis heute/ hrsg. von Axel Noack; Thomas A. Seidel. Druckausgabe und Online-Ressource. L: Wartburg [Medienhaus]; Weimar: Wartburg, 2021. 223 S.: Ill., Kt. – Siehe Nr. 57. 75. 298. 436. 524.

09 **Frühneuzeitliches Luthertum:** interdisziplinäre Studien/ hrsg. von Sascha Salatowsky; Joar Haga; unter Mitarb. von Jan-Luca Albrecht. Druckausgabe und Online-Ressource. S: Steiner, 2022. 337 S.: Ill., Noten. (Gothaer Forschungen zur Frühen Neuzeit; 20) – Siehe Nr. 501. 511. 532. 536. 556. 561.

010 **Gelebte Reformation:** Zürich 1500–1800/ unter Mitarb. von Wolfram Schneider-Lestin hrsg. von Francisca Loetz. ZH: Theol. Verlag Zürich, 2022. 541 S.: Ill. – Siehe Nr. 8. 212. 391. 394f. 399.

011 **Der »Gott der Gottesgelehrten«:** zum 375. Todesjahr des Matthias Hoë von Hoënegg (1580–1645)/ hrsg. von Tilman Pfuch; Eike Hinrich Thomsen; Johannes Träger. Druckausgabe und Online-Ressource. L: EVA, 2022. 183 S.: Ill. (HCh: Sonderbd.; 29) – Siehe Nr. 507. 510. 530. 544.

012 **Handbuch Frieden im Europa der Frühen Neuzeit = Handbook of peace in early modern Europe/** hrsg. von Irene Dingel …; Redaktion: Volker Arnke. B; Boston, MA: De Gruyter, 2021. XLVII, 1083 S. – Siehe Nr. 174. 176. 472. 519. 546.

013 **Hier stehe ich:** Gewissen und Protest – 1521 bis 2021; Begleitband zur Landesausstellung 3. Juli bis 30. Dezember 2021/ hrsg. im Auftrag des Museums der Stadt Worms im Andreasstift von Thomas Kaufmann; Katharina Kunter. Worms: Worms Verlag, 2021. 519 S.: Ill., Kt. – Siehe Nr. 49. 79. 181. 213. 302f. 313. 356. 360. 428f. 437. 497. 569. 580. 593.

014 **»Hilaria evangelica«:** das Reformationsjubiläum von 1717 in Europa; Beiträge

zur digitalen Ausstellung. Internetressource. Gotha: Universität Erfurt, Forschungsbibliothek Gotha, 2021. – <https://www.db-thueringen.de/receive/dbt_mods_00048268>. – Siehe Nr. 481. 509. 513. 517. 528. 531. 534. 542f. 548. 551. 553. 555.

015 **Kirchengeschichte – historisches Spezialgebiet und/oder theologische Disziplin/** hrsg. von Claudia Kampmann; Ulrich Volp; Martin Wallraff; Julia Winnebeck. Druckausgabe und Internetressource. L: EVA, 2020. 472 S. (Theologie, Kultur, Hermeneutik; 28) – Siehe Nr. 421. 583. 592.

016 **Krakau – Nürnberg – Prag, Stadt und Reformation:** Krakau, Nürnberg und Prag (1500–1618) = **Kraków – Norymberga – Praga, miasto i reformacja/** hrsg. von Michael Diefenbacher; Olga Fejtová; Zdisław Noga. PR: Archiv hlavního města Prahy; Červený Kostelec: Pavel Mervart, 2019. 419 S.: Ill. (Documenta Pragensia: monographia; 33/2) – Siehe Nr. 455f.

017 **Landeskirche ohne Landesherrn:** Neuanfänge und Kontinuitäten der evangelischen Kirchen in der Zeit der Weimarer Republik/ hrsg. von Christopher Spehr. L: EVA, 2021. 382 S.: Ill. (HCh: Sonderbd.; 27) – Siehe Nr. 594. 596.

018 **Le langage et la foi dans l'Europe des Réformes: XVIᵉ siècle/** hrsg. von Julien Ferrant; Tiphaine Guillabert-Madinier. P: Classiques Garnier, 2019. 355 S.: Ill. (Rencontres; 410) – Siehe Nr. 196. 448.

019 **Luther – zeitgenössisch, historisch, kontrovers/** hrsg. von Richard Faber; Uwe Puschner. Druckausgabe und Internetressource. F; Bern; W: Peter Lang Edition, 2017. 770 S.: Ill. (Zivilisationen & Geschichte; 50) – Siehe Nr. 47. 76. 162. 171. 173. 175. 201. 211. 268. 274. 290f. 381f. 401. 407. 418f. 454. 477f. 495. 499. 568. 579. 582. 585f. 588. 590. 617. 619.

020 **Die lutherischen Duale:** Gesetz und Evangelium, Glaube und Werke, Alter und Neuer Bund, Verheißung und Erfüllung/ im Auftrag der Vereinigten Evang.-Luth. Kirche Deutschlands (VELKD) hrsg. von Christine Axt-Piscalar; Andreas Ohlemacher. Druckausgabe und Online-Ressource. L: EVA, 2021. 255 S. – Siehe Nr. 155. 160. 186f. 198. 231.

021 **Lutherjahrbuch:** Organ der internationalen Lutherforschung/ im Auftrag der Luther-Gesellschaft hrsg. von Christopher Spehr. 88. Jahrgang. GÖ: V&R, 2021. 384 S. – Siehe Nr. 40. 70. 104. 109. 151. 197. 285. 539. 624. 626.

022 **Marktkirchen-Bibliothek Goslar:** Beiträge zur Erforschung der reformationszeitlichen Sammlung/ hrsg. von Helmut Liersch in Zsarb. mit Ulrich Bubenheimer; mit Beiträgen von Harald Bollbuck ... Regensburg: Schnell & Steiner, 2017. 303 S.: Ill. – Siehe Nr. 1. 12. 14. 379. 385.

023 **Martin Luther auf dem Reichstag zu Worms:** Ereignis und Rezeption/ hrsg. von Markus Wriedt; Werner Zager unter Mitw. von Raphael Zager. Druckausgabe und Internetressource. L: EVA, 2022. 292 S.: Ill. – Siehe Nr. 84. 93. 156. 314. 409. 482. 493. 500. 574.

024 **The medieval Luther/** hrsg. von Christine Helmer. Druckausgabe und Internetressource. TÜ: Mohr Siebeck, 2020. X, 301 S. (Spätmittelalter, Humanismus, Reformation; 117) – Siehe: https://nrw.digibib.net/search/hbzvk/record/(DE-605)HT020883119. – Siehe Nr. 116. 141. 146. 1487f. 152. 158. 276–278. 282. 284. 287. 289. 623.

025 **Nahaufnahmen:** landesgeschichtliche Miniaturen für Enno Bünz zum 60. Geburtstag/ hrsg. von Alexander Sembdner; Christoph Volkmar. L: Leipziger Universitätsverlag, 2021. 799 S.: Portr., Ill., Stammtaf., Faks. (Schriften zur sächsischen Geschichte und Volkskunde; 67) – Siehe Nr. 83. 359. 527. 547. 627.

026 **Das Neue Testament jüdisch erklärt:** Lutherübersetzung (Jewish annotated New Testament <dt.>)/ hrsg. von Wolfgang Kraus; Michael Tilly; Axel Töllner; übers. von Monika Müller; Jan Raithel. S: Deutsche Bibelgesellschaft, 2021. XXXVIII, 912 S.: Ill. – Siehe Nr. 37. 403. 581.

027 **Produire et vendre des livres religieux:** Europe occidentale, fin XVe-fin XVIIe siècle/ hrsg. von Philippe Martin. Lyon: Presses Universitaires de Lyon, 2022. 218 S.: Ill., Kt. (Faits de religion; 7) – Siehe Nr. 253. 292. 459.

028 **Reformatio et memoria:** protestantische Erinnerungsräume und Erinnerungsstrategien in der Frühen Neuzeit/ hrsg. von

Christopher Spehr; Siegrid Westphal; Kathrin Paasch. Druckausgabe und Online-Ressource. GÖ: V&R, 2021. 536 S.: Ill. (Refo500 academic studies; 75) – Siehe Nr. 2. 24. 53. 55. 169. 254. 318. 491f. 502. 508. 512. 518. 520. 529. 533. 550.

029 **Reformation als Transformation?:** interdisziplinäre Zugänge zum Transformationsparadigma als historiographischer Beschreibungskategorie/ hrsg. von Volker Leppin; Stefan Michels. Druckausgabe und Online-Ressource. TÜ: Mohr Siebeck, 2022. VIII, 285 S.: Ill. (Spätmittelalter, Humanismus, Reformation; 126) – Siehe Nr. 166. 228. 233. 264. 288. 297. 299. 304. 426. 525.

030 **Reformation und Ökumene/** mit Beiträgen von Johannes Friedrich ... MS: Aschendorff, 2017. 112 S.: Ill. (Theologie und Glaube; 107 [2017], Heft 1) – Siehe Nr. 423. 425. 587. 597. 621.

031 **Die Reformation zwischen Revolution und Renaissance:** Reflexionen zum Reformationsjubiläum/ hrsg. von Wolfgang Behringer. B: LIT, 2019. 350 S.: Ill. (Kulturelle Grundlagen Europas; 6) – Siehe Nr. 258. 262f. 293f. 301. 392. 422. 430. 451. 490. 494. 515. 601. 607. 622.

032 Scheible, Heinz: **Nachlese zu Melanchthon.** Neulingen: J. S. Klotz, 2022. 278 S.: Ill. – Siehe Nr. 325–351.

033 Schneider, Hans: **Gesammelte Aufsätze II:** Martin Luther und sein Orden/ hrsg. von Wolfgang Breul; Lothar Vogel. L: EVA, 2022. 697 S.: Ill., Kt. (AKThG; 56) – Siehe Nr. 18–23. 88. 90f. 309. 364–372. 442.

034 **Schriftbindung evangelischer Theologie:** Theorieelemente aus interdisziplinären Gesprächen/ hrsg. von Friedrich-Emanuel Focken; Frederike van Oorschot; mit Beiträgen von Clarissa Breu ... Druckausgabe und Online-Ressource. L: EVA, 2020. 462 S. (Forum ThLZ; 37) – Siehe Nr. 121. 191. 193f. 214f. 223. 237. 471. 489.

035 **Schwedische Buchgeschichte:** Zeitalter der Reformation und Konfessionalisierung/ hrsg. von Otfried Czaika; Wolfgang Undorf. Druckausgabe und Online-Ressource. GÖ: V&R, 2021. 253 S.: Ill. (Refo500 academic studies; 76) – Siehe Nr. 452. 458. 461. 468. 487. 498.

036 **Sola Scriptura 1517–2017:** Rekonstruktionen – Kritiken – Transformationen – Performanzen/ hrsg. von Stefan Alkier unter Mitarb. von Dominic Blauth; Max Botner. Druckausgabe und Online-Ressource. TÜ: Mohr Siebeck, 2019. XX, 583 S.: Ill. (Colloquia historica et theologica; 7) – Siehe Nr. 179f. 183f. 188. 190. 195. 205. 210. 217–221. 226. 230. 234. 240. 245. 247. 252. 283. 485. 503. 541. 576.

037 Die »Tischreden« Martin Luthers: Tendenzen und Perspektiven der Forschung/ hrsg. von Ingo Klitzsch. GÜ: GVH, 2021. 248 S.: Ill. (SVRG; 220) – Siehe Nr. 6. 82. 94. 185. 202. 248. 275. 281. 286. 562. 578.

038 Tracing the Jerusalem code. Bd. 2: The chosen people Christian cultures in early modern Scandinavia (1536–ca. 1750)/ hrsg. von Eivor Andersen Oftestad; Joar Haga. Druckausgabe und Internetressource. B;

Boston, MA: De Gruyter, 2021. XX, 506 S.: Ill. – Siehe: <https://www.degruyter.com/document/doi/10.1515/9783110639452/html>. – Siehe Nr. 170. 216. 305. 404. 435. 449f. 453. 462f. 475. 526. 535. 540. 554.

039 Wallmann, Johannes: Die Evangelische Gemeinde Theresienstadt: zum Umgang der evangelischen Kirche mit ihrer Geschichte. Druckausgabe und Internetressource. L: EVA, 2019. 311 S. – Siehe Nr. 410–414.

040 Worms 1521 – Gewissen und Glaube in reformatorischer Perspektive: Festschrift für Dr. Traudel Himmighöfer/ hrsg. von Wolfgang Breul; Thomas Hahn-Bruckart; Traudel Himmighöfer. Speyer: Verlagshaus Speyer, 2021. 141 S.: Ill. (BlPfKG; 88 [2020], 217–357) (Ebernburg-Hefte; 55 [2021]) – Siehe Nr. 72. 159. 167. 408.

A QUELLEN

1 Quellenkunde

1 Das älteste Bücherverzeichnis (Inventarium) der Marktkirchen-Bibliothek Goslar aus dem Jahr 1559: kommentierte Edition/ von Ulrich Bubenheimer; Helmut Liersch. In: 022, 56–131: Ill.

2 Blaha, Dagmar: »Es sind tote Papiere ...«: das Ernestinische Gesamtarchiv. In: 028, 157–170.

3 Erb, Andreas: Schlossgewölbe, Estrich, Schmuckschuber: die Lutherhandschriftensammlung der Abteilung Dessau des Landesarchivs Sachsen-Anhalt. In: 02, 91–104.

4 Der erste Sammeldruck lateinischer Luther-Schriften von 1518 mit Notizen von Luthers Ordensbruder Johannes Lang in der Pitts Theology Library in Atlanta/ beschrieben von Ulrich Bubenheimer. – Siehe: <https://www.researchgate.net/publication/338216035_Der_erste_Sammeldruck_lateinischer_Luther-Schriften_von_1518_mit_Notizen_von_Luthers_Ordensbruder_Johannes_Lang_in_der_Pitts_Theology_Library_in_Atlanta>.

5 Fuchs, Thomas: Der Pfarrer und seine Bücher: sächsische Kirchenbibliotheken in der Frühen Neuzeit. In: 06, 99–110: Ill.

6 Gehrt, Daniel: Martin Luthers Tischreden

in studentischen Sammlungen und »Alba amicorum«. In: 037, 38–66.

7 Häfner, Yvonne: Einblicke in Zürichs Bibliothekswesen und Gelehrtenkultur in der Frühen Neuzeit. Zw 47 (2020), 133–161. L 142.

8 Head, Randolph C.: Wie Archivüberlieferung Reformationsgeschichte prägt: das Beispiel Briefkorrespondenzen. In: 010, 433–443: Ill.

9 Klitzsch, Ingo: Luthers »Tischreden« – Konturen eines Perspektivwechsels. Lu 93 (2022), 19–28.

10 Koch, Ernst: Sigismund Reichenbachs Nachschrift von Martin Luthers Vorlesung über den Römerbrief 1515/1516 sowie weitere Nachschriften akademischer Bibelauslegungen in der Anhaltischen Landesbücherei Dessau. In: 02, 59–71: Faks.

11 Kreißler, Martine: Die Fürst-Georg-Bibliothek: Aspekte ihrer Sammlungs-, Bestands- und Verlustgeschichte. In: 02, 9–34: Ill.

12 Lähnemann, Henrike: Das Erfurter »Enchiridion« in der Goslarer Marktkirchen-Bibliothek. In: 022, 232–244: Ill.

13 Lazcano, Rafael: Lutero en España: los índices de libros prohibidos del siglo XVI (Luther in Spanien: die Verzeichnisse der verbotenen Bücher des 16. Jahrhunderts).

Analecta Augustiniana 80 (Roma 2017), 73–107.

14 Liersch, Helmut: **Zur Geschichte der Marktkirchen-Bibliothek Goslar:** Etappen ihrer Wahrnehmung und Erforschung seit dem Beginn des 19. Jahrhunderts bis zur Entdeckung der Provenienz Gronewalt. In: 022, 17–55: Ill.

15 Nickel, Holger: **Papierene Gefährten:** Georgs Bücher. In: 02, 35–52: Ill.

16 Rohleder, Michael: **Der Catalogus librorum des fürstl. Anhalt: Gesambt-Archivs und andere Quellen zur Bestandsgeschichte der Fürst-Georg-Bibliothek.** In: 02, 53–58: Faks.

17 Schlingmann, Tobias: **Hispanica Guelpherbytana:** spanisch-deutscher Kulturtransfer im Siglo de Oro. Druckausgabe und Internetressource. Osnabrück, 2019. 358 S.: Ill. – Osnabrück, Univ., Fachbereich Sprach- und Literaturwissenschaft, phil. Diss., 2019.

18 Schneider, Hans: **Die Bibliothek einer Terminei im frühen 16. Jahrhundert.** (2015). In: 033, 671–682.

19 Schneider, Hans: **Die Echtheitsfrage des**

Breve Leos X. vom 3. Februar 1518 an Gabriele delle Volta: ein Beitrag zum Lutherprozess. (1997). In: 033, 339–371.

20 Schneider, Hans: **Die geschwärzte Stelle in Luthers Acta Augustana:** Zensur oder Selbstkorrektur? (2013). In: 033, 451–461: Ill.

21 Schneider, Hans: **Neue Quellen zum Konflikt in der deutschen Reformkongregation der Augustinereremiten zu Beginn des 16. Jahrhunderts.** (2008). In: 033, 271–296: Ill.

22 Schneider, Hans: **Zur Herkunft einer Vorlage für Luthers Edition der Theologia deutsch.** (2008). In: 033, 299–313: Ill.

23 Schneider, Hans: **Zwei Briefe über die Situation in Wittenberg 1522 und 1523 im Register des Ordensgenerals der Augustinereremiten.** (2016). In: 033, 509–528.

24 Spehr, Christopher: **Die Lutherausgaben des 16. bis 18. Jahrhunderts:** Initiierung, Programmatik und Memoria. In: 028, 315–363: Ill.

25 Stegmann, Andreas: **Quellen zur Flucht der brandenburgischen Kurfürstin Elisabeth im Jahr 1528.** JBrKG 73 (2021), 83–91.

2 Wissenschaftliche Ausgaben und Übersetzungen der Werke Luthers sowie der biographischen Quellen

26 [Luther, Martin; Melanchthon, Philipp]: **Schmalkaldeni cikkek. Értekezés a pápa hatalmárólés elsőbbségéről. Kis káté. Nagy káté** (*Die Schmalkaldischen Artikel. De potestate et primatu papae tractatus* [Melanchthon]. *Der Große [Deutsch] Katechismus. Der Kleine Katechismus ...* <ungar.>)/ mit einer Einl. von András Reuss. BP: Luther, 2019. 412 S. (Konkordiakönyv A. Magyarországi Evangélikus Egyház hitvallási iratai; 4)

27 [Luther, Martin] Lutero, Martín: **Una Epístola sobre la traducción y la intersección de los santos** (*Ein Sendbrief vom Dolmetschen und Fürbitte der Heiligen* <span.>)/ eingel., übers. und komm. von Arturo Parada Diéguez. Madrid: Escolar y Mayo, 2017. 118 S. (Babélica – Pensamiento y traducción)

28 [Luther, Martin] Luter, Martí: **Comentari a la Carta als hebreus** (*Vorlesung über den*

Hebräerbrief <katalan.>)/ hrsg. von Josep Castanyé; Jordi Cervera i Valls. Barcelona: Associació Bíblica de Catalunya, 2021. 198 S. (CPL libri; 47)

29 **Das Neue Testament Deutsch** (*Dezembertestament*, 1522)/ hrsg. von Thomas Kaufmann. B: Verlag der Weltreligionen, 2022. 855 S.: Ill.

30 **Das Newe Testament deutzsch:** Septembertestament. Faksimile-Ausgabe: das Neue Testament, wie es Martin Luther 1522 auf der Wartburg übersetzt hat. Nachdruck der im Besitz der Universitäts- und Landesbibliothek Halle/Saale befindlichen Originalausgabe/ mit Holzschnitten aus der Werkstatt von Lukas Cranach d. Ä.; Geleitwort: Thomas A. Seidel. S: Deutsche Bibelgesellschaft, 2021. CVII, LXXVII Bl. Faks. [368, 6 S. 51 unpag. S.: Ill.].

3 Volkstümliche Ausgaben und Übersetzungen der Werke Luthers sowie der biographischen Quellen

a) Auswahl aus dem Gesamtwerk

31 **Evangelický zpěvník** (Das evang. Gesangbuch [mit Liedern und Gebeten Luthers]). PR: Českobratrská církev evangelická, 2021. 1178 S.

32 **Geschichte der Diakonie in Quellen – von den biblischen Ursprüngen bis zum 18. Jahrhundert**/ hrsg. von Gerhard K. Schäfer; Wolfgang Maaser; Geleitwort: Ulrich Lilie. Druckausgabe und Online-Ressource. GÖ: V&R, 2020. XIV, 854 S.

33 [Luther, Martin] Lutero, Martín: **Las 95 tesis y Las buenas obras** (*Disputatio pro declaratione virtutis indulgentiarum* und *Von den guten Werken* <span.>). Madrid: Verbum, 2021. 250 S. (Ensayo; 1)

b) Einzelschriften und Teile von ihnen

34 **Das Alltagsbrevier:** mit Worten der Lutherbibel durch die Woche/ zsgest. von Eberhard Harbsmeier; Vorwort: Gothart Magaard; Elof Westergaard. Weimar: Wartburg, 2022. 555 S.

35 Luther, Martin: **Ave Maria** (*Betbüchein: Ave Maria* <neuhochdt.>)/ Teilübers. aus dem Frühneuhochdt. von Michael Beyer. In: Der Marienaltar in der Frauenkirche in Grimma/ hrsg. vom Ev.-Luth. Kirchspiel Muldental; Satz und Layout: Burga Marx; redaktionelle Beratung: Michael Beyer; Beiträge von Torsten Merkel, Martin Luther; Susanne Kimmig-Völkner; May Schoder. Krumbach: Online-Druck, 2021, 8f.

36 Kaulfürst, Fabian: **Das Zossener niedersorbisch/wendische Taufgebet von 1543** (Luther, Martin: *Das Taufbüchlein verdeutscht, aufs neu zugerichtet* [Auszug] <frühneuhochdt.-niedersorbisch/wendisch>). JBrKG 73 (2021), 120–125: Faks.

37 **Das Neue Testament** [Text in: Das Neue Testament jüdisch erklärt]. In: 026, 3–618: Infoboxen.

4 Ausstellungen, Bilder, Bildbiographien, Denkmäler, Lutherstätten

38 Adams, Richard Manly, Jr.: **500 years of Martin Luther's bible.** RNCRC 57 (2022) summer 1f: Ill.

39 Adams, Richard Manly, Jr.: **Coloring the Kessler Collection.** RNCRC 57 (2022) summer 3: Ill.

40 Ahuis, Ferdinand: **Zu Luthers Sterbehaus.** LuJ 88 (2021), 286–294.

41 **Annotierter Bestandskatalog der reformationsgeschichtlichen Münz- und Medaillensammlung der Stiftung Luthergedenkstätten in Sachsen Anhalt**/ bearb. von Klaus-Peter Brozatus im Auftrag der Stiftung Luthergedenkstätten in Sachsen-Anhalt; Vorwort von Stefan Rhein. 2 Teilbde. Osnabrück: Numismatischer Verlag Künker, 2015. 709 S.: Ill.; S. 716–1275: Ill. (Reformatio in Nummis; 1/1–2) [Ausführliches Inhaltsverzeichnis: <https://d-nb. info/1063366356/04>]

42 **Freundeskreis der Luthermuseen**/ Kontakt: Freundeskreis der Stiftung Luthergedenkstätten e. V.; Sigrid Bias Engels; Jutta Fischer. Flyer. [Lutherstadt Wittenberg] s. a. 1 Faltbl.: Ill.

43 **Der gefälschte Luther:** Täuschung im Buchhandel der Reformationszeit; Kabinettausstellung; Reformationsgeschichtliche Forschungsbibliothek Wittenberg, 17. September 2021 bis 22. Dezember 2021. Flyer und Online-Ressource. s. a. [2021]. – Siehe: https://www.rfb-wittenberg.de/sites/ default/files/medien/161/dokumente/ Flyer_Der gefälschte Luther.pdf.

44 **Conscience and protest – 1521 to 2021:** Worms state exhibition texts Here I stand – conscience and protest – 1521 to 2021 (*Gewissen und Protest – 1521–2021:* die Texte der Wormser Landesausstellung »Hier stehe ich. Gewissen und Protest – 1521 bis 2021« vom 3. Juli bis 30. Dezember 2021 <engl.>)/ hrsg. von Volker Gallé im Auftrag

des Museums der Stadt Worms im Andreasstift. Worms: Worms Verlag, 2021. 124 S.: Ill. [Siehe LuB 2021 Nr. 26]

45 Goecke-Seischab, Margarete Luise; Harz, Frieder: **Der Kirchen-Atlas:** Räume entdecken, Stile erkennen, Symbole und Bilder verstehen; mit Reise-Tipps. Sonderausgabe der Ausgabe M, 2008. M: Anaconda, 2021. 368 S.: Ill.

46 Grochowina, Nicole: »**Kaiser und Kaiserin**«?: Bilder von Martin Luther und Katharina von Bora im 17. Jahrhundert. In: 01, 64–113: Ill.

47 Hacke, Daniela: **Luthers Image:** Wittenberg und die visuelle Propaganda der Reformationszeit. In: 019, 155–180.

48 Höpflinger, Anna-Katharina: »**Euch beyden zu verdamnis**«: Katharina von Bora und Martin Luther in ausgewählten Darstellungen des 16. Jahrhunderts. In: 01, 22–63: Ill.

49 **Katalogteil** [Hier stehe ich]. In: 013, 29–260. L".

50 Keßler, Martin: **Von weiblicher Schönheit im Auge männlicher Betrachter:** das Bild Katharina von Boras im 18. Jahrhundert. In: 01, 113–183: Ill.

51 **Lutherstätten in Mitteldeutschland:** Erweiterungsantrag zum Weltkulturerbe »Luthergedenkstätten in Eisleben und Wittenberg«/ Redaktion: Jasmin Badr; Benjamin Hasselhorn; Ulrike Laible; Stefan Rhein; Beiträge von Jasmin Badr …; Projektsteuerung: ProDenkmal, Bamberg – Berlin. B: Heilmeyer und Sernau [2016]. 456 S.: Ill.

52 Müller, Jörg: **Freundeskreis der Stiftung Luthergedenkstätten sucht Mitglieder.** Mitteldeutsche Zeitung (2022) vom 11. Mai. – Siehe: https://www.mz.de/lokal/eisleben/freundeskreis-der-stiftung-luthergedenkstatten-sucht-mitglieder-337 6908?reduced=true.

53 Müller, Matthias: **Bildliche Memoria als räumliche Disposition:** Bildorte und Bildräume konfessioneller Erinnerung im frühneuzeitlichen Fürstenstaat. In: 028, 243–286: Ill.

54 **Pest:** eine Seuche verändert die Welt; Sonderausstellung im Augusteum Wittenberg. Flyer mit QR Code zur Ausstellung und den Standorten der Stiftung Luthergedenkstätten. Wittenberg: Stiftung Luthergedenkstätten in Sachsen-Anhalt, [2021]. 1 Faltbl.: Ill. – Siehe: https://www.martinluther.de/de/pest-eine-seuche-veraendert-die-welt.

55 Rhein, Stefan: »**Luthers Nazareth**«: der Erinnerungsort Mansfeld. In: 028, 287–313: Ill.

56 Schneider, Hans: **Das älteste Luther-Porträt in Bologna?** Lu 92 (2021), 181–196: Ill.

57 Schröter, Marianne: **Stätten der Reformation im Gebiet der EKM.** In: 08, 56–62: Ill.

58 Schulze, Maria: **Lutheraltarbilder:** kunsthistorische, kirchenhistorische und theologische Betrachtungen zu evangelischen Altären mit Darstellungen Martin Luthers im 16. Jahrhundert. Internetressource. Halle, 2016. 338 S. – Siehe: https://opendata.uni-halle.de/handle/1981185920/36754 – Siehe: Halle-Wittenberg, Martin-Luther-Universität, theol. Diss. 2016.

59 Stade, Heinz; Seidel, Thomas A.: **Lu teo ui bal ja chwi leul tta la ga neun yeo haeng** (Unterwegs zu Luther: eine Reise durch 50 Lutherorte <korean.>)/ übers. von Jin gwon Bag. Weimar; Eisenach: Wartburg, 2017. 350 S.: Ill. – Siehe: https://www.luther-stiftung.org/fileadmin/_processed_/8/c/csm_Unterwegs_Koreanisch_db68e670e0.jpg.

60 **Von Altenhain bis Zschirla:** Kirchen, sakrale Schätze und christliches Leben im Kirchspiel Muldental/ hrsg. vom Ev.-Luth. Kirchspiel Muldental; Torsten Merkel; Lektorat: Bettine Reichelt; Michael Beyer; Satz/Layout: Burga Marx; unter Mitw. von Anja Altner … Dresden: SAXOPRINT, ©2021. 116 S.: Ill., Kt. – Siehe unten Nr. 122.

61 Wennemuth, Udo: »**Aus der Trennung heraus!**«: 200 Jahre Evangelische Landeskirche in Baden; Ausstellung im Generallandesarchiv Karlsruhe, 19. Mai – 7. November 2021. JBKRG 15 (2021), 305–337. L".

62 Wulf, Imke: **Protestantische Gemäldeepitaphien im Raum Wittenberg und angrenzenden Territorien:** zur Entwicklung und Funktion des Gemäldeepitaphs vom Beginn der lutherischen Reformation bis zur Veröffentlichung des Konkordienbuches 1517–1580. Petersberg: Imhof, [2016]. 335 S.: Ill. (Studien zur internationalen Architektur- und Kunstgeschichte; 145) – Zugl.: B, Freie Univ., Diss. 2011.

1 Biographische Darstellungen

a) Das gesamte Leben Luthers

63 Gelonch, Antoni: **Luter: buscant la veritat,** va canviar la història (Luther: auf der Suche nach der Wahrheit, veränderte Geschichte [<katalan.>]). Barcelona: Viena; 2018. 347 S.: Ill.

64 Bohnert, Daniel; Wriedt, Markus: **Theologiae alumni Vitebergenses (TAV):** die graduierten Absolventen der Wittenberger Theologischen Fakultät (1502–1648). Druckausgabe und Online-Ressource. L: EVA, 2020. 1157 S. L 181–185+". (LStRLO; 38)

65 Castanyé Subirana, Josep: **Martí Luter, monjo i reformador** (Martin Luther, Mönch und Reformator <katalan.>). Barcelona: Centre de Pastoral Litúrgica 2017. 145 S. (Colecció Emaús; 143)

66 Castanyé Subirana, Josep: **Martín Lutero, monje y reformador** (Martin Luther, Mönch und Reformator <span.>). Barcelona: Centre de Pastoral Litúrgica 2018. 152 S. (Emaús; 143)

67 Kaiser, Thomas O. H.: **»Hier stehe ich ...«:** über Martin Luther; eine persönliche Annäherung an den Reformator. Druckausgabe und Online-Ressource. Norderstedt: BoD – Books on Demand, 2022. 496 S.: Ill.

68 Kaufmann, Thomas: **Die Druckmacher:** wie die Generation Luther die erste Medienrevolution entfesselte. M: C.H. Beck, 2022. 350 S.: Ill., Kt.

69 Kaufmann, Thomas: **Martin Luther.** Originalausgabe. 5. Aufl. M: Beck, 2017. 128 S.: Ill., Kt. (Beck'sche Reihe; 2388: C. H. Beck Wissen)

70 Rieger, Reinhold: **Der biographische Luther:** Stationen der Geschichte biographischer Luther-Konstruktionen. LuJ 88 (2021), 220–285.

b) Einzelne Lebenphasen und Lebensdaten

71 Bergmeier, Roland: **Martin Luthers Wendung »ad Episcopos primum« und die Folgen:** Hat Luther an »Vigilia omnium Sanctorum« 1517 auch dem Bischof von Brandenburg einen Brief mit den 95 Thesen zugehen lassen? JBrKG 73 (2021), 49–66.

72 Debelka, Jakob Elias: **Franz von Sickingens Fehde gegen Trier:** Ritteraufstand – religiöser Feldzug – Griff nach der Kurfürstenwürde? BlPfKG 88 (2021), 291–330: Ill. = Ebernburg-Hefte 55 (2021), 77–114: Ill.

73 Dieter, Theodor: **The Diet and Edict of Worms (1521).** LQ 35 (2021) Nr. 1, 1–17.

74 Hamm, Berndt: **Wendung nach innen – Wendung nach außen:** Luthers reformatorische Neuorientierung bis 1518. In: 03, 281–321.

75 Jähnigen, Saskia: **Die mitteldeutsche Klosterlandschaft.** In: 08, 64–72: Ill.

76 Kampling, Rainer: **Vom Verbrennen päpstlicher Bullen und Bischofsernennungen:** zur Symbolsprache der Lutherschen Ablösung von der Römischen Kirche. In: 019, 147–154.

77 Kaufmann Thomas: **Die Erfindung des Events:** Luther in Worms und die mediale (Selbst-)Inszenierung des Reformators. Internetressource. zeitzeichen online-Ausgabe vom 17. 04. 2021. – Siehe: <https://www.zeitzeichen.net/node/8976>.

78 Kaufmann, Thomas: **Erinnerung jenseits des Mythos!:** 500 Jahre Luther in Worms. Lu 92 (2021), 161–165.

79 Kaufmann, Thomas: **Luther auf dem Wormser Reichstag:** Person und publizistische Wirkung. In: 013, 274–290: Ill.

80 Kaufmann, Thomas: **Rede aus Anlass des Festaktes zum 500. Jubiläum von Luthers Auftritten in Worms am 16. April 2021.** epd-Dokumentation (2021) Nr. 19, 7–9.

81 Kaufmann, Thomas: **Worms war Luthers Golgatha:** in der Widerrufsverweigerung vor 500 Jahren liegt emanzipatorisches Potential [Rede am 16. April 2021 aus Anlass des Festaktes zum 500. Jubiläum von Luthers Auftritten in Worms]. Internetressource. Evang. Kirchenbote: Sonntagsblatt für die Pfalz seit 1846 (2021) 20. Mai. – Siehe: <https://www.kirchenbote-online.de/artikel/detailansicht/news/worms-war-luthers-golgatha>.

82 Klitzsch, Ingo: »Biographische Skizzen« Luthers in den sog. »Tischreden« im Spannungsfeld von Memoria und Redaktion. In: 037, 114–164.

83 Kohnle, Armin: Johann Lange von Löwenberg, der Abschlussredner der Leipziger Disputation. In: 025, 199–218: Ill.

84 Kohnle, Armin: Nach dem Verhör: die Wormser Verhandlungen mit Martin Luther am 24. und 25. April 1521. In: 023, 83–124.

85 Leppin, Volker: Luthers späte Rückblicke auf das Augsburger Verhör. In: 03, 265–280.

86 Michel, Stefan: »Diese drei Tage über ist mein Sach in eim sehr harten Stand gestanden«: Martin Luthers biographische und theologische Entwicklung bis 1518. In: 03, 15–26.

87 Neumaier, Helmut: Die Reise nach Heidelberg: ein Mosaikstein im Itinerar Martin Luthers. JBKRG 15 (2021), 509f.

88 Schneider, Hans: Episoden aus Luthers Zeit als Erfurter Mönch. (2010). In: 033, 101–119.

89 Schneider, Hans: Luthers Entbindung vom Ordensgehorsam: eine Etappe auf dem Weg des Augustinereremiten. In: 03, 51–78.

90 Schneider, Hans: Luthers Entbindung vom Ordensgehorsam. (2021). In: 033, 421–450.

91 Schneider, Hans: Martin Luthers Reise nach Rom – neu datiert und neu gedeutet. (2011. 2017). In: 033, 123–269: Ill.

92 Slenczka, Notger: Gegen den Eifer: Luthers Fastenbotschaft von 1522 ist ein Meilenstein in der Geschichte – ein Aufruf zu religiöser Toleranz: zur Bedeutung der vor 500 Jahren gehaltenen Invokavitpredigten. Der Sonntag: Wochenzeitung für die Evang.-Luth. Landeskirche Sachsens 77 (2022) Nr. 10 (6. März), 9: Ill. (Feuilleton).

93 Wriedt, Markus: Luthers Auftritt beim Reichstag zu Worms: Voraussetzungen und Folgen. In: 023, 11–57.

c) Familie

94 Gaber, Sarah: Luther als »Hausvater« in den »Tischreden oder Colloqvia Doct. Mart. Luthers«. In: 037, 181–195.

95 Jancke, Gabriele: Wie eine Nonne und Reformatorenfrau zur Pfarrfrau wurde und wozu sie als solche gebraucht wird: eine erfundene Tradition; das Bild der Katharina von Bora im 19. Jahrhundert. In: 01, 184–246.

96 Kunter, Katharina: Deutsche Mutter, Anti-Arierin und emanzipierte Frau: Katharina von Bora im 20. Jahrhundert. In: 01, 247–280. – Siehe: <https://helda.helsinki.fi/bitstream/handle/10138/337836/Kunter_2021_Katharina_von_Bora_20th_Century.pdf?sequence=1>.

97 Röhrs, Ursula: Mythos Lutherring: der Ring der Katharina von Bora. Schwäbisch Gmünd: Museum und Galerie im Prediger Schwäbisch Gmünd, 2021. 65 S.: Ill., Taf.

d) Volkstümliche Darstellungen seines Lebens und Werkes, Schulbücher, Lexikonartikel

98 Atlas der Weltgeschichte: Fakten, Zeittafeln und historische Karten (Atlante storico [2004. 2011] <dt.>)/ Redaktion: Paolo Craviolini; Übers.: Maria Schlick. Genehmigte Lizenzausgabe der Ausgabe Fränkisch-Crumbach, 2012. Fränkisch-Crumbach: Neuer Kaiser, 2021. 240 S.: Ill., Kt. L 98f: Ill.

99 Brink, Gert van den: Luther, aangenaam: ontmoet de reformator (Luther, angenehm: treffen Sie den Reformator). Heerenveen: Groen, 2021. 112 S.: Ill.

100 Paul, Christophe: 2000 ans d'histoire de l'Église: nouvelle edition. Neue überarb., aktual. und erw. Aufl. von »L'église dans l'histoire des hommes«. P: Mame-Desclée, 2017. 1264 S.: Ill.

a) Gesamtdarstellungen seiner Theologie

101 Lüpke, Johannes von: »**Ganz menschenfreundlich«** – **Gott und Mensch im Umgang miteinander:** Luthers Verständnis der Sache der Theologie. Lu 92 (2021), 166–180.

102 Vainio, Olli-Pekka: **Luther's theological ontology and the contemporary discussion concerning relational ontology.** Druckausgabe und Internetressource. KD 67 (2021), 87–100: Zusammenfassung, 100. – Siehe: <https://www.vr-elibrary.de/doi/pdf/10.13109/kedo.2021.67.2.87>.

b) Gott, Schöpfung, Mensch

103 Alfsvåg, Knut: **Divine presence:** an introduction to Christian theology. Eugene, OR: Wipf & Stock, 2021. VII, 141 S. L".

104 Bahl, Patrick: »**Solus spiritus**«: Luthers Rede vom Heiligen Geist in De servo arbitrio zwischen Abgrenzungsargumentation und Unterscheidungslehre. LuJ 88 (2021), 69–112.

105 Brehmer, Jörg: **Jenseitsvorstellungen zur Lutherzeit.** Württembergisch-Franken 102 (2018), 79–92: Ill.

106 Dalferth, Ingolf U.: **Deus praesens:** Gottes Gegenwart und christlicher Glaube. Druckausgabe und Internetressource. TÜ: Mohr Siebeck, 2021. XII, 501 S.

107 Michael, Angelika: **Ferrum ignitum bei Luther:** Wahrheit, die sich erschließt, wandelt den Menschen wesentlich. Druckausgabe und Internetressource. KD 67 (2021), 169–197: summary, 196f. – Siehe: <https://vr-elibrary.de/doi/pdf/10.13109/kedo.2021.67.3.169>.

108 Plathow, Michael: **Spiritus creator und geschöpfliches Wirken:** der Schöpfergeist in der vernetzten Kommunikation mit geschöpflichem Handeln bei Martin Luther. Lu 93 (2022), 29–41.

109 Reinert, Jonathan: **Das menschliche Herz und Luthers Theologie:** ein weiterer Blick auf den Denkweg des werdenden Reformators. LuJ 88 (2021), 44–68.

110 Ruokanen, Miikka: **Trinitarian grace in Martin Luther's »The bondage of the will«.**

Druckausgabe und Internetressource. Oxford: Oxford University, 2021. XIII, 222 S.

111 Slenczka, Notger: **Niemals für sich selbst:** von Gott – wie er nicht ist. ZZ 22 (2021) Heft 12, 27–29: Ill.

112 Stössel, Hendrik: **Der freie Wille und der unfreie Wille:** zur theologischen Anthropologie der »Confessio Augustana« im Kontext der reformatorischen Bewegung. In: 05, 23–50.

113 Thiede, Werner: **Unsterblichkeit der Seele?:** interdisziplinäre Annäherungen an eine Menschheitsfrage. B; MS: LIT, 2021. 265 S. L134-156+". (Theol. Plädoyers; 13)

114 Thiede, Werner: **Unsterblichkeit der Seele?:** interdisziplinäre Annäherungen an eine Menschheitsfrage. 2. Aufl. B; MS: LIT, 2021. 265 S. L134-156+". (Theol. Plädoyers; 13)

c) Christus

115 Alfsvåg, Knut: **Da Gud forlot Gud:** Jesu vei til døden og dens betydning for oss (Als Gott Gott verließ: Jesu Todesweg und seine Bedeutung für uns). Druckausgabe und Internetressource. Teologisk tidsskrift 10 (Oslo 2021), 64–75. L". – Siehe: <https://www.idunn.no/doi/10.18261/issn.1893-0271-2021-02-02>.

116 Cross, Richard: **Luther's Christology and the »communicatio idiomatum«.** In: 024, 27–46.

117 Molnár, Amedeo: **Theologia crucis: nedokončené přednášky z let 1989–90** (Theologia crucis: die unvollendete Vorlesung aus dem Jahr 1989/90)/ hrsg. von Ota Halama. PR: Kalich, 2018. 211 S.

118 Schnurrenberger, Matthias: **Selbstbestimmung und Solidarität:** ein Versuch über den Zusammenhang von Christologie und Soteriologie im Anschluss an Albrecht Ritschl, Notger Slenczka und Werner Elert. Druckausgabe und Internetressource. KD 68 (2022), 42–67: summary, 67. – Siehe: <https://www.vr-elibrary.de/doi/pdf/10.13109/kedo.2022.68.1.42>.

119 Slenczka, Notger: **Der Aufbau, das systematische Zentrum und die Gegenwartsre-**

levanz der »Confessio Augustana«. In: 05, 419–436.

120 Wolff, Jens: **Luthers Theologieverständnis im Jahre 1518 als theologia crucis**: Konflikte und Folgen. In: 03, 147–161.

121 Ziethe, Carolin; Oorschot, Frederike van; Zeller, Kinga: **Schrift und Christus.** In: 034, 123–154.

d) Kirche, Kirchenrecht, Bekenntnisse

122 B[eyer], M[ichael]: **Reformation.** In: 60, 98.

123 Bünz, Enno: **Was Dorfkirchen von der Geschichte Sachsens erzählen, oder: warum die Kirche auf dem Dorf mehr als nur Kirche ist.** In: 06, 33–66: Ill., Kt.

124 Charbonnier, Ralph: **Digitalisierung – private Religion im öffentlichen Netz – Herausforderungen für die Kirchenleitung.** Amtsblatt der Evang.-Luth. Landeskirche Sachsens (2022) Nr. 6, B 1-B 4.

125 Dahlke, Benjamin: **»Articuli, qui videntur habere controversiam«**: die Confessio Augustana und der Augsburger Reichstag von 1530. Cath 75 (2021), 299–321.

126 Dingel, Irene: **Die »Confessio Augustana« als Referenzbekenntnis – ihr integratives und abgrenzendes Potenzial.** In: 05, 3–21.

127 Faber, Eva-Maria: **Wann ist es genug?**: zur ökumenischen Herausforderung des »satis est«. In: 05, 299–318.

128 Frank, Günter: **Die »Confessio Augustana« im ökumenischen Gespräch**: eine Einführung. In: 05, XXIX–XXXII.

129 Heckel, Ulrich: **Dass sie alle eins seien (Joh 17,21)**: Ephesus als Ort der »Ökumene« und die Einheit der Kirche im Johannesevangelium. Druckausgabe und Internetressource. KD 68 (2022), 3–41: summary, 41. – Siehe: <https://www.vr-elibrary.de/doi/pdf/10.13109/kedo.2022.68.1.3>.

130 Jadatz, Heiko: **Die Dorfkirche in der Reformationszeit – ein »Schattendasein« am Rande großer städtischer Beispiele.** In: 06, 87–97: Ill.

131 Jung, Pascale: **Anerkennung der »Confessio Augustana« – was Paul Ricœur zu einem ökumenischen Schlüsselbegriff beitragen kann.** In: 05, 337–355.

132 Licht, Tobias: **Gemeinsames Bekenntnis des Glaubens?**: fundamentaltheologische Streiflichter zur Möglichkeit einer katho-

lischen Anerkennung der »Confessio Augustana«. In: 05, 357–368.

133 Neumann, Burkhard: **Die »Confessio Augustana« in den offiziellen ökumenischen Dialogen.** In: 05, 243–257.

134 Nüssel, Friederike: **Das ökumenische Potential der »Confessio Augustana« – einst und jetzt**: eine kritisch-konstruktive Bilanz. In: 05, 227–241.

135 Rahner, Johanna: **»... ein Gewalt und Befehlich Gottes das Evangelium zu predigen« – Zur episkopalen Verfassung der Kirche.** In: 05, 279–298.

136 Saarinen, Risto: **Anerkennung als theologischer und ökumenischer Begriff.** In: 05, 369–380.

137 Thönissen, Wolfgang: **Die »Confessio Augustana« und die Einheit der Kirche.** In: 05, 399–417.

138 Witt, Christian Volkmar: **Ekklesiologie im Werden**: die Kirche bei Luther vor dem Hintergrund des Streits um Normen und Autorität 1517/1518. In: 03, 243–263.

139 Zschoch, Hellmut: **Reformation und Kirchenordnung – Der reformatorische Umbruch als Inspiration für eine künftige ›Kirche mit leichtem Gepäck‹?** JEKGR 70 (2021), 1–11.

e) Sakramente, Beichte, Ehe

140 Deeg, Alexander: **This is my body …**: a Lutheran perspective on the eucharist, digitalization, mediality, and presence. Dansk teologisk tidsskrift 85 (København 2022), 60–81.

141 Moldenhauer, Aaron: **Analyzing the verba Christi**: Martin Luther, Ulrich Zwingli, and Gabriel Biel on the power of words. In: 024, 47–63.

142 Schöne, Jobst; Klän, Werner: **Gemeinsam am Tisch des Herrn**: eine lutherische Antwort; eine Stellungnahme. Hannover, 2020. 32 S. (Luth. Orientierung: Themenhefte der Selbständigen Evang.-Luth. Kirche [SELK]; 15) – Siehe: <https://selk.de/download/Lutherische_Orientierung15.pdf>.

143 Triebel, Lothar: **Ökumenischer Jahresbericht 2020**: aus den Freikirchen. MD 71 (2020), 113–117. L 114f.

144 Winter, Roman: **Abendmahl digital empfangen?**: Überlegungen angesichts aktu-

eller Herausforderungen durch Pandemie(n) und Digitalisierung. Druckausgabe und Internetressource. KD 67 (2021), 235–259: summary, 259. – Siehe: <https://www.vr-elibrary.de/doi/pdf/10.13109/kedo.2021.67.3.235>.

f) Amt, Seelsorge, Diakonie, Gemeinde, allgemeines Priestertum

145 An, Hannah S.: **Encountering the plague:** Old Testament insights into the pastoral literature of Luther, Calvin, and Beza. 한국기독교 신학논총 – Korean journal of Christian studies 121 (2021) july, 29–63. – Siehe: <https://doi.org/10.18708/kjcs.2021.07.121.1.29>.

146 Bell, Dean Phillip: **Ministry and sacred obligation:** a late medieval context for Luther's »On whether one may flee from the death«. In: 024, 197–212.

147 Benne, Robert; Hequet, Suzanne; Jorgenson, Kiara A.: **Vocations?** LQ 35 (2021) Nr. 1, 73–79.

148 Helmer, Christine: **The priesthood and its critics.** In: 024, 247–267.

149 Pak, G. Sujin: **The Protestant reformers and the »analogia fidei«.** In: 024, 227–245.

150 Schäfer, Gerhard K.: »**... es sind unsere Armen«:** Diakonie in der Reformationszeit. Bielefeld: Luther, 2021. 320 S. (Studienreihe Luther; 22)

151 Stegmann, Andreas: **Zweierlei Arznei gegen die Pest:** brandenburgische Pestschriften des Reformationsjahrhunderts. LuJ 88 (2021), 134–184.

152 Voigt-Goy, Christopher: **Luther and priestly »potestas« in the late middle ages.** In: 024, 213–226.

153 Wöhle, Andreas: **Opgericht om te dienen – algemeen en ministerieel priesterschap** (Zum Dienst eingerichtet – das allgemeine Priestertum und das Amt des Pfarrers). Online-Ressource. Perspectief: digitale oecumenisch theologische tijdschrift (DOTT); Katholieke Vereniging voor Oecumene 53 ('s-Hertogenbosch 2021), 20–28.

g) Gnade, Glaube, Rechtfertigung, Werke

154 Armogathe, Jean-Robert: **Le pardon sans pénitence.** In: Jean 8, 3–11: la femme adul-

tère/ hrsg. von Matthieu Arnold; Gilbert Dahan; Annie Noblesse-Rocher. P: Cerf, 2021, 169–181. (Études d'histoire de l'exégèse; 17) (Lectio divina) (Cerf Patrimoines)

155 Axt-Piscalar, Christine: **Gesetz und Evangelium:** Thesen zur Bedeutung der lutherischen Unterscheidung. In: 020, 15–48.

156 Beutel, Albrecht: **Luthers Bekenntnis vor Kaiser und Reich:** christliche Freiheit und Gewissensbildung. In: 023, 59–81.

157 Dieter, Theodor: **Promissio Christi:** Martin Luthers Verständnis der Gewissheit des Glaubens in der Kontroverse mit Kardinal Cajetan. In: 03, 183–216.

158 Kohli, Candance L.: **The medieval Luther on »poenitentia«:** good works as the completion of faith in the Christian life. In: 024, 127–142.

159 Korsch, Dietrich: **Das Urteil des Gewissens und die Freiheit des Glaubens.** BlPfKG 88 (2021), 223–254: Ill. = Ebernburg-Hefte 55 (2021), 7–38: Ill.

160 Leonhardt, Rochus: **Glaube und Werke:** zur Aktualität einer reformatorischen Unterscheidung für die evangelische Ethik. In: 020, 73–127.

161 Leppin, Volker: **Redaktionsgeschichte und Hermeneutik:** die Frage der guten Werke in der »Confessio Augustana«. In: 05, 51–62.

162 Maschmeier, Jens-Christian: **Göttliche und menschliche Gerechtigkeit bei Paulus und Luther:** ein Beitrag zu den Begründungsstrukturen reformatorischer und paulinischer Ethik. In: 019, 429–446.

163 Matthias, Markus: **Vergeben oder rechtfertigen:** Anmerkungen zu Luther. In: 07, 69–74.

164 Mühling, Markus: **Sünde als Ver-rücktheit:** zur Phänomenalität der Sünde im postsystematischen Betrachten. Druckausgabe und Internetressource. KD 67 (2021), 30–54: summary, 54. – Siehe: <https://www.vr-elibrary.de/doi/pdf/10.13109/kedo.2021.67.1.30>.

165 Ohst, Martin: **Martin Luthers Ablasskritik.** In: 03, 105–128.

166 Schmidt-Voges, Inken: **Reform(ation) in der Transformation:** Ehe, Haus und Familie vom 15. bis 17. Jahrhundert. In: 029, 131–153.

167 Wriedt, Markus: **Das in Gott gebundene Gewissen im Widerspruch zur irrtums-**

freien Kirche: Luthers Auftritt vor Kaiser und Reich; Voraussetzungen und Folgen. BlPfKG 88 (2021), 255–292: Ill. = Ebernburg-Hefte 55 (2021), 39–76: Ill.

h) Sozialethik, politische Ethik, Geschichte

168 Baer, Helmut David: **Luther's contribution to the just war tradition.** LQ 35 (2021) Nr. 3, 273–300.

169 Fuchs, Thomas: **Erinnerungsstrategien der reformatorischen Bewegung:** die Apokalypsekommentare von Johann Funck und Michael Stifel. In: 028, 379–396.

170 Groves, Beatrice: **The destruction of Jerusalem in early modern Europe.** In: 038, 54–61: Ill.

171 Gutmann, Hans-Martin: **Das harmonisierte Gemeinwesen:** über die Problematik eines lutherischen Ideals. In: 019, 217–244.

172 Hoffmann, Martin: **Luther als Kritiker von Religion und Kapitalismus.** Begegnung & Gespräch: ökumenische Beiträge zu Erziehung und Unterricht 180 (2017) Nr. 3. Gekürzte und überarb. Fassung von »Luther und die Ökonomie – Religionskritik als Kapitalismuskritik« in »Die Reformation radikalisieren; 3«. 8 S.: Ill., Faks. – Siehe <https://lbib.de/pdf_dateien/bug18oonline.pdf>.

173 Krämer, Werner: **Arbeit als Gott dienen, als Gottes Dienst:** Luther und die abhängig Arbeitenden. In: 019, 413–428.

174 Leppin, Volker: **Frieden:** Renaissance – Humanismus – Reformation. In: 012, 23–41.

175 Münkler, Herfried: **Luther und die Obrigkeit.** In: 019, 205–216.

176 Niggemann, Ulrich: **Toleranz.** In: 012, 589–608. L 594.

177 Nikolajsen, Jeppe Bach: **Christian ethics, natural law, and Lutheran tradition.** Internetressource. Studia theologica: Nordic journal of theology 75 (Oslo 2021), 164–181. L". [Vgl. LuB 2021, Nr. 172]

178 Noack, Axel: **»Von weltlicher Obrigkeit, wie weit man ihr Gehorsam schuldig sei«:** un-bedingter Gehorsam?; zu Luthers Obrigkeitsschrift von 1523. In: LuB 2021, Nr. 040, 9–20: Ill.

179 Ocker, Christopher: **Spirit, writers, and biblical readers in »the practical circums-** tances of life«: a political hermeneutic. In: 036, 59–82.

180 Reinmuth, Eckart: **»Sola scriptura« – das Performative und das Politische.** In: 036, 553–567.

181 Wriedt, Markus: **Luthers Berufung auf das Gewissen:** zum Bedeutungswandel eines wirkmächtigen Begriffs. In: 013, 291–300.

i) Gottes Wort, Bibel, Predigt, Sprache

182 Alfsvåg, Knut: **Bibelsyn og bibeltolkning – om virkelighetsforståelsens betydning for bibellesningen** (Bibelverständnis und Bibelauslegung – zur Bedeutung des Realitätsverständnisses für das Bibellesen). DTTK 48 (2021), 23–37.

183 Alkier, Stefan: **Einleitung** [Sola scriptura 1517–2017]. In: 036, IX–XX.

184 Alkier, Stefan: **»Sola scriptura« als epistemologisches, hermeneutisches, methodologisches und theologisches Konzept der Schriftauslegung:** 20 Thesen und ihre Erläuterungen. In: 036, 429–477.

185 Bamberger, Gudrun; Robert, Jörg: **Luther – Aurifaber – Faust:** Lutherwissen und Dämonologie in den »Tischreden« und in der »Historia von D. Johann Fausten«. In: 037, 67–91: Ill.

186 Becker, Uwe: **Verheißung und Erfüllung:** zu einem Grundmodell der christlichen Rezeption der jüdischen Bibel. In: 020, 233–254.

187 Behrens, Achim: **Altes und Neues Testament:** neuere Modelle zur Bestimmung ihres Verhältnisses innerhalb der alttestamentlichen Wissenschaft. In: 020, 129–149.

188 Beutel, Albrecht: **»Sola scriptura mus sein«:** Begründung und Gebrauch des Schriftprinzips bei Martin Luther. In: 036, 29–58.

189 Boehme, Armand J.: **The smoking firepot, a flaming torch, and Lutheran theology.** Logia: a journal of Lutheran theology 30 (Fort Wayne, IN 2021) Nr. 3, 51–56.

190 Botner, Max: **»Sola scriptura« and Biblical inerrancy in American evangelicalism:** Benjamin B. Warfield as a test case. In: 036, 309–322.

191 Bührer, Walter; Meyer zu Hörste-Bührer, Raphaela J.; Ziethe, Carolin: **Pluralität und Einheit der Schrift.** In: 034, 95–122.

192 Engemann, Wilfried: **Einführung in die Homiletik.** 3., durchgehend neu bearb., aktual. und erw. Aufl.; Druckausgabe und Online-Ressource. TÜ: Narr Francke Attempto, 2020. 709 S. (UTB; 2128)

193 Focken, Friedrich-Emanuel; Breu, Clarissa; Stamer, Torben: **Normativität.** In: 034, 190–225.

194 **Gottes Wort und Menschenwort/** von Raphaela J. Meyer zu Hörste-Bührer; Clarissa Breu; Friedrich-Emanuel Focken; Torben Stamer. In: 034, 267–302.

195 Grohmann, Marianne: **Das Alte Testament im Rahmen biblischer Intertextualität.** In: 036, 491–509.

196 Guillabert-Madinier, Tiphaine: **Le langage carnavalesque de Luther:** faux-pas hérétique ou jeu de masque prophétique? In: 018, 23–32.

197 Hamm, Berndt: **Das Jahr 1514:** Ulrich Kraffts Arche-Noah-Predigten und Martin Luthers »Erste Psalmenvorlesung«. LuJ 88 (2021), 11–43.

198 Heckel, Ulrich: **Alter und neuer Bund:** zur Bedeutung dieses Gegensatzes in der biblischen Überlieferung. In: 020, 151–232.

199 Hofheinz, Marco: **Einfach von Gott reden:** von der »Unverschämtheit« der einfachen Gottesrede; eine ZuMUTung. Druckausgabe und Internetressource. KD 68 (2022), 68–90: summary, 90. L 74. – Siehe: <https://www.vr-elibrary.de/doi/pdf/10.13109/kedo.2022.68.1.68>.

200 Jensen, Gordon A.: **Highlighting in the 1534 »Luther Bible«.** LQ 35 (2021) Nr. 2, 125–144.

201 Kessler, Rainer: **Luthers Hermeneutik des Toragebrauchs zwischen prinzipieller Suspendierung und partieller Übernahme.** In: 019, 397–412.

202 Klitzsch, Ingo: **Aktuelle Tendenzen und Perspektiven der »Tischreden«-Forschung:** eine vorläufige Bestandsaufnahme. In: 037, 9–16.

203 Knape, Joachim: 1521: **Martin Luthers rhetorischer Moment oder Die Einführung des Protests.** Druckausgabe und Internetressource. B; Boston: De Gruyter, 2017. XII, 354 S.: Ill.

204 Köpf, Ulrich: **Martin Luthers Vorlesung über den Römerbrief von 1515/1516.** In: 02, 73–89: Faks.

205 Körtner, Ulrich H. J.: **Harmonisierung oder Diversifizierung in Luthers Evangelienauslegung?** In: 036, 119–137.

206 Koivisto, Jussi: **Lutherin suhde Raamattuun ja varhaismodernin ajan vaikutus hänen raamatuntulkintaansa** (Luthers Verhältnis zur Bibel und der Einfluss der frühen Neuzeit auf seine Bibelauslegung). In: Kirjakääröistä digiraamattuun: pyhän tekstin idea, muoto ja käyttö (Von Schriftrollen zu den digitalen Bibeln: die Idee, Form und Verwendung des heiligen Textes)/ hrsg. von Jutta Jokiranta; Nina Nikki. Helsinki: Suomen eksegeettinen seura/ The Finnish Exegetical Society, 2021, 271–297. (Suomen Eksegeettisen Seuran julkaisuja/Publications of the Finnish Exegetical Society; 122)

207 Kreitzer, Beth: **Luther's 1521 Magnificat commentary.** LQ 35 (2021) Nr. 2, 171–181.

208 Kröger, Heinrich: **Der erste bekannte plattdeutsche Übersetzer von Luthers Neuem Testament und weitere Überlegungen.** JNKG 118 (2020), 63–66.

209 Kupsch, Alexander: **Autorität im Gebrauch:** Luthers praktischer Umgang mit der Bibel in Gottesdienst und Gesellschaft. Lu 93 (2022), 9–18.

210 Leppin, Volker: **Wie legt sich nach Luther die Schrift selbst aus?:** Luthers pneumatische Hermeneutik. In: 036, 83–102.

211 Leutzsch, Martin: **Luthers Bibelübersetzung:** Mythen und Fakten – Strukturen und Funktionen – Verharmlosungen. In: 019, 447–464.

212 Lobenstein-Reichmann, Anja: **Das Wort Gottes auf Deutsch:** Zürcher und Luther-Bibel im Vergleich. In: 010, 81–104: Ill.

213 Lobenstein-Reichmann, Anja: **Zur Semantik von gewissen in frühneuhochdeutscher Zeit:** die Vielstimmigkeit des Gewissens oder »Wenn einen in seinem Herzen das Gewissen treibt«. In: 013, 301–319: Ill., Kt.

214 Maikranz, Elisabeth; Ziethe, Carolin: **Schrift und Tradition.** In: 034, 155–189.

215 Meyer zu Hörste-Bührer, Raphaela J.; Bührer, Walter; Zeller, Kinga: **Schrift und Schriftauslegung in relationaler Perspektive.** In: 034, 342–391.

216 Mjaaland, Marius Timmann: **The image of Jerusalem destroyed:** on Babel, Jerusalem, and the Antichrist in Luther's confessional polemic 1521. In: 038, 282–297: Ill.

217 Moffitt, David M.: »**Sola scriptura«?:** some

reflections from Baptistic perspectives. In: 036, 291–308.

218 Müller, Mogens: »**Sola scriptura**«: eine lutherisch-dänische Perspektive. In: 036, 267–289.

219 Neville, Robert C.: »**Sola scriptura**« and **the dynamics of signs.** In: 036, 479–490.

220 Nicklas, Tobias: **Überzeitliche Offenba-rung in menschlichen Worten:** »sola scrip-tura« aus römisch-katholischer Perspek-tive. In: 036, 323–342.

221 Niebuhr, Karl-Wilhelm: »**Sola scriptura**« in **globaler Perspektive.** In: 036, 377–399.

222 Noblesse-Rocher, Annie: **L'apparition de Samuel dans quelques sources exégétiques et homilétiques sur 1 Samuel 28 au XVIe siècle.** In: 1 Samuel 28: la nécromancienne d'En-Dor/ hrsg. von Matthieu Arnold; Gil-bert Dahan; Annie Noblesse-Rocher. Genf: Droz, 2021, 169–193. L 179–182. (Études d'histoire de l'exégèse; 16) (Lectio divina) (Cerf Patrimoines)

223 Oorschot, Frederike van; Focken, Fried-rich-Emanuel; Maikranz, Elisabeth: **Her-meneutisches Anliegen, Fokus und Ziel des Projekts.** In: 034, 15–63.

224 Pena-Búa, Pilar: **Martín Lutero:** »Carta sobre el arte de traducir« (1530); sobre la traducción, la hermenéutica bíblica y la opción dogmática de la Reforma (Martin Luther: »Ein Sendbrief vom Dolmetschen« [1530]: das Übersetzen, die biblische Her-meneutik und die dogmatische Option der Reformation). Teología y vida 62 (Santiago de Chile 2021) Nr. 3, 323–355. – Siehe: <http://teologiayvida.uc.cl/index.php/tyv/article/view/28513/34827>.

225 Pleizier, Theo: **Predigen erinnert Gott an sein erstes Wort:** homiletische Überlegun-gen zu einer Predigt von Martin Luther. In: 07, 79–84.

226 Pricop, Cosmin: »**Sola scriptura**«?: eine rumänisch-orthodoxe Perspektive. In: 036, 359–376.

227 Raunio, Antti: **Humanistic exegesis and the Christian love in Luther's reading of the Holy Scriptures.** In: From text to per-suasion: Festschrift in honour of Professor Lauri Thurén on the occasion of his 60th birthday/ hrsg. von Anssi Voitila … Hel-sinki: Suomen eksegeettinen seura/The Finnish Exegetical Society, 2021, 274–291. (Suomen Eksegeettisen Seuran julkaisuja/

Publications of the Finnish Exegetical So-ciety; 123)

228 Robert, Jörg: **Reformation und Literatur-reform:** Spracharbeit, Purismus und Poetik im 16. und 17. Jahrhundert (Luther, Clajus, Opitz). In: 029, 259–274.

229 Rydryck, Michael: **Die BasisBibel:** eine »passionierte Komplizenschaft«. ThLZ 147 (2022), 651–664: Abstract.

230 Rydryck, Michael: **Das Schriftprinzip als Tradierungsprinzip:** bibeldidaktische An-merkungen zum »sola scriptura« im Re-formationsjahr. In: 036, 511–532.

231 Schäufele, Wolf-Friedrich: **Luthers Unter-scheidung von Gesetz und Evangelium:** ihre Bedeutung für das Verständnis des Al-ten Testaments nach seinen Bibelvorreden. In: 020, 49–71.

232 Schilling, Johannes: **Sprachen – Schrein für das Kleinod des Evangeliums: ein histori-scher Spaziergang.** In: Heilige Sprachen?: zur Debatte um die Sprachen der Bibel im Studium der Theologie/ hrsg. von Dietrich Korsch; Johannes Schilling. Druckausgabe und Online-Ressource. L: EVA, c2019, 11–34.

233 Schipperges, Thomas: **Luther und die Geige:** Transformationen zu Genesis 4,21–22. In: 029, 183–204.

234 Schulz, Heiko: **Schrift (als) Prinzip:** zum Normativitätsanspruch der Bibel aus sys-tematisch-theologischer und religionsphi-losophischer Perspektive. In: 036, 245–263.

235 Slenczka, Notger: **Die Invokavitpredigten von 1522.** Lu 93 (2022), 4–8.

236 Spreng, Johann Jakob: **Allgemeines deut-sches Glossarium:** historisch-etymologi-sches Wörterbuch der deutschen Sprache/ hrsg. von Heinrich Löffler. 7 Bde. BL: Schwabe, 2021. LXXIV, 570 S.; S. 573–1169; S. 1171–1944; S. 1947–2630; S. 2633–3234; S. 3237–3917; S. 3919–4567.

237 Stamer, Torben; Breu, Clarissa; Oorschot, Frederike van: **Schriftbindung.** In: 034, 71–94.

238 Stefánsson, Jón Hjörleifur: **Dynamics of prophetic interpretation:** an analysis of the historicist reading of Daniel 8 by Mar-tin Luther, Isaac Newton, William Miller, and Ellen White. Druckausgabe und On-line-Ressource. Amsterdam, 2021. 483 S. L 48–118+" – Amsterdam, Vrije Universi-teit, PhD, 2021. – Siehe: <https://research.

vu.nl/ws/portalfiles/portal/146117582/
J_n_Dissertation_Stef_nsson_2021_11_19.
pdf>.

239 Treu, Martin: **Luther als Satiriker:** die
»Neue Zeitung vom Rhein« (1542). Lu 92
(2021), 158–160.

240 Tsalampouni, Ekaterini: »**Sola scriptura**«:
a Greek-Orthodox perspective. In: 036,
343–358.

241 **Eine unerhörte Auswahl vergessener Wortschönheiten aus Johann Jakob Sprengs gi-
gantischem, im Archive gefundenen, seit
250 Jahren unveröffentlichten deutschen
Wörterbuch/** ans Licht gebracht von Nicolas Fink und mit einem Vorwort vers. von
Gabriel Schaffter. B: Das Kulturelle Gedächtnis, 2021. 364 S.: Ill.

242 **Eine ungemein eigensinnige Auswahl
unbekannter Wortschönheiten aus dem
Grimmschen Wörterbuch/** ausgew. und
hrsg. von Peter Graf. B: Das Kulturelle Gedächtnis, 2017. 351 S.: Ill.

243 **Eine ungemein eigensinnige Auswahl
unbekannter Wortschönheiten aus dem
Grimmschen Wörterbuch/** ausgew. und
hrsg. von Peter Graf. Taschenbuchausgabe.
M: dtv, 2019. 351 S.: Ill. (dtv; 14707)

244 Wengert, Timothy J.: **Martin Luther's first
major publication.** LQ 36 (2022) Nr. 2, 166–
180: Faks.

245 Wiese, Christian: **Protestant approaches to
the Hebrew Bible from the perspective of
modern Jewish thought:** insights from Leo
Beck, Franz Rosenzweig, and Martin Buber.
In: 036, 401–425.

246 **Die Wunderkammer der Deutschen Spra-
che/** ausgew. und hrsg. von Thomas Böhm;
Carsten Pfeiffer. B: Das Kulturelle Gedächtnis 2019. 300 S.: Ill.

**k) Gottesdienst, Gebet, Spiritualität,
Kirchenlied, Musik**

247 Brown, Christopher Boyd: **The gospel in
song:** Luther on God's word and music. In:
036, 103–118.

248 Dröse, Astrid: **Musik an Luthers Tisch:**
Aurifabers »Tischreden oder Colloqvia
Doct. Mart. Luthers« als kulturhistorische
Quelle. In: 037, 196–212.

249 Heiles, Marco: **Die Entstehung des morder-
nen Kalenders:** zur ungeschriebenen Me-

dien- und Literaturgeschichte der deutschsprachigen Kalender von den Anfängen bis
um 1600. Mittelalter: interdisziplinäre Forschung und Rezeptionsgeschichte 2 (2019),
208–225.

250 Krummacher, Friedhelm: **Luther – Josquin – Bach:** über Luthers Musikbegriff
und Bachs Kirchenmusik. Bach-Jahrbuch
106 (2020), 11–44.

251 Schilling, Johannes: »**Kraft- und Kernge-
sänge**« für Geist und Herz: Ludwig Gott-
hard Kosegartens Ausgabe der »**Lieder
Luthers**« aus dem Jahr 1818 und die Aktualität seiner Idee guter evangelischer Lieder.
Lu 93 (2022), 42–55.

252 Schneider, Michael: »**Sola scriptura**«
und gottesdienstlicher Schriftgebrauch:
Schriftauslegung in exegetischer und prak-
tisch-theologischer Hermeneutik. In: 036,
532–551.

253 Veit, Patrice: **Un livre constitutif de la piété
et de la culture:** le Gesangbuch. In: 027,
145–161. L 145–150+".

254 Wiesenfeldt, Christiane: »**Musica efficax**«:
Dimensionen des Singens in der lutherischen Musikanschauung der Frühen Neuzeit. In: 028, 365–376.

255 Zhao, Weirong: **Luther's theological understanding of the essence of music:** music
is a gift of God <chines>. Internetressource.
International journal of sino-Western studies 21 (2021), 69–80. – Siehe: <https://
www.sinowesternstudies.com/back-
issues/vol-21-2021/>.

**l) Katechismus, Konfirmation, Schule,
Universität**

256 **Freiheit digital:** die Zehn Gebote in Zeiten
des digitalen Wandels; eine Denkschrift
der Evangelischen Kirche in Deutschland/
hrsg. von der Evang. Kirche in Deutschland (EKD). Druckausgabe und Internetressource. L: EVA, 2021. 246 S. L". – Siehe:
<https://www.ekd-digital.de/dokumente/
denkschrift-freiheit-digital.pdf>.

257 Kreß, Hartmut: **Religionsunterricht oder
Ethikunterricht?:** Entstehung des Religi-
onsunterrichts – Rechtsentwicklung und
heutige Rechtslage – politischer Entschei-
dungsbedarf. Druckausgabe und Online-
Ressource. Baden-Baden: Nomos, 2022.

238 S. L". (Schriften zum Weltanschauungsrecht; 3)

258 Meyer, Karlo: **Reformation schafft Raum für Bildung.** In: 031, 23–34.

259 Mühling, Markus: **Was ist (post-)systematische Theologie? – 11 Thesen.** Druckausgabe und Internetressource. KD 66 (2020), 68–93: summary, 93. L". – Siehe:<https://www.vr-elibrary.de/doi/pdf/10.13109/kedo.2020.66.1.68>.

260 Schatz, Kurt Wolfgang: **»Johannes Brenz und die Bildung«:** einige Hinweise zum Bildungsbegriff. Württembergisch-Franken 102 (2018), 179–189.

m) Weitere Einzelprobleme

261 Arnold, Matthieu: **Le diable chez Martin Luther:** résister au tentateur. In: Rencontres avec le diable: anthologie d'un personnage obscur/ hrsg. von Nicolas Diochon; Philippe Martin. P: Cerf, 2022, 59–65.

262 Conrad, Anne: **Die ›evangelische Freiheit‹ katholischer Frauen:** Alternativen zur Reformation aus geschlechtergeschichtlicher Perspektive. In: 031, 53–66.

263 Greyerz, Kaspar von: **Reformation, Konfession und Wissenschaft.** In: 031, 311–330.

264 Körtner, Ulrich H. J.: **»Siehe, ich mache alles neu!«:** Reformation als eschatologisches Geschehen – jenseits von Reform und Transformation. In: 029, 11–24.

265 **Pest!:** eine Spurensuche; 20. September 2019 – 10. Mai 2020; LWL-Museum für Archäologie, Westfälisches Landesmuseum Herne/ hrsg. vom LWL-Museum für Archäologie; Westfälisches Landesmuseum Herne; Stefan Leenen; Beiträge von Alexander Berner ... DA: wbg Theiss, 2019. 693 S.: Ill. L 474.

266 **Sündige Sexualität und reformatorische Reglementierungen/** hrsg. von Ute Gause; Text: Benedikt Bauer; Texte: Justus Menius; Philipp Melanchthon; Martin Luther. Bielefeld: Luther, 2020. 137 S.: Ill. (Studienreihe Luther; 20)

267 Timmerman, Daniel: **Heinrich Bullinger on prophecy and the prophetic office.** GÖ; Bristol, CN: V&R, 2015. 329 S. (Reformed historical theology; 33) – Zugl.: Apeldoorn, Theol. Univ., Diss.

3 Beurteilung der Persönlichkeit und ihres Werkes

268 Benedict, Hans-Jürgen: **Befreier, Verfechter der Denkfreiheit, Sprachschöpfer, politischer Reaktionär:** Luther und das Luthertum in der Sicht Goethes, Heines und Thomas Manns. In: 019, 531–544.

269 Bustos Pueche, José Enrique: **La herejía de Lutero:** entonces y ahora (Luthers Ketzerei: damals und heute). Madrid: Libros Libres, 2021. 212 S.

270 Castellano, Danilo: **Martín Lutero:** el canto del gallo de la modernidad (Martin Luther: der Hahnenschrei der Moderne). Madrid: Marcial Pons ediciones jurídicas y sociales, 2016. 192 S. (Prudentia iuris)

271 González de Cardenal, Olegario: **Lutero y su Reforma:** reflexiones preliminares (Luther und seine Reformation: Vorüberlegungen). Anales de la Real Academia de Ciencias Morales y Políticas 95 (Madrid 2018), 89–181. – Siehe: <https://www.boe.es/biblioteca_

juridica/anuarios_derecho/abrir_pdf.php?id=ANU-M-2018-10012300182>.

272 González de Cardenal, Olegario: **Martín Lutero:** Reforma, revolución, contrarreforma (Martin Luther: Reformation, Revolution, Gegenreformation). Salamanca: Centro de Estudios Salmantinos, 2018. 177 S. (Serie minor; 15)

273 **Lutero y la Reforma, sin rencor** (Luther und die Reformation, ohne Groll)/ von Mireia Vidal; Pedro Langa; J. M. de Haro ... Madrid: El perpetuo socorro, 2017. 119 S.

274 Rudolph, Enno: **Vom Segen der Unfreiheit:** Luthers Religionspopulismus; die »Heidelberger Disputation« und »Vom unfreien Willen« synoptisch gelesen. In: 019, 581–590.

275 Schäufele, Wolf-Friedrich: **Luthers Urteile über sich selbst nach Aurifabers Tischredenausgabe.** In: 037, 165–177.

276 Adams, Marilyn McCord: **Eucharistic real presence:** some scholastic background to Luther's debate with Zwingli. In: 024, 65–88.

277 Chapman, Alice: **Christ the physician:** medieval roots of the »Christus medicus« in Luther. In: 024, 105–126.

278 Dragseth, Jennifer Hockenbery: **Friendly grace:** the Augustinian roots of Luther's epistemology. In: 024, 143–159.

279 Gafiuc, Laurentiu: **Text- und überlieferungsgeschichtliche Rekonstruktion einer alemannischen Eckhart-Predigtsammlung.** Online-Ressource. Augsburg: Univ. Augsburg, 2018. 417 S. L 333 f. – Augsburg, Univ., Phil.-Hist. Fak., Diss. 2017. – Siehe: <https://d-nb.info/1152210971/34>.

280 Karimies, Ilmari: **Martin Luthers understanding of faith and reality (1513–1521):** the influence of Augustinian Platonism and illumination in Luthers thought. Druckausgabe und Online-Ressource. TÜ: Mohr Siebeck, 2022. XI, 393 S. (Spätmittelalter, Humanismus, Reformation; 130) – Helsinki, Univ., Theol. Fak., Diss., 2017. [Vgl. LuB 2019, Nr. 312]

281 Leppin, Volker: **Luthers Verhältnis zu Staupitz in den »Tischreden«.** In: 037, 95–113.

282 Leppin, Volker: **Mysticism and justification.** In: 024, 181–193.

283 Lorentzen, Tim: **Sola scriptura vor Luther:** von der Bücherfülle zur Genügsamkeit der Bibel. In: 036, 3–28: Ill.

284 Luy, David J.: **Martin Luther and late medieval Christology:** continuity or discontinuity? In: 024, 15–25.

285 Mayes, Benjamin T. G.: **Old Luther disputing the origin of souls:** Augustinian and scholastic anthropologies in debate. LuJ 88 (2021), 113–133.

286 Müller, Andreas: **Zur Formgeschichte und Hermeneutik der »Apophthegmata Patrum«.** In: 037, 19–37.

287 Pedersen, Else Marie Wiberg: **»You are mine, and I am yours«:** the nuptial motif in Luther's theology. In: 024, 161–180.

288 Vollhardt, Friedrich: **Bußtheologie für Laien?:** die Jenseitsvision in der Literatur des Spätmittelalters und der Reformationszeit. In: 029, 225–257.

289 White, Graham: **Modal logic in Luther's »enslaved will«.** In: 024, 91–103.

290 Wolf, Frieder Otto: **Luther und die »via moderna« der sogenannten Spätscholastik:** Fragen zu einer tief sitzenden Ambivalenz im Übergang zur europäischen Moderne. In: 019, 755–770.

291 Zimmermann, Rainer E.: **Sola gratia – sola fide:** Luthers augustinische Sicht auf die Rechtfertigung: In: 019; 739–755.

5 Beziehungen zwischen Luther und gleichzeitigen Strömungen, Gruppen, Persönlichkeiten und Ereignissen

a) Allgemein

292 Arnold, Matthieu: **Luther et ses imprimeurs.** In: 027, 27–41.

293 Behringer, Wolfgang; Kraus, Wolfgang; Marti, Roland: **Einleitung:** Noch einmal Luther und seine Reformation. In: 031, 1–4.

294 Behringer, Wolfgang: **Der Pluralismus der Radikalen Reformation – ein Labor der Moderne.** In: 031, 237–288.

295 Brendle, Franz: **Württemberg, Tübingen und die Reformation in Südosteuropa.** Württembergisch-Franken 102 (2018), 191–207.

296 **Frauen ergreifen das Wort:** Flugschriften von Autorinnen der Reformation in heutigem Deutsch/ hrsg. von Martin H. Jung; Friederike Mühlbauer. Druckausgabe und Online-Ressource. PB: Brill Schöningh, 2022. XI, 194 S.: Ill.

297 Gause, Ute: **Transformation statt Reformation als »sanfte Signatur«?:** eine Erörterung. In: 029, 71–81.

298 Gebauer, Ralf: **Der Schmalkaldische Bund.** In: 08, 111–116: Ill.

299 Helmrath, Johannes: **Das Berliner Konzept »Transformationen der Antike«:** Kann es

für die Reformationsforschung taugen? In: 029, 83–112.

300 **Kirchen-ABC Meissner Land**/ hrsg. vom Zentrum für Kultur und Geschichte e.V. in Zusarb. mit dem Evang.-Luth. Kirchgemeindebund Meißner Land; Einführung: Matthias Donath. Königsbrück: Via Regia, [2021]. 112 S.: Ill.

301 Koch, Renate: **Die rechtshistorische Bedeutung der Reformation.** In: 031, 67–88.

302 Kohnle, Armin: **Karl V., Friedrich der Weise und der Reichstag in Worms 1521.** In: 013, 30–39: Ill., Kt.

303 Kohnle, Armin: **Von Worms nach Augsburg:** der Reichstag als Regelungsinstanz in der Glaubensfrage 1521–1555. In: 013, 262–273: Ill.

304 Leppin, Volker: **Transformation – Ein Modell zur Bestimmung von Kontinuität im Wandel.** In: 029, 43–60.

305 Leppin, Volker: **The transformation of the concept »People of God« in the Reformation era.** In: 038, 49–53: Ill.

306 **Der Reichstag zu Regensburg 1541**/ bearb. von Albrecht P. Luttenberger; Mitw.: Christiane Neerfeld ...; hrsg. von der Historischen Kommission bei der Bayerischen Akademie der Wissenschaften durch Eike Wolgast. 4 Bde. B: De Gruyter Oldenburg, 2018. 938 S.; S. 939–1872; S. 1874–2828; S. 2829–3777. (Deutsche Reichstagsakten: Jüngere Reihe, Deutsche Reichstagsakten unter Kaiser Karl V.; 11)

307 Schäufele, Wolf-Friedrich: **Kirchengeschichte** II: **Vom Spätmittelalter bis zur Gegenwart.** Druckausgabe und Internetressource. L: EVA, 2021. XX, 544 S. (Lehrwerk Evang. Theologie [LETh]; 4)

308 Schilling, Heinz: **Das Christentum und die Entstehung des modernen Europa:** Aufbruch in die Welt von heute. Druckausgabe und Online-Ressource. FR; BL; W: Herder, 2022. 472 S.: Ill.

309 Schneider, Hans: **Wolfgang Volprecht (†1528):** Nürnberger Augustinereremit und evangelischer Prediger. (2020). In: 033, 529–574: Ill.

310 Strohm, Christoph: **Unumgänglicher Streit und notwendige Vermittlung:** exemplarische Konstellationen in der Reformationszeit. JBKRG 15 (2021), 205–222.

311 Villacañas Berlanga, José Luis: **La revolución intelectual de Lutero** (Luthers geistige

Revolution). Madrid: Guillermo Escolar Editor, 2017. 622 S.: Ill. (Villacañas Berlanga, José Luis: Imperio reforma y modernidad; 1)

312 Witt, Christian: **Innerprotestantische Ökumene und Bekenntnis:** zur Frage der Augsburger Konfessionsverwandtschaft im Reich bis 1648. In: 05, 133–156.

313 Zorzin, Alejandro: **Peter Schöffer der Jüngere, Worms und Luther:** Typenpunzen und Federkeil im Dienste der Reformation. In: 013, 353–357: Ill.

314 Zschoch, Hellmut: **»Luther in Worms« im Spiegel der zeitgenössischen Publizistik.** In: 023, 127–149: Ill.

b) Wittenberger Freunde, Philipp Melanchthon

315 Bodenstein von Karlstadt, Andreas: **Kritische Gesamtausgabe der Schriften und Briefe Andreas Bodensteins von Karlstadt**/ hrsg. von Thomas Kaufmann. Bd. 4: **Briefe und Schriften 1521**/ bearb. von Harald Bollbuck; Ulrich Bubenheimer, Stefania Salvadori; Alejandro Zorzin ... GÜ: GVH, 2022. XLVIII, 839 S., 3 unpag. S.: Taf., Ill. (Quellen und Forschungen zur Reformationsgeschichte; 97)

316 **Briefe und Akten zur Kirchenpolitik Friedrichs des Weisen und Johanns des Beständigen 1513 bis 1532:** Reformation im Kontext frühneuzeitlicher Staatswerdung/ hrsg. von Armin Kohnle; Manfred Rudersdorf. Druckausgabe und Internetressource. Bd 2: **1518–1522**/ bearb. von Stefan Michel; Beate Kusche; Ulrike Ludwig ... unter Mitarb. von Saskia Jähnigen; Steven Bickel. L: EVA, 2022. 896 S. (Briefe und Akten zur Kirchenpolitik Friedrichs des Weisen und Johanns des Beständigen 1513 bis 1532; 2)

317 Jammerthal, Tobias: **»Mit anzeigung der vornemstenn argument«:** Bemerkungen zu Fürst Georgs III. von Anhalt Forschungen über das heilige Abendmahl. In: 02, 159–187: Faks.

318 Laube, Stefan: **Prosit Reformation!:** perlende Worte als Treibstoff der Erinnerung In: 028, 203–241: Ill.

319 [Melanchthon, Philipp]: **Melanchthons Briefwechsel:** kritische und kommentierte Gesamtausgabe/ im Auftrag der Heidel-

berger Akademie der Wissenschaften hrsg. von Christine Mundhenk. Bd. 14: **Personen O-R**/ bearb. von Heinz Scheible. S-Bad Cannstatt: Frommann-Holzboog, 2021. 555 S.

320 [Melanchthon, Philipp]: **Melanchthons Briefwechsel**: kritische und kommentierte Gesamtausgabe/ im Auftrag der Heidelberger Akademie der Wissenschaften hrsg. von Christine Mundhenk. Bd. 15: **Personen S**/ bearb. von Heinz Scheible. S-Bad Cannstatt: Frommann-Holzboog, 2021. 487 S.

321 [Melanchthon, Philipp]: **Melanchthons Briefwechsel**: kritische und kommentierte Gesamtausgabe/ im Auftrag der Heidelberger Akademie der Wissenschaften hrsg. von Christine Mundhenk. Bd. 16: **Personen T-Z und Nachträge**/ bearb. von Heinz Scheible. S-Bad Cannstatt: Frommann-Holzboog, 2022. 417 S.

322 [Melanchthon, Philipp]: **Melanchthons Briefwechsel**: kritische und kommentierte Gesamtausgabe/ im Auftrag der Heidelberger Akademie der Wissenschaften hrsg. von Christine Mundhenk. Bd. T 21: **Texte 5970–6291 (1551)**/ bearb. von Matthias Dall'Asta; Heidi Hein; Christine Mundhenk. S-Bad Cannstatt: Frommann-Holzboog, 2020. 484 S.

323 [Melanchthon, Philipp]: **Melanchthons Briefwechsel**: kritische und kommentierte Gesamtausgabe/ im Auftrag der Heidelberger Akademie der Wissenschaften hrsg. von Christine Mundhenk. Bd. T 22: **Texte 6292–6690 (1552)**/ bearb. von Matthias Dall'Asta; Heidi Hein; Christine Mundhenk. S-Bad Cannstatt: Frommann-Holzboog, 2021. 576 S.

324 Richter, Maik: **Fürst Georg III. von Anhalt und die lutherische Kirchenmusik im Zeitalter der Konfessionalisierung**. In: 02, 189–200: Faks.

325 Scheible, Heinz: **Alter oder neuer Weg**: Melanchthons Tübinger Magisterium. (2013). In: 032, 165–170.

326 Scheible, Heinz: **Der Bildungsreformer Melanchthon**. (2011. 2015). In: 032, 192–213.

327 Scheible, Heinz: **Brenz und Melanchthon – eine Jugendfreundschaft**. (2014). In: 032, 171–191.

328 Scheible, Heinz: **Fünfzig Jahre Melanchthonforschung**. (2001). In: 032, 34–47.

329 Scheible, Heinz: **Helmut Claus: ein inno**vativer Bibliograph aus Leidenschaft und seine monumentale Melanchthonbibliographie. (2016). In: 032, 244–251.

330 Scheible, Heinz: **Laudatio auf Cornelis Augustijn**. (1998). In: 032, 240–243.

331 Scheible, Heinz: **Laudatio auf Günther Wartenberg**. (1992). In: 032, 237–239.

332 Scheible, Heinz: **Laudatio auf Helmut Claus**. (2019). In: 032, 252–258.

333 Scheible, Heinz: **Laudatio auf Siegfried Wiedenhofer**. (1988). In: 032, 233–236.

334 Scheible, Heinz: **Lehrpersonal und Lehrprofil der Leucorea zwischen Neufundation (1536) und Melanchthons Tod (1560) – die Philosophische Fakultät**. (2015). In: 032, 214–228.

335 Scheible, Heinz: **Mann der Kompromisse**: Melanchthons 500. Geburtstag ist ein Jubeljahr wert. (1997). In: 032, 21–23.

336 Scheible, Heinz: **Melanchthon im Killy Literaturlexikon**. (2010). In: 032, 106–110.

337 Scheible, Heinz: **Melanchthon im Lexikon der Religionspädagogik**. (2001). In: 032, 104f.

338 Scheible, Heinz: **Melanchthon in Heidelberg**. (um 1999, Vortrag). In: 032, 111f.

339 Scheible, Heinz: **Melanchthon und Justus Jonas**. (2009). In: 032, 145–164.

340 Scheible, Heinz: **Melanchthons Bedeutung für das Schulwesen**. (1997). In: 032, 93–103.

341 Scheible, Heinz: **Melanchthons Bedeutung für Kirche und Kultur**. (1997. 2000). In: 032, 9–16.

342 Scheible, Heinz: **Melanchthons Bedeutung für Schule und Universität**. (1997). In: 032, 91f.

343 Scheible, Heinz: **Melanchthons »Tractatus de potestate papae et episcoporum«**. (1997). In: 032, 75f.

344 Scheible, Heinz: **Melanchthons Verhältnis zu Georg von Anhalt**. (2008). In: 032, 115–144.

345 Scheible, Heinz: **Nachruf auf Walter Thüringer († 30. 11. 2016)**: Friedhof Neidenstein am 10. Dezember 2016. (2016. 2018). In: 032, 259–262.

346 Scheible, Heinz: **Nachruf auf Wilhelm Hammer**. (1982). In: 032, 231f.

347 Scheible, Heinz: **Philipp Melanchthon, der Reformator neben Luther**. (1997). In: 032, 51–74.

348 Scheible, Heinz: **Sozialethik bei Melanchthon**. (2001). In: 032, 89f.

349 Scheible, Heinz: **Die Verantwortung des Christen:** Melanchthon als Kirchenpolitiker. (1997). In: 032, 77–88.

350 Scheible, Heinz: **Der Mann neben Luther:** vor 500 Jahren wurde Philipp Melanchthon geboren. (1997). In: 032, 17–20.

351 Scheible, Heinz: **Wozu Melanchthon-Forschung?:** die Aktualität des Humanisten und Reformators. (2010). In: 032, 24–33.

352 Wengert, Timothy J.: **»Confessio Augustana« 22–28:** a template for Philip Melanchthon's »ecumenical« theology. In: 05, 63–84.

c) Altgläubige

353 Basse, Michael: **Glaube und Gewissheit bei Cajetan.** In: 03, 163–181.

354 Decot, Rolf: **Die geistlichen Territorien als »Problem« der Reformation am Beispiel der Bistümer Naumburg und Merseburg.** Jahrbuch für mitteldeutsche Kirchen- und Ordensgeschichte 17 (2021), 69–101: Ill.

355 Füllenbach, Elias H.: **Cajetan und der Dominikanerorden.** In: 03, 27–50. L".

356 Gerhardt, Volker: **Das Gewissen des Kaisers:** Karl V. zwischen Erasmus und Luther. In: 013, 320–330.

357 Hallensleben, Barbara: **Cajetan als Prediger:** ein Beitrag zur Rekonstruktion seiner Begegnung mit Martin Luther 1518. In: 03, 217–242.

358 Hamm, Berndt: **Johann Tetzel in neuem Licht:** Vortrag in Leipzig am 10. Oktober 2017 bei der Präsentation des Ausstellungs-Begleitbandes »Johann Tetzel und der Ablass«. Neues Archiv für sächsische Geschichte 89 (2018; gedruckt 2019), 265–281.

359 Heimann, Heinz-Dieter: **Buch und Reformation kontrovers:** »Der Barfu//ser Muenche Eulenspie=//gel und Alcoran« (1542); die Visitation des Brandenburger Franziskanerkonvents und Erasmus Albers' antifranziskanische Polemik als reformatorisches Kommunikationsereignis In: 025, 669–687: Ill.

360 Kaufmann, Thomas: **Luther und der Papst.** In: 013, 40–47.

361 Knoll, Alfons: **Theologie als Wissenschaft:** Cajetan im Gespräch mit Thomas von Aquin. In: 03, 129–145.

362 Nieden, Marcel: **Cajetans Ablassverständnis.** In: 03, 79–104.

363 Reinis, Astra: **Die geistlichen Schriften der Fürstin Margarethe von Anhalt (1473–1530).** In: 02, 123–157: Ill., Faks.

364 Schneider, Hans: **Der Alsfelder Augustinereremit Tilemann Schnabel.** (2019). In: 033, 575–620: Ill., Kt.

365 Schneider, Hans: **Die autobiographischen Aufzeichnungen des Nürnberger Augustinereremiten Nikolaus Besler.** (2012). In: 033, 13–45: Ill.

366 Schneider, Hans: **Ein Franke in Rom:** römische Wanderungen des Nürnberger Augustinereremiten Nikolaus Besler im Jahr 1507. (2004). In: 033, 47–74: Ill.

367 Schneider, Hans: **Gabriele della Volta (Gabriel Venetus).** (2015). In: 033, 333–337: Ill.

368 Schneider, Hans: **Eine hessische Intervention in Rom für Johannes von Staupitz und die deutschen Augustinerobservanten (1506).** (2004). In: 033, 75–100: Ill.

369 Schneider, Hans: **Johanns von Staupitz' Amtsverzicht und Ordenswechsel.** (2016). In: 033, 465–508: Ill.

370 Schneider, Hans: **Der Osnabrücker Augustinereremit Gerhard Hecker († 1536).** (2019). In: 033, 373–420: Ill., Kt.

371 Schneider, Hans: **Staupitz' Ausschreiben zum Kapitel der deutschen Augustinerkongregation in Heidelberg 1515:** ein Quellenbefund. (2007). In: 033, 315–331: Ill.

372 Schneider, Hans: **Die Terminei der Eschweger Augustinereremiten in Göttingen.** (2015). In: 033, 651–669: Ill.

373 Siedlecki, Armin: **A drunken, red-headed monk in Magdeburg:** local religious conflict and polemic. RNCRC 56 (2021) summer, 4f: Ill.

374 Stegmann, Andreas: **War Johann Tetzel 1517/18 in Berlin-Cölln?** JBrKG 73 (2021), 45–48.

375 Unterburger, Klaus: **Cajetans philosophisch-theologischer Werdegang.** In: 03, 1–14. L".

376 Unterburger, Klaus: **Die »Confessio Augustana« und die katholische Theologie des 16. Jahrhunderts.** In: 05, 85–104.

d) Humanisten

377 Arnold, Matthieu: **L'assertio contre le doute:** le débat entre Érasme et Luther au sujet du

libre-arbitre (1524–1525). In: Le doute dans l'Europe moderne/ hrsg. von Élise Boillet; Marco Faini. Turnhout: Brepols, 2022, 125–140. (Études renaissantes; 36)

378 Bernstein, Eckhard: **Johannes Crotus Rubianus**: Satiriker – Humanist – Theologe; eine biografische Annäherung. Druckausgabe und Internetressource. W; Köln: Böhlau; GÖ: Böhlau Köln, 2022. 343 S.: Ill. (QFTZR; 14)

379 Bubenheimer, Ulrich: **Andreas Gronewalt**: Priester, Notar und Humanist aus Halberstadt zwischen Erzbischof Albrecht von Brandenburg und den Wittenberger Reformatoren. In: 022, 162–203.

380 Burnett, Amy Nelson: **Revisiting Humanism and the Urban Reformation.** LQ 35 (2021) Nr. 4, 373–400.

381 Cancik-Lindemaier, Hildegard: **Wille, Tugend und Erlösung**: Erasmus und Luther im Disput »Über den Menschen«. In: 019, 605–624.

382 Kreutz, Wilhelm: **Ulrich von Hutten und die »nationale Vollendung« der Reformation.** In: 019, 299–316.

e) Thomas Müntzer und Bauernkrieg

383 Grenouilleau, Olivier: **Christianisme et esclavage.** P: Gallimard, 2021. 539 S. L 293–294. 297–305. (Bibliothèque des histoires)

384 Vogler, Günter: **Thomas Müntzer – ein Märtyrer?**: Überlegungen zu einer bisher nicht edierten Handschrift. Mühlhausen: Thomas-Müntzer-Gesellschaft, 2019. 84 S.: Ill. (Thomas-Müntzer-Gesellschaft: Veröffentlichungen; 26)

385 Zorzin, Alejandro: **Thomas Müntzer in Gronewalts Bucheinträgen.** In: 022, 244–257: Ill.

f) »Schwärmer« und Täufer

386 Ehmer, Hermann: **Die Wiedertäuferbewegung.** Württembergisch-Franken 102 (2018), 93–109.

387 Schlachta, Astrid von: **Täufer**: von der Reformation ins 21. Jahrhundert. Druckausgabe und Online-Ressource. TÜ: Narr Francke Attempto, 2020. 432 S.: Ill. (UTB; 5336)

g) Schweizer und Oberdeutsche

388 Albisser, Ariane: **Katharina Gmünder – Die Gattin Leo Juds.** Zw 47 (2020), 1–15. L".

389 Büttner, Florian: **Johann Bader**: eine biographische Studie zum reformatorischen Netzwerk am Oberrhein. Druckausgabe und Online-Ressource. GÖ: V&R, 2020. 302 S.: Ill. (Forschungen zur Kirchen- und Dogmengeschichte; 121) – Zugl. geringfügig veränd. M, Ludwig-Maximilians-Univ., Diss., 2019.

390 Felder, Matthias: **Christliches Leben und die Verbesserung des Menschen**: enhancement and Heiligung bei Calvin. Druckausgabe und Online-Ressource. B: De Gruyter, 2022. XI, 242 S. (Theologische Bibliothek Töpelmann; 197)

391 Flückiger, Fabrice: **Die Zürcher Disputationen**: Theologen und Ratsherren auf dem Weg zur göttlichen Wahrheit. In: 010, 32–48: Ill.

392 Freudenberg, Matthias: **»Tut um Gottes Willen etwas Tapferes!«**: der reformierte Zweig der Reformation am Beispiel von Huldrych Zwingli (1484–1531). In: 031, 137–154.

393 Hamm, Berndt: **Faszination der Ordnung – Martin Bucer und der reformatorische Umbruch in der Reichsstadt Ulm 1531.** Ulm und Oberschwaben 62 (2021), 59–78.

394 Loetz, Francisca: **Osmanen und Moslems**: das Problem mit den ›Türken‹. In: 010, 49–65: Ill.

395 Loetz, Francisca; Missfelder, Jan-Friedrich: **Singen als Herzensgebet**: die Praxis des Kirchengesangs in der Stadt und auf der Landschaft. In: 010, 185–208: Ill.

396 Neugebauer, Matthias: **Ulrich Zwinglis Ethik**: Stationen, Grundlagen, Konkretionen. Druckausgabe und Online-Ressource. ZH: Theol. Verlag Zürich, 2017. 227 S.

397 茨温利的伦理学: 经济, 和平, 信仰 (Neugebauer, Matthias: **Ulrich Zwinglis Ethik** <chines.>). Elektronische Ressource. Genève: Globethics.net 2017, 227 S. (Globethics.net China Christian series; 6)

398 Selderhuis, Herman J.: **Augsburg in Heidelberg – Der reformierte Umgang mit der »Confessio Augustana«.** In: 05, 121–132.

399 **Die Zürcher Reformation – eine ereignisgeschichtliche Orientierung.** In: 010, 518–527.

h) Juden

400 Aue-Ben-David, Irene: **Siegel von Josel von Rosheim.** Internetressource. Bonn: bpb, Bundeszentrale für Politische Bildung 2021 (20. Oktober). (Shared History Projekt) – <https://www.bpb.de/geschichte/zeitgeschichte/339644/siegel-von-josel-von-rosheim>.

401 Gailus, Manfred: **Martin Luthers »Judenschriften« und der protestantische Antisemitismus im »Dritten Reich«.** In: 019, 363–377.

402 Gailus, Manfred; Vollnhals, Clemens: **Der Tübinger Theologe und »Judenforscher« Gerhard Kittel:** zur Einführung. In: 04, 7–18.

403 Homolka, Walter: **»Ertragen können wir sie nicht« – Martin Luther und die Juden.** In: 026, 842–845.

404 Kaufmann, Thomas: **The election of Israel?:** Jews in the eyes of early modern Lutherans. In: 038, 62–69: Ill.

405 Hansen, Jörg: **Luther, Bach – und die Juden = Luther, Bach – and the Jews/** Katalog zur Sonderausstellung 2016 »Luther, Bach – und die Juden«. Eisenach: Bachhaus Eisenach, 2016. 47 S.: Ill.

406 **Luther, Jews, and Judaism:** possibilities for rethinking interreligious engagement: a Kessler Conversation with Professor Dean P. Bell, Wednesday November 10 2021/ Gespräch: Bo Adams mit Dean P. Bell. Online-Ressource. – Siehe: <https://www.youtube.com/watch?v=b9qPjF2b2bk>.

407 Mecklenburg, Norbert: **Der Judenhass Luthers:** ein Schlüssel zur Erklärung des christlichen Antisemitismus. In: 019, 377–396.

408 Oelschläger, Ulrich: **Die Juden und Luther:** ein Wechsel der Perspektive unter besonderer Berücksichtigung jüdischer Gelehrter. BlPfKG 88 (2021), 331–341: Ill. = Ebernburg-Hefte 55 (2021), 115–125: Ill.

409 Oelschläger, Ulrich: **Die Juden und Luther:** ein Wechsel der Perspektive unter besonderer Berücksichtigung jüdischer Gelehrter. In: 023, 231–242.

410 Wallmann, Johannes: **Luthertum und Zionismus in der Zeit der Weimarer Republik.** (2017). In: 039, 257–310.

411 Wallmann, Johannes: **Der Pietismus und das Judentum.** (2012). In: 039, 169–198.

412 Wallmann, Johannes: **Die Rezeption von Luthers Judenschriften von der Reformation bis zum Ende des 19. Jahrhunderts** (The reception of Luther's writings on the Jews from the Reformation to the end of the 19th century <dt.>). In: 039, 121–168.

413 Wallmann, Johannes: **Ein Vermächtnis Kaiser Wilhelms II:** Was hat Walter Grundmanns Eisenacher »Entjudungsinstitut« mit Martin Luther zu tun? (2017). In: 039, 211–256.

414 Wallmann, Johannes: **Der von Luther angeblich eingerichtete Judensonntag.** In: 039, 199–210.

i) Künstler, Kunst, Bilderfrage

415 Graf, Gerhard: **Religiöse Wandmalerei der Reformationszeit in Freiberg – fünf Beispiele aus der Pfarrgasse 22.** Mitteilungen des Freiberger Altertumsvereins 115 (2022), 193–213: Ill.

416 Harasimowicz, Jan; Huczmanová, Andrea: **Zur Ikonographie des Cranach-Retabels in der Augustusburger Schlosskapelle.** In: Der Cranach-Altar in der Augustusburger Schlosskapelle/ hrsg. vom Landesamt für Denkmalpflege Sachsen. Beucha; Markkleeberg: Sax, 2015, 12–32: Ill. (Landesamt für Denkmalpflege Sachsen: Arbeitsheft; 24)

417 Kaufmann, Thomas: **Neues vom »Junker Jörg«:** Lukas Cranachs frühreformatorische Druckgraphik; Beobachtungen, Anfragen, Thesen und Korrekturen/ Redaktion: Andreas Schirmer; Bildredaktion: Hannes Bertram; Andreas Schlüter. Druckausgabe und Internetressource. [Weimar]: Herzogin Anna Amalia Bibliothek, Klassik Stiftung Weimar; Norderstedt: Books on Demand, 2020. 84 S.: Ill. (Konstellationen; 2)

418 Ladwig, Perdita: **Die Cranach-Werkstatt, Luther und die deutsche Renaissance:** einige Anmerkungen zur Bildpraxis Lucas Cranachs des Älteren (1472–1553). In: 019, 181–204.

419 Locher, Elmar: **Friedrich von Spee, Martin Luther und die Macht der Bilder.** In: 019, 719–738.

420 **Lucas Cranach der Ältere und Hans Kemmer:** Meistermaler zwischen Renaissance und Reformation/ hrsg. von Dagmar Täube

in Zsarb. mit Miriam Mayer; Julia Hartenstein. (Anlässlich der Sonderausstellungt
Cranach – Kemmer – Lübeck, Meistermaler zwischen Renaissance und Reformation, 24. Oktober 2021 – 6. Februar 2022 im
St. Annen-Museum Lübeck). M: Hirmer,
2021. 304 S.: Ill.

421 Meyer-Blanck, Michael: **Vom goldenen
Zeitalter und der tiefen Schau des Seins:**
Bilder der Alten Kirche und des Mittel-
alters in der Liturgiegeschichtsschreibung.
In: 015, 173–195.

422 Neddens, Christian: **Die Wiederkehr der
Bilder:** Transformation und Reformation
mittelalterlicher Heilsmedien in der Cranach-Werkstatt. In: 031, 181–210.

423 Nickel, Monika: **Religiöse Bilder und Reformbewegungen:** Aspekte des bildtheolo-
gischen Diskurses im westlichen Christentum bis in die Reformationszeit. In: 030,
36–54.

424 Siedlecki, Armin: **Martin Luther, Lucas
Cranach and Johannes Tauler.** RNCRC 57
(2022) summer, 4 f: Ill.

425 Vennebusch, Jochen H.: **Neuer Wein in alten Schläuchen?:** das Hochaltarretabel der
Stadtkirche St. Peter und Paul in Weimar
zwischen Innovation und Konvention. In:
030, 55–84: Ill.

**j) Territorien und Orte innerhalb des
Deutschen Reiches**

426 Arnold, Matthieu: **Die Straßburger Reformation:** eine Transformation? In: 029,
115–130.

427 Bittel, Christoph: **Reformation in Creg-
lingen und in Frauental:** Versuch eines
Überblicks. Württembergisch-Franken 102
(2018), 153–177: Ill.

428 Bönnen, Gerold: **Worms als Austragungsort
des Reichstags von 1521:** eine Reichsstadt
als Akteur und Bühne. In: 013, 342–352: Ill.

429 Bönnen, Gerold: **Worms im April 1521.** In:
013, 48–52.

430 Conrad, Joachim: **Der reformatorische Umbruch an Saar und Blies.** In: 031, 155–180.

431 Franz, Günther: **Caspar Huberinus und die
Reformation in Hohenlohe.** Württembergisch-Franken 102 (2018), 111–134: Ill.

432 Fritz, Gerhard: **Kloster Murrhardt und die
Reformation unter besonderer Berück-**

sichtigung der Murrhardter Besitzungen in
Schwäbisch Hall. Württembergisch-Franken 102 (2018), 135–152.

433 Grochowina, Nicole: **Zwischen Bekenntnis und Herrschaft:** die Nürnberger Visitation von 1528. ZBKG 90 (2021), 29–40.

434 Huber, Wolfgang: **Martin Meglin und sein
Vorgänger Johann Schenk von Siemau:** die
beiden ersten evangelischen Pfarrer von
Kitzingen (1523–1533). ZBKG 90 (2021),
41–69.

435 Lausten, Martin Schwarz: **Wittenberg: the
Holy city.** In: 038, 170–177: Ill.

436 Noack, Axel: **Die Reformation im geteilten
Sachsen.** In: 08, 105–110: Ill., Kt.

437 Oelschläger, Ulrich: **Worms als multireli-
giöse und multikonfessionelle Stadt:** vom
Zusammenleben der Konfessionen in Geschichte und Gegenwart. In: 013, 331–341.

438 Pischke, Gudrun: **Philipp I., Herzog von
Braunschweig, und die Reformation im
Fürstentum Grubenhagen.** JNKG 118
(2020), 7–38.

439 Platthaus Andreas: **Luther-Jubiläum in
Jena:** im deutschen Emmaus. FAZ.NET [On-
line].–Siehe:<https://www.faz.net/aktuell/
feuilleton/debatten/traditionspflege-in-
jena-zum-jubilaeum-von-luthers-besuch-
1522-17852506.html>.

440 Rasche, Anja; Jörn, Nils: **Reformation in
Wismar:** Personen – Orte – Objekte. Wismar: callidus, 2018. 213 S.: Ill. (Schriftenreihe der Freunde und Förderer des Archivs
der Hansestadt Wismar; 8)

441 Reichel, Maik: »**Zechen unter der predigt
und sonntags collationem, dadurch der Prediger verseumet wirdt, sind gemein« – die
Zeit der Reformation in Lützen.** In: Lützen:
kleine Stadt, großer Name/ hrsg. von Maik
Reichel; Katja Rosenbaum; Hans-Georg
Walther im Auftrag der Stadt Lützen.
Druckausgabe und Online-Ressource. Beucha; Markkleeberg: Sax, 2019, 134–141: Ill.

442 Schneider, Hans: **Das Augustinereremitenkloster Langensalza in der Reformationszeit.** (2012/2013). In: 033, 621–650: Ill.

443 Schneider, Martin: **Adam Bartholomäus –
Reformer, Vermittler oder Verräter?:** ein
Theologenschicksal in Zeiten konfessioneller Radikalisierung. JBKRG 15 (2021),
339–355: Ill.

444 Stegmann, Andreas; König, Marcus: **Die
Korrespondenz des polnischen Königs Si-**

gismund I. mit Kurfürst Joachim II. von Brandenburg und Kurfürstin Hedwig im September und Oktober 1539 wegen der Einführung der Reformation im Kurfürstentum Brandenburg. JBrKG 73 (2021), 92–119: Quellenanhang, 102–119.

445 Stegmann, Andreas: **Zur Reformation in der Stadt Sommerfeld in der Niederlausitz.** JBrK 73 (2021), 66–82.

446 **Theologenbriefwechsel im Südwesten des Reichs in der Frühen Neuzeit (1550–1620):** kritische Auswahledition/ im Auftrag der Heidelberger Akademie der Wissenschaften hrsg. von Christoph Strohm. Bd. 1: **Württemberg I (1548–1570)**/ hrsg. von Christoph Strohm; bearb. von Sabine Arend; Stephen E. Buckwalter; Daniel Degen ... GÜ: GVH, 2020. CI, 717 S. (QFRG; 96)

447 Will, Katharina: **Stiftungen und Reformation:** eine vergleichende Studie zur Transformation des Stiftungswesens in den Reichsstädten Nürnberg und Ulm im 16. und frühen 17. Jahrhundert. L: EVA, 2022. 362 S. (AKThG; 58)

k) Länder und Orte außerhalb des Deutschen Reiches

448 Allonge, Guillaume: **La langue des évangéliques:** du Dialogue en forme de vision nocturne (1524) au Beneficio di Cristo (1543). In: 018, 61–80.

449 Amundsen, Arne Bugge: **The Nordic Zion:** the coronation of Christian III, King of Denmark-Norway, in 1537. In: 038, 72–95: Ill.

450 Angel, Sivert: **Topos and topography:** Jerusalem in the memory of Christian III, king of Denmark-Norway. In: 038, 97–117: Ill.

451 Babel, Rainer: **Frankreich und die lutherische Reformation.** In: 031, 211–236.

452 Czaika, Otfried; Undorf, Wolfgang: **Einleitung** [Schwedische Buchgeschichte]. In: 035, 7–11.

453 Czaika, Otfried: **Rome:** Jerusalem or seat of the Antichrist?: Lutheran polemics in sixteenth-century Sweden. In: 038, 298–313: Ill.

454 Delgado, Mariano: **Erasmianische, kirchenreformerische und gegenreformatorische Lutherbilder im Spanien des 16. Jahrhunderts.** In: 019, 657–672.

455 Fejtová, Olga: **Buchdruck und Buchhandel in den Prager Städten als Medien der lutherischen Reformation.** In: 016, 215–242.

456 Hrubá, Michaela; Royt, Jan: **Der historische Kontext der visuellen Kunst der lutherischen Reformation in Böhmen zu Beginn der Frühen Neuzeit.** In: 016, 325–348.

457 **Ketzerisches Venedig:** zwischen Reformation und Inquisition/ Text: Cristina Gregorin; Fotografien: Norbert Heyl. M: Claudius, 2018. 128 S.: Ill. L".

458 Kick, Remi: **Erzbischof Laurentius Petri und die Buchgeschichte der schwedischen Reformation.** In: 035, 55–72.

459 Krumenacker, Yves: **Quels livres pour la Réforme protestante en France?** In: 027, 129–144. L 129–131. 133f.

460 Landová, Tabita: **O službě slova, víře a spasení:** reformní kazatelství Jana Augusty v kontextu homiletiky Jednoty bratrské = **On the service of the word, faith and salvation** (Vom Dienst des Wortes, dem Glauben und dem Heil: die reformerische Predigertätigkeit von Jan Augusta im Kontext der Homiletik der Brüderunität). Druckausgabe und Internetressource. PR: Karolinum, 2020. 293, 6 unpag S.: Ill., Portr.: engl. Zusammenfassung.

461 Lavery, Jason: **Mikael Agricola and Finland's vernacular Reformation.** In: 035, 73–86.

462 Oftestad, Eivor Andersen: **The Reformation of the Jerusalem code in the sixteenth century.** In: 038, 13–48: Ill.

463 Oftestad, Eivor Andersen: **»Who can approach our Jerusalem without weeping?«:** the destruction of Jerusalem in Danish sources, 1515–1729. In: 038, 235–258: Ill.

464 Piętak, Stanislav; Pindur, David; Spratek, Daniel: **Dějiny evangelíků na Těšínsku od reformace do tolerance** (Geschichte der Evangelischen im Teschener Land seit der Reformation bis zum Toleranzpatent). Český Těšín: Slezská církev evangelická a. v., 2020. 402 S.: Ill.

465 Rajšp, Vincenc: **Die Wahrnehmung des Reformators Primus Truber zu Lebzeiten und danach.** Württembergisch-Franken 102 (2018), 19–44.

466 Storchová, Lucie: **Řád přírody, řád společnosti:** adaptace melanchthonismu v českých zemích vpolovině 16. století (Die Ordnung der Natur, die Ordnung

der Gesellschaft: Adaption des Melanchthonismus in den böhmischen Ländern in der Mitte des 16. Jahrhunderts). Dolní Břežany: Scriptorium, 2021. 460 S.

467 Thomsen, Eike: **Von Wittenberg nach Wilna und Königsberg:** die Reformation im Großfürstentum Litauen und im Herzogtum Preußen. Sächsische Heimatblätter 67 (2021) Heft 4, 363–367: Ill,. Kt.

468 Undorf, Wolfgang: **Buchhandel und Buchsammeln in Schweden zur Zeit der Reformation und Konfessionalisierung.** In: 035, 13–54: Ill.

469 Wenz, Gunther:»**Dikaiopoiia« – Die Lehre von der Rechtfertigung des Sünders im Dialog der Wittenberger Reformation mit dem Patriarchat von Konstantinopel.** In: 05, 105–120.

6 Luthers Wirkung auf spätere Strömungen, Gruppen, Persönlichkeiten und Ereignisse

a) Allgemein

470 Arnold, Matthieu: **Albert Schweitzer, prédicateur.** Strasbourg: AFAAS – Association française des amis d'Albert Schweitzer, 2021. 239 S. L 63–75. (Études schweitzeriennes; 13)

471 **Autorität der Schrift und Rezeptionsprozesse/** von Kinga Zeller; Clarissa Breu; Raphaela J. Meyer zu Hörste-Bürer; Frederika van Oorschot. In: 034, 303–341.

472 Balázs, Mihály: **Die Friedensschlüsse von Siebenbürgen:** Wegmarken religiöser Toleranz oder der Konfessionalisierung? In: 012, 911–927.

473 Benz, Wolfgang: **Vom Vorurteil zur Gewalt:** politische und soziale Feindbilder in Geschichte und Gegenwart. Druckausgabe und Internetressource. FR; BL; W: Herder, 2020. 479 S. L".

474 Benz, Wolfgang: **Vom Vorurteil zur Gewalt:** politische und soziale Feindbilder in Geschichte und Gegenwart. Sonderausgabe für die Zentralen für Politische Bildung. FR; BL; W: Herder, 2020. 479 S. L".

475 Berntson, Martin: »**Our Swedish Moses and Saviour«:** the use of biblical leaders as power legitimization in Reformation Sweden. In: 038, 147–167: Ill.

476 **Bildatlas zur badischen Kirchengeschichte:** 1800–2021/ im Auftrag des Vereins für Kirchengeschichte in der Evang. Landeskirche in Baden hrsg. von Udo Wennemuth in Zsarb. mit Johannes Ehmann; Albert de Lange; Mareike Ritter. Ubstadt-Weiher; HD; Speyer; S; BL: verlag regionalkultur, 2021. X, 341 S.: Ill. L 102–105.

477 Buchardt, Mette: **Lutheranism and the Nordic states.** In: 019, 285–298.

478 Buss, Hansjörg: **Deutsche und Luther Reformationsjubiläen im 19. und 20. Jahrhundert.** In: 019, 29–46.

479 Dembek, Arne; Mühling, Andreas: **Grundkurs rheinische Kirchengeschichte:** eine Orientierung. Bonn: Habelt, 2020. 106 S.: Ill. (Schriftenreihe des Vereins für Rheinische Kirchengeschichte: kleine Reihe; 12)

480 Ehmann, Johannes: **Die Berufung evangelischer Theolog(i)en in Baden auf die »Confessio Augustana« vom 16. bis zum 19. Jahrhundert.** In: 05, 159–175.

481 Flügel, Wolfgang: **Eine kulturelle Wirkung der Reformation:** die Erfindung der Jubiläumskultur. Internetressource. 4 S.: Ill. In: 014. – <Siehe: https://www.db-thueringen.de/receive/dbt_mods_00048269>.

482 Geck, Albrecht: **500 Jahre Verweigerung des Widerrufs:** zur Ikonographie des »Hier stehe ich …« In: 023, 151–177: Ill.

483 Gruschwitz, Annette: **Der Buß- und Bettag im frühneuzeitlichen Sachsen:** eine liturgiehistorische Untersuchung über einen Feiertag im Wandel. Druckausgabe und Internetressource. L: EVA, 2021. 404 S. (Arbeiten zur praktischen Theologie; 84) – Zugl.: L, Univ., Theol. Fak., Diss., 2020.

484 Helenius, Timo: **Raamattu Jumalan sanana:** luterilaista tulkintaa (Die Bibel als Wort Gottes: lutherisch ausgelegt). Reseptio: ulkoasiain osaston teologisten asiain tiedotuslehti (Helsinki 2021) Nr. 2, 89–99. – Siehe: <https://evl.fi/documents/1327140/39531482/Reseptio+2_2021.pdf/46o3ec6-2obo-788a-6b11-ec5f5f934d51?t=1638270175870>.

485 Keßler, Martin: »**Sola scriptura**« – **und Schriftverständnisse im [18.] Jahrhundert bis zum Reformationsjubiläum 1817.** In: 036, 191–209.

486 Koch, Kurt Kardinal: **Die katholische Kirche und die »Confessio Augustana«.** In: 05, 381–398.

487 Laine, Tuija: **Mystics, separatists and ordinary Lutheran readers and writers:** book culture and reading among the Finnish commoners from the 17th to the 19th centuries. In: 035, 169–184.

488 Li, Ruixiang: **A reflection analysis on the Martin Luther and the third enlightenment.** Internetressource. International journal of sino-Western studies 21 (2021), 177–187. – Siehe: <https://www.sinowesternstudies. com/back-issuses/vol-21-2021/>.

489 Maikranz, Elisabeth; Zeller, Kinga: **Schrift, Rezipierende und Rezeptionsgemeinschaften.** In: 034, 226–266.

490 Meiser, Martin: **Reformationsgedenken:** Beispiele vom 16. bis zum 20. Jahrhundert. In: 031, 35–52.

491 Salatowsky, Sascha: **Einführung** [Reformatio et memoria]. In: 028, 11–25.

492 Salatowsky, Sascha: **Kampf um die Reformation:** Aspekte lutherischer Erinnerungskultur. In: 028, 483–517.

493 Schäufele, Wolf-Friedrich: **Luther als Herold der Freiheit:** zum Verständnis der Reformation im Protestantismus der Neuzeit. In: 023, 203–229.

494 Scherzberg, Lucia: **Luther und die katholische Theologie.** In: 031, 289–310.

495 Sommer, Andreas Urs: **Nietzsches Luther:** zum umwerterischen Umgang mit Erich Schmidt, Friedrich von Hellwald, Jacob Burckhardt, Johannes Janssen und Hippolyte Taine als Quellen zur Geschichte der frühen Neuzeit. In: 019, 591–604.

496 Spehr, Christopher: **Interkonfessionalität und Irenik:** Gesprächsstile zwischen Protestanten und Katholiken von 1555 bis 1800. Cath 76 (2022), 2–26.

497 Ungern-Sternberg, Antje von: **Von Luthers Gewissensentscheidung zur heutigen Religionsfreiheit:** Verfassungsgeschichte eines Grund- und Menschenrechts. In: 013, 414–424.

498 Weber, Kajsa: **Buch und Konfessionskonflikt:** Übersetzung, Kompilation und Paratext in Petrus Johannis Gothus' »Sköna och märkliga skriftens sentenser« (1597). In: 035, 111–130.

499 Weber, Wolfgang E. J.: »**Es ist eine merkwürdige Tatsache, daß die protestantische Leben-Jesu-Forschung viel weniger apologetisch war und ist als die Lutherforschung«:** Lutherbild und Geschichtswissenschaft im 19. und 20. Jahrhundert. In: 019, 317–342.

500 Zager, Werner: **Die Gedenkfeiern der Reichstagsjubiläen in Worms:** 1821 – 1921 – 1971 – 2021. In: 023, 243–279: Ill.

b) Orthodoxie und Gegenrefomation

501 Angel, Sivert: **The Saxon-Danish controversy over Niels Hemmingsen (1513–1600):** the beginning of Lutheran Orthodoxy in Denmark-Norway? In: 09, 31–69.

502 Bauer, Joachim: **Reformationsgedächtnis, Universitätsgründung und Krisenmanagement.** In: 028, 53–67.

503 Bohnert, Daniel: **Dogmatische oder biblische Bibelauslegung?:** zur exegetischen und homiletischen Applikation des Schriftprinzips in der Wittenberger Universitätstheologie des frühen 17. Jahrhunderts. In: 036, 142–161.

504 Brown, Christopher Boyd: **Zpívání evangelia: Luterské písně a úspěch reformace** (Singing the Gospel: Lutheran hymns and the success of the Reformation <tschech.>)/ übers. von Dan Török. PR: Lutherova společnost, 2019. 335 S.: Ill., Portr.

505 Ehlers, Corinna: **Konfessionsbildung im Zweiten Abendmahlsstreit (1552–1558/59).** Druckausgabe und Online-Ressource. TÜ: Mohr Siebeck, 2021. XVI, 650 S. (Spätmittelalter, Humanismus, Reformation; 120) – Zugl.: TÜ, Univ., Evang.-Theol. Fak., Diss., 2018/19.

506 Ehmann, Johannes: **Katechismus und Herrschaft in Heinsheim a. N. – Zur Schulpolitik in einem reichsritterschaftlichen Dorf.** JBKRG 14 (2020), 217–304. L 223. 225. 227f. – mit Anhang: **Die Fragstücke des Christlichen Katechismus 1695** (Rekonstruktion).

507 Flügel, Wolfgang: **Matthias Hoë von Hoënegg:** Mastermind des Reformationsjubiläums 1617? In: 011, 79–97.

508 Flügel, Wolfgang: **Reformationsgedenken**

315

im Konflikt – die Säkularfeier 1717. In: 028, 451–481.

509 Flügel, Wolfgang: **Das Reformationsjubiläum 1717 im Schnittpunkt von politischen und konfessionellen Konflikten.** Internetressource. 4 S.: Ill. In: 014. – Siehe: <https://www.db-thueringen.de/receive/dbt_mods_00048272>.

510 Fuchs, Thomas: **Matthias Hoë von Hoënegg als Autor in der Publizistik seiner Zeit.** In: 011, 147–174: Ill.

511 Gehrt, Daniel: **Beyond the institution:** private studies in the theological education of Lutheran pastors and scholars. In: 09, 89–131.

512 Gehrt, Daniel: **Ernst Salomon Cyprian und die Erinnerungspolitik Herzog Friedrichs II. von Sachsen-Gotha-Altenburg im Rahmen des Reformationsjubiläums 1717.** In: 028, 117–154: Ill.

513 Haga, Joar: **The King's celebration:** the Reformation bicentenary in Denmark-Norway in 1717. Internetressource. 5 S.: Ill. In: 014. – Siehe: <https://www.db-thueringen.de/receive/dbt_mods_00048271>.

514 Hattem, Gijsbertus van: **450 Jaar Lutherse kerk in Antwerpen:** 1566–1585 en daarna = **450 years Lutheran church in Antwerp:** 1566–1585 and beyond. Antwerpen: Evang. Lutherse Kerk & Gijsbertus van Hattem, 2018. 78 S.: Ill., Portr.

515 Hüttenhoff, Michael: **Widerstandsrecht und religiöse Legitimierung von Gewalt:** zur politischen Ethik der Monarchomachen. In: 031, 89–114.

516 Ilić, Luka: **Teološka biografija Matije Vlačića Ilirika:** proces radikalizacije u Flaciusovoj misli (Theologian of sin and grace: the process of radicalization in the theology of Matthias Flacius Illyricus <kroat.>)/ aus dem Engl. übers. von Marina Schumann. Zagreb: Veljača, 2021. 342 S.: Ill. (Folia protestantica Croatica; 5)

517 Jähnigen, Saskia: »**Vollständige Reformations-Acta und Documenta**«: Valentin Ernst Löschers Jubelpredigten und Quellenausgabe (1720–1729). Internetressource. 4 S.: Ill. In: 014. – Siehe: <https://www.db-thueringen.de/receive/dbt_mods_00048270>.

518 Klöckner, Thomas: **Reformiertes Selbstbewusstsein um 1617 am Beispiel Heinrich Alting (1583–1644).** In: 028, 423–450.

519 Kohnle, Armin: **Augsburger Religionsfrieden 1555.** In: 012, 837–856.

520 Lindner, Andreas: **Historia Reformationis in nummis:** Christian Junckers Güldene[s] und Silberne[s] Ehren-Gedächtniß Des Theuren Gottes-Lehrers D. Martini Lutheri, 1706; Memoria in Zeiten konfessioneller Verunsicherung. In: 028, 171–201: Ill.

521 Marquard, Reiner: **Gesetz und Evangelium bei Johann Sebastian Bach am Beispiel der Choralkantate »O Ewigkeit, du Donnerwort« (BWV 20).** Bach-Jahrbuch 105 (2019), 269–295.

522 Marquard, Reiner: **Die Mündlichkeit der Predigt und die Rede von der ›streitenden Kirche‹ in Johann Sebastian Bachs Kantate »Ein feste Burg ist unser Gott« (BWV 80):** eine theologische Kritik an der Dichtung. Bach-Jahrbuch 106 (2020), 167–186.

523 Marquard, Reiner: »**Vor deinen Thron tret ich hiermit« (BWV 668):** Erwägungen zum Verständnis der Frömmigkeit bei Johann Sebastian Bach. Bach-Jahrbuch 107 (2021), 185–221.

524 Michel, Stefan: **Das Reformwerk Ernsts des Frommen.** In: 08, 117–122: Ill.

525 Michels, Stefan: **Taktvolle Christologie:** zur Aneignung der Lehre Luthers von der Idiomenkommunikation im Weihnachtsoratorium Johann Sebastian Bachs. In: 029, 205–224.

526 Møller Jensen, Janus: **Danish post-Reformation crusaders:** Jerusalem and crusading in Denmark c.1550–1650. In: 038, 197–231: Ill. L".

527 Neitmann, Klaus: **Die lutherische Konfessionskultur der Prignitzer Hauptstadt Perleberg im Spiegel der Visitationsabschiede des 16. Jahrhunderts.** In: 025, 219–241.

528 Ott, Joachim: **Luther mit dem Hammer in den »Hilaria Evangelica«.** Internetressource. 6 S.: Ill. In: 014. – Siehe: <https://www.db-thueringen.de/receive/dbt_mods_00048280>.

529 Paasch, Kathrin: »**Damit er nicht mit fremden Augen sehen müste«:** Ernst Salomon Cyprians Bibliotheken. In: 028, 85–115

530 Pfuch, Tilman: **Seelsorge und Kontroverstheologie:** Matthias Hoë von Hoënegg als Plauener Superintendent. In: 011, 25–53.

531 Richter, Maik: **Spurensuche nach Quellen zur musikalischen Gestaltung der Feierlichkeiten im Fürstentum Anhalt-Zerbst**

anlässlich des 200. Reformationsjubiläums. Internetressource. 4 S.: Ill. In: 014. – Siehe: <https://www.db-thueringen.de/receive/dbt_mods_00048276>.

532 Salatowsky, Sascha: **Johann Gerhards Bildungsweg: ein Beitrag zu seinem intellektuellen Profil.** In: 09, 205–271.

533 Schäufele, Wolf-Friedrich: **Caspar Sagittarius (1643–1694) als Historiograph der Reformation.** In: 028, 69–83.

534 Scheitler, Irmgard: **Dramatische Beiträge zum Reformationsjubiläum 1717.** Internetressource. 4 S.: Ill. In: 014. – Siehe: <https://www.db-thueringen.de/receive/dbt_mods_00048278>.

535 Schmidt, Beate Agnes: **Angels and the muses of Zion:** Michael Praetorius and cultural exchange between the Danish and German Lutheran courts before the Thirty Years' War. In: 038, 390–415: Ill.

536 Schmidt, Beate Agnes: **Der Klang der Apokalypse:** Musik und Endzeiterwartung bei Michael Praetorius. In: 09, 273–298.

537 Seidel, Andrea: **Joachim Greff und die Inszenierung des Reformationsdaramas.** In: 02, 143. Faks.

538 Šolcová, Kateřina; Sousedík, Stanislav: **Kapitoly z dějin politické filosofie v českých zemích 17. století** (Ein Kapitel aus der Geschichte der politischen Philosophie in den Böhmischen Ländern des 17. Jahrhunderts). Červený Kostelec: Pavel Mervart, 2020. 253 S. L 18–28+".

539 Sommer, Wolfgang: **Die Nachwirkung Martin Luthers in Regentenpredigten zur Zeit der lutherischen Orthodoxie.** LuJ 88 (2021), 185–219.

540 Sparn, Walter: **Future Jerusalem?:** Johann Valentin Andreae's vision of Christianopolis. In: 038, 440–458: Ill. L".

541 Sparn, Walter: **»Subtilitas intelligendi, explicandi, applicandi«:** protestantische Bibelhermeneutik zwischen 1618 und 1717 im Zeichen des »sola scriptura«. In: 036, 163–189.

542 Spehr, Christopher: **Jenaische Jubel-Freude:** die Reformationsfeierlichkeiten in der Saalestadt 1717. Internetressource. 5 S.: Ill. In: 014. – Siehe: <https://www.db-thueringen.de/receive/dbt_mods_00048277>.

543 Steguweit, Wolfgang: **Christian Schlegel und die Münz- und Medaillenbeschreibungen in den »Hilaria Evangelica«.** Inter-

netressource. 10 S.: Ill. In: 014. – Siehe: <https://www.db-thueringen.de/receive/dbt_mods_00048279>.

544 Thomsen, Eike Hinrich: **Gemeindeaufbau und Identitätsstiftung unter Matthias Hoë von Hoënegg in Prag (1611–1613).** In: 011, 55–77.

545 Unger, Tim: **Die Quellen der oldenburgischen Kirchenordnung von 1573.** JNKG 118 (2020), 39–62.

546 Voigt-Goy, Christopher: **Warschauer Konföderation 1573.** In: 012, 877–896.

547 Volkmar, Christoph: **Der eigenhändige Lebenslauf des Joachim von Alvensleben von 1565/86 (Untersuchung und Edition).** In: 025, 367–396.

548 Wangsgaard Jürgensen, Martin: **Staging and performing the commemoration of the Reformation in the Danish churches in 1717.** Internetressource. 4 S.: Ill. In: 014. – Siehe: <https://www.db-thueringen.de/receive/dbt_mods_00048275>.

549 Weber, Wolfgang E. J.: **Luthers bleiche Erben:** Kulturgeschichte der evangelischen Geistlichkeit des 17. Jahrhunderts. Druckausgabe und Internetressource. B: De Gruyter Oldenbourg, 2017. VI, 234 S.: Ill.

550 Westphal, Siegrid: **Fürsten und Fürstinnen als Träger von Erinnerungskultur am Beispiel der Ernestiner.** In: 028, 33–52.

551 Witt, Christian Volkmar: **Das kontroverstheologische Programm der »Hilaria Evangelica«.** Internetressource. 5 S.: Ill. In: 014. – Siehe: <https://www.db-thueringen.de/receive/dbt_mods_00048274>.

552 Zimmermann, Erik: **Kirchenordnung und lutherische Konfessionalisierung am Beispiel der Stadt Essen.** JEKGR 70 (2021), 34–67.

c) Pietismus und Aufklärung

553 Albrecht-Birkner, Veronika; Sträter, Udo: **Ambivalente »pietistische« Haltungen zum Reformationsjubiläum 1717.** Internetressource. 6 S.: Ill. In: 014. – Siehe: <https://www.db-thueringen.de/receive/dbt_mods_00048281>.

554 Haga, Joar: **Consecrating the New Jerusalem in Tranquebar.** In: 038, 416–439: Ill. L".

555 Haga, Joar: **The King's central role in the narrative of the Reformation:** the Refor-

mation bicentenary in Sweden in 1721. Internetressource. 3 S.: Ill. In: 014. – Siehe: <https://www.db-thueringen.de/receive/dbt_mods_00048273>.

556 Haga, Joar: **A sovereign celebrates:** the Reformation bicentenary in Copenhagen. In: 09, 133–153.

557 Heuser, Peter Arnold: **Die Rostocker Theologen Quistorp des 17. und 18. Jahrhunderts im Spiegel ihrer Familienbibel:** kommentierte Edition einer Quelle zur Memorialkultur einer lutherischen ›Universitätsfamilie‹ der Frühen Neuzeit. Rostock: IT- und Medienzentrum der Universität Rostock, 2021. 388 S.: Ill. (Rostocker Studien zur Universitätsgeschichte; 33)

558 Kellermann, Ulrich: **Gerhard Tersteegen als Sachwalter der Reformation.** Bielefeld: Luther, 2020. 207 S.: Ill. (Studienreihe Luther; 21)

559 Kück, Thomas: **»Die gantze Heilige Schrift ... zu unserer Seelen-Wolfahrt«:** die Bibelausgaben von Johann Diecmann als Instrument der Kirchenleitung zwischen Spätorthodoxie und Aufklärung. JNKG 118 (2020), 85–103: Ill.

560 Mennecke, Ute: **Gerhard Tersteegen als radikaler Pietist.** JEKGR 69 (2020), 1–37. L 5 f.

561 Michel, Stefan: **Emblematische Predigt in Dresden um 1700:** ein Beitrag zur Predigtgeschichte des frühneuzeitlichen Luthertums. In: 09, 173–204.

562 Michel, Stefan: **Luthers Tischreden in der Kritik der Aufklärung:** zur Lutherrezeption von Carl Friedrich Bahrdt (1740–1792). In: 037, 215–224.

d) 19. und 20. Jahrhundert bis 1917

563 Bleek, Wilhelm: **Vormärz:** Deutschlands Aufbruch in die Moderne; Szenen aus der deutschen Geschichte: 1815–1848. Sonderausgabe für die Landeszentrale für politische Bildung. M: C.H. Beck, 2019. 336 S.: Ill. L 43–45+". (ZpB: Zentralen für politische Bildung)

564 Bleek, Wilhelm: **Vormärz:** Deutschlands Aufbruch in die Moderne; Szenen aus der deutschen Geschichte: 1815–1848. M: C.H. Beck, 2019. 336 S.: Ill. L 43–45+".

565 Bleek, Wilhelm: **Vormärz:** Deutschlands Aufbruch in die Moderne; Szenen aus der deutschen Geschichte: 1815–1848. 2., durchges. Aufl. M: C.H. Beck 2020. 336 S.: Ill. L 43–45+".

566 Eberlein, Hermann-Peter: **Feuerbach als Vollender Luthers.** JEKGR 69 (2020), 88–104.

567 Hennings, Ralph: **Predigten zum Reformationsjubiläum 1917 im Oldenburger Land.** Oldenburg: Isensee, 2017. 316 S.

568 Kehrer, Günter: **Die Reformation und das Lutherbild des theologischen Rationalismus im Zusammenhang mit den Säkularfeiern von 1817:** ein Beitrag zur nicht nur pfälzischen Kirchengeschichte. In: 019, 545–566.

569 Maurer, Michael: **Die Heroisierung Martin Luthers im 19. Jahrhundert:** kulturgeschichtliche Aspekte. In: 013, 397–413.

570 Neuner, Peter: **Die »Confessio Augustana«** in der Sicht Döllingers und in den Unionsbemühungen der frühen altkatholischen Bewegung. In: 05, 177–188.

571 Plathow, Michael: **Heinrich Eberhard Gottlob Paulus (1761–1851) und Heidelberg:** seine »Akademische Gedächtnisrede über den Ursprung der Reformation aus Wissenschaft und Gemüt und über ihr erstes Erscheinen zu Heidelberg«. JBKRG 14 (2020), 305–318.

572 Romer, Sandra: **»Dass doch die Menschen sich immer in Extremen gefallen!«:** der Vermittlungstheologe Karl Rudolf Hagenbach (1801–1874). Zw 47 (2020), 183–234. L 219. 223: Portr.

573 Schilling, Johannes: **Luther in Worms:** ein Oratorium von Ludwig Meinardus (1827–1896). Lu 92 (2021), 197–207.

574 Stüber, Gabriele: **Der Reichstag zu Worms in Lutherfestspielen des 19. Jahrhunderts.** In: 023, 179–202: Ill.

575 Tomášová, Veronika: **Evangelíci na Těšínsku v tolerančním období (1781–1861)** (Die Evangelischen im Teschener Land während der Toleranzzeit [1781–1861]). Český Těšín: Slezská církev evangelická a. v., 2018. 332 S.: Ill., Kt.

576 Wriedt, Markus: **»Sola scriptura« 1917.** In: 036, 211–243.

e) 1918–2017

577 Arnhold, Oliver: **»Entjudung« von Theologie und Kirche**: das Eisenacher »Institut zur Erforschung und Beseitigung des jüdischen Einflusses auf das deutsche kirchliche Leben« 1939–1945. L: EVA, 2020. 245 S.: Ill. (Christentum und Zeitgeschichte; 6)

578 Arnold, Matthieu: **Die Tischreden in den französischen Biographien Martin Luthers (1928–2017)**. In: 037, 225–238.

579 Benedict, Hans-Jürgen; Grosse, Heinrich: **Martin Luther King mit und gegen Martin Luther – eine Spurensuche**. In: 019, 567–580.

580 Beuys, Barbara: **Sophie Scholl – am Ende nur auf sich gestellt**: wenn die Kirche dem Führer huldigt. In: 013, 438–448.

581 Brumlik, Micha: **Franz Rosenzweig und Luthers Bibelübersetzung**. In: 026, 845–849.

582 Cancik, Hubert: **Mythos Reformation**: Bemerkungen zu den »Perspektiven für das Reformationsjubiläum 2017«. In: 019, 121–130.

583 Chapman, Mark D.: **The First World War and the end of history**. In: 015, 265–282.

584 Dieter, Theodor: **Die Diskussionen um eine katholische Anerkennung des »Augsburger Bekenntnisses«** im Zusammenhang mit dem 450jährigen »Confessio Augustana«-Jubiläum 1980. In: 05, 201–223.

585 Faber, Richard: **Gegen Personenkult, Reformationsmonopol und weltanschauliche Exklusivität**: aus Anlaß der »Lutherdekade« für Humanismus und Aufklärung. In: 019, 131–146.

586 Flemming, Jens: **»Werkzeug göttlicher Verkündigung«**: Luthertum und Preußentum in Jochen Kleppers Königsroman »Der Vater«. In: 019, 265–284.

587 Friedrich, Johannes: **Reform oder Reformation?**: ökumenische Perspektiven für die Zukunft aus reformatorischer Sicht. In: 030, 1–14.

588 Hering, Rainer: **In Luthers Namen**: protestantischer Kirchenbau im »Dritten Reich«. In: 019, 343–362.

589 Hilberath, Bernd Jochen: **50 Jahre danach – sind wir schon weiter?** In: 05, 189–199.

590 Jancke, Gabriele: **»Luther in Katharina von Bora, durch sein Haus, zu schreiben«**: die Rezeption der Katharina von Bora bei Jochen Klepper – eine Konstruktion, ihre Geschichte und ihre Anwendung(en). In: 019, 245–264.

591 Karttunen, Tomi: **Kristuksen läsnäolon ontologia**: Dietrich Bonhoeffer ja suomalainen Luther-tutkimus (Die Ontologie der Gegenwart Christi: Dietrich Bonhoeffer und die finnische Lutherforschung). TA 126 (2021), 419–437.

592 Keßler, Martin: **»Kirchengeschichte als Geschichte der Auslegung der Heiligen Schrift«**: Gerhard Ebelings handschriftliche Vorbereitung seiner Habilitations-Probevorlesung (1946). In: 015, 283–320.

593 Kunter, Katharina: **»Here I stand« – Ein deutscher Mythos wird transnational**: Luthers Bekenntnisformel im Kontext von gewissensbedingtem Protest und Bürgerrechtsbewegungen im 20. Jahrhundert. In: 013, 449–458.

594 Noack, Axel: **Von der Eisenacher Konferenz zum Deutschen Evangelischen Kirchenbund**. In: 017, 39–76. L".

595 Schwinge, Gerhard: **1921 – Erinnerung an die Union von 1821 nach hundert Jahren, vor hundert Jahren**. JBKRG 15 (2021), 511–518: Ill.

596 Sommer, Wolfgang: **Die bayerische Landeskirche nach dem Ende des landesherrlichen Kirchenregiments und in den ersten Jahren der Weimarer Republik**. In: 017, 293–311. L".

597 Thönissen, Wolfgang: **Reformationsgedenken und zukünftige Ökumene**. In: 030, 15–35.

598 Vollnhals, Clemens: **Nationalprotestantische Traditionen und das euphorische Aufbruchserlebnis der Kirchen im Jahr 1933**. In: 04, 43–61.

599 Wöhle, Andreas: **Van de boom leren – politiek en mystiek in de theologie van Dorothee Sölle** (Vom Baum lernen – Politik und Mystik in der Theologie D. Sölles)/ hrsg. von der Vereniging voor Theologie en Maatschappij in Verbinding mit Stichting Lutherse Uitgeverij & Boekhandel. Taschenbuch und Online-Ressource. Utrecht: KokBoekencentrum, 2021. 112 S.

600 Adams, Richard Manly, Jr.: **Luther and the other.** RNCRC 56 (2021) summer, 1 f: Ill.

601 **Die aktuelle Bedeutung der Reformation für Kirche und Gesellschaft:** Abschlussgespräch zwischen Manfred Rekowski und Dr. Stephan Ackermann. In: 031, 331–348.

602 **Altbischof Wolfgang Huber mit Luther-Rose 2021 ausgezeichnet.** EKD-Newsletter (2022) 2. Mai: NEWS. – Siehe: <https://www.ekd.de/altbischof-wolfgang-huber-mit-lutherrose-2021-ausgezeichnet-73104.htm>.

603 **Bläst der Wind, weht er?:** die Autorin Iris Wolff und der Autor Senthuran Varatharajah über die Kunst, Worte zu finden – auf der Wartburg, wo Luther vor 500 Jahren die deutsche Sprache geprägt hat/ Moderation: Anne Buhrfeind; Burkhard Weitz. Chrismon: das evangelische Magazin (2021) Nr. 12, 24–27: Ill.

604 Boysen, Knud Henrik: **Zwischen Essentialisierung und Marginalisierung:** Beobachtungen zum Stellenwert der Dogmatik in der gegenwärtigen praktisch-theologischen Kirchentheorie. Druckausgabe und Internetressource. KD 67 (2021), 122–147: summary, 147. – Siehe: <https://www.vr-elibrary.de/doi/pdf/10.13109/kedo.2021.67.2.122>.

605 Härle, Wilfried: **Dogmatik.** 6., durchges., überarb. und bibliographisch erg. Aufl. Druckausgabe und Online-Ressource. B; Boston: De Gruyter, 2022. XLII, 718 S. L". (De-Gruyter-Studium)

606 Holm, Bo Kristian: **Gemeinsame Verheißung und gemeiner Nutzen:** ein Beitrag für eine aktuelle Würdigung der »Confessio Augustana« als gemeinsames ökumenisches Dokument. In: 05, 259–277.

607 Käßmann, Margot: **Reformationsjubiläum 2017 – eine Herausforderung.** In: 031, 5–22.

608 Lehmann, Hartmut: **Das Reformationsjubiläum 2017:** umstrittenes Erinnern. GÖ: V&R, 2021. 252 S. (Refo500 Academic studies; 70) – Siehe das Inhaltsverzeichnis: < https://d-nb.info/1208433229/04>. [Rezension unten Nr. 626]

609 Lienhard, Marc: **Qu'est-ce qu'être luthérien?** PL 69 (2021), 357–368.

610 **Literaturgottesdienst zum Wartburg-Experiment:** anlässlich des Wartburgexperiments wird ein Gottesdienst im Pallas der Wartburg gefeiert/ Mitw.: Iris Wolff; Senthuran Varatharajah; Uwe Kolbe; Johann Hinrich Claussen. Internetressource. Video (1:27:35 h). (evangelischDE: mehr als du glaubst) – <https://www.youtube.com/watch?v=w_HTqWBBNA8>.

611 **Methodik der Kirchengeschichte:** ein Lehrbuch/ von Tobias Jammerthal; David Burkhart Janssen; Jonathan Reinert; Susanne Schuster. Druckausgabe und Online-Ressource. TÜ: Mohr Siebeck, 2022. XII, 146 S.: Ill. (UTB; 5851) – Siehe die Kombination mit der Website: <http://www.methodik-kg.mohrsiebeck.com>.

612 Nüssel, Friederike: **Konsensbemühungen versus Profilbildung in gegenwärtigen ökumenischen Gesprächen.** JBKRG 15 (2021) 235–246. L 242 f.

613 Pouw, Martijn: **Het gemeenschappelijk priesterschap verbindt liturgie en dagelijks leven:** reactie op observaties en kritiek (Das gemeinsame Priestertum verbindet Liturgie und Alltag: Antwort auf Beobachtungen und Kritik). Perspectief: digitale oecumenisch theologische tijdschrift (DOTT); Katholieke Vereniging voor Oecumene 53 ('s-Hertogenbosch 2021), 39–49. L 47 f.

614 **Die Reformationsdekade »Luther 2017« in Thüringen:** Dokumentation, Reflexion, Perspektive/ hrsg. von Annette Seemann; Thomas A. Seidel; Thomas Wurzel. Weimar: Wartburg, 2018. 296 S.: Ill. – Siehe das Inhaltsverzeichnis: <https://d-nb.info/1160887624/04>.

615 Sattler, Dorothea: **Beichte und Buße im ökumenischen Gespräch:** ein Beispiel für die bleibende theologische Bedeutung der »Confessio Augustana«. In: 05, 319–336.

616 **WARTBURG EXPERIMENT:** Zwiesprache mit der Lutherbibel; Uwe Kolbe, Iris Wolff, Senthuran Varatharajah. Internetressource. S: Deutsche Bibelgesellschaft, s.a. Website: Ill. – <https://wartburgexperiment.de/>.

8 Romane, Schauspiele, Filme, Tonträger, Varia

617   Czapla, Ralf Georg: **Martin Luther, ein Berserker vor dem Herrn?**: Narrative des populären Lutherfilms. In: 019, 73–96.

618   Gambert, Christian: **Wurmbs!**: Was wäre der Papst ohne den Rüssel seines Elefanten? Die Zeit 76 (2021) Nr. 30 (22. Juli), 51: Ill. (Feuilleton). [Rez. zu LuB 2021, Nr. 686]

619   Stückrad, Juliane: **Bigger – Better – Luther:** zur Trivialisierung des Lutherbildes; ein ethnographischer Spaziergang durchs heutige Eisenach. In: 019, 97–120.

620   Voigt, Fabian: **Ich bin hindurch!**: Martin Luther in Worms; mit Bildern von Johannes Saurer und Ulrike Albers. Worms: Worms-Verlag: Kultur- und Veranstaltungs GmbH Worms, 2021. 20 unpag. S.: Ill.

C FORSCHUNGSBERICHTE, SAMMELREZENSIONEN, BIBLIOGRAPHIEN

621   Franke, Gerhard: **Ökumenische Kommentierung der 95 Ablassthesen Martin Luthers:** ein Werkstattbericht In: 030, 85–106.

622   Fuchs, Ralf-Peter: **Von der Einheit der Reformation zur Vielfalt der Reformationen?**: neue Tendenzen in der historischen Forschung, In: 031, 115–136.

623   Helmer, Christine: **Introduction:** the search for the medieval Luther. In: 024, 1–12.

624   **LuB 2021**/ bearb. von Michael Beyer mit Knut Alfsvåg ... sowie Eike H. Thomsen. LuJ 88 (2021), 339–384.

625   Milde, Jonas: **Bekennen und Bekenntnis – von Worms nach Barmen:** Tagung der Luther-Gesellschaft vom 24. bis 26. September 2021 in Wuppertal. Lu 93 (2022), 56–59.

626   Rhein, Stefan: **Wie an Luther erinnern ...?**: streitbare Anmerkungen zu Hartmut Lehmann, Das Reformationsjubiläum 2017; umstrittenes Erinnern (Göttingen 2021). LuJ 88 (2021), 295–312. [Rezension zu oben Nr. 608]

627   **Schriftenverzeichnis Enno Bünz**. In: 025, 709–756.

628   Thomas, Drew B.: **Uncovering hidden identities:** using artificial intelligence to identify counterfeit printers. RNCRC 56 (2021) summer, 3: Ill.

321